权威·前沿·原创

皮书系列为
"十二五""十三五"国家重点图书出版规划项目

中国社会科学院创新工程学术出版资助项目

世界经济黄皮书
YELLOW BOOK OF
WORLD ECONOMY

2018 年世界经济形势分析与预测

WORLD ECONOMY ANALYSIS AND FORECAST
(2018)

中国社会科学院世界经济与政治研究所
主　编／张宇燕
副主编／孙　杰　姚枝仲

社会科学文献出版社
SOCIAL SCIENCES ACADEMIC PRESS (CHINA)

图书在版编目（CIP）数据

2018年世界经济形势分析与预测／张宇燕主编. --

北京：社会科学文献出版社，2018.1

（世界经济黄皮书）

ISBN 978 - 7 - 5201 - 2035 - 7

Ⅰ.①2… Ⅱ.①张… Ⅲ.①世界经济形势 - 经济分

析 - 2017②世界经济形势 - 经济预测 - 2018 Ⅳ.

①F113.4

中国版本图书馆 CIP 数据核字（2017）第306693号

世界经济黄皮书

2018 年世界经济形势分析与预测

主　　编／张宇燕

副 主 编／孙　杰　姚枝仲

出 版 人／谢寿光

项目统筹／邓泳红　郑庆寰

责任编辑／吴　敏　张　超　吴云苓

出　　版／社会科学文献出版社 · 皮书出版分社（010）59367127

地址：北京市北三环中路甲29号院华龙大厦　邮编：100029

网址：www. ssap. com. cn

发　　行／市场营销中心（010）59367081　59367018

印　　装／北京季蜂印刷有限公司

规　　格／开　本：787mm × 1092mm　1/16

印　张：23.75　字　数：359千字

版　　次／2018年1月第1版　2018年1月第1次印刷

书　　号／ISBN 978 - 7 - 5201 - 2035 - 7

定　　价／99.00元

皮书序列号／PSN Y - 1999 - 006 - 1/1

主要编撰者简介

张宇燕　中国社会科学院世界经济与政治研究所研究员、所长，中国世界经济学会会长，新兴经济体研究会会长。曾先后就读于北京大学和中国社会科学院研究生院。主要研究领域为国际政治经济学、制度经济学等。著有《经济发展与制度选择》（1992 年）、《国际经济政治学》（2008 年）、《美国行为的根源》（2015 年）等。

孙　杰　中国社会科学院世界经济与政治研究所研究员，中国世界经济学会常务理事。主要研究领域为国际金融、公司融资和货币经济学。著有《汇率与国际收支》（1999 年）、《资本结构、治理结构和代理成本：理论、经验和启示》（2006 年）、《合作与不对称合作：理解国际经济与国际关系》（2016 年）等。

姚枝仲　经济学博士，研究员，中国社会科学院世界经济与政治研究所副所长，中国世界经济学会副会长，中国新兴经济体研究会副会长兼秘书长，中国商务部经济外交专家组成员，中信改革发展基金会咨询委员会委员，中信改革发展研究院资深研究员，中国社会科学院研究生院教授、博士生导师。主要研究领域为宏观经济学和国际经济学。

摘　要

2017 年，世界经济增速明显提升，劳动市场持续改善，全球物价水平温和上升，大宗商品价格有所上涨，国际贸易增速提高。同时，国际直接投资增长缓慢，全球债务持续积累，金融市场出现泡沫。

未来世界经济面临诸多挑战。这些挑战包括：世界经济回暖的基础还不稳固，支持国际贸易高速增长的长期因素还没有形成，美国财政货币政策对世界经济将有较大的负面溢出效应，逆全球化趋势和贸易投资保护主义倾向加强，债务问题越来越严重，资产泡沫随时可能破裂。地缘政治风险、恐怖主义等问题也仍然在影响世界经济的稳定与发展。

预计 2018 年按 PPP 计算的世界 GDP 增长率约为 3.5%，按市场汇率计算的增长率约为 2.9%。这一预测低于国际货币基金组织和其他国际组织的预测。较低的预测主要反映了我们对世界经济回暖基础不稳固、资产价格泡沫、全球债务水平过高、反全球化趋势、美国政策调整、英国脱欧进程以及地缘政治冲突等问题的担忧。

另外，预计 2018 年大宗商品价格仍将在中低位运行，原油价格将在 60 美元/桶上下波动。

目　录

Ⅳ 热点篇

Ⅴ 世界经济统计与预测

皮书数据库阅读**使用指南**

总　论

Overview

Y.1

2017～2018年世界经济形势分析与展望

姚枝仲*

摘　要： 2017年世界经济增速明显提升，劳动市场持续改善，全球物价水平温和上升，大宗商品价格有所上涨，国际贸易增速提高。同时，国际直接投资增长缓慢，全球债务持续积累，金融市场出现泡沫。未来世界经济还面临诸多挑战。这些挑战包括：世界经济回暖的基础还不稳固，支持国际贸易高速增长的长期因素还没有形成，美国财政货币政策对世界经济将有较大的负面溢出效应，逆全球化趋势和贸易投资保护主义倾向加强，债务问题越来越严重，资产泡沫随时可能破裂。地缘政治风险、恐怖主义等问题也仍然在影响世界经济的稳定与发展。预计2018年按PPP计算的世界GDP增长率

* 姚枝仲，中国社会科学院世界经济与政治研究所研究员、副所长。

约为 3.5%。

关键词： 世界经济　国际贸易　国际投资　国际金融

一　概述

2017 年世界经济增长率按购买力平价（PPP）计算约为 3.6%、按市场汇率计算约为 3.0%[①]。从截至 2017 年 10 月的世界经济形势来看，2017 年世界经济增长率相比 2016 年有所上升。在上年度报告中，我们预计 2017 年世界经济按 PPP 计算的增长率为 3.0%，按市场汇率计算的增长率为 2.4%，明显低估了 2017 年世界经济增速。我们低估的原因主要有三个方面。一是我们曾经担忧欧洲内部政治冲突、难民危机、英国脱欧进程等会导致欧洲经济持续低迷。结果 2017 年欧洲政治发展相当稳定，马克龙当选法国总统、德国总理默克尔获得连任，维持欧洲团结稳定开放的力量在政治上获得优势地位，欧元区经济超预期复苏。2017 年欧元区 GDP 增长率将达到 2.1%，显著高于我们对欧元区经济增速的预期，也高于其他国际组织的预期。2016 年 10 月国际货币基金组织（IMF）甚至预计 2017 年欧元区 GDP 增长率将从 2016 年的 1.7% 下降至 1.5%，也明显低估了欧洲的增长。二是我们预计在反全球化趋势下国际贸易仍将持续低迷，结果 2017 年国际贸易增速明显回升，并带动了全球制造业回暖及世界经济整体回暖。关于国际贸易增速上升的原因，本文还将详细分析。三是我们预计在去产能、去杠杆、去库存等背景下中国经济增速还会进一步下滑，但是中国政府采取了积极的财政政策，新发展理念和供给侧结构性改革也初有成效，再加上外需回暖等因素，2017 年中国 GDP 增速不降反升。

[①]　如无特别说明，本文引用的年度 GDP 数据来自国际货币基金组织，其中 2017 年全年的数据为预测数，其他数据均来自 Wind。数据发布截止日为 2016 年 11 月 28 日。

另外，在上年度报告中，我们预测"2017年大宗商品价格仍将在中低位运行，且略有上行，原油价格将在2017年有所上升，并超过60美元/桶"。从目前情况来看，这一预测是比较准确的。2017年10月英国布伦特原油平均现货价格为57.2美元/桶，比上年同期增长15%。2017年10月27日布伦特原油现货价格突破60美元/桶，并于2017年11月9日达到64.5美元/桶的高点。美国西德克萨斯州原油（WTI）价格也于2017年11月3日达到57.35美元/桶的高点。

二 世界经济总体形势

（一）经济增长速度明显提高

2017年世界经济增长明显回升，全球经济增长率持续下降趋势结束。国际货币基金组织（IMF）预测数据显示，2017年世界GDP增长率比2016年上升0.4个百分点。其中，发达经济体GDP增速为2.2%，比2016年上升0.5个百分点；新兴市场与发展中经济体GDP增速为4.6%，比2016年上升0.3个百分点[①]。

美国、欧元区和日本的GDP增速普遍提升。2017年美国GDP增长2.2%，比2016年提高0.7个百分点；欧元区GDP增长2.1%，比2016年提高0.3个百分点；日本GDP增长率比2016年提高0.5个百分点，达到1.5%的水平；其他发达经济体[②]GDP增长2.6%，比2016年提高0.4个百分点。

新兴市场与发展中经济体整体增速止跌回升。新兴市场与发展中经济体GDP增长率于2010年达到7.5%的历史最高水平，此后逐年下降，2016年与2015年均稳定在4.3%的水平，2017年有望实现七年以来的首次回升。

[①] 如无特别说明，世界GDP增长率和各地区GDP增长率均为按PPP计算的数据。

[②] 其他发达经济体是指七国集团和欧元区成员之外的发达经济体。

新兴市场与发展中经济体的经济增速回升在大部分区域普遍存在。独联体国家 GDP 增长率从 2016 年的 0.4% 提高到 2017 年的 2.1%。其中俄罗斯经济终于扭转了负增长态势，其 GDP 增长率从 2016 年的 -0.2% 上升到了 2017 年的 1.8%。新兴和发展中亚洲经济体继续强劲增长，其 GDP 在 2017 年增长 6.5%，与 2016 年相比提高 0.1 个百分点。中国经济止住了连续六年的增速下滑，2017 年前三个季度实际 GDP 同比增长率均为 6.9%，相比 2016 年 6.7% 的增速有所回升。新兴与发展中欧洲经济体的 GDP 增长率从 2016 年的 3.1% 提高到 2017 年的 4.5%。拉美和加勒比地区的 GDP 增长率从 2016 年的 -0.9% 提高到 2017 年的 1.2%。阿根廷和巴西均扭转了负增长态势。其中阿根廷 GDP 增长率从 2016 年的 -2.2% 提高到 2017 年的 2.5%，巴西 GDP 增长率从 2016 年的 -3.6% 提高到 2017 年的 0.7%。

在新兴市场与发展中经济体中，也有个别国家和地区的经济状况出现了恶化。印度 GDP 增长率从 2016 年第二季度以来持续回落，加上从 2016 年底出台的废钞令及伴随的货币供应收缩，其 GDP 增长率至 2017 年第二季度下降至 5.7%，比上年同期降低 2.2 个百分点。中东北非地区由于地缘政治冲突，其整体上出现经济增长率的大幅度回落，GDP 增长率从 2016 年的 5.0% 下降到了 2017 年的 2.6%。

（二）劳动市场持续改善

美国失业率持续下降。2017 年 9 月美国失业率为 4.2%，相比 2016 年 9 月，下降了 0.8 个百分点，为金融危机以来的最低点。美国失业人数有所减少。2017 年 9 月美国失业人数为 655.6 万，相比 2016 年 9 月减少了 110.2 万。与此同时，美国就业人数显著增加。2017 年 9 月美国就业人数为 1.545 亿，相比 2016 年 9 月增加了 251.7 万。美国劳动市场的积极变化也体现在工资变化上。美国私营企业全部员工平均时薪从 2016 年 9 月的 25.81 美元提高到了 2017 年 9 月的 26.54 美元，平均周薪从 887.86 美元提高到了 912.98 美元，涨幅均为 2.8%。需要说明的是，美国的劳动参与率并没有显著上升。美国劳动参与率于 2015 年 9 月下降到 62.4% 这一金融危机以来的最低点，此后开始有所回升，至 2016 年 3 月，回升至 63.0%。此后在 63% 的水平上反复波动，2017 年 9 月为 63.1%。未来劳动参与率的提升将在一定程度上抑制美国失业率的下降和工资的上涨。

欧洲的劳动市场也处在持续改善过程之中。欧盟整体失业率已经从 2013 年 4 月 11.0% 的最高值下降到了 2017 年 9 月的 7.5%，欧元区失业率已经从 2013 年 4 月 12.1% 的最高值下降到了 2017 年 9 月的 8.9%。欧洲失业人数减少幅度和失业率下降速度均有所提高。从 2015 年 9 月到 2016 年 9 月，欧盟失业人数减少 179 万，失业率下降了 0.8 个百分点，欧元区失业人数减少了 107 万，失业率下降了 0.7 个百分点；而从 2016 年 9 月到 2017 年 9 月，欧盟失业人数减少了 208 万，失业率下降了 0.9 个百分点，欧元区失业人数减少了 146 万，失业率下降幅度也扩大至 0.9 个百分点。

在发达经济体中日本属于失业率最低的国家。2017 年 9 月，其季调后的失业率下降到了 2.8%，为 21 世纪以来最低值。加拿大的劳动市场也有所改善，其失业率在 2016 年 9 月为 6.4%，至 2017 年 9 月下降至 5.6%。澳大利亚的失业率已经较低，且仍有小幅下降。其失业率从 2016 年 9 月的 5.5% 下降到了 2017 年 9 月的 5.3%。

新兴经济体的劳动市场表现差异较大。经济形势较好或者有所好转的经济体，劳动市场有所改善。中国的城镇登记失业率从 2016 年 9 月 4.04% 下降到 2017 年 9 月的 3.95%。俄罗斯的失业率从 2016 年 9 月的 5.2% 下降到 2017 年 9 月的 5.0%。阿根廷的失业率从 2016 年 6 月的 9.3% 下降到 2017 年 6 月的 8.7%。印度的失业率在 2016 年仍保持在 8.4% 的高位，2017 年经济增速下滑势必引起失业率进一步上升。南非的劳动市场还在恶化，其失业率从 2016 年 9 月的 27.1% 上升到 2017 年 9 月的 27.7%。

（三）物价水平温和上升

美国 CPI 同比增长率从 2015 年 9 月的零增长开始回升，至 2017 年 10 月，CPI 同比增长率为 2.0%。2017 年美国 CPI 增长的态势与 2016 年有所不同。2016 年美国 CPI 增长主要来自核心 CPI 增长，且核心 CPI 上升幅度高

于 CPI 上升幅度。而在 2017 年，核心 CPI 增长幅度有所下滑，2017 年 10 月美国核心 CPI 同比增长率为 1.8%，比上年同期低 0.3 个百分点。能源价格指数上升对美国 2017 年 CPI 上升起了较大作用。2017 年 10 月 CPI 中能源价格指数同比上涨 6.4%，比上年同期上升 6.3 个百分点。

欧洲物价已摆脱零增长，出现了一定程度的通货膨胀。欧盟的消费价格调和指数（HICP）月度同比增长率从 2014 年 12 月开始负增长，2015 年全年和 2016 年上半年均在零增长附近波动。2016 年下半年欧洲物价水平有所上升，至 2017 年 10 月同比增长 1.4%，比上年同期提高 0.9 个百分点。扣除能源和季节性食品的欧盟核心 HICP 月度同比增长率也有轻微回升，2017 年 10 月同比增长 0.9%，比上年同期提高 0.1 个百分点。欧元区的物价走势与整个欧盟基本同步，2017 年 10 月欧元区 HICP 同比增长率为 1.7%，比上年同期提高 1.2 个百分点，核心 HICP 同比增长 1.1%，比上年同期提高 0.3 个百分点。

日本终于走出通货紧缩困境。日本 CPI 月度同比增长率从 2016 年 1 月开始出现负增长，至 2016 年 9 月，其增长率为 -0.5%，2016 年 10 月开始出现 0.1% 的正增长。至 2017 年 9 月，日本 CPI 月度同比增长率已达 0.7%，其核心 CPI 增长率也保持了同样的趋势。

主要新兴市场国家的通货膨胀都得到了较好的控制。俄罗斯的 CPI 同比增长率从 2016 年 9 月的 6.4% 进一步下降到 2017 年 9 月的 3.0%，巴西全国 CPI 同比增长率从 2016 年 9 月的 9.2% 迅速下降到 2017 年 9 月的 1.6%，印度产业工人 CPI 同比增长率从 2016 年 9 月的 4.1% 下降到 2017 年 9 月的 2.9%，南非 CPI 同比增长率从 2016 年 9 月的 6.5% 下降到 2017 年 9 月的 4.9%。中国的物价则相对比较稳定，CPI 同比增长率从 2016 年 9 月的 2.1% 轻微下降到 2017 年 9 月的 1.9%。新兴市场中也有个别通货膨胀较为严重的国家，如阿根廷，2017 年 9 月，其 CPI 同比增长率高达 23.1%。

（四）国际贸易量价齐升

根据世界贸易组织（WTO）的数据，世界货物出口总额从 2014 年第四季度开始出现负增长，且负增长幅度持续扩大四个季度。从2015年第四季度开始，负增长幅度有所收窄。到2016年第三季度，世界货物出口总额同比增长率收窄至－2.0%。2016年第四季度，世界货物出口总额增长率转负为正，2017年延续了出口总额正增长的趋势。

2017年国际贸易增长表现出了量价齐升的特点。2017年第一季度和第二季度，世界货物出口额同比增长率分别为11.4%和7.4%，其中价格涨幅分别为6.9%和3.9%，排除价格因素后的实际世界货物出口总量同比增长率分别为4.4%和3.5%，比上年同期分别提高3.8个和1.0个百分点。

分地区来看，亚洲地区国际贸易回升的速度最快。2017年第一季度和第二季度，亚洲货物出口总量同比增长率分别为7.0%和6.5%，其中中国、日本、韩国、马来西亚以及中国香港和中国台湾的货物出口量增长速度均高于世界平均水平。美国对外贸易也出现了较强劲的增长。2017年第一季度和第二季度，美国货物出口总量同比增长率分别为4.4%和4.1%，出口额更是分别增长了7.5%和5.9%。在欧洲，欧盟对外贸易的增速要快于其内部贸易增速。2017年第一季度和第二季度，欧盟内部货物出口总量同比增长率分别为3.6%和0.1%，而对欧盟以外地区的出口量增长率分别为7.2%和1.6%。欧盟第二季度对外贸易增长率快速回落的现象值得警惕。中南美洲出现了出口总额的快速增长，但是出口量的增速仍然很低。2017年第一季度和第二季度，中南美洲货物出口总额同比增长率分别为18.3%和10.6%，其出口量增长率仅分别为－1.6%和0.3%。中美和南美国家的出口额增长主要是由价格增长带来的。其中巴西出口额分别增长了24.3%和15.2%，出口量仅分别增长了1.3%和2.0%。

国际贸易出现量价齐升，是2017年世界经济中一个很重要的亮点，也是主要国家经济复苏拉动世界经济繁荣的重要渠道。

（五）国际直接投资仍然低迷

2016年全球外商直接投资（FDI）流入额为1.75万亿美元，比上年下

降了2%①。FDI流入额下降主要是由发展中经济体吸引的外商直接投资大幅下降引起的。2016年发展中经济体FDI流入额仅为6460亿美元，相比上年下降了14%。流入发达国家的外商直接投资仍然保持了增长势头。2016年发达国家FDI流入额上升到1.03万亿美元，相比上年增长了5%。发达经济体FDI流入额占全球比重达到59%，比上年提高了4个百分点。

2016年流入美国的FDI再创新高，达到3911亿美元，比2015年增加12.2%。美国继续保持第一大外商直接投资目的国的地位。欧盟的FDI流入额达5662亿美元，比上年增长了17%。其中英国的FDI流入额高达2538亿美元，爆发式增长了670%，成为第二大外商直接投资目的国。日本则扭转了FDI流入净撤出的状态，2016年吸引了114亿美元的FDI。

在发展中经济体中，除个别区域和国家之外，普遍出现了FDI流入额的下降。其中亚洲发展中经济体吸引的FDI流入额从2015年的5236亿美元下降到了2016年的4427亿美元，下降幅度高达15.5%。中国从1263亿美元下降到1260亿美元，印度倒是从441亿美元略微增加到445亿美元。拉美和加勒比地区吸引的FDI流入额从2015年的1654亿美元下降到2016年的1420亿美元。非洲地区吸引的FDI流入额从2015年的615亿美元下降到2016年的594亿美元。

转型经济体整体的FDI流入额出现了较快的增长，2016年吸引的FDI流入额为680亿美元，增长了81%。其中俄罗斯的FDI流入额从119亿美元增加到377亿美元。

发达经济体的FDI流出额则再一次出现下降，2016年FDI流出总额为1.04万亿美元，比上年减少了11%。其中欧盟约占全球FDI流出总额的52%，2016年对外直接投资5360亿美元，比上年下降了12%。日本对外直接投资则出现了一定的增长，2016年比上年增长12.9%，达到1452亿美元。美国仍然是全球对外直接投资第一大国，但2016年对外直接投资额下

---

① 本文关于中国国际直接投资的数据来自中国商务部，其他国际直接投资数据均来自UNCTAD。

降了1.4%，约为2990亿美元。发展中和转型经济体在2016年也减少了对外直接投资。其中亚洲发展中经济体在2016年对外直接投资只有3834亿美元，比上年减少了1.5%。中国则在2016年出现了对外直接投资的爆发式增长，非金融部门对外直接投资高达1701亿美元，相比2015年增长了44%，中国成为全球第二大对外直接投资大国。

2016年全球投资政策表现出限制性政策加强的特点。2016年全球各经济体共出台了84项涉及投资自由化和促进措施的政策，22项施加了新的投资限制和监管的政策。投资自由化和促进措施的占比下降到79%，显著低于21世纪初期90%以上的比例。限制性和监管政策占比则不断上升，2016年达到21%。在发达经济体中，针对外资并购行为的监管框架有加强的趋势。2016年至少涉及7笔、价值1679亿美元的外资并购交易在政府的反对声中被迫终止。

2016年，国际投资协定（IIA）谈判继续取得进展。2016年全球共签订37个国际投资协定，其中有30个双边投资协定（BIT）、7个其他协定。同时，部分国家单方面退出、重新评估所签订的国际投资协定。2016年1月到2017年4月，至少有19个IIAs终止生效，其中16个是由单方面宣布终止的。最为活跃的终止国是印度尼西亚（涉及11个IIAs）和印度（涉及7个IIAs）。此外，美国宣布将全方位重新评估其签署的所有双边和多边投资协定。

2017年世界经济增长率明显回升，国际直接投资活动将有所增加，但是目前没有看到跨国投资大幅度增长的迹象。联合国贸发会议预计全球FDI流入额在2017年会小幅增长5%，达到1.8万亿美元。2018年国际直接投资将继续小幅增加。

（六）全球债务水平继续上升

2017年全球政府债务仍处于较高水平。发达经济体政府总债务与GDP之比从2016年的107.4%轻微下降至2017的106.3%，政府净债务与GDP之比从2016年的73.6%下降至2017年的73.5%。新兴市场与发展中经济

体总债务与 GDP 之比从 2016 年的 46.8% 上升到 2017 年的 48.4%。

美国政府总债务与 GDP 之比继续提升,2016 年为 107.1%,2017 年约为 108.1%。日本政府债务状况继续恶化,政府总债务与 GDP 之比从 2016 年的 239.3% 上升到 2017 年的 240.3%。欧元区政府总债务与 GDP 之比于 2014 年达到最高点 91.9%,此后开始回落,2016 年已继续回落至 89.0%,2017 年继续回落至 87.4%。欧元区大部分国家的政府债务水平有所回落,但仍有几个重债国的政府债务水平在继续上升。意大利的政府债务与 GDP 之比从美国金融危机以来就一直在上升,2017 年达到 133.0%,比上年增加 0.4 个百分点。英国和法国也是这种情况。英国政府债务与 GDP 之比从 2016 年的 89.3% 继续上升到 2017 年的 89.5%,法国从 2016 年的 96.3% 继续上升到 2017 年的 96.8%。可见,欧元区仍然存在主权债务风险。

新兴市场与中等收入经济体政府总债务与 GDP 之比从 2016 年的 46.8% 上升到 2017 年的 48.4%。低收入发展中国家的政府总债务与 GDP 之比从 2016 年的 40.3% 上升到 2016 年的 41.4%。新兴市场与中等收入经济体中政府总债务与 GDP 之比超过 60% 的国际警戒线且比例继续上升的有巴西(83.4%)、埃及(101.2%)、巴基斯坦(68.0%)、斯里兰卡(79.6%)和乌克兰(86.2%)等①。低收入国家政府总债务与 GDP 之比超过 60% 且继续上升的国家包括刚果共和国(117.7%)、加纳(70.5%)、老挝(62%)、塞内加尔(61.1%)、越南(61.5%)和津巴布韦(70.7%)等②。这 11 个国家的政府债务水平都在持续快速地上升,隐藏的债务风险比较大。

各国居民和企业债务也不断累积,导致全球非金融部门债务总额与 GDP 之比不断攀升。根据国际清算银行的估计,2015～2016 年,全球非金融部门的债务总额与 GDP 之比从 231.7% 上升到了 234.8%,2017 年第一季度进一步上升到 238.4%。发达经济体非金融部门的债务总额与 GDP 之比从 2015 年的 266.2% 下降到 2016 年的 264.2%,2017 年第一季度又回升到

① 括号中的数据为各国的政府总债务占 GDP 的比重。后同。

② 以上政府债务与财政赤字数据均引自 IMF, *Fiscal Monitor*, October 2016。

267.9%。新兴市场经济体非金融部门的债务总额与 GDP 之比从 2015 年的 174.0% 上升到 2016 年的 184.5%，2017 年第一季度上升到 189.0%。全球债务总水平的持续攀升，继续威胁全球经济稳定。

（七）金融市场动荡风险加大

2017 年国际金融市场呈现两大主要特征：一是全球股市大幅上扬，二是美元持续贬值。

截至 2017 年 11 月 27 日，以摩根士丹利资本国际公司编制的明晟指数（MSCI 指数）来衡量，全球股指从年初以来上涨 19.32%，其中新兴市场股市指数上涨 33.86%，发达市场股市指数上涨 17.61%。在 24 个新兴市场国家指数中，只有卡塔尔和阿联酋股指负增长，另有 4 个国家的股指涨幅在 10% 以内，其余 18 个国家的股指涨幅在 10% ~55%。在 23 个发达市场股市指数中，只有新西兰和以色列出现了负增长，其余 21 个国家的股指均有 10% 以上的涨幅。全球股票价格上涨与世界经济增速回升有关，也与全球低利率和宽松的货币环境关系密切。全球股市快速上涨隐含较大的泡沫风险。

2017 年美联储已经数次加息，欧洲中央银行和日本银行仍然维持低利率甚至负利率环境，但是美元并没有相应地出现升值现象，而是总体上出现了一定的贬值。这种情况在很大程度上是由欧洲和日本超预期经济增长以及美国政策的不确定性带来的。2017 年 9 月相对于 2016 年 12 月，名义美元指数贬值 7.5%，实际美元指数贬值 7.9%。美元贬值导致世界其他主要货币相对于美元均有不同程度的升值。从 2017 年初到 11 月 17 日，欧元兑美元汇率升值了 12.1%，英镑升值了 6.9%，日元升值了 4.3%，人民币升值了 4.7%。美元贬值也使得新兴经济体的货币在 2017 年几乎没有发生大幅度贬值现象。但是美元贬值引起的新兴经济体货币升值会恶化部分经济体的经常账户，给未来的货币价值稳定埋下隐患。

（八）大宗商品市场中低价运行

国际大宗商品价格从 2016 年 10 月到 2017 年 2 月出现过一次较大的涨

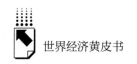

幅。在此期间，以美元计价的全球大宗商品综合价格指数上涨了 7.5%，以 SDR 计价的大宗商品价格指数上涨了 10.9%，此后出现了连续四个月的下跌。以美元计价的全球大宗商品综合价格指数累计跌幅为 6.7%，以 SDR 计价的全球大宗商品综合价格指数累计跌幅为 8.0%。从 2017 年 7 月开始，大宗商品价格再次连续上涨。2017 年 9 月，以美元计价的大宗商品价格指数相对于 6 月上涨了 4.3%，以 SDR 计价的大宗商品价格指数上涨了 1.6%。

布伦特、西德州和迪拜三地原油现货平均价格曾于 2017 年 2 月上涨至 54.4 美元/桶，此后有所下降，至 2017 年 6 月下降到 46.1 美元/桶，然后开始反弹，2017 年 10 月达到 54.9 美元/桶。其中布伦特原油现货价格于 2017 年 10 月 27 日超过 60 美元/桶，2017 年 11 月 9 日达到 64.5 美元/桶的高点。

各类非燃料大宗商品价格在 2017 年的走势不一。食物类价格指数和农业原料价格指数 2017 年 1 月至 9 月分别下跌了 3.8% 和 6.5%。矿物与金属类大宗商品价格指数则在此期间上涨了 11.7%。中国进口铁矿石的平均价格从 2016 年 6 月的 51.7 美元/吨上涨到 2017 年 2 月的 88.5 美元/吨，此后的价格出现震荡回落，至 2017 年 10 月约为 61.4 美元/吨[①]。

三 影响世界经济的几个关键问题

（一）世界经济回暖的基础是否稳固

对于这一轮世界经济回暖，一般认为是一种周期性复苏。当一个经济体偏离其长期发展趋势一段时间后，总是要回归其原本趋势的。这是市场经济自动调整所产生的周期性波动结果。但是这一轮周期的长度要远远高于平均值，不能理解为一种简单的、一般意义上的周期性复苏。

金融危机之后的复苏与受到随机冲击之后的复苏是不一样的。莱因哈特

---

① 大宗商品月度平均价格数据来自 UNCTAD，日频数据来自 Wind。

和罗格夫的研究发现①，金融危机后的平均复苏周期为 8.3 年，其中发达经济体约为 7.3 年，新兴经济体约为 10 年。布兰查德和萨默斯的研究还表明②，这一次美国金融危机与 20 世纪 30 年代大萧条相比，虽然衰退程度没有那么大，但是人均实际 GDP 恢复到危机之前的 1.1 倍水平时，都需要花费 12 年的时间。这些研究表明，金融危机之后会有一个较长的萧条时期，且这次美国金融危机和大萧条一样，萧条期会更长。

是什么原因导致了金融危机后非常长的复苏周期呢？与"冲击—传导"模式所引起的经济波动相比，金融危机的冲击方式和传导渠道都是不一样的。首先，金融危机不是一种随机冲击，因为危机之前有一个很长的可观测的泡沫积累过程；金融危机的冲击，既不是单纯的需求冲击，也不是单纯的供给冲击，而是既包含需求冲击，也包含供给冲击。其次，金融危机通过以下三条传导渠道对经济造成负面影响：第一，金融中介资产价值受损，信贷扩张能力下降，从而削减信贷并导致经济收缩；第二，金融中介对风险的看法发生变化，更加偏向于追逐安全资产，减少对风险资产的贷款，或要求更高的风险回报，从而也会造成经济收缩；第三，居民和企业在衰退过程中受到损失，债务负担过重，从而降低了其消费和投资支出。只有这三个渠道修复完毕后，才能真正看到强劲、可持续的复苏。

目前，金融机构资产负债表的修复取得明显进步，但发达经济体长期低利率的环境没有根本改变，欧元区和日本还处于负利率环境，说明发达经济体金融中介偏好安全资产的局面还没有得到根本改观。另外，居民和企业的资产价值回升较快，但其负债水平还没有明显下降。因此，上述三个传导渠道虽在一定程度上得到了修复，但修复是不完全的。可见，世界经济虽然有一定程度的复苏，但还没有恢复到强劲、可持续的增长轨道上。

---

① Carmen M. Reinhart & Kenneth S. Rogoff, "Recovery from Financial Crises: Evidence from 100 Episodes", *American Economic Review*, Vol. 104 (5), 2014.

② Olivier Blanchard & Lawrence Summers, "Rethinking Stabilization Policy. Back to the Future", PIIE, October 8, 2017.

（二）国际贸易增速提升是否可持续

考察国际贸易增长势头是否会回到可持续的高速增长轨道，首先需要理解导致 2012～2016 年国际贸易低增长甚至负增长的原因。

总结起来，国际贸易低增长的原因主要有六个。一是世界经济增长低迷引起出口需求下降。二是商品价格下降，尤其是大宗商品价格下降，导致出口额的增长低于实际货物出口量的增长。三是金融支持力度减弱。危机后金融机构需要修复资产负债表，减少了对国际贸易的信贷投放。四是贸易自由化的红利逐渐消失。主要是因为多边贸易谈判进展缓慢，区域贸易谈判虽然方兴未艾，但没有实际生效的重要协定。五是世界经济增长由更多的依赖制造业转向更多的依赖服务业，经济增长带来的制成品贸易比过去更少。六是全球价值链扩张速度放缓，中间产品反复过境产生的国际贸易减少。

上述导致国际贸易低迷的六大因素是否已经得到改变呢？目前来看，世界经济低迷状况有所好转，需求已经有所回升，商品价格也有一些回升。但是如果排除价格因素，货物实际出口量的增长没有那么高。2017 年前两个季度，世界货物实际出口量同比增长分别为 4.4% 和 3.5%，与上年同期相比，上升幅度分别仅为 3.8 个和 1.0 个百分点。金融支持方面，金融机构资产负债表有所修复。贸易自由化方面，世界贸易组织达成了《贸易便利化协定》，但是美国宣布退出跨太平洋伙伴关系协定（TPP），美国与欧盟的跨大西洋贸易与投资伙伴关系（TTIP）谈判以及美国与中国的双边投资条约（BIT）谈判基本陷入停滞，全球范围内的贸易保护加剧。以服务业为主的增长趋势也没有改变。印度、越南和东欧地区虽然开始加入全球生产网络，但是还没有引起全球价值链格局大的变动。所以，国际贸易活跃的基础并不是特别稳固。预计未来全球货物出口额的增长率会在 5%～10%，实际货物出口量的增长率会在 5% 左右。

（三）美国财政货币政策会有何外溢效果

美国财政货币政策未来将由两大因素主导，一是特朗普的财税方案，二是美联储的加息和缩表节奏。这两方面的政策均会对世界经济产生较大影响。

特朗普的财税方案有三个核心要素，分别是减税、降低政府开支以及增加国防和基建投资。减税主要是为了增强美国经济活力；降低政府开支主要是为了平衡预算，弥补减税可能带来的财政赤字；增加国防和基建投资主要是为了安全和使美国更伟大。这个方案试图在增强美国经济活力和使美国更伟大的同时，实现预算平衡，并降低政府债务水平。20世纪80年代，美国的里根总统实施了与特朗普类似的政策，其结果显示，上述政策对促进经济增长有一定效果，但是很难实现预算平衡和控制政府债务增长。

罗纳德·里根在1981年任美国总统时，宣称要降低政府规模，建最小政府，要为降低债务水平而战。奉行供给学派理论的里根，大幅度削减税收，减少政府开支，并通过"星球大战"计划加大国防支出，希望以此提振美国经济。里根在任8年间，美国联邦政府债务与GDP之比从32.5%上升到50.5%，上升幅度高达18个百分点。经历了"9·11"恐怖袭击，并相继发动阿富汗和伊拉克战争的小布什，在任期间也仅仅使美国联邦政府债务与GDP之比上升了12.2个百分点。可见，里根政府政策带来的后果是：对经济增长的刺激作用，远远低于预期，对财政赤字和政府债务的扩大作用，远远高于预期。

可见，特朗普财税方案的实施，政策后果很可能是：小幅的GDP增长率提升，大幅度的财政赤字和政府债务增长。美国GDP增长率提升，会给世界经济带来正面的外溢效果。但是财政赤字和政府债务增长会给世界经济带来负面的外溢效果。其中政府债务的增长，会对利率产生上行压力，吸引外国资本流入美国和美元升值，并可能给世界其他地区带来经济动荡。

美联储加息和缩表节奏是另一个会对世界经济产生较大外溢效果的因素。美联储已经在2015年和2016年各加息一次，2017年上半年加息两次，并已经宣称要启动缩表计划。所谓"缩表"，就是美联储减少其持有的国债和抵押贷款支持证券。美联储在金融危机期间为了给市场提供流动性和维持金融稳定，购买了大量金融机构的抵押贷款支持证券，在危机后为了刺激经

济增长，大幅度降低联邦基金利率并用"量宽"政策降低长期利率，"量宽"政策实际上就是美联储不断购买中长期政府债务和抵押贷款支持证券。截至 2017 年 10 月底，美联储持有的美国中长期国债相对于 2008 年 9 月初，增加了约 2.0 万亿美元，抵押贷款支持证券增加了约 1.8 万亿美元，导致美联储资产总额高达 4.5 万亿美元，是 2008 年 9 月初的 4.9 倍。

美联储减持中长期国债和抵押贷款支持证券的缩表行为，将对中长期利率造成上行压力，加上美联储提高联邦基金利率和特朗普财税政策对中长期利率的上行压力，美国未来的利率水平很可能快速大幅度提高，这一方面会抑制美国经济增长，另一方面会引导资本流入美国和美元升值，造成其他货币贬值尤其是新兴市场货币不稳定。当然，这种影响的程度取决于美联储加息和缩表的节奏。

（四）逆全球化会如何发展

逆全球化的内在原因是世界主要国家的经济不平衡和内部不平等。

美国特朗普正是以降低贸易逆差为由来推行其具有保护主义色彩的贸易政策。贸易不平衡主要是因为国内的储蓄投资不平衡，以及在国际经济体系中缺乏国际收支的自动调整机制。特朗普对外推行减少贸易逆差的政策，对内推行减税和增加财政支出的政策。这两个政策是互相矛盾的。减税和增加财政支出会扩大美国的财政赤字，进而会进一步增加美国的贸易逆差，而不是减少其逆差。特朗普为了实现其降低贸易逆差的目标，很可能在财税政策调整以后，在国际贸易政策上采取更加强硬、力度更大的保护主义措施，并带来更大的全球化逆潮。

发达经济体居民收入差距拉大成为一个越来越严重的问题，也是发达经济体要求调整全球化政策的内在动因。事实上，发达经济体居民收入不平等程度提高有三个主要原因。一是资本收益率大于经济增长率的必然结果。因为这会导致资本收入在国民收入中的份额越来越大，财富越来越集中于少部分人手中，财富的巨大不平等带来收入不平等。这是法国经济学家皮凯蒂指出来的。二是技术进步有利于发达经济体的中高收入人群收入增长，而不利于低收入人群的收入增长。三是全球化。全球化之所以会带来不平等，是因为对全球化受损者的补偿机制运行不畅。这种补偿机制主要有两个：一是受损要素自动流向获益部门，二是直接对受损要素进行利益转移。这两个机制在欧美等发达经济体中均没有很好地运转起来。

采取逆全球化的贸易保护措施来降低不平等，而不针对财富集中和技术进步带来的不平等采取措施，不针对补偿机制运行不畅带来的不平等采取措施，发达经济体就不能真正遏制收入差距拉大的趋势。遗憾的是，那些能有效降低不平等程度的国内措施往往涉及国内重大利益调整，很难真正实施起来。而那些作用甚微的逆全球化措施，则往往成为发达经济体当政者捞取政治资本的筹码。这种状况对于全球化的未来和世界经济的未来都是危险的。

（五）全球债务水平持续积累会有何后果

各经济体债务水平和杠杆率上升表现在不同的部门，其中发达经济体主要是政府债务水平偏高，新兴经济体主要是居民和企业债务水平不断上升。

主要发达经济体虽然为政府债务设立一些人为的财政规则，如美国设债务上限，欧盟设赤字和债务超标的惩罚机制，但都没有阻止其债务水平的膨胀。政府债务的膨胀史，实际上是约束政府债务的机制一层一层被打破的历史和政府支出一项一项增加的历史。这些约束机制包括预算平衡机制、债务与偿债税源直接挂钩机制以及外部平衡机制。政府支出引起的债务融资包括战争融资、财政流动性融资、宏观稳定融资和福利融资等。今天的世界，已经严重缺乏约束各国财政赤字和债务增长的有效机制，而债务融资的理由却越来越多。发达经济体的政府债务，还会继续膨胀下去。

在政府债务得不到约束的情况下，唯一能够有效降低债务负担的途径，就是高速经济增长加上一定程度的通货膨胀。然而，过高的债务反而会妨碍增速提高。如果没有实体经济的加快增长，发达经济体政府债务继续膨胀的结果，要么是债务货币化和高通胀，要么是违约。这两种情况都会带来经济衰退。

新兴经济体的企业和居民债务水平上升，已经成为一个新的风险点。

一方面，新兴经济体非金融企业债务与GDP之比在2017年第一季度末已经达到了103.6%，超过发达经济体16.2个百分点。新兴经济体过高的非金融企业债务水平是其股权融资市场发展不充分所导致的，但也在很大程度上反映了新兴经济体的经济回升是依靠信贷支撑。新兴经济体未来非金融企业部门的去杠杆会降低其经济活力。

另一方面，新兴经济体居民债务与GDP之比在2017年第一季度迅速上升至37.1%，虽然还远远比不上发达经济体73.8%的水平，但比2016年第一季度提高了2.8个百分点，比2015年第一季度提高了6.8个百分点。一般来说，在一个经济体中，企业部门是资金净需求方，政府的资金供需大体平衡，且在大部分时间内也是资金净需求方，居民是经济体中的净供给方。如果居民也大量借入债务，那么谁才是该经济体中的资金净供给方呢？只能是外国。也就是说，居民债务的快速发展带来的后果是资金净流入，也即经常账户逆差。这种由于内部过度消费造成的储蓄投资不平衡以及相伴随着的国际收支不平衡，对于新兴经济体是非常危险的。国内储蓄不足会降低其资本积累速度并损害长期增长潜力。国际收支逆差容易引发货币危机，且会造成外债不断累积，并容易引发外债危机。

（六）资产泡沫是否会破裂

发达经济体的低利率和宽松货币环境催生了资产价格的不断高涨。美国标准普尔500指数、道琼斯工业平均指数和纳斯达克综合指数月度收盘价在2007年10月达到金融危机以前的最高值，当时的三大指数分别为1549点、13930点和2859点。危机后三大指数大幅下挫，此后逐渐上升，并于2013年前后超过危机以前的最高值，至2017年10月，三大指数的月度收盘价分别已达2575点、23377点和6728点，分别是危机前最高值的1.66倍、1.68倍和2.35倍。美国房地产市场价格走势也与股票市场类似。美国20个大中城市的标准普尔/CS房价指数于2006年7月达到危机以前的最高点，即207点（2000年1月房价为100）。2006年7月后房价逐渐下跌，并引发次贷危机和全球金融危机。2012年年初，美国房价重新开始上涨，至2017年8

月，20个大中城市的标准普尔/CS房价指数已达203点，即美国房价已经非常接近次贷危机以前的最高水平。欧洲、日本等发达经济体也存在类似的资产价格持续快速上涨现象。新兴市场国家的股票市场和房地产市场也在经历价格快速上涨过程，尤其是2017年与美元贬值相伴随的新兴市场资本流入增加，导致新兴市场资产价格大幅上涨。

欧洲和日本的负利率和量宽政策将继续催生资产泡沫。美联储加息和缩表政策则有刺破资产泡沫的风险。加息对资产价格的抑制作用往往有滞后效应，一般需要连续多次累计较大幅度的加息才会突然导致资产价格崩溃。一旦美国资产泡沫破裂，刚刚有所复苏的世界经济，可能再一次陷入低迷之中。即使美国的加息和缩表暂时没有导致其资产泡沫破裂，但有可能引起美国利率尤其是中长期利率飙升，并引起资本流入和其他市场的资本流出，可能刺破其他市场的资产价格泡沫。可见，当前世界各国的资产泡沫已经成为威胁世界经济稳定的一个重要因素。而且，资产价格上涨持续时间越长，泡沫破裂造成的危害将越大。

四　2018年世界经济展望

2017年10月国际货币基金组织预测，2018年按PPP计算的世界GDP增长率为3.8%。其中发达经济体GDP整体增长2.0%，美国增长2.3%，欧元区增长1.9%，日本增长0.7%，其他发达经济体增长2.2%；新兴市场与发展中经济体GDP整体增长4.9%，中国增长6.5%，印度增长7.4%，俄罗斯增长1.6%，巴西增长1.5%，南非增长1.1%。新兴与发展中亚洲经济体仍然是世界上增长最快的地区，GDP增长率为6.5%。国际货币基金组织还预测，按市场汇率计算，2018年世界GDP增长率为3.1%。总体来说，国际货币基金组织认为2018年的世界经济增长率会略高于2017年。其他国际组织预测2018年世界经济形势也会好于2017年。世界银行预测2018年按PPP计算的世界GDP增长率为3.7%，比2017年提高0.2个百分点；按市场汇率计算的世界GDP增长率为2.9%，同样比2017年提高0.2个百分

点。经合组织预测 2018 年按 PPP 计算的世界 GDP 增长率为 3.59%，比 2017 年提高 0.25 个百分点。

我们预计，2018 年世界经济按 PPP 计算的增长率约为 3.5%，按市场汇率计算的增长率约为 2.9%。我们的预测仍然低于国际货币基金组织和其他国际组织的预测。较低的预测主要反映了我们对世界经济回暖基础不稳固、资产价格泡沫、全球债务水平过高、反全球化趋势、美国政策调整、英国脱欧进程以及地缘政治冲突等问题的担忧。

另外，我们预计 2018 年大宗商品价格仍将在中低位运行，原油价格将在 60 美元/桶上下波动。

国别与地区

Country/Region Study

Y.2

美国经济：政策不确定性增加

孙 杰[*]

摘　要： 从 2017 年开始，美国经济出现向好趋势，各项基本面指标也持续改善，促使美联储加息提速并开始缩表。货币政策的变化对金融市场和公司融资成本的影响虽然不大，但是企业运营状况依然严峻，政府债务负担也越来越沉重。在这种情况下，特朗普执政又给美国经济带来了不确定性。财政整顿和税制改革虽然有助于美国经济的长期增长，但是在短期内可能带来负面影响，而贸易保护政策对经济增长的影响可能相反。另外，美联储的政策调整将造成多大的冲击也是一个未知数。预计 2018 年的美国经济增长会略有回调。

* 孙杰，中国社会科学院世界经济与政治研究所研究员，主要研究领域为金融学。

关键词： 美国经济 宏观经济政策 货币政策正常化 货币政策规则

2016 年，按照现价计算的美国 GDP 总额达到 18.6 万亿美元，年度名义经济增长率为 2.8%，而按照 2009 年不变价格计算的 GDP 则为 16.7 万亿美元，年度实际经济增长率只有 1.5%，正好落在我们在 2016 年给出的预测区间中。

与 2015 年相比，2016 年名义增长率和实际增长率分别下降了 1.2 个和 1.4 个百分点，经济放缓趋势非常明显，符合我们在 2016 年做出美国经济初现疲态的判断。不过，从 2017 年前两个季度的情况看，同比增长率分别为 2.0% 和 2.1%，与 2016 年同期指标（分别为 1.4% 和 1.2%）相比出现了一定程度的回升，也大体符合我们在 2016 年对 2017 年美国经济增长做出的谨慎乐观的判断。

一 宏观经济增长呈现持续微弱下降趋势

从 2016 年第三季度到 2017 年第二季度，美国经济总体呈现比较稳健的增长态势，四个季度经过季节调整后的年化环比季度实际增长率（以下简称环比增长率）分别为 2.8%、1.8%、1.2% 和 3.1%，呈现年中增长、年末和年初放缓的走势。不过，从更具有可比性的季度同比经济增长率来看，则呈现平稳上升趋势，四个季度的同比增长率分别为 1.5%、1.8%、2.0% 和 2.2%。从支出法角度看，私人消费支出增长强劲，对经济增长的支撑作用非常明显；国内私人投资的拖累也出现了逆转，对经济增长的拉动作用不断增强；出口对经济增长的拉动虽然越来越有力，但是伴随国内经济形势的好转，进口的拖累作用也更加明显，因此净出口拉动作用在下降。与此同时，政府消费和投资对经济增长的贡献也在下降。由于消费和投资是 GDP 的两个主要构成部分，因此私人消费和投资拉动构成了支撑美国经济增长向好的主要因素，经济增长的内生动力在增强。

1. 季度分析显示，经济增长得到内生因素支持

2016 年下半年，美国劳动市场得到了持续的改善。每月新增就业人数达到 22.2 万，不仅高于 2016 年上半年 18.2 万的水平，也高于 2015 年 20.6 万的水平。因此，经过季调的失业率也从 2015 年 12 月的 5% 和 2016 年 6 月的 4.9% 加速下降到 2016 年 12 月的 4.7%。在此期间，劳动参与率一直维持在 62.7% 左右的水平上。因此，失业率数据的好转反映了劳动市场的改善。劳动市场的改善和资本市场财富效应的作用共同支持了国内消费的增长，房地产市场在经历此前一段恢复之后有放慢趋势，投资开始活跃，财政支出依然维持在略有扩张的水平上，经济活动扩张适度，核心 PCE 价格指数基本保持稳定。与此相配合，2016 年下半年美国经济增长率在上半年 1.3% 基础上提高到 1.75%。

具体来看，在 2016 年第三季度，环比增长率从上个季度的 2.2% 上升到 2.8%，个人消费支出对经济增长的贡献虽然达到了 1.92 个百分点，但是比上一个季度 2.57 个百分点的贡献有所下降。然而，国内私人投资对经济增长的影响终于结束了连续 3 个季度的拖累，转为拉动，从前一个季度的 -0.45 个百分点变成了 0.40 个百分点，成为支撑经济增长的第二个重要因素。相比之下，净出口和政府消费与投资支出对经济增长的影响变动不大。

到 2016 年第四季度，个人消费支出与往年一样出现上涨，对经济增长的贡献上升到 1.99 个百分点，国内私人投资在这个季度对经济增长的贡献则出乎意料地上升到 1.34 个百分点，表现出连续下降以后的强烈反弹。在这种情况下，如果净出口和政府消费与投资维持正常的水平，则环比增长率就有望达到 3%。但是遗憾的是，在这个季度，受到美元持续升值和外国经济增长放缓的影响，美国的出口对增长的影响从拉动转变为拖累，进口则由于国内消费的增长，加之年末出现的节日消费，大幅度上升明显拖累了出口增长，最终净出口对经济增长的贡献从上个季度拉动 0.36 个百分点逆转为拖累 1.61 个百分点，成为影响增长最主要的负面因素。

到 2017 年上半年，劳动市场继续改善，月平均新增就业人数为 21.7 万，虽然略低于 2016 年下半年的水平，但是考虑劳动参与率也同时上升

0.2 个百分点，同时失业率在 2017 年 5 月已经下降到 4.3%，明显低于美联储公开市场委员会对长期正常失业率水平的估计，可以判断伴随美国经济的扩张，劳动市场已经开始出现紧张的局面。值得注意的是，在劳动市场改善的同时，私人非农企业的平均时薪和平均周薪水平并没有出现明显的变化。这种情况既反映了近年来美国劳动生产率增长缓慢的局面，也最终制约了私人消费的进一步增长。与此同时，核心个人消费支出价格指数增速在 2017 年 1~2 月一度接近美联储的政策目标，达到了 1.89%，但是 5~6 月又回落到 1.50% 的水平，而且在此期间市场通货膨胀预期一直稳定。在这种情况下，美国的经济增长率在 2017 年上半年进一步提高到 2.05%。

具体来看，在 2017 年第一季度，尽管环比增长率从 2016 年第四季度的 1.8% 下降到 1.2%，同期的同比实际增长率却从 1.8% 上升到 2.0%。造成环比增长率下降的因素主要是国内个人消费的下降，对经济增长贡献的百分比从上个季度的 1.99 个百分点下降到 1.32 个百分点，而个人消费下降的原因可能又有两个：寒冷天气的季节因素和大宗商品价格的小幅上涨。另外值得注意的是，私人国内投资和净出口对经济增长的贡献出现了一次换位。净出口从拖累经济增长 1.61 个百分点变成了拉动 0.22 个百分点，变动幅度高达 1.83 个百分点，而私人国内投资则从拉动 1.34 个百分点变成拖累 0.2 个百分点，变动幅度也达到了 1.54 个百分点。至于政府消费与投资对经济增长的影响虽然也从拉动转变为拖累，但是其影响依然比较有限。

到 2017 年第二季度，环比增长率又上升到 3.1% 的水平，同比增长率也相应提高到 2.2%。应该说这是一个与美国经济基本面大体相适应的水平。首先，个人消费支出对经济增长的贡献达到了 2.24 个百分点，处于近几年的平均水平，反映了美国劳动工资市场的改善状况，私人国内投资和净出口也分别拉动了 0.64 个和 0.21 个百分点，政府消费与投资则略微拖累 0.03 个百分点，也大体反映了近年来的平均水平（见表 1）。

表 1　总需求中各部分对 GDP 增长率的贡献

单位：%，百分点

季度	2016 年第一季度	2016 年第二季度	2016 年第三季度	2016 年第四季度	2017 年第一季度	2017 年第二季度
GDP 增长率	0.6	2.2	2.8	1.8	1.2	3.1
个人消费支出	1.23	2.57	1.92	1.99	1.32	2.24
货物	0.46	1.3	0.69	1.03	0.15	1.16
耐用品	0.08	0.62	0.68	0.67	-0.01	0.56
非耐用品	0.38	0.68	0.01	0.35	0.16	0.61
服务	0.77	1.28	1.23	0.97	1.17	1.08
私人国内投资	-0.68	-0.45	0.4	1.34	-0.2	0.64
固定投资	-0.05	0.22	0.25	0.28	1.27	0.53
非住宅	-0.52	0.41	0.42	0.02	0.86	0.82
住宅	0.47	-0.18	-0.18	0.26	0.41	-0.30
存货变化	-0.64	-0.67	0.16	1.06	-1.46	0.12
净出口	-0.28	0.28	0.36	-1.61	0.22	0.21
出口	-0.33	0.32	0.74	-0.47	0.85	0.42
进口	0.04	-0.04	-0.37	-1.14	-0.63	-0.22
政府消费与投资	0.32	-0.16	0.09	0.03	-0.11	-0.03
联邦政府	-0.1	-0.06	0.11	-0.03	-0.16	0.13
国防	-0.11	-0.08	0.1	-0.13	-0.13	0.18
非国防	0	0.02	0.01	0.1	-0.03	-0.05
州和地方政府	0.42	-0.11	-0.02	0.06	0.05	-0.16

注：GDP 增长率单位为"%"，其他各单项为对 GDP 增长的贡献，单位为"百分点"。
资料来源：美国经济研究局，经过季节调整的年化环比季度数据，2017 年 11 月 7 日修正值。

2. 2018 年美国经济增长率将与 2017 年大体持平

从 2016 年第三季度到 2017 年第二季度情况看，在影响美国经济增长的因素中包含了一些常规的波动以及正反两方面的意外冲击与叠加，环比经济增长率呈现先下滑再反弹的走势。对于这种走势我们并不陌生，在过去的几年中也时有所见。这意味着美国经济尽管面临美联储加速加息并可能开始缩表的冲击以及特朗普政府一系列政策的不确定性，但是依然运行正常。从危机以后的短周期波动角度看，2017 年的美国经济增长肯定会比 2016 年更强劲，增长率达到 2% 左右的上限，失业率和通货膨胀水平都将维持在低位，联邦基

金利率进一步提升到1.25%～1.5%的区间。预计2018年经济增长将略有回调。

不可否认，特朗普执政给美国经济的增长带来了不少不确定性①。尽管共和党控制了参众两院，但是国会与白宫之间的关系并不和谐，甚至存在冲突和对立，这进一步加剧了特朗普政府政策的不确定性。财政政策和贸易政策的不确定性可能对美国宏观经济的影响更直接一些，税改也会影响到微观企业的行为。虽然特朗普已经提名更加偏向鹰派的鲍威尔，但是考虑到体制、政策惯性和市场冲击，美联储还应该更侧重长期的基本面因素和市场趋势，货币政策出现突变的可能性不大②。不过从2016年底以来，美联储突然提速的加息节奏以及逐渐密集的缩表言论也会使人感到美联储的决策绝非完全超然世外。

从传统的分析视角看，美国的经济增长依然是稳健的、内生驱动的。让我们做出这样判断的依据还是在GDP中占比最大的个人消费支出相对稳定。一个有意思的现象是，在过去几年间，每当季度增长率出现意外滑落，都会呈现个人消费对GDP增长的贡献率超过实际增长率的情况。也就是说，个人消费是维持美国经济增长稳健的中流砥柱。就当前的情况来看，消费者信心指数依然维持在新经济繁荣期以来的次高点上，加上低位运行的通货膨胀、不断增加的就业以及金融市场的财富效应都在有效支撑着个人消费增长，虽然利率水平的上升会抑制一部分消费信贷，但是从目前的局势来看，并没有影响到消费的增长。从过去50年的经验看，只有严重的衰退和通货膨胀才可能对居民的消费行为产生影响。在这个意义上，我们有理由相信在最近几年，主要由个人消费支撑的美国经济增长还将持续一段时间。

在经过2015年底到2016年初短暂回调以后，制造业采购经理人指数又重新站上高点，而服务业采购经理人指数则相对稳健。从新订单和未完成订单来看，2016年底以来又出现了一次比较明显的反弹。结合商业银行工商

---

① IMF经济学家James Haley就曾在CIGI官网发表题为"Biggest US Economic Risk May Be Policy Uncertainty"的评论。

② 值得注意的是，作为共和党人的鲍威尔虽然被认为是耶伦利率政策的坚定支持者，但是在放松金融监管方面则显得更积极。

贷款的增长情况，我们可以看出，随着劳动市场的收紧，企业或许将加大投资以节约劳动。不过从历史数据看，投资本身的波动应该不会对增长产生持续的趋势性影响。

至于净出口和政府支出，这两个因素从来不是影响美国经济的决定性力量，而且我们预计政府支出会保持微弱的拉动作用。净出口的变化可能比较复杂，取决于美元汇率、大宗商品价格的波动、地缘政治因素、全球经济的景气程度以及美国自身的进口需求收入弹性等一系列因素。从历史数据看，净出口在正常时期也是以波动为主，同样不会对增长产生持续的趋势性影响。投资与出口波动的最终叠加效果也只能影响增长的波动幅度，不会形成趋势性走势。

就政策而言，考虑到美联储在其议息会公告中已经取消了追求更强劲复苏的表述，代之以培育最大就业和价格稳定，货币政策应该还是以稳定为主，不会对经济增长速度本身产生直接影响。特朗普政府的财政政策和贸易政策可能对经济增长产生影响，但是从目前白宫与国会的博弈情况看，这种影响在短期内更可能只是通过市场预期的方式表现出来并呈现波动。也就是说，在短期内，基本面因素依然是主导美国经济增长的主要因素。

值得注意的是，美联储近期开始强调一些影响经济增长的长期因素，比如教育与收入差距问题以及全球性生产率增长减速问题。这些因素虽然在短期内不会对经济增长产生直接影响，却值得我们给予关注。

美国联邦公开市场委员会成员在 2017 年 9 月给出的长期经济增长中值为 1.8%，长期经济增长率中心趋势维持在 1.8%~2.0%，长期经济增长率的区间为 1.5%~2.2%，都比 2015 年同期下降了 0.2 个百分点左右。具体到 2017 年的经济增长率，中值为 2.4%，分别比 3 月和 6 月给出的预测值提高了 0.1 个和 0.2 个百分点；中期趋势值为 2.2%~2.5%，比 3 月和 6 月都连续提高了；经济增长率区间为 2.2%~2.7%，也连续调高了。这些都显示出他们对 2017 年经济形势的预测不断趋向乐观。美联储对 2018 年的预测变化就不那么明显，反映出短周期的波动特征。从对联邦基金利率的预测看，2017 年为 1.4%，2018 年进一步提高到 2.1%。但是，他们对失业率和

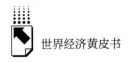
通货膨胀率的预测则持续低于自然失业率和目标通货膨胀率。我们认为，2017年美国的经济增长率可能处于2.0%~2.2%的区间内，2018年则可能会下降到2%左右。

二 突然提速的加息和即将到来的缩表

经过长达7年的量化宽松以后，美联储2015年底第一次加息，整整一年之后才进行第二次加息。然而在特朗普执政以后，美联储的加息节奏明显加快，分别于2017年3月和6月完成了两次加息，而且市场普遍预测在年内还将加息并开始缩表，2018年的加息节奏可能也不会减慢。

自美联储实行超常规的货币政策以后，对美联储货币政策工具和货币政策规则的关注就没有停止过。在零利率期间，当利率水平无法变动，各种利率关系和政策传导机制出现紊乱，且商业银行在美联储的超额准备金高企，特别是在量化宽松后期，购债行动结束而缩减量宽以前，美联储可以使用什么政策工具向市场传达他们的政策意图的问题就会变得非常突出。一时间，货币政策沟通、预期管理、超额准备金利率、隔夜逆回购协议等成为耶伦发表讲演时主要的解释内容。进入加息周期，美联储的政策工具逐渐复原以后，政策节奏又出现迷离不定，货币政策规则问题又成为美联储与市场沟通中不可回避的问题①。

1. 货币政策规则与美联储货币政策决策

货币政策规则就是货币政策决策时依据的，诸如使用实际与目标通胀之

---

① 参见 Janet L. Yellen，"The Economic Outlook and the Conduct of Monetary Policy"，Speech at Stanford Institute for Economic Policy Research，January 19，2017；Janet L. Yellen，"The Goals of Monetary Policy and How We Pursue Them"，Speech at The Commonwealth Club，January 18，2017；Stanley Fischer，"Committee Decisions and Monetary Policy Rules"，Speech at "The Structural Foundations of Monetary Policy，" a Hoover Institution Monetary Policy Conference Stanford University，May 5，2017 以及 Stanley Fischer，"Monetary Policy：By Rule，By Committee，or By Both？"，Speech at the 2017 U. S. Monetary Policy Forum，March 3，2017。

间的缺口等来估计经济资源运用状况的变量与以联邦基金利率为代表的政策利率决定之间的固定关系，或者说是作为被解释变量的政策利率与解释变量之间的稳定联系①。一个货币政策规则应该满足三个原则：首先是应该对经济形势的变化做出预期性的反应；其次是应该根据合意的通货膨胀水平和最大可持续的就业水平调整货币政策松紧；最后是政策利率水平不应该随通货膨胀率做短期亦步亦趋的变动，而应该是对其长期趋势进行持续的调整。仅就货币政策规则而言，可以分为泰勒规则、调整的泰勒规则、平衡规则、变化规则和一阶差分规则等。前三个规则主要关注名义利率水平的决定，而后两个规则关注的是名义利率水平的变动。这些规则的基本思想都是要使实际产出水平回归到潜在产出水平，并且用实际就业与潜在的最大可持续就业水平之间的缺口来代替产出缺口，只是在方程表述上略有差异。

为了满足货币政策规则的原则，在实际操作过程中还要处理很多具体问题。对此，美联储在 2017 年 7 月的货币政策报告中特别进行了说明。例如，由于就业状况与经济周期变化之间存在时滞，所以对于就业状况的判断常常要综合劳动参与率，工作小时数，职位空缺率，雇用、解雇和离职的情况对就业率指标进行调整。通货膨胀指标也一样，要结合 GDP 平减指数、CPI 和 PCE 价格指数，以及各自的标题指标与核心指标进行综合判断②。同时，由于对自然失业率和自然利率的估计会不可避免地不断变化，因而政策利率水平也会不断调整。不同货币政策规则之间利率水平对通货膨胀缺口和就业缺口之间的反应程度也各不相同，反映了这些规则在物价稳定和产出稳定之间的权衡取舍。另外，由于货币政策规则本身并没有考虑各种风险因素，所以在政策制定过程中还要评估各种风险。例如，当前美联储就认为，要为可

---

① 事实上，美联储在 1996 年就开始使用 FRB/US 模型，依据泰勒规则和最优控制原理求解利率和目标变量路径，定期提交给联邦公开市场委员会的货币政策会议，作为联邦基金利率决策的重要依据。目前，最新版本的 FRB/US 模型包含约 60 个随机方程、320 个恒等式和 125 个外生变量。从 2006 年开始，美联储又开始使用基于 DSGE 的动态最优预测模型（EDO）来进行政策分析和预测。

② 参见 Lael Brainard，"Navigating the Different Signals from Inflation and Unemployment"，Speech at the New York Association for Business Economics，May 30，2017。

能突然出现的未预期到的经济衰退预留政策空间，所以加息的节奏可能要比政策规则更快。甚至如果出现可能预示经济过热和通货膨胀过高的强烈信号，加息的节奏甚至可能会变得异乎寻常的快。

美联储在货币政策报告中指出，不同货币政策规则之间的结论可能有很大差异，而且很难判断哪些更好，它们在方向上却常常一致，差别只是在利率水平和调整幅度上。因此，美联储的实际决策也常常偏离按照规则计算的结果。事实上，在 2009 年之后的几年间，规则给出的利率水平一直是负值①而显然是无法执行的。最近几年，所有规则都给出提高利率水平的结论，但是差异很大。就 2017 年第一季度而言，变化规则给出的政策利率是0.37%，而平衡规则给出的政策利率则高达 2.5%。所以，即使美联储按照货币政策规则进行决策，决策的结果依然具有很大的弹性，甚至在事实上可以说是接近相机抉择②。

可能也正是由于这个原因，鲍威尔在 2017 年 2 月发表的一次题为"经济展望与货币政策"的讲话中重点论述了货币政策规则在美联储决策中的作用。他指出："人们大都认为简单的政策规则是有趣并且有用的，但它们只代表了评估政策适当途径所需的一小部分分析。我想不到有哪个关键、复杂的人类活动，可以安全地简化为一个简单的总结方程"。③

2. 加息与缩表的选择

金融危机以后的零利率政策使美联储无法再通过常规手段实现货币发

---

① 不包括调整的泰勒规则，因为它在模型设定上已经避免了负利率的情况。

② 我们也可以说，这种决策既不是拍脑袋，也不是刻板的依赖模型结果，而是理论、经验和判断的结合。但是这也受到 Dorn 严厉的挑战。参见 James A. Dorn，"Fed Needs Rule to Avert Financial Instability"，https：//www. cato. org/publications/commentary/fed – needs – rule – avert – financial – instability。不过耶伦在 2017 年 9 月 20 日议息结束以后召开的记者招待会上，当被问到费希尔请辞后三名理事是否会影响决策，她语焉不详地回答还会遵守以前的行事准则。

③ 原文是 "I think it's fair to say that simple policy rules are widely thought to be both interesting and useful, but to represent only a small part of the analysis needed to assess the appropriate path for policy. I am unable to think of any critical, complex human activity that could be safely reduced to a simple summary equation"。参见 Jerome H. Powell，"The Economic Outlook and Monetary Policy"，Remarks at the Forecasters Club of New York Luncheon，February 22，2017。

行，只能通过购买国债和各种机构债的方式进行量化宽松，以稳定金融市场并刺激经济复苏。结果，美联储资产负债表的规模也从危机前的不到 4800 亿美元扩张到 2014 年年中美联储开始缩减量宽前的 41000 亿美元，占 GDP 的比重从大约 4% 上升至 24%。

与常规的宽松货币政策相比，量化宽松意味着美国经济已经不能依靠刺激正常的商业活动扩张货币，必须由美联储直接注入货币，但是显然这样注入的货币并不会被实体经济所吸收而实际上起到了稳定金融市场的作用①。在这个过程中，将量宽政策释放的大量货币变成了商业银行在美联储的超额准备金，对稳定金融市场，同时防止出现通货膨胀至关重要。因此美联储将原本要等到 2011 年 10 月 1 日实行的对准备金支付利息的法律提前到了 2008 年 10 月 6 日。但是这样金融机构就可以从 GSE 借入资金在美联储套利，使本来应该成为联邦基金利率下限的超额准备金利率（the Interest Rate on Excess Reserves, IOER）变成了联邦基金利率上限，而在极度量宽的条件下，美联储隔夜逆回购协议（Overnight Reverse Repurchase Agreement Facility, ON RRP)② 的利率则从联邦基金利率的上限变成了下限③。尽管如此，美联储还是能够实现对零利率的控制。

毫无疑问，当美国经济增长逐渐稳定以后，货币政策也必须回到常规状态，以防止持续宽松的货币政策导致美国经济过热。更重要的是，退出量宽将为美联储应对下次金融危机或者经济衰退时再次扩张资产负债表预留空间。正是在这个意义上，目前美联储强调的只是货币政策正常化④，加息和缩表还不是标准意义上的逆周期调控。美联储自己对货币政策正常化的解释

---

① 在这方面，美联储在每次议息会的公告中从来没有给予正面承认，都是使用传统语言，强调由通货膨胀和经济运行状况做出货币政策决策。

② 按照美联储标准文件的说法，隔夜逆回购协议的一般缩写为 ON RRP 而不是 ON RRA。

③ 一般来说，美联储会给联邦基金利率的波动留出 0.25% 的走廊。

④ 参见 Jerome H. Powell, "Thoughts on the Normalization of Monetary Policy", Speech at The Economic Club of New York, June 1, 2017 以及 Lael Brainard, "Cross - Border Spillovers of Balance Sheet Normalization", Speech at the National Bureau of Economic Research's Monetary Economics Summer Institute, July 13, 2017。

就主要包括了逐步将联邦基金利率目标区间提升到更正常的水平和逐步减少美联储资产负债表的规模两部分内容，而且当商业银行信贷在2014年以后开始恢复增长，市场信心得到重建以后，美联储的政策也应该从稳定金融市场向调控经济运行方面回归①。在连续加息4次以后，缩表问题自然也就排上了议程，只要不出现大的意外，目前预期（currently expect）将在2017年底开始缩表。毕竟美联储持有过多债券不利于债券市场的正常运行。

缩表与加息同为收紧货币政策的工具，但一个是公开市场上的数量型调控，一个是全面的价格型调控，因此缩表对经济影响不仅更温和、更可控，而且也是必须的②。这是因为，首先，缩表可以减少美联储利息支出，避免其出现亏损的尴尬局面③；其次，缩表对于商业银行来说意味着超额准备金的下降，在不可能通过大幅度提高IOER以稳定超额准备金的情况下，能够提高美联储对联邦基金利率的控制能力，防止出现流动性冲击，对于稳定宏观经济形势意义重大④；最后，缩表也可以使债券收益率曲线变得更加合理⑤。

作为一种货币政策沟通，美联储很早就公布了缩表的大致计划，即将持有的到期美国国债本金每个月不再进行再投资的上限设定为60亿美元，然后每三个月将此上限提高60亿美元，直到最后升至300亿美元；将持有的机构债务和抵押贷款支持证券的本金每个月不再进行再投资的上限最初设定为40亿美元，然后每三个月将此上限提高40亿美元，直到最后升至200亿美元。但是，最终美联储资产负债表会缩减到多大的规模，目前尚无定论。市场也存在不同的猜测。对此，公开市场委员会给出了定性的说明，即缩表后的最终规模会明显小于近年来的水平，但大于危机前的水平。换言之，美

---

① 从危机期间应对金融市场动荡的稳定措施向调控经济运行方面回归应该是美联储货币政策正常化更本质的含义。

② 耶伦在2017年9月20日的新闻发布会上承认，改变资产负债表政策方面的障碍偏高，所以就优先调整了利率。

③ 美联储一旦出现亏损将面临一系列法律问题而难以解决：超发货币会降低美联储的声誉，提高通胀和通胀预期水平，美元信用受损，美债价格下降，收益率上升。如果求助于财政部将威胁美联储的独立性。并且由于当前美国国债问题依然严峻，也几乎不具有可行性。

④ 大幅度提高IOER有可能打乱美联储的加息节奏。

⑤ 另外，ON RRP也会随着缩表而终止。

联储将根据银行系统的需求确定准备金余额的水平，银行不需要担心未来会出现流动性不足的状况。为了进一步稳定市场，美联储还一如既往地为自己留出了余地：如果经济前景明显恶化，需要大幅降低联邦基金利率的目标区间，那么，美联储将会重启债券投资计划，改变资产负债表的规模和结构。

从目前市场情况看，缩表可能会带来一些心理影响，但实际影响可能很有限。这是因为美联储已经做了比较充分的市场沟通；金融机构的风险偏好回升；资产价格已经出现大幅上升，也能够承受冲击。当然，可以预期的是，即使在耶伦离任后的鲍威尔时代，美联储也不会莽撞行事，一定会谨慎小心地维护目前的增长局面，预计在短期内加息和缩表将会交替进行。2017年9月20日的议息会公告明确了2017年10月启动缩表，这标志着量化宽松的全面终结和货币政策正常化的全面启动。

3. 美联储货币政策的走向依然是渐进的

尽管受到加息的影响，但是公司债市场的运行并没有受到明显的影响，未来一年的通货膨胀预期依然低于2%，但是在中期内已经稳定地接近2%的目标。因此从总体上看，货币政策在未来一段时间内还可以维持宽松，以维持市场的改善进程，直到通货膨胀水平达到2%①。但加息和缩表都是货币政策正常化的反映，而不是真正的逆周期政策。

美联储还指出，未来的货币政策没有预定好的轨道，联邦基金利率的变化将依据在新数据基础上做出的经济展望评估结果，特别是通货膨胀的变化情况。这在以往可能是给自己留余地的辞令，不过在特朗普当政以后的美国

---

① 耶伦在2017年6月的一次新闻发布会上也曾提出是否要提高通货膨胀目标的问题，并且随后引起了关注。参见 Maria Demertzis，"Raising the Inflation Target：A Question of Robustness"，http：//bruegel. org/2017/06/raising – the – inflation – target – a – question – of – robustness。但是，曾在美联储供职的 Robert Heller 则撰文指出，低利率政策导致了赤字和债务陷阱，从而引致财政和金融危机，所以应该立即改变这种现状。参见 Robert Heller，"Monetary Mischief and the Debt Trap"，https：//object. cato. org/sites/cato. org/files/serials/files/cato – journal/2017/5/cj – v37n2 – 5. pdf。然而 Blanchard and Zettelmeyer 指出，利率提升一旦与民粹主义结合在一起，可能会爆发真正的危机。参见 Olivier J. Blanchard and Jeromin Zettelmeyer，"Will Rising Interest Rates Lead to Fiscal Crisis?"，PIIE Policy Brief PB17 – 27。这些都反映出美联储的货币政策的确面临比较纠结的局面。

似乎更具有针对性。由于总统在对外问题上自由度较大，因此直接出台了一些保护主义和美国优先色彩浓重的贸易政策，这些政策的短期效果还有待观察。而特朗普政府的国内政策的不确定性更大，基建项目尚未开始落地，缺乏州政府配合。加之美国对特朗普的负面情绪和反对声音持续发酵，长期利率的持续走弱表明市场调低了对特朗普新政的预期，给美联储的货币政策带来了更大的不确定性。因此，即使在耶伦在任时，美联储就明确表明了货币政策不会刻板地按照货币政策规则得到的结论进行决策，而从鲍威尔的政策理念看，他更不会恪守简单的货币政策规则。

值得注意的一个微妙变化是，与此前美联储的表述相比，虽然就业在政策决策中的位置依然重要，但是在表述中对通货膨胀的关注似乎更多了[①]。另外值得注意的是，教育问题、全球生产率增长放缓也第一次在货币政策报告中被明确纳入美联储的决策视野。

三　财政状况面临挑战

从目前看，不管是体制原因还是政策所涉及的范围，特朗普政府经济政策对美国财政影响更大也更直接。但是，由于奥巴马政府制定的2017财年的预算案早在2016年2月就已经提交给了国会，而且在特朗普上台以后，直到2017年5月美国国会才对2017财年的预算案达成协议，所以这个预算法案也没有反映特朗普的意图。而在此前的7个月中，多数机构都将2017年的预算冻结在2016年的水平上，没有开展新的项目。不过在2017财年剩下的5个月中，还是体现了特朗普执政后的一些新特点。

特朗普一上台，白宫预算管理办公室和国会预算办公室的网站网页就进行了改造。此后，这两个机构一反以往按部就班推出常规报告的常态，发布了不少新报告和规划，预示着白宫与国会之间将展开一轮新的博弈，美国的

[①]　其实，即使是对于通货膨胀，耶伦在2017年9月20日的新闻发布会上也坦言并不完全了解（We don't fully understand inflation...Shortfall of inflation this year is more of a mystery）。

财政状况也将出现一些新的变化，而这些在 2017 年 5 月特朗普政府提交国会审议的 2018 财年预算案中已经得到了反映。

1. 2017年美国财政状况出现恶化

2017 年 7 月 14 日，白宫预算管理办公室发布了中期评估报告。在这份报告的提要中特别使用下划线强调，2017 年的财政赤字可能达到 7020 亿美元，比预算的 6030 亿美元要高出 990 亿美元，赤字占 GDP 的比例也将从 3.1% 上升到 3.7%。报告承认，赤字的增加主要由于财政收入预期将下降 1160 亿美元，而财政收入的下降又主要是因为个人所得税和公司所得税收缴收入低于预期。事实上，在美国经济维持增长的情况下，财政收入占 GDP 的比例在 2017 年预计为 17.4%，比 2016 年下降了 0.3 个百分点。白宫预算管理办公室解释说，这个水平正好处在过去 50 年来的平均水平上，暗喻此前财政收入过高。

中期评估报告预计，2017 财年财政收入为 33440 亿美元，此前预算的财政收入则是 34597 亿美元；中期评估的财政支出为 40450 亿美元，而此前的预算为 40622 亿美元。尽管财政支出有所下降，但是下降的幅度显然不及财政收入的下降幅度，导致了财政赤字的上升。本来 2016 年美国财政决算赤字占 GDP 的比例是 3.2%，2017 年最初的预算将下降 0.1 个百分点，而现在要上升 0.6 个百分点。与此相对应的是，公众持有的联邦政府债务达到了 149210 亿美元，占 GDP 的比例也从 2016 年的 77% 上升到 77.9%。

从财政收入看，个人所得税、公司所得税以及社会保险收入①等三个主要支柱全面下降，关税和房地产税等其他税收也略有下降，只有占比最小的特种消费行为税稍有上升。在财政支出方面，美国近年来一向表现出锱铢必较的减支特点，中期评估认定不论是自主支出还是法定支出都会出现下降。但是与前几年不太一样的是，最大的减支来自社会保障支出和返税。与此形成对照的是，国防开支增加了。其实大部分国防开支项目也都被削减，只是国防健康开支一项增加了 190 亿美元。

---

① 含社会安全税、医疗税、失业保险和退休金等 4 项。

相比 2017 财年，中期报告虽然认定 2018 财年的财政赤字将有明显下降，为 5890 亿美元，但是仍然比特朗普政府提出的 2018 财年预算案提高了 1490 亿美元，占 GDP 的比例也从 2.2% 提高到 2.9%。不过从财政收支的具体变动看，造成 2018 年财政恶化的直接原因还是个人所得税和公司所得税收缴收入下降达 1400 亿美元，体现了特朗普税改的效应。而在支出方面，虽然社会保障支出和返税将节省 130 亿美元，自主支出方面变动不大，但是国防健康开支会再增加 250 亿美元。

从 2017 财年预算的中期评估以及 2018 财年预算的调整看，特朗普执政后美国的财政状况就数据来看并没有出现明显的变化，这一方面说明了大部分财政支出的刚性，另一方面也说明了此前奥巴马政府在减支方面的努力使减支空间已经不大了。事实上，正是因为奥巴马政府在金融危机后的持续努力，摆脱了严峻的财政局面，特朗普政府才有可能进行财政调整。当然，这些调整尽管还只是结构意义上的调整，但不论是在技术上还是在与国会的博弈中，仍然有相当大的难度。

2. 特朗普的财政政策

特朗普在 2017 年 5 月 23 日提交给国会的预算案中特别指出，美国选民选他做总统就是要华盛顿优先考虑选民的利益，这是他要兑现的承诺，而首先就要体现在白宫提出的预算案中。所以特朗普将他提交国会的 2018 年预算称为美国优先的预算，副标题就是使美国伟大的一个新基础，其基本特征是在减支等的同时，国防、边境、1 万亿美元基础设施投资成为优先项目[①]。

在他看来，选民利益优先首先就意味着保障国家和社会安全，否则繁荣就无从谈起。因此，防务开支的增加是最多的，达到 540 亿美元，同时削减其他开支以保证赤字不增长。对于防务支出的增加他特别指出，这是为了让美国军人能够保持良好的装备阻止战争，并且招之能战，战之能胜，而且这

---

① Ryan Bourne 认为相比直接的基础设施投资，特朗普政府更应该把重点放在支持长期增长和对基础设施投资的激励措施上，构建基础设施框架，而不是大量增加联邦投资。参见 Ryan Bourne, "Would More Government Infrastructure Spending Boost the U. S. Economy?", Cato Institute Policy Analysis 812, June 2017。

样一个预算本身也是向世界展示美国的力量和决心。其次是要保证美国的安全以及反恐和抑制暴力犯罪。所以，给国土安全部和司法部的移民执法预算也显著增加了，包括与美墨边境墙相关的执法开支，增加处理暴力犯罪和吸毒的资金支持。再次，增加1万亿美元的基础设施投资也是特朗普政府预算的优先项目。最后，美国优先还意味着减少国际援助。

不增加低收入者的税收也是美国优先的内容，这体现在特朗普的税改计划中，只是由于税改需要得到国会审议而没有在财政预算中得到立竿见影的反映①。在这个预算案中，特朗普政府对政府减支还是抱有很大的信心，并且指出只有一个更节俭和有效率的政府才能得到美国选民的信任。因此几乎所有的政府部门支出都被大幅度削减或取消，其中以教育、健康、住房和社会发展、对外援助尤甚。在结构调整的情况下，司法部和国土安全部也有不少项目支出受到削减或撤销。

在白宫预算管理办公室主任马尔瓦尼提交的 2018 年预算中期评估中，他不加修饰地指出，是前任政府经济政策失败导致美国政府的公共债务在过去 7 年间几乎翻倍，而经济增长却低于平均水平。因此，恢复财政纪律，并为此采取切实措施至关重要。

为此，OMB 特别发布了一个名为《主要节支和改革》的报告以说明特朗普政府预算案中包含的新措施。这些节支措施涵盖了大部分自主性开支和法定开支，以全面控制联邦政府的支出，力争在 10 年恢复收支平衡，并且号称要通过重新定义联邦政府的作用，使之更负责、更节俭、更高效，以便给美国人民带来最大的利益。在特朗普政府预算案中，自主开支的节支总额达到了 573 亿美元，其中 267 亿美元是砍掉了开支项目的结果，306 亿美元是因为减少了开支金额。最终，与 2017 年相比，2018 年预算案在财政收入增加 1940 亿美元的情况下，财政支出由于进行了结构调整，仅增长 320 亿美元，财政赤字从 6030 亿美元下降到 4400 亿美元，财政赤字占 GDP 的比例从 3.1% 下

① 尽管目前税改不断推进，细节也逐渐得到落实，但是距离最后实施还有待时日，最快可能对 2018 财年的预算执行以及 2019 财年的预算案造成影响。

降到 2.2%。联邦政府债务占 GDP 的比例从 77.4% 下降到 76.7%①。

2018 年预算案强调了使美国走出停滞的 8 个支柱性改革：医疗保险的改革、税制简化和税收削减改革、移民改革、削减联邦支出、重新梳理法条、发展新能源、福利制度改革以及教育改革。预算案还重申了特朗普在竞选中的承诺，包括冻结 60 天推出新法令、签署 13771 号行政命令，即每推出 1 个新法规就要终止两条旧法规等，不一而足。

尽管特朗普政府提出这样的预算案，但是国会似乎并没有因此变得乐观。2017 年 6 月发布的预算和经济展望中，国会预算办公室认为在未来 10 年中，美国财政预算赤字占 GDP 的比例依然会增长，到 2027 年达到 5.2% 的水平，而经济增长率维持在 1.9% 左右。2017 年 7 月 CBO 还发布了对特朗普政府预算案的分析报告，认为在未来 10 年中美国的公共债务占 GDP 的比例远没有特朗普政府预测的那么乐观。虽然对近几年预测差异不大，但是对未来的预测分歧越来越大。例如，国会认为到 2027 年财政赤字占 GDP 的比例是 5.2%，而白宫认为只有 2.6%。相应地，国会认为到 2027 年联邦政府债务占 GDP 的比例是 91.2%，而白宫认为只有 79.8%。虽然国会对未来财政收入的增长相对乐观一些，但是国会对政府开支的预测远高于白宫的预测是造成这种分歧的主要原因。例如，国会预测到 2027 年财政收入将达到 51580 亿美元，比白宫的预测值高 1070 亿美元，但是对财政支出的预测值是 66210 亿美元，比白宫的预测高了 8490 亿美元之多。相应地，国会预测的财政赤字也比白宫的预测高出 7420 亿美元。

国会与白宫在财政预算方面出现分歧是再正常不过的事情。2017 年 9 月，美国参众两院对哈维飓风救灾计划和提高政府债务上限进行的捆绑投票虽然得到通过，但即使是一些共和党议员，甚至有灾区议员也因为债务上限问题而投了反对票，说明特朗普政府的处境并不乐观②。而提高债务

---

① 如前所述，OMB 在 2017 年 7 月 14 日提交国会的中期评估中，财政预算的赤字又提高了 1490 亿美元。

② 不过从目前的情况看，为了避免特朗普政府政绩不佳、能力不足的印象给共和党在中期选举中造成不利影响，共和党在特朗普税改方面表现还比较积极和配合。

上限仅仅3个月的效力更会使民主党在日后的预算谈判中处于更加有利的位置。

因此，特朗普的预算案是一回事，而预算的实际执行情况显然更重要。国会在2017年7月发布的月度预算评估显示，在2017财年的前10个月财政总收入上升了2%，而财政总支出上升了4%。这意味着特朗普不仅在中期内面临与国会博弈的压力，短期内的财政状况也不乐观。

尽管从理论上说，减税可以降低企业负担，有助于激发美国经济的长期增长潜力①，但是相比减税更值得关注的实际是美国财政支出能否真的得到压缩。从过去的情况看，压缩虽然是可能的，不过幅度不会很大，空间也不会很大。即使特朗普政府要精简政府，压缩下来的财政开支估计很难与减税减少的税收收入相若。这样，减税一旦得到批准，在中期内，财政赤字必将上升，政府不得不增发债务。增发债务不仅会挤出减税的刺激效果，而且会加剧美国财政的严峻形势。即便最终能够实现通过减税扩大税基、增加税收的预期目标，当前的美国已经远非里根时代可比。在这段时间内能否避免出现债务危机就成了一个现实的挑战。

四 公司部门形势依然不容乐观

特朗普执政对财政政策和贸易政策的影响比较直接，而对货币政策和企业微观形势影响则不太显著。货币政策的独立性使特朗普执政的影响只能通过美联储自身的政策调整而产生影响②。当然，特朗普税改方案肯定是影响公司部门经营的重大因素。所以在过去的一年中，公司部门的形势总体上延续了此前的走势，不温不火，不过也表现出一些可能的变化趋势。

---

① 实际上即使在这个问题上美国也有不同的看法。
② 当然，对美联储的独立性问题目前也有一些反对意见。James A. Dorn 发表在加图智库官网上评论"Fed needs rule to avert financial instability"中的相关内容就是一例。不过，在2017年9月20日的新闻发布会上，当耶伦被问及是否会与特朗普见面并寻求连任时，她表示只在很早之前见过特朗普，但此后很久没再见面。

1. 公司部门的运营指标出现金融危机以来的持续下降

在经历了 2008 年金融危机的 V 字形的深跌和反弹之后，美国公司部门经过季节调整以及存货计价和资本消耗调整的利润总体上以非常小的斜率缓慢增长。其间在 2015 年出现一次相对较深的回调以后，到 2016 年第三季度再次完成反弹，但是此后的利润增长力度进一步下降。虽然美国国内企业利润的反弹力度略强于在美国的外国企业利润的反弹力度，但是非金融企业的反弹力度明显弱于金融企业的反弹力度，而在非金融企业中，制造业和批发贸易甚至没有出现像样的反弹。与此相对应的是，从 2016 年第三季度开始，经过季节调整的美国全部制造业出货量的增长也非常缓慢。

更重要的是，美国全部制造业企业手中持有的未完成订单自 2015 年初下降以来就一直没有明显的反弹迹象。相反，在出货量增长缓慢的情况下存货量却呈现缓慢的上升，而新增订单的增长也非常缓慢。不过，如果从经过季节调整的新增订单月度同比增长率来看，2017 年结束了此前连续长达 25 个月的萎缩，呈现波动增长的局面，使未来美国制造业企业运营还能看到一丝希望的曙光。

经过季节调整的工业总体产出指数同比增长率虽然幅度不大，也有波动①，但是从 2016 年底开始摆脱此前连续 20 个月的负增长，形成了一个转折。值得注意的是，全部工业的产能利用率则维持了自 2015 年以来的下降趋势，已经从 2014 年 11 月 79.16% 的峰值一度下降到 2016 年 11 月 75.50% 的低谷，在 2017 年一直维持在 76.5% 左右的水平。与此相呼应的是，中小企业乐观指数，不论是经济向好预期、就业计划还是增加库存计划等指标都呈现好转的趋势，特别是经济向好预期指标一改金融危机以来持续的负值状态，回到了危机前的乐观水平，变化十分明显且比较稳定。另外，Sentix 投资信心指数相对前期的变化虽然仍处于波动中，但是低点在抬高，而高点也在上升。这种情况也在我们前面对国民账户的投资支出分析中得到了部分

---

① 美国工业生产波动主要是由采掘业造成的，制造业一直不温不火，而采掘业的波动又与大宗商品价格的关系密切。8 月工业生产环比降幅较大，可能是受到飓风的影响。

印证。

总之，尽管实际产出和订单的增长不显著，但是各种景气调查的结果都显示公司部门经营的预期前景正在回暖，我们担心这也许是小周期波动而已。当然，景气调查的先导指标好转还能够持续多久，是不是最终能够带动公司部门实体经济的活跃有待进一步的观察。此外，特朗普力推的金融改革将对金融部门运行和实体部门融资造成什么影响也是一个需要关注的问题。

2. 公司部门的运营环境

金融市场状况直接影响企业和居民的经济活动，进而影响经济增长。从目前的情况看，美联储加息，特别是在 2016 年加息提速以后，给金融市场造成的冲击还不是很严重。与 2015 年底加息时相比，到 2017 年年中，虽然短期国债收益率上升明显，比如 1 个月期国债收益率从 0.15% 上升到 1.00%，1 年期国债收益率从 0.65% 上升到 1.25%，但是 3 年期国债收益率仅从 1.3% 上升到 1.5%，而 5 年期国债收益率基本没有明显的变化。同期，商业银行的 4 年期汽车贷款利率从 4.0% 上升到 4.7%，2 年期个人贷款利率从 9.7% 上升到 10%，变化都不大。在企业债券方面，高质量市场的 2 年期债券收益率从 1.6% 上升到 1.8%，5 年期也几乎没有变化，甚至在波动中略显下降。不过值得注意的是，在相对有利的金融市场环境中，公司融资行为却没有明显的增长，全美商业银行工商贷款增速从 10% 的水平上下降了一半左右，而消费贷款和房地产贷款也呈现下降的局面。

2015 年底的加息也没有影响到股票市场的走势，道琼斯、标准普尔和纳斯达克三大股指持续增长，甚至 2016 年加息开始提速以后，这三大股指更呈现加速上升的势头。但与此同时，应该引起我们注意的是，伴随着股指的上升，股票市场的波动率指数（VIX）也在持续下降。这一方面反映出市场参与者预期后市波动程度会趋于缓和的心态，另一方面也意味着投资者对市场走势过度乐观。从历史数据的水平看，目前 VIX 指数已经接近最低点，显示行情的反转可能即将到来。

从劳动市场形势看，虽然在劳动参与率大体稳定的情况下失业率大幅度下降，意味着经济持续增长，劳动力供给也显示了紧张的局面。到 2017 年

年中，各行业的职位空缺数和空缺率也都出现了明显的上升。与前几年相比，这不仅标志着美国经济转型的现代服务业用人需求得不到满足，而且诸如制造业和建筑业等传统行业也出现了劳动力供不应求的状况。在这种情况下，未来私人非农部门的工资水平可能将呈现上升势头。

当然，从最值得关注的微观经济指标，公司部门的生产率增长（不论是制造业的每小时产量或人均产出）情况看，还都停留在危机后的低位波动区间内。这也可以解释为什么在美国就业状况改善明显的情况下经济增长依然处于历史平均水平之下。虽然 PIIE 的研究表明，我们不用因此过分悲观①，但是也有人指出美国的生产率下降可能成为常态②。

五　外部经济部门的形势和政策变化

在过去一年，随着发达国家和新兴市场经济体金融市场的稳定、公司盈利的好转以及大选风险的释放，投资者信心得到了巩固。而随着石油价格的稳定，通货膨胀也得到了控制，发达经济体的中央银行依然维持着宽松的货币政策，加之美元开始贬值，这些因素都为美国经济增长提供了一个相对有利的外部环境。但是，特朗普执政以后在国际贸易方面的政策转型给未来美国的国际贸易形势带来了不确定性。

1. 对外经济部门的局面在好转

从 2016 年 8 月开始，美国对外贸易的一个显著变化是结束了出口连续 19 个月的负增长，而且不出意料的是服务贸易出口的正增长发挥了带动作用，4 个月以后货物贸易也出现了正增长，并且增长速度很快超过了服务贸易的增长速度。从 2017 年开始，不论从名义美元指数还是从实际美元指数

---

① Lee Branstetter and Daniel Sichel, "The Case for an American Productive Revival", PIIE Policy Brief PB17 - 26.

② Nicholas Crafts and Terence Mills, "Economic Models vs 'Techno-optimism': Predicting Medium-term Total Factor Productivity Rates in the US", http://voxeu.org/article/slow-productivity-growth-may-not-be-new-normal-us.

看，美元都出现了一定程度的贬值，而此前在 2016 年下半年则基本保持稳定或略有升值。因此，汇率因素对出口增长的影响可能不是主要因素，海外市场需求增长对美国出口的影响应该更重要。

与此同时，伴随着美国国内经济增长持续向好，进口金额也在货物贸易进口和服务贸易进口正增长的双双带领下结束了连续 20 个月的负增长，而且进口的增长速度甚至略超过出口的增长速度，这就使美国的贸易收支和经常项目收支的逆差状况并没有出现明显的好转。

2. 特朗普贸易政策及其影响

贸易政策从来就是政治家手中最容易被选民理解的一个工具，当然更会成为特朗普在"美国第一"旗帜下的政策重点。在特朗普看来，要提升美国经济实力、创造更多的就业、让制造业企业回流、消除美国巨大的贸易逆差以及用创新推动经济增长等都离不开贸易保护政策的支持。

二战以后，美德、美欧、美日、美韩贸易摩擦一直不断，而近年来中美贸易问题又逐渐成为热点。这些问题背后都离不开美国衰落和霸权护持的问题。退出 TPP，重新谈判 NAFTA，甚至扬言退出 WTO，特朗普的贸易政策也不仅是只针对中国。

需要指出的是，特朗普政府的贸易保护是通过所谓的公平的对等贸易表现出来的，其他国家的贸易和关税政策只有以美国为标准，才是公平的。这种公平的对等贸易观成了美国制定贸易政策的理论基础。显然，对等贸易观与多边贸易体制理念严重冲突，否认了现行国际贸易秩序所承认的历史背景和国别差异，因为要求所有国家实行相同的贸易政策本身就是不对等的，而且特朗普本身的贸易得失观也是片面和狭窄的。事实上，如果仅仅关注贸易收支平衡、收入分配和短期就业冲击，看不到消费者剩余和生产者剩余，看不到贸易开放带来的经济效率的提升、产业升级和经济增长效应，中国也有理由实行贸易保护。中国在加入 WTO 前也担心过贸易冲击问题，跨国公司在中国还赚取了大量的超额利润。而事实证明，贸易和投资的开放是中国经济高速增长的一个重要前提。就中美贸易争端来说，如果以原产地规则准确评估贸易逆差，在全球价值链背景下全面评估贸易战的最终得失，理性看待

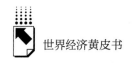
全球化条件下出现的贸易逆差，让美国的高科技优势在贸易往来中得到发挥，都不应该得出贸易保护主义的结论。

事实上，贸易战的本质就是通过逼迫其他国家让步来回避本国调整的压力和挑战，转移责任，于事无补。Goodman 就指出，我们必须清醒地认识到仅在贸易领域对美国的任何贸易伙伴采取制裁，都不可能从根本上改变目前赤字规模。降低贸易赤字的根本方法，是对美国内投资与储蓄进行宏观的干预，这不仅涉及美国自身的经济政策，也涉及美国的国际政策①。也正是由于这个原因，特朗普政府开始从国家安全角度处理贸易问题，这些措施不仅会削弱以规则为基础的国际贸易体系，而且一旦调查成立，总统就有权绕开国会直接发布行政命令，实施惩罚性关税或进口配额。这说明特朗普政府一意孤行，单边主义色彩明显，世界贸易秩序面临失序的挑战。也有外国学者认为，特朗普不太可能诉诸全面保护主义。因为如果特朗普诉诸保护主义，其他国家又采取报复措施，那么美国国内生产总值可能会在两年内累计损失高达4.5%。因此贸易保护主义既害人又害己。

六　结论和展望

进入 2017 年以后，美国经济增长出现向好的趋势，各项基本面指标也持续改善，促使美联储加息提速并将开始缩表。货币政策的变化对公司融资成本的影响虽然不大，但是企业运营状况依然严峻，政府债务负担也越来越沉重。在这种情况下，特朗普执政又给美国经济带来了不确定性。财政整顿和税制改革虽然有助于美国经济的长期增长，但是在短期内可能带来负面影响，而贸易保护政策的作用可能相反。这些政策主张能否得到国会的支持也有待观察。另外，美联储的政策调整将造成多大的冲击也是一个未知数。预计 2018 年的美国经济增长相比 2017 年会略有回调。

---

① Matthew P. Goodman，"Good Policy Starts With Good Analysis"，CSIS Global Economics Monthly，July 2017.

参考文献

Board of Governors of the Federal Reserve System, "Monetary Policy Report to the Congress", July 7, 2017.

Congressional Budget Office, "An Analysis of the President's 2018 Budget", July 2017.

Congressional Budget Office, "An Updated to the Budget and Economic Outlook: 2017 to 2027".

Congressional Budget Office, "Monthly Budget Review for July 2017".

Congressional Budget Office, "The 2017 Long – Term Budget Outlook", March 2017.

Flint Brayton, Thomas Laubach, and David Reifschneider, *Optimal – Control Monetary Policy in the FRB/US Model.*

Flint Brayton, Thomas Laubach, and David Reifschneider, *The FRB/US Model: A Tool for Macroeconomic Policy Analysis.*

James A. Dorn, "Fed Needs Rule to Avert Financial Instability", https://www.cato.org/publications/commentary/fed – needs – rule – avert – financial – instability.

Janet L. Yellen, "The Economic Outlook and the Conduct of Monetary Policy", Speech at Stanford Institute for Economic Policy Research, January 19, 2017.

Janet L. Yellen, "The Goals of Monetary Policy and How We Pursue Them", Speech at The Commonwealth Club, January 18, 2017.

Jerome H. Powell, "Thoughts on the Normalization of Monetary Policy", Speech at The Economic Club of New York, June 1, 2017.

Jerome H. Powell, "The Economic Outlook and Monetary Policy", Remarks at the Forecasters Club of New York Luncheon, February 22, 2017.

Lael Brainard, "Cross – Border Spillovers of Balance Sheet Normalization", Speech at the National Bureau of Economic Research's Monetary Economics Summer Institute, July 13, 2017.

Lael Brainard, "Navigating the Different Signals from Inflation and Unemployment", Speech at the New York Association for Business Economics, May 30, 2017.

Office of Management and Budget, "American First: A Budget Blueprint to Make American Great Again".

Office of Management and Budget, "Budget of the U.S. Government: A New Foundation for American Greatness", Fiscal Year 2018.

Office of Management and Budget, "Major Savings and Reforms: Budget of the U.S.

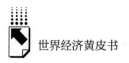
Government", Fiscal Year 2018.

Office of Management and Budget, "Mid – Session Review: Budget of the U. S. Government", Fiscal Year 2018.

Stanley Fischer, "Committee Decisions and Monetary Policy Rules", Speech at "The Structural Foundations of Monetary Policy," a Hoover Institution Monetary Policy Conference Stanford University, May 5, 2017.

Stanley Fischer, "Monetary Policy: By Rule, By Committee, or By Both?", Speech at the 2017 U. S. Monetary Policy Forum, March 3, 2017.

欧洲经济：稳步复苏

东 艳[*]

摘　要：　2016 年第三季度以来，欧洲经济进入全面复苏期，尽管欧洲一些主要经济体的大选对欧洲经济发展带来一定的不确定性，但在报告期内，欧洲经济表现整体优于预期水平。宽松的货币政策和增长友好型财政政策发挥了一定的刺激作用；劳动力市场的改善促进了居民可支配收入的增长，使私人消费继续成为引领经济快速复苏的主要动力；全球需求的回暖使出口对经济增长发挥了较为显著的促进作用。在整体向好的情况下，欧洲经济复苏的前景仍面临一些不确定性：全球经济复苏仍不稳定、一些发展中国家和新兴经济体的经济呈现下行趋势、英国脱欧后欧盟与英国关系走向具有不确定性，以及贸易保护主义影响全球贸易的稳定等。2018 年欧洲经济将继续处于稳步复苏状态。

关键词：　欧洲经济　经济复苏　量化宽松

2016 年下半年以来，欧洲经济处于稳步复苏期。2016 年欧盟经济增长率为 1.9%，欧元区经济增长率为 1.8%。我们在 2017 年的"世界经济黄皮书"报告中认为："2017 年，量化宽松的货币政策和促进增长型财政政策将

---

* 东艳，经济学博士，中国社会科学院世界经济与政治研究所研究员，主要研究领域为国际贸易。感谢文俊同学在数据整理方面的工作。

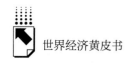
有助于促进国内需求和投资增长，劳动力市场的好转将促进居民实际可支配收入的增长，促进私人消费增长"。欧洲经济复苏的总体趋势与我们的判断基本一致，同时，经济复苏的状况比预期更为乐观。

一 宏观经济增长形势

（一）经济增长：稳步复苏

从2016年第三季度到2017年第二季度，欧洲经济总体呈现稳步复苏的态势，增长势头在加强。欧盟四个季度经季节调整后的以年率计算的环比增长率分别为2.02%、2.79%、2.22%和2.71%。欧元区的季度增长趋势与欧盟的基本一致，但都略低于欧盟的水平，四个季度经季节调整后的以年率计算的环比增长率分别为1.93%、2.50%、2.18%和2.54%。国内需求是促进欧洲稳步复苏的主要动力，净出口对促进经济增长发挥了积极的作用。

全球经济整体呈现向好的趋势，全球制造业和贸易出现了周期性的复苏，促进了欧洲出口的增长；公司利润的增加、劳动力市场的改善等因素促进了居民可支配收入和消费支出的增长；资本利用率的提高、投资信心的增强等使投资对促进经济增长发挥了积极的作用。大宗商品价格的持续提高，外部需求的增长，扩张性财政政策发挥积极作用等因素引领欧洲经济进入稳步复苏进程。

2016年第三季度，欧洲经济维持了较快增长。欧盟和欧元区经过季节调整后的以年率计算的环比增长率分别达到2.02%和1.93%，比上一季度有较大的提升。欧盟的投资增速较快，高于欧元区的水平，私人消费对经济增长继续发挥促进作用，但受英国脱欧、石油价格上涨等因素影响，私人消费的增速趋稳。欧盟的净出口依旧呈现负增长，但从欧元区角度看，出口对季度GDP环比增长率的贡献为0.19个百分点，明显高于欧盟0.05个百分点的水平，和进口的负贡献率相抵消，使欧元区净出口对季度GDP

的贡献保持中性。

2016 年第四季度，欧洲经济的增速进一步提升，欧盟和欧元区经过季节调整后的以年率计算的环比增长率分别达到2.79%和2.50%。劳动力市场的改善促进了居民可支配收入的增长，使私人消费继续成为引领经济快速复苏的主要动力。受较为宽松的货币政策影响，欧元区投资对经济增长的支撑明显增强。全球贸易的回暖，使出口对经济增长发挥了较为显著的促进作用。从欧洲总体来看，净出口对经济增长的贡献率为 0.22 个百分点。

2017 年第一季度，欧洲经济继续保持稳步复苏的态势，但增速比上一季度略有下降。欧盟和欧元区经过季节调整后的以年率计算的环比增长率分别为2.22%和2.18%。受外部经济环境改善等因素的影响，欧元区的出口表现优异，对主要经济体，如中国、美国、俄罗斯等国的出口显著增加，净出口成为本季度引领欧元区经济增长的首要动力，劳动力市场的改善继续推进私人消费持续增长。

2017 年第二季度，欧洲经济增速继续提升，欧盟和欧元区经过季节调整后的以年率计算的环比增长率分别达到2.71%和2.54%。私人消费、投资、净出口、政府消费均对本季度的经济增长发挥了积极的作用。劳动力市场的改善、住房投资的增长、商业投资的改善、外部需求的增长等一系列因素促进了欧洲经济的稳定复苏（见表1）。

表1　欧盟和欧元区 GDP 增长率及各组成部分贡献率

单位：%，个百分点

项目	2016 年第一季度	2016 年第二季度	2016 年第三季度	2016 年第四季度	2017 年第一季度	2017 年第二季度
欧盟(28 国)						
GDP 增长率(年率)	1.73	1.65	2.02	2.79	2.22	2.71
GDP 增长率	0.43	0.41	0.5	0.69	0.55	0.67
私人消费支出	0.42	0.26	0.25	0.36	0.27	0.29
总资本形成	0.03	0.12	0.45	0.03	0.09	0.19

续表

项目	2016 年第一季度	2016 年第二季度	2016 年第三季度	2016 年第四季度	2017 年第一季度	2017 年第二季度
固定资本形成	-0.09	0.41	0.03	0.2	0.03	0.23
存货变化	0.12	-0.29	0.41	-0.17	0.06	-0.04
净出口	-0.17	-0.02	-0.23	0.22	0.15	0.08
出口	0.02	0.62	0.05	0.85	0.50	0.45
进口	-0.19	-0.64	-0.28	-0.63	-0.35	-0.37
政府消费	0.15	0.35	0.03	0.07	0.04	0.1
欧元区(19 国)						
GDP 增长率(年率)	2.06	1.25	1.93	2.50	2.18	2.54
GDP 增长率	0.51	0.31	0.48	0.62	0.54	0.63
私人消费支出	0.38	0.19	0.19	0.32	0.2	0.29
总资本形成	-0.04	0.24	0.25	0.39	-0.13	0.12
固定资本形成	0.05	0.53	0.02	0.26	-0.05	0.18
存货变化	-0.09	-0.29	0.23	0.13	-0.08	-0.06
净出口	0	-0.16	0	-0.17	0.44	0.13
出口	0.17	0.58	0.19	0.69	0.61	0.51
进口	-0.17	-0.74	-0.19	-0.86	-0.17	-0.38
政府消费	0.17	0.04	0.04	0.08	0.04	0.1

注：①除标注的两项 GDP 增长率（年率）外，其他数据为未经年化的季度环比数据，设季度环比实际增长率 CLV_ PCH_ PRE，年化季度环比实际增长率 CLV_ PCH_ ANN = （（1 + （CLV_ PCH_ PRE/100)^4) -1) ×100；②表中 GDP 增长率单位为"%"，其他各项单位为"百分点"。

资料来源：欧盟统计局。

从 2016 年第三季度到 2017 年第二季度，国内需求，特别是国内私人消费需求对欧盟和欧元区经济增长继续发挥了主导作用；净出口对经济快速复苏发挥了积极的推进作用；总资本形成的贡献存在波动性，政府消费对经济增长发挥了一定的促进作用。

欧盟和欧元区居民消费占 GDP 总额的比重分别为 54.2% 和 53.1%①。

---

① 2016 年数据。

私人需求的变动一直是影响欧洲经济走势的重要因素。在报告期内，居民消费需求对经济的强劲增长发挥了引擎作用。2016 年第三季度至 2017 年第二季度，欧盟和欧元区季度环比平均增长率（未调整成年率）分别为 0.60%和 0.57%，居民消费需求在这四个季度平均分别贡献了 0.29 个和 0.25 个百分点。就业状况的改善促进劳动力收入的稳定增长，促进居民可支配收入增加，欧元区金融市场环境的改善也有助于促进居民消费支出。这些因素有力地支撑了居民消费增长。

净出口对欧洲经济增长发挥了积极的拉动作用。全球经济整体呈现向好趋势，制造业和贸易出现了周期性的复苏，促进了欧洲出口的增长。欧洲主要出口市场的需求均呈现好转，多元化出口市场的需求旺盛更为欧洲经济发展提供了动力。

总资本形成占欧盟和欧元区 GDP 总额的比重分别为 20.34% 和 20.54%①。存货和投资调整具有一定的波动性。商业信心的增强、资本品出口订单的增加、产能利用率的提高、宽松的金融市场环境等对投资有较好的促进作用。长期增长潜力的不足、监管环境调整的缓慢、银行的低利润率引发金融市场波动等不确定性因素影响投资的稳定性。

政府消费占欧盟和欧元区 GDP 总额的比重分别为 20.4% 和 20.6%。2016 年第三季度至 2017 年第二季度，欧盟和欧元区政府消费需求在这四个季度对 GDP 环比增长率平均分别贡献了 0.06 个和 0.07 个百分点，政府消费变动对欧洲经济增长的影响趋向中性。

（二）各国走势：整体向好

2016 年第三季度至 2017 年第二季度，欧洲各国经济增长呈现整体向好的趋势，大部分国家的经济增长提速，但是各国的经济表现有所差异（见表 2）。

---

① 2016 年第三季度至 2017 年第二季度数据。

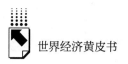

表 2　欧洲国家 GDP 增长率

单位：%

国家	2016 年第一季度	2016 年第二季度	2016 年第三季度	2016 年第四季度	2017 年第一季度	2017 年第二季度
比利时	0.3	2	0.3	1.6	2.4	1.7
德国	2.6	1.9	1.3	1.7	2.9	2.5
爱沙尼亚	0.7	1.8	4.2	6.3	5.1	5.4
爱尔兰	-1.9	2	12.3	25.3	-10.1	—
希腊	-3.4p	0.5p	3.2p	-3.9p	1.9p	2.2p
西班牙	3.1p	3.4p	2.8p	2.8p	3.2p	3.5p
法国	2.3	-0.4	0.7	2.1	2	1.9
意大利	1.4	0.4	1.2	1.6	1.8	1.5
塞浦路斯	1.3	4.4	3.1	3.1	4.1	3.6
拉脱维亚	-0.5	2.3	2.1	5.3	6.8	5
立陶宛	1.6	2.9	1.9	6	5.4	2.6
卢森堡	2.8	3.5	4.2	5	0.4	—
马耳他	3.2	3.3	6.3	10.9	2.9	5
荷兰*	3.2p	1.5p	3.4p	2.9p	2.6p	6.2p
奥地利	2.2	0.6	2.6	2.4	3	3.5
葡萄牙	0.9	0.9	3.4	2.6	4	1.4
斯洛文尼亚	3.3	3.8	5.7	5.5	4.9	4.6
斯洛伐克	—	—	—	—	—	—
芬兰	2.9	0.7	3.4	2.4	4.8	1.4
欧元区(19 国)	2.1	1.2	1.9	2.5	2.2	2.6
保加利亚	3.4p	3.6p	3.0p	3.6p	3.8p	4.1p
捷克	1.2	3.3	0.7	1.8	6.2	10.3
丹麦	3.6	2.1	3.3	2.5	2.6	2.5
克罗地亚	2.6	3.3	5.5	2.2	2.4	3.3
匈牙利	-2.1	4.6	2	3.1	5.5	3.5
波兰	-0.5	3.7	1.6	7.1	4.4	4.4
罗马尼亚	4.7p	6.4p	2.8p	6.4 p	7.2p	6.5p
瑞典	1.3	0.9	2.6	3.6	2.4	7.1
英国	0.6	2.4	2	2.7	0.9	1.2
欧盟(28 国)	1.8	1.6	2	2.8	2.2	2.7
挪威	4.7	-0.6	-2	5.1	0.7	4.7
瑞士	2	1.1	1.1	-0.7	0.3	1.1
塞尔维亚	5.6p	1.0p	3.5p	-0.2p	-0.9p	1.8p

注：＊2016 年数据；"p"指数据为暂时的（Provisional），"—"表示无法获取。

1. 欧元区的德、法、意等主要经济体稳步增长

德国、法国、意大利和西班牙四国 GDP 占欧元区 GDP 的比例分别为
29.2%、20.6%、15.4% 和 10.4%，加总为 75.6%[①]，这四个国家的稳定发
展对欧元区经济复苏发挥着主导作用。

德国和法国的大选对两国经济发展在短期内产生了一定的影响，但总体
看，经济增长稳定。两国的新一任领导人默克尔和马克龙支持欧洲一体化的
发展，两国大选的顺利进行有助于降低未来欧洲政治经济发展中的不确定
性。德国经济继续保持稳步增长态势，欧元贬值以及外部需求的增加促进了
德国出口的增长，较低的利率和移民的增加促进了住宅投资的增长，德国的
经济增长较为稳定，失业率进一步下降。法国经济继续复苏，市场信心的增
加、社会保障支出和商业税收的削减及融资条件的改善推动了经济复苏进
程。法国的就业市场状况逐步好转，较低的利率有利于促进投资。在马克龙
取得选举胜利后，法国的消费者信心指数提高，显示了法国民众对法国经济
发展前景的信心。

意大利经济温和增长，出口和投资是经济复苏的主要驱动力。西班牙的
复苏依旧较为强劲，国内需求和国外需求的增长共同支撑了西班牙的经济复
苏。扩张性货币政策、较低的油价和较低的税收水平促进了消费需求增长。
西班牙出口的增长得益于国际竞争力的提升和外部市场需求的改善。西班牙
鼓励研发和创新投资，降低市场监管壁垒，增强了本国产业国际竞争力。

2. 欧元区的其他国家大部分经济增长强劲

欧元区的其他国家中，大部分国家的经济增长强劲。爱尔兰继续成为欧
元区经济增速最高的国家。2016 年，爱尔兰的经济增长率为 5.1%，从
2016 年第三季度到 2017 年第二季度，其季度平均经济增长率 9.2%。稳定
的消费需求，较高的市场开放程度及高技术水平跨国公司为爱尔兰经济发展
注入了动力。希腊经济有所回升，2016 年希腊经济增长率为 0，摆脱了衰
退，劳动力市场条件改善、外部需求增加，结构改革初见成效，预计希腊

---

① 2016 年第三季度至 2017 年第二季度数据。

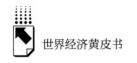
2017 年将实现 1.1% 的增速。

3. 英国经济增长中的不确定性增加

脱欧对英国经济发展有较大的影响。从 2016 年第三季度到 2017 年第二季度，英国按年率计算的季度环比平均增长率为 1.7%，四个季度的增长率分别为 2%、2.7%、0.9% 和 1.2%。这组数据显示了英国脱欧负面影响逐步显现的趋势。特别是 2017 年上半年，英国的消费支出下降较为明显，通货膨胀率增长较快。因脱欧引发的不确定性增加影响了英国经济稳定增长。较低的劳动生产率、劳动供给增长缓慢、实际工资增长下降，这些因素使英国消费出现低迷；私人消费增长放缓，储蓄率下降，并引发商业投资的下滑。随着英国脱欧进程的深入，英国经济面临的国际市场竞争加剧，出口也面临下行的风险，波动性较大。2016 年英国经济增长率为 1.8%，2017 年预计下降至 1.6%，2018 年可能进一步下降至 1.1% ~ 1.3%。

4. 其他欧洲国家经济平稳增长

罗马尼亚、捷克、波兰等非欧元区国家的经济平稳增长。罗马尼亚实施了以实现"欧洲 2020 战略"框架为目标的改革计划；捷克最低工资的提高及劳动力需求的增加有利于增加劳动者的可支配收入，促进消费。欧盟结构性改革基金的支付和较低的实际利率等有利因素促进了波兰国内需求的增加和投资的复苏。

（三）就业态势：继续改善

欧洲国家劳动力市场状况继续稳步改善，劳动力供给增加，劳动参与率提升，失业率平缓下降。从月度数据来看，欧盟和欧元区的失业率分别从 2016 年 8 月的 8.4% 和 9.9% 下降到 2017 年 7 月的 7.7% 和 9.1%，如图 1 所示。欧洲国家就业继续呈现向好趋势。如图 2 所示，希腊和西班牙的失业率从较高的水平上逐渐下降，2016 年 6 月两国的失业率分别为 23.4% 和 19.9%，比上年同期分别下降了 1.2 个和 2.8 个百分点，西班牙的结构性改革有效地提高了产业竞争力，促进了就业增长的强劲提升。应该指出的是，尽管报告期内欧洲的失业率呈现下降趋势，但仍然高于危机前的水平。

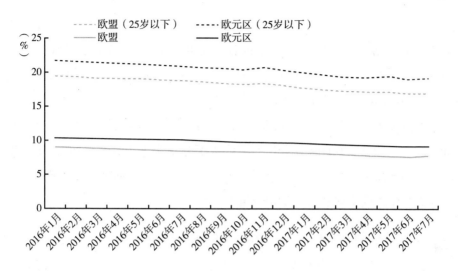

图 1　欧盟和欧元区失业率

资料来源：欧盟统计局。

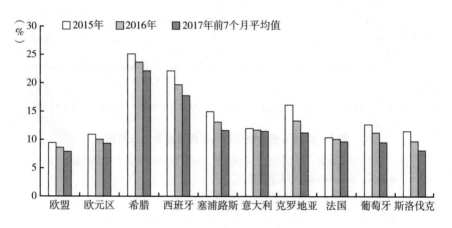

图 2　欧洲国家失业率

注：希腊的数据为 2017 年前 6 个月的平均值。
资料来源：Eurostat。

（四）物价水平：开始回升

欧盟的消费价格调和指数（HICP）突破了振荡整理的区间，开始上涨。2017 年前 7 个月，欧盟 HICP 月度平均增长率为 1.7% 。欧元区 HICP 月度

平均增长率为 1.8%，仍低于欧洲央行的目标水平，能源价格上涨是 HICP 上涨的主要动力，大宗商品价格的提高促进了全球价格水平的提升。在 2017 年的前 7 个月，欧盟能源价格月平均涨幅为 4.6%，食品价格呈现小幅上升趋势，同期月平均涨幅为 1.9%（见图 3）。

欧盟和欧元区剔除能源和非加工食品的核心通货膨胀率（Core Inflation）在 2017 年的前 7 个月的平均水平分别为 1.2% 和 1.1%，比上年同期分别提高了 0.5 个和 0.4 个百分点。但较低的核心通货膨胀率仍然预示欧洲央行将继续采取宽松的货币政策。

图 3　欧洲消费价格指数及其组成部分相关数据

注：数据为欧盟数据，年变动率，月度数据，期限为 2009 年 1 月至 2017 年 7 月。
资料来源：根据 Eurostat 相关数据绘制。

二　货币与金融状况

（一）货币政策：保持宽松

2016 年 3 月，欧洲央行将主导利率和隔夜贷款利率、隔夜存款利率水平分别下调至 0 和 0.25%、- 0.40% 的水平。在报告期内，欧洲中央银行继续采用了宽松的货币政策，没有对利率水平进行调整。宽松的货币政策对国内需求增长具有促进作用。2014年以来，欧洲中央银行采取的非常规性货币政策有助于促进信贷增长、提升对物价水平的预期，支持经济复苏。

目前，金融市场环境对经济增长发挥了积极的促进作用，但经济增长的潜力需要进一步发挥，同时，欧元区的通货膨胀仍低于欧洲央行设定的2%的目标，预计欧洲央行将继续保持当前宽松的货币政策。

（二）货币供给：持续增加

在欧洲中央银行持续的量化宽松政策影响下，欧元区货币供应量（M3）保持增长趋势，2016年第三季度至2017年第二季度，M3增速分别为5.1%、5.0%、5.3%和5.0%。从具体项目看，M3的增长依旧主要源于流动性较高的M1，尤其是隔夜存款的增长，但M1的增长速度低于上年同期的平均水平。2016年第三季度至2017年第二季度，M1增速分别为8.4%、8.8%、9.1%和9.7%（见表3），其中，流通中货币的增长速度较上年有较明显的下降。

货币供给的增加最终表现为贷款的增加，特别是对私人部门贷款继续增加，增速比上年同期有所提高，量化宽松政策的效果逐步显现，较低的利率水平刺激了居民及企业的信贷需求，对促进经济复苏发挥了积极的作用。欧元区公共采购计划的实施促进了欧元区政府部门信贷规模的快速增加，长期金融负债平稳增长。

表3　欧元区的货币供给的同比增长率

单位：%

项目	2016年	2016年第三季度	2016年第四季度	2017年第一季度	2017年第二季度
M1	8.8	8.4	8.8	9.1	9.7
流通中的货币	3.7	3.7	3.5	3.7	3.8
隔夜存款	9.8	9.3	9.8	10.1	10.7
M2－M1(其他短期存款)	－2.6	－1.0	－2.6	－2.5	－3.0
两年期以下定期存款	－7.6	－3.3	－7.6	－7.5	－9.4
3个月期可赎回通知存款	0.7	0.5	0.7	0.8	1.1

项目	2016 年	2016 年 第三季度	2016 年 第四季度	2017 年 第一季度	2017 年 第二季度
M2	4.8	5.0	4.8	5.1	5.3
M3 - M2(可交易有价证券)	7.9	5.4	7.9	8.0	- 0.6
M3	5.0	5.1	5.0	5.3	5.0
对欧元区的信贷					
对政府部门信贷	12.5	10.8	12.5	10.9	8.1
对私人部门信贷	2.5	2.0	2.5	3.1	3.1
长期金融负债 （不包括资本和储备）	1.9	1.4	1.9	1.8	1.2

注：表中数据为年增长率，经过季度调整。

资料来源：European Central Bank，*Economic Bulletin*，Issue 6/2017。

（三）欧洲银行：整体好转

欧元区银行业的监管机制改革在近几年取得了较好的进展。资本充足率和盈利都有所恢复。一些欧洲银行在削减支出方面采取了一系列举措，尽管银行不良贷款率仍在高位，但拨备提高。2016 年 7 月欧洲银行管理局公布的压力测试结果表明：欧洲银行业的抗压能力在逐步提高，51 家欧盟国家银行平均普通股一级资本（CET1）率为 13.2%，较上次测试水平提高了 200 个基点。在负面打击测试中，2015～2018 年，CET1 率平均下降 380 个基点至 9.4%。

当然，欧洲银行发展也面临一系列问题，在负利率的环境下，银行业的存贷利差收窄，欧洲银行的利润率仍有待于提高，结构改革需要进一步深化。一些大银行面临亏损，如 2016 年德意志银行亏损 14 亿欧元，并于 2017 年 3 月宣布融资 100 亿欧元，实行第二次重大业务重组。根据 IMF 2017 年 4 月发布的《全球金融稳定性报告》（*Global Financial Stability Report*），银行发展过度是影响银行盈利能力的结构性问题之一，银行业的资产规模较为庞大，很多银行的业务主要集中在区域发展，业务范围较为狭窄，这造成了银行分支机构多，成本增加，效率降低。各国需要采取积极的措施来解决银行盈利问题，如改进经营模式、提高经营效率等。

三　财政状况

（一）财政状况：继续好转

欧盟和欧元区国家的财政状况呈现继续好转的趋势，欧盟和欧元区的财政赤字率自2009年达到6.6%和6.3%的最高点后，持续下降。2016年欧盟和欧元区的财政赤字率分别仅为1.7%和1.5%，比上一年分别下降了0.7个和0.6个百分点。经济周期性的好转，因利率下降造成的利息负担减轻，以及财政巩固计划的稳步实施，促进了财政状况的好转。西班牙、法国的财政赤字率有所下降，但仍居于较高的水平，分别为4.5%和3.4%，英国的财政赤字率由2015年的4.3%下降到3.0%，而罗马尼亚的财政赤字率则由2015年的0.8%增加到3.0%。除了上述四个国家，其他国家的财政赤字率都实现了欧盟条约中规定的低于3%的参考标准。其中，2015年财政赤字率处于最高水平（5.9%）的希腊，在2016年实现了财政盈余。

从政府债务负担对GDP指标来看，欧洲国家政府的债务负担仍处于较高的水平，下降幅度较小。2016年欧盟和欧元区的政府债务负担率分别为83.5%和89.2%，比上一年分别下降了1.4个和1.1个百分点（见图4）。希腊、意大利、葡萄牙、塞浦路斯、比利时等国的债务负担率依旧居高不下，分别为179.0%、132.6%、130.4%、107.8%和105.9%。欧洲国家的债务负担率将继续处于下降通道。财政盈余的增加、较低的利率水平和逐步复苏的经济形势将推进政府的债务负担率进一步下降。

欧洲主要经济体的财政状况存在一定的差异。德国的财政状况良好，2016年财政盈余占GDP的比重为0.8%。良好的财政状况为德国的公共支出和税收改革提供了空间。财政政策需要提供更多的支持，以解决经济发展中阻碍包容性增长的一些薄弱环节，如对移民的培训、改善儿童保育和扩大全日制小学的规模、使妇女获得更具吸引力的就业机会。但是法国的财政支出水平过高，2016年财政支出占GDP的比重为56.2%，在欧盟中处于最高的水平，财政收入占 GDP 的比重为 52.8%，赤字率为 3.4%。法国需要考虑在不降低社会福利水平的情况下减少财政支出，保持财政稳健，以实现低税率对经济增长的促进作用。降低政府债务负担率是意大利近年来面临的重要挑战。财政整顿，加上超低的利率水平和适度的经济增长对降低意大利政府债务负担率发挥了促进作用。意大利的财政政策需要在财政巩固和支持仍不确定的经济复苏之间实现平衡。有效的增长导向政策和中期财政整顿是实现持久和可持续地降低政府债务负担率的政策方向。西班牙在削减财政赤字方面做出了积极的努力，财政赤字占 GDP 的比重已经从 2012 年的 10.5% 降低到 2016 年的 4.5%，财政巩固政策的实施和经济复苏对财政状况的改善发挥了促进作用。

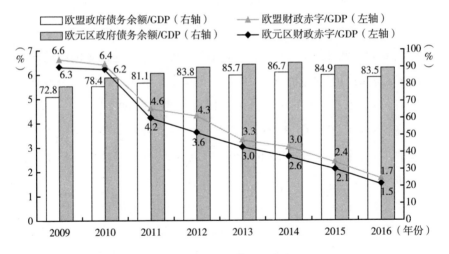

图4　2009～2016年欧盟及欧元区财政赤字率与政府债务负担率情况

资料来源：根据 Eurostat 相关数据整理。

（二）财政政策：偏向扩张

欧元区一些成员国采取的中性略偏扩张财政政策对经济发挥了一定的刺激作用，但作用程度仍有限，财政政策和结构性改革对经济复苏的支持力度仍有待于进一步的发挥。欧元区国家的财政政策应该向有利于促进增长的公共财政转变，财政支出应该向更有利于促进增长的支出类别侧重，如教育和基础设施支出等，而在财政收入方面，应该减少税收对经济的扭曲，促进经济增长。

欧元区采取统一货币政策与松散财政联盟组合的治理结构影响了欧元区经济的稳定，在欧元区建立紧密财政联盟的设想短期内还较难实现，但主要国家在这方面也做出了积极的努力。法国总统马克龙当选后即提出建立统一欧洲财政联盟、创立欧元区经济与财长峰会的具体主张，德国总理默克尔支持马克龙提出的对欧元区进行改革的构想，并提出德、法两国在企业税收政策上要协调一致。

四　国际因素对欧洲经济的影响

报告期内，欧洲经济复苏面临较为有利的外部环境。全球经济整体呈现向好的趋势。制造业和贸易出现了周期性的复苏，美国经济增长带来了溢出效应，创新和产业调整的动能不断积蓄。当然，这其中也存在不少不确定性，如保护主义为全球发展增加了迷雾，英国脱欧对欧盟与英国关系发展带来不确定性。一些发展中国家和新兴经济体特别是拉美和中东的国家呈现的经济下滑趋势也是影响全球经济稳定发展的不确定因素。

（一）经常项目：顺差下降

欧盟和欧元区的经常项目余额比上年同期有所下降。2016 年第三季度至 2017 年第二季度，欧盟累计四个季度的经常项目余额为 2122.81 亿欧元，占 GDP 的比重为 1.42%，而上一报告期同期经常项目余额为 2221.99 亿欧元，占 GDP 的比重为 1.49%。欧元区累计四个季度的经常项目余额为 3376.43 亿欧元，占 GDP 的比重为 3.09%，而上一报告期同期经常项目余额为 3749.57 亿欧元，占 GDP 的比重为 3.53%。[①] 欧元区经常项目余额的

---

① 经季节和工作日调整的数据。

下降源于货物贸易顺差的下降。在报告期内，服务贸易顺差下降，二次收入逆差增加。而初次收入的增加在一定程度上抵消了其他项目引发的经常项目顺差下滑。

（二）欧元汇率：小幅升值

2016 年第三季度至 2017 年第一季度，欧元汇率呈现缓慢下降的态势，2017 年第二季度，欧元汇率较快上升（见图5）。在 2017 年第二季度末，欧元对 38 个最主要贸易伙伴货币的名义有效汇率（EER – 38）相比上年同期上升了 1.47%，而到 2017 年 8 月底，比上年同期上升了 4.61%。从双边汇率来看，2016 年第三季度至 2017 年第二季度，欧元对英镑累计升值了 11.09%，欧元对人民币累计升值了 5.27%，欧元对日元累计贬值 0.12%，欧元对美元微幅上升了 0.24%。英国脱欧后经济发展面临的不确定因素增加，影响了英镑币值的稳定性。欧元的升值反映了市场对欧元区经济稳定增长的预期，但也对出口具有一定的不利影响，进口价格还给物价水平带来了下行压力。

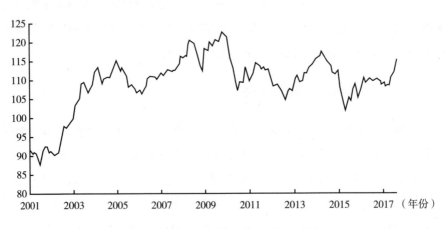

图 5　欧元名义有效汇率（EER – 38）

注：月度平均数据，1999 年第一季度为100。

资料来源：ECB。

五　对欧洲经济增长的展望

　　欧洲的各项指标显示，欧洲经济进入稳步的全面复苏期。负利率、资产购买计划等量化宽松政策的继续实施将促进货币供给的增加，欧元区投资对经济增长的支撑作用明显增强。大部分欧洲国家财政状况持续好转，一些成员国采取的中性略偏扩张财政政策对经济发挥了一定的刺激作用。劳动力市场的改善促进了居民可支配收入的增长，使私人消费继续成为引领经济快速复苏的主要动力。全球贸易的回暖使出口对经济增长发挥了较为显著的促进作用。

　　展望2018年，欧洲经济将继续稳步复苏。支持欧洲经济增长的有利因素包括：量化宽松的货币政策和促进增长型财政政策将继续推动国内需求和投资增长，美国经济增长带来的外溢效应将促进欧洲的经济发展，结构性改革的进一步深化有利于促进技术进步和产业升级。与此同时，2017年欧洲经济仍存在诸多风险因素：全球经济复苏仍不稳定、一些发展中国家和新兴经济体经济呈现下行趋势、英国脱欧给欧盟与英国关系发展带来不确定性、贸易保护主义影响全球贸易的稳定等。2018年欧盟和欧元区经济增长率预计分别为1.8%~2.0%和1.7%~1.9%。

参考文献

European Central Bank, *Economic Bulletin*, Issue 1 ~ Issue 6, 2017.

European Commission, *European Economic Forecast*, Spring 2017.

IMF, *Global Financial Stability Report—Getting the Policy Mix Right*, Washington, April 2017.

IMF, *World Economic Outlook: Gaining Momentum?* Washington, April 2017.

IMF, *World Economic Outlook: UPDATE.* Washington, July 2017.

World Bank, *Global Economic Prospects*, Washington, June 2017.

Y.4
日本经济：不够强劲的复苏

冯维江*

摘　要： 2017 年日本中央银行的货币政策仍延续上年的负利率和量化质化宽松，但购买政府债券的规模面临限制。从货币政策效果看，对股市和 CPI 起到一定刺激作用，但距实现 2% 的物价稳定目标还有很大距离。一般财政预算收支总额再攀新高，但受限于低增长和高企的政府债务，进一步显著扩大财政刺激的潜力有限。中日贸易和投资有所回升，但经济关系是否就此好转还有待观察。预计 2017 年日本实际 GDP 增长约为 1.6%，2018 年预计增长约为 1.0%。

关键词： 政府债券购买上限　物价稳定目标　负利率

一　2016~2017年总体经济情况

根据日本政府的最新官方数据，2016 年日本经济增长率为 1%，显著高于我们在《2017 年世界经济形势分析与预测》中的预测值。这与日本政府在 2016 年底宣布正式引入联合国新版标准编制国民账户有关。新标准允许将研发支出资本化，作为研发大国的日本 GDP 增长率得到上调。根据新标准，日本 2015 年经济增速上调了 0.6 个百分点至 1.1%。如果将按照新标准

---

* 中国社会科学院世界经济与政治研究所研究员，经济学博士。主要研究领域为国际政治经济学。

发布的 2016 年增长率同样扣减 0.6 个百分点，则与我们 2016 年的预测值 0.4%一致。① 这意味着日本经济实际改善的状况比统计标准变化后数据给人的印象要差一些。2016 年 1~4 季度，日本实际 GDP 季调环比折年率分别为 2.1%、2%、0.9%和 1.6%，虽然摆脱了负增长，但整体仍表现出低速和放缓的特征。

2017 年日本经济延续了并不强劲的复苏态势。第一季度 GDP 季调环比折年率为 1.2%，较上季度或上年同期水平都更低。其增长主要得益于私人消费、净出口和私人部门设备投资的支撑，此三项对当季实际 GDP 增长折年率的贡献分别为 0.8 个、0.5 个和 0.3 个百分点。私人存货变化贡献为 -0.6 个百分点，拖累了经济增长。政府消费对 GDP 的贡献为 0，公共投资有 0.1 个百分点的微弱贡献（见表 1）。第二季度 GDP 季调环比折年率上升至 2.5%，私人消费仍是最大的支撑，贡献了 1.9 个百分点。公共投资对 GDP 拉动明显，贡献了 1.1 个百分点。政府消费和私人部门设备投资对第二季度 GDP 的贡献均为 0.3 个百分点。私人住宅投资只有更加微弱的 0.2 个百分点的贡献。该季度出口表现不佳，净出口对 GDP 贡献为 -1.2 个百分点。

日本官方对经济形势的判断趋于乐观。日本内阁府每月在经济报告中公布对经济形势的总看法②，2016 年 12 月由此前的"景气疲软，但缓慢复苏的基调仍在继续"上调为"局部可见改善迟缓，维持温和复苏基调"。这一判断延续至 2017 年 5 月。6 月再次上调了经济形势评估，删除了"局部可见改善迟缓"的表述，调整为"维持温和复苏基调"。其后直至 9 月仍维持这一判断。

2017 年下半年经济活动仍然较为活跃。生产方面，第三季度制造业和

① 应该承认，不能用直接扣减上年差额的方法来换算新旧标准下的 GDP 增长率，我们在这里只是用这种直观的方式展示新旧标准下日本经济增长率差距较大。我们关于日本 2016 年经济增长率的预测与分析参见冯维江《日本经济：刺激政策效力减弱》，载张宇燕主编《2017 年世界经济形势分析与预测》，社会科学文献出版社，2016。

② http://www5.cao.go.jp/keizai3/getsurei/getsurei-index.html.

服务业 PMI 虽略有下降但仍在 52% 左右的水平上，企业经营信心指数则在前两个季度提升的基础上进一步上升；股票市场价格也持续攀升并通过财富效应对消费有所提振；经常项目顺差同比增加。第四季度预计将延续温和增长态势，2017 年全年预计日本实际 GDP 增长 1.6% 左右。

表1　日本实际 GDP 增长率及其各组成部分贡献率

单位：%，百分点

项目	2016 年第一季度	2016 年第二季度	2016 年第三季度	2016 年第四季度	2017 年第一季度	2017 年第二季度
GDP 增长率	2.1	2	0.9	1.6	1.2	2.5
私人消费	0.7	0.3	0.9	0.3	0.8	1.9
私人住宅投资	0.1	0.4	0.3	0	0.1	0.2
私人部门设备投资	−0.1	0.9	−0.2	1.2	0.3	0.3
私人存货变化	−1.3	1.5	−1.8	−0.7	−0.6	−0.1
政府消费	1.1	−1	0.2	0	0	0.3
公共投资	0	−0.1	−0.2	−0.5	0.1	1.1
公共存货变化	0.1	−0.1	0	0	0	0
净出口	1.4	0.2	1.6	1.3	0.5	−1.2
出口	0	−0.6	1.5	2.2	1.3	−0.3
进口	1.5	0.8	0.2	−0.9	−0.8	−0.9

注：①表中为季调环比增长折年率；②表中 GDP 增长率单位为"%"，其他各项单位为"百分点"。

资料来源：根据日本内阁府资料整理。

二　货币政策

2017 年，日本货币政策大致延续了 2016 年 9 月修改货币政策框架后引入的附加收益率曲线控制的量化质化宽松货币政策（QQE with Yield Curve Control）。其主要内容包括，收益率曲线控制方面，在短期政策利率上对金融机构在日本银行持有的政策利率余额（Policy-rate balance）① 实行 −0.1% 的负利率，在长期政策利率上日本银行将继续购买日本国债以保证 10 年期国债收益率保持在零附近。为了达成长期政策利率指引的目标，日本银行将以当前每年增持 80 万亿日元国债余额的节奏为基准进行调整。资产购买方面，维持每年增加购买交易型开放式指数基金（ETFs）和日本房地产投资信托基金（J − REITs）的规模分别为 6 万亿日元和 900 亿日元；维持商业票据、公司债 2.2 万亿日元和 3.2 万亿日元的余额规模。②

2017 年日本银行资产负债表规模继续扩张，与 GDP 之比也有所上升，但规模扩张的幅度较往年明显下降。2017 年 1 月 10 日，日本银行资产负债表规模为 476.9 万亿日元，到 9 月 10 日膨胀至 514.0 万亿日元，扩大了 7.8%（见图 1）。与上年同期的扩大 18.2%、前年同期的扩大 20.0%、2014 年同期的扩大 21.2% 以及 2013 年同期的扩大 31.2% 相比，2017 年日本银行资产负债表规模 1~9 月扩张的幅度要大为逊色。这也是 2013 年日本银行宣布实行宽松货币政策以来资产负债表规模扩张幅度最低的一年，甚至比实施宽松货币政策之前 2012 年同期扩张的 9.5% 还要略低一些。

资产结构方面，2017 年日本银行资产负债表主要出现了以下变化。第一，购买政府债券虽然仍是日本银行扩大资产规模的主要方式，但作用有所减弱。2017 年 9 月 10 日相对于 2016 年底，日本银行总资产扩大了 7.9%，其中 5.8 个百分点来自对政府债券的购买。而上年同期买入政府债券对总资产增长的贡献超过了 100%。③ 实际上，日本银行正面临"无债可买"的问题。由于日本银行长期大量买入，而商业银行又必须保留部分政府债券作为

---

① 日本央行对开设准备金账户的金融机构实施"三级利率体系"。其中，2016 年 1 月之前的既有超额准备金存量称为基本余额（Basic balance），适用 0.1% 的超额准备金利率；法定准备金以及此前日本央行提供给金融机构的一些贷款计划带来的准备金增加的部分称为宏观附加余额（Macro Add-on balance），适用零利率；超出上述两个部分之外的准备金称为政策利率余额。

② 参见 http://www.boj.or.jp/mopo/mpmsche_ minu/index.htm/。

③ 由于贷款等项的贡献为负，削弱了买入政府债券项的贡献。

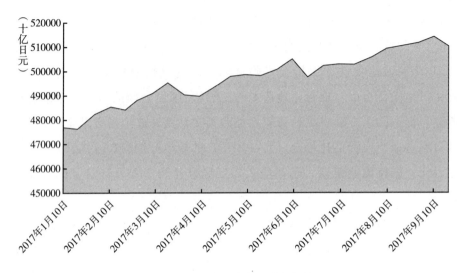

图1 日本银行资产负债表走势

资料来源：Wind 数据库。

与日本银行以及同业市场交易的担保品从而出售意愿有限，市场上流通的政府债券已不足日本银行购买之需。从 2016 年底至 2017 年 9 月 10 日，日本银行持有的政府债券余额只增长了 27.6 万亿日元，而上年及再上一年同期分别增长了 74.5 万亿和 59.1 万亿日元。这意味着日本银行 2017 年是以更低的速度在购买政府债券，大大低于每年 80 万亿日元的公开货币政策指引目标。[①] 第二，负利率促进贷款的政策效果开始显现，贷款余额规模显著扩

---

① 国际货币基金组织（IMF）2015 年的一篇工作论文曾经预计日本银行对政府债券的购买将在 2017 年或 2018 年面临上限而不得不收紧购买。该文还分析了日本银行可以采取的三种对策。一是仿效美联储 2011 年采取的卖短期债、买长期债的扭曲操作（Operation Twist），选择买入期限更长的债券来维持宽松货币政策；二是日本央行放松证券借贷便利（Securities Lending Facility），让商业银行用更少的担保资产就能够获得融资，从而降低对国债的需求；三是允许购买私人部门资产来提供流动性。三种对策中，第二种效果比较间接，第三种需要通过推动住房抵押贷款证券化、促进向中小企业投资等手段先扩大之前规模有限的私人部门资产市场。只有第一种，因为日本银行已经拥有较大规模的短期债券，比较容易付诸实施。但这样做的副作用是可能压低保险和退休基金市场收益率，引起资本外流，甚至改变日本证券投资的本土偏好。参见 SerkanArslanalp, Dennis Botman, "Portfolio Rebalancing in Japan: Constraints and Implications for Quantitative Easing", IMF Working Paper WP/15/186, Aug. 2015。

大。2017 年 9 月 10 日相对于 2016 年底，日本银行资产负债表的贷款项下余额由 39.8 万亿日元提升至 45.3 万亿日元，提升了 13.9%，为 7.9% 的总资产增长贡献了 1.2 个百分点。这与上年同期贷款余额规模出现下降的现象形成了鲜明的对比。

日本银行负债结构的主要特点有以下两点。第一，活期存款账户总额增加，但增幅较上年同期明显下降。由 2016 年底的 330.2 万亿日元，增加到 2017 年 9 月 10 日的 362.0 万亿日元，增加了 31.8 万亿日元，增幅为 9.6%，较上年同期的 20.3% 出现明显下降。活期存款仍是负债和净资产扩张的最大贡献项，贡献了 7.9% 的增长中的 6.7 个百分点。日本银行留存的金融机构超额准备金是其负债中活期存款项增长的主要来源。从 2016 年底到 2017 年 8 月，金融机构在日本银行的超额准备金增加了约 24.3 万亿日元，与同期日本银行活期存款增加额之比约为 90.1%（见图 2）。与上年同期增加约 42 万亿日元相比，增幅也明显缩水。第二，政府存款有所下降。2016 年政府存款余额平均值为 29.4 万亿日元，而 2017 年 1～9 月政府存款余额平均值只有 25.7 万亿日元，2017 年 9 月 30 日更是只有 17.8 万亿日元。日本政府扩大财政支出以提振经济，可能是造成日本银行存款下降的重要原因。

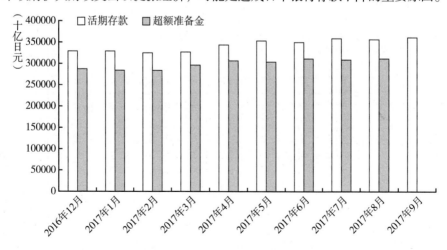

图 2　日本银行的活期存款与金融机构超额准备金

资料来源：日本银行，Wind 数据库。

表 2　日本银行资产负债表变化情况

单位：十亿日元

时间	2016 年 12 月 31 日	2017 年 1 月 10 日	2017 年 2 月 10 日	2017 年 3 月 10 日	2017 年 4 月 10 日	2017 年 5 月 10 日	2017 年 6 月 10 日	2017 年 7 月 10 日	2017 年 8 月 10 日	2017 年 9 月 10 日
黄金	441.25	441.25	441.25	441.25	441.25	441.25	441.25	441.25	441.25	441.25
现金	150.63	150.52	176.17	194.00	196.12	189.11	210.28	217.78	230.48	230.09
日本政府债券	410501.06	411075.29	418560.83	422975.92	417060.66	425489.15	430593.91	427891.78	434001.03	438085.00
商业票据	2313.16	2207.16	2511.95	2594.44	2280.64	2257.85	2489.55	2196.73	2161.92	2235.14
公司债券	3163.61	3163.61	3213.98	3199.49	3214.43	3187.66	3232.42	3199.47	3197.20	3256.31
财产信托 a	1223.80	1223.80	1209.01	1196.42	1165.55	1154.10	1138.18	1129.98	1114.90	1105.99
财产信托 b	11144.42	11292.15	12009.29	12628.75	13151.96	13687.26	14068.29	14452.68	14922.00	15528.40
财产信托 c	356.79	359.45	365.55	371.51	381.15	389.48	395.28	406.01	411.94	423.01
贷款 d	39768.77	39638.57	39664.67	39938.77	44427.57	44399.37	44910.03	45254.33	45244.23	45297.76
外币资产	6779.97	6691.37	6599.74	6609.99	6594.41	6607.30	6607.14	6624.15	6613.03	6668.24
代理商存款	2.01	6.56	15.23	20.08	30.19	4.65	50.55	247.18	96.35	56.83
其他	652.57	655.08	666.27	680.83	688.10	691.01	695.96	687.68	684.10	695.74
资产总额	476498.04	476904.80	485433.95	490851.45	489632.02	498498.20	504832.82	502749.01	509118.13	514023.75
货币	102461.24	100681.50	98489.26	99329.48	99252.17	100072.86	99253.34	100280.81	100884.15	100521.37
活期存款	330228.00	329673.52	325509.14	327975.30	344269.37	353829.13	350649.57	359339.00	357196.55	361995.63
其他存款	11908.89	10421.24	11148.42	11947.20	12690.54	13499.00	14721.65	15071.33	14468.08	15377.26
政府存款	21882.66	26713.47	40581.24	42220.33	24487.90	22252.31	32069.28	19193.67	27882.23	27177.27
回购协议应收款项	614.89	20.55	367.85	28.23	179.65	83.48	28.21	148.16	0.00	3.19
其他	1771.41	1763.56	1707.09	1719.95	1121.43	1130.45	65.26	670.52	641.90	903.53
备抵金	4471.76	4471.76	4471.76	4471.76	4471.76	4471.76	4860.98	4860.98	4860.98	4860.98
资本	0.10	0.10	0.10	0.10	0.10	0.10	0.10	0.10	0.10	0.10
法定准备金及特别准备金	3159.10	3159.10	3159.10	3159.10	3159.10	3159.10	3184.43	3184.43	3184.43	3184.43
负债与净资产总额	476498.04	476904.80	485433.95	490851.45	489632.02	498498.20	504832.82	502749.01	509118.43	514023.75

注：a 是作为信托财产持有的股票；b 是作为信托财产持有的交易型开放式指数基金；c 是作为信托财产投资信托基金；d 对存款保险公司的贷款除外。

资料来源：根据日本银行网站资料整理。

整体来看，日本银行触到了购买政府债券的上限，很难以过去两年的规模或节奏通过购买政府债券的方式注入流动性。但反过来说，不需要每年 80 万亿日元规模的购债就可以维持长期国债在零利率水平上，也是宽松货币政策有效性的体现。不过，负利率的作用也逐渐显现。2017 年日本银行宽松货币政策的效果已经开始向股市价格、CPI 等指标传递。

首先，日本股票市场价格指数 2017 年呈现上涨势头。2016 年日本东京日经 225 指数曾经两度跌破 15000 点，这种情况进入 2017 年后截至 10 月并未出现，其间日经 225 指数最低也高达 18336 点。2017 年 10 月 6 日升至 20691 点，接近 2013 年 4 月实行 QQE 刺激以来在 2015 年 6 月 24 日达到的最高值 20868 点。从 2017 年初到 10 月 6 日，东京日经 225 指数上涨了 5.6%，上年同期则是下降了 8.4%（见图 3）。

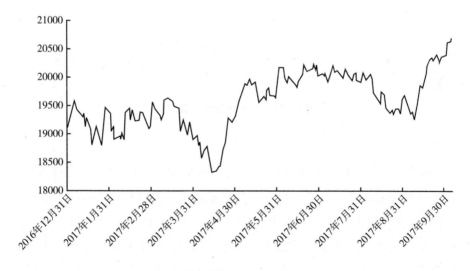

图 3　东京日经 225 指数

资料来源：Wind 数据库。

其次，虽然离 2% 的物价稳定目标仍然还有相当距离，但 CPI 同比增长率有所上升。2017 年第一季度 CPI 同比增长率、剔除生鲜食品的核心 CPI 同比增长率以及剔除租金的核心 CPI 同比增长率分别为 0.3%、0.2% 和

0.4%，第二季度分别上升至 0.4%、0.4% 和 0.5%。第三季度延续上升态势，8 月和 9 月的均值分别为 0.6%、0.6% 和 0.7%（见图 4）。不过，日本银行 2017 年 7 月发布的《经济活动与价格展望》指出，如果扣除能源价格上涨的影响，日本消费价格指数仍相对疲弱，这意味着企业工资和产品定价等相关价格水平还很低。[①]

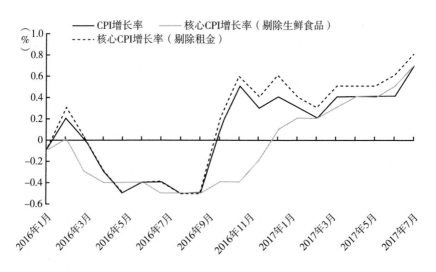

图 4　日本 CPI 同比增长率趋势

资料来源：Wind 数据库。

最后，与上年日元汇率大升大贬有所不同，2017 年日元汇率波幅较小，1～9 月对美元还略有升值。2017 年 9 月东京市场美元兑日元中间汇率月平均值为 1 美元兑 110.68 日元，相对于 1 月的 1 美元兑 114.73 日元，日元汇率升值了 3.7%。但从日元实际有效汇率指数看，1 月为 76.1，到了 8 月还略微下降至 75.9。换言之，日元相对美元略有升值，但相对一篮子货币稳中微贬（见图 5）。

---

① Bank of Japan，*Outlook for Economic Activity and Prices*，July 2017，http：//www. boj. or. jp/en/mopo/outlook/gor1707b. pdf.

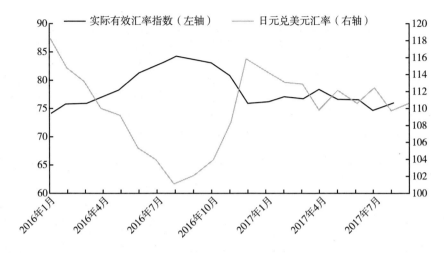

图 5　日元对美元汇率情况

资料来源：Wind 数据库。

三　财政政策

2017 财年是日本实施财政巩固计划（Fiscal Consolidation Plan）的第二年，政府继续追求经济再生（Economic Revitalization）和财政巩固（Fiscal Consolidation）两大目标。在 2017 财年，日本一般预算财政收支总额继上年之后再次创纪录，达到 97.5 万亿日元（约合人民币 5.8 万亿元），相对于上财年增长了 0.8%。2017 财年收入预算的其他收入项较之上一财年增加了 6871 亿日元，增长了 14.7%；税收项增加了 1080 亿日元，增长了 0.2%；国债发行收入（包括建设公债和赤字公债）减少了 622 亿日元，下降了 0.2%（见表 3）。

表 3　日本 2016～2017 财年的财政收支预算

单位：亿日元，%

项目	2016 财年预算	2017 财年预算	变化值	同比增长率
税收	576040	577120	1080	0.2
其他收入	46858	53729	6871	14.7
国债发行收入	344320	343698	-622	-0.2

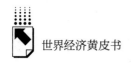

续表

项目	2016 财年预算	2017 财年预算	变化值	同比增长率
收入合计	967218	974547	7329	0.8
偿还国债支出	236121	235285	-836	-0.4
基础财政支出	731097	739262	8165	1.1
社会保障支出	319738	324735	4997	1.6
地方转移支付	152811	155671	2860	1.9
支出合计	967218	974547	7329	0.8

资料来源：根据日本财务省资料整理。

2017 年财政预算支持经济再生目标的优先领域集中在实现所谓"一亿总活跃社会"① 目标、经济振兴以及工作方式改革（Working-style Reform）三个方面②。

第一，实现"一亿总活跃社会"目标相关的优先预算举措包括：提升保育员工资，全员薪酬提升 2%，管理人员每月涨薪 5000～40000 日元不等，此项列支共计 544 亿日元；提升长期看护人员工资，平均月薪提高 1 万日元，提供进修等职业发展机会方面的支持，此项列支共计 408 亿日元；改善保育设施，从公共支出方面增加 953 亿日元；将领取养老金的最低合格期限从 25 年缩短到 10 年，列支 256 亿日元；降低由雇主和雇员共同负担的就业保险金，三年减少 0.2%（大约减少 3500 亿日元收入）；引入新的政府支持的奖学金，列支 70 亿日元；取消对低收入家庭儿童免息助学金的成绩要求，列支 885 亿日元。

第二，经济振兴方面的举措包括：优先安排促进私人投资和强化潜在增长的研发支出，确保科技促进支出稳步增长，在 2015 财年和 2016 财年分别增长 0.2% 和 0.6% 的基础上，再增长 0.9%；增加日本旅游局促进实现

---

① 日本习惯用一亿人代表全民或大多数国民。二战刚刚战败时有"一亿总忏悔"，1970 年代有"一亿总中流化"（大多数人脱贫进入中等收入水平）等说法。"一亿总活跃社会"，即建设让每个人在职场或地方上能够更加活跃的社会。

② Highlights of the Draft FY2017 Budget, http：//www.mof.go.jp/english/budget/budget/fy2017/01.pdf.

"旅游导向型国家"的预算 210 亿日元，推动文化资源及国家公园利用分别列支 220 亿和 100 亿日元；促进在人工智能、机器人、万物互联、自动驾驶及网络安全等第四次工业革命各领域的投入。

第三，工作方式改革方面的举措包括：支持公司推行以绩效而非资历为基础的工资制度，帮助建立利于工资增长的环境，列支 39 亿日元；支持中小企业自愿引入"工作间隔制"①解决长时间工作问题，列支 4 亿日元；支持公司将非正式雇员转为正式雇员，改善非正式雇员的工作条件，实现"同工同酬"，列支 670 亿日元。

财政巩固方面的预算举措也分三个方面。一是通过适当控制一般财政支出年增幅在 5300 亿日元左右，连续两年达到财政巩固计划设定的基准。二是确保社会保障体系的可持续性，社会保障支出增长控制在每年 5000 亿日元。三是继续缩减国债发行额，2017 财年为 34.4 万亿日元，较上年减少 622 亿日元。

日本政府债务攀升并维持在较高水平，这限制了扩张财政支出的潜力。2017 年 5 月，日本政府债务规模再次达到创纪录的 1083.9 万亿日元，到 7 月仍维持在 1083.2 万亿日元的高位（见图 6）。虽然低利率环境缓解了债务压力，但债务问题的解决根本来看还得靠经济增长和税收。2017 年 7 月公布的上年决算数据显示，2016 年日本税收比上年减少 1.5%，时隔 7 年再次出现税收下降。而增税又面临巨大的政治压力。2017 年 9 月，日本政府考虑征收"离境税"，自民党拟按计划提议提高消费税，都遭到了行业、民众及自民党内的强烈不满。巨额债务问题"无解"的局面仍然继续，债务危机风险是始终悬在日本头顶的达摩克利斯之剑。

四　企业与就业

2017 年日本企业经营状况好转，经济活动更加积极。日本银行短期经

---

① 工作间隔制是为了确保员工在第一天下班和第二天上班之间有一定的休息时间。参见景婉博、于雯杰、刘翠微：《国际财税政策动态及其要点——聚焦德国、日本、韩国、巴西的财税新政》，《财政科学》2017 年第 4 期。

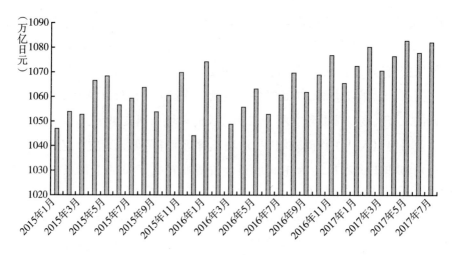

图6　日本政府债务情况

资料来源：中国社会科学院世界经济与政治研究所世界经济预测与模拟实验室，Wind数据库。

济观测调查指数显示，2017年第一季度至第三季度，日本企业信心指数分别为10、12和15，这意味着认为经营形势好的受调查企业数量比认为经营形势差的受调查企业数量更多，第一季度至第三季度分别多10%、12%和15%，明显高于上年同期的7、4和5。其中，大型企业相对来说更加乐观，其信心指数分别为16、20和23，而中型企业分别为15、16和18，小型企业分别为5、7和9。

与短观指数显示的企业经营状况好转相印证的是，日本制造业和服务业采购经理人指数（PMI）也一改上年连续两个季度双双回落至荣枯线以下的局面，2017年第一季度至第三季度，制造业PMI分别为52.8、52.7和52.4，服务业PMI分别为52.0、52.8和51.5（见图7）。

企业利润数据显示，2017年上半年日本企业经常利润同比大幅增长。第一季度全部企业经常利润同比增长26.6%，其中资本规模大于等于10亿日元的大型企业经常利润同比增长高达48.6%，资本规模介于1亿日元和10亿日元的中型企业经常利润也同比增长了23.9%，资本规模介于1000万日元和1亿日元的小型企业经常利润同比增长了5.5%。第二季度

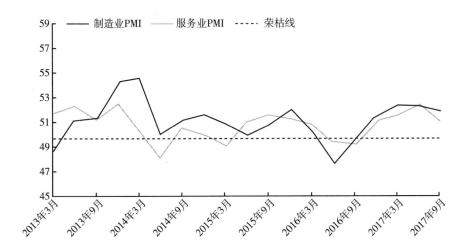

图7　日本制造业和服务业 PMI 与荣枯线的关系

资料来源：中国社会科学院世界经济与政治研究所世界经济预测与模拟实验室，Wind 数据库。

全部企业经常利润同比增长 22.6%，但是分布情况正好反了过来，大型企业同比增长 20.4%，中型企业同比增长 16.4%，小型企业同比增长 32.3%。

从就业来看，2017 年日本失业率维持在较低水平，第一季度经季节性调整后失业率为 2.87%，第二季度为 2.90%，进入第三季度有所下降，7~8 月均为 2.80%（见图8）。季调就业人数环比有所上升，第一季度和第二季度分别上升了 0.11% 和 0.46%。进入第三季度，就业人数季调值仍呈现上升趋势，7 月和 8 月分别环比上升 0.21% 和 0.31%。

与企业经常利润的大幅增长相比，劳动者收入只有幅度非常微小的提升，这也是日本政府力促公司推行以绩效而非资历为基础的工资制度的原因所在。日本劳动调查显示，2017 年第一和第二季度月均劳动现金收入分别为 27.0 万日元和 32.6 万日元，同比分别只增长了 0.18% 和 0.49%。进入第三季度月均劳动现金收入虽然维持同比正增长，但增幅十分有限，7~8 月同比增长 0.03%。

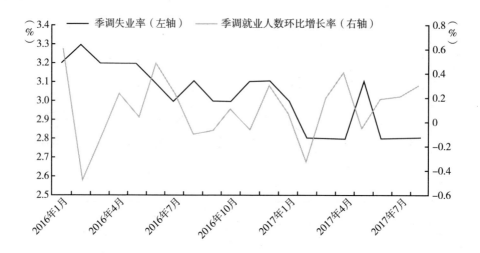

图 8　日本失业率与就业增长率情况

资料来源：Wind 数据库。

五　国际收支与对华经贸投资关系

2017 年日本经常项目顺差改善幅度较上年有所下降。1～7 月经常项目累计顺差 12.8 万亿日元，比上年同期只改善了 3.3%，较上年同期同比改善幅度 24% 来说明显收窄。具体来看，货物贸易项下 2017 年 1～7 月累计顺差 2.6 万亿日元，比上年同期下降了 10.4%；服务贸易项累计逆差 5347 亿日元，较上年同期扩大了 18.2%。

受国内负利率导致向海外配置资产倾向的影响，2017 年日本国际收支金融项目下证券投资项盈余大幅缩水，1～7 月证券投资项累计 1.1 万亿日元，比上年同期的 27.8 万亿日元显著降低。日本金融项目盈余主要来自直接投资。2017 年 1～7 月，直接投资项顺差累计为 10.4 万亿日元，较上年同期增长了 77.3%。其他投资项累计赤字规模有所缩小，2017 年 1～7 月累计赤字 3.9 万亿日元，较上年同期下降了 63%（见图 9）。

日本与中国的贸易持续负增长在经历 2016 年的"触底"之后，终于

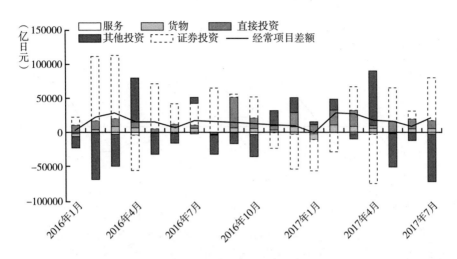

图 9　日本经常项目差额

资料来源：Wind 数据库。

在 2017 年出现转机，对中国出口额和自中国进口额双双实现连续正增长。2017 年第一季度和第二季度，日本对中国出口同比增速分别为 16.3% 和 19.2%，达到了 2013 年第四季度以来的最高值。进入 2017 年第三季度，日本对中国出口同比增速继续提升，7~8 月合计同比增长了 21.6%。2017 年，日本自中国进口同比增速也快速提升。第一季度和第二季度自中国进口额同比增长率分别为 0.85% 和 7.41%，第三季度的 7~8 月合计同比增长进一步提升至 12.1%（见图 10）。日本与中国贸易额增速回升，部分与上年严重负增长的基期效应有关，是否意味着中日贸易关系的全面改善还有待观察。

2017 年上半年日本对中国的直接投资流量由上年第四季度的负增长走出，实现了连续两个季度的正增长。2017 年第一季度，日本对中国直接投资 23 亿美元，同比增长 19.5%。第二季度，日本对中国直接投资 25.5 亿美元，同比增长 16.9%。尽管如此，日本对中国直接投资流量同比增长率仍然低于同期对全世界直接投资同比增长率，后者在 2017 年第一和第二季度分别为 32.2% 和 17.9%（见图 11）。

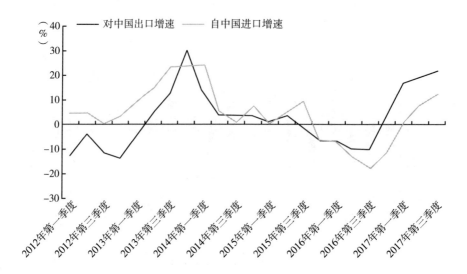

图10 日本与中国双边贸易额情况

注：2017年第三季度值为7~8月合计值。

资料来源：Wind数据库。

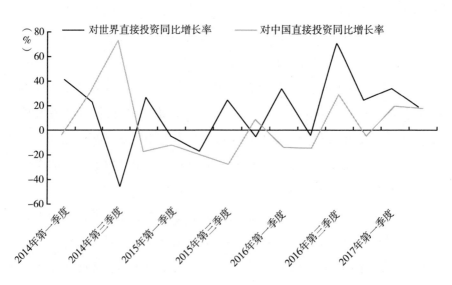

图11 日本对华直接投资情况

资料来源：JETRO数据库。

六 2018年日本经济形势展望

世界主要机构对 2018 年日本经济增长率的预测差异比较大，国际货币基金组织和欧盟委员会给出的预测值低至 0.6%，日本经济研究中心、标准普尔等机构的预测值都在 1% 以上。但各机构比较一致的看法是，日本 2018 年经济增长率将低于 2017 年（见图 12）。

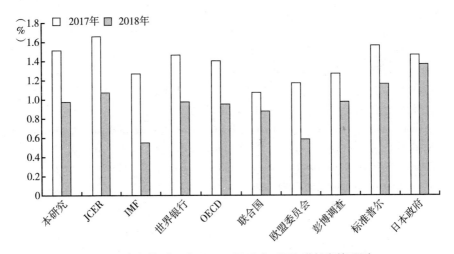

图 12 各机构对日本 2017～2018 年 GDP 增长率的预测

注：JCER 即日本经济研究中心；IMF 即国际货币基金组织；OECD 即经济合作与发展组织。日本政府预测数据为财年，其他均为历年。

资料来源：除本研究估算数外，其他数据均来自各机构官方网站及新闻报道。

2018 年的世界经济可能进入周期性回升，但仍然面临高度不确定的政策环境（特别是美国货币政策正常化、各国采取内顾型经济政策等带来的冲击）及地缘政治冲突等潜在风险。日本国内虽然有奥运会相关建设需求的拉动，但人口老龄化、生产率增长放缓、产能过剩等结构性问题依然存在，并且由于社会保险负担及领取年金家庭的购买力低下等原因，预计个人消费的恢复能力依旧脆弱[①]。换言之，日本经济的外部环境仍然复杂，而其

---

① 日本综合研究所：《日本经济展望》，2017。

经济增长的内生动力并不十分强劲。本文赞同多数机构关于 2018 年增长率将会低于 2017 年的意见，预计日本 2018 年实际 GDP 增长率约为 1.0%。

参考文献

冯维江：《日本经济：刺激政策效力减弱》，载张宇燕主编《2017 年世界经济形势分析与预测》，社会科学文献出版社，2016。

日本财务省：日本の财政関係资料（平成 29 年 9 月），2017。

国际货币基金组织：《世界经济展望》，2017。

日本综合研究所：《日本经济展望》，2017。

景婉博、于雯杰、刘翠微：《国际财税政策动态及其要点——聚焦德国、日本、韩国、巴西的财税新政》，《财政科学》2017 年第 4 期。

SerkanArslanalp and Dennis Botman，"Portfolio Rebalancing in Japan：Constraints and Implications for Quantitative Easing"，IMF Working Paper WP/15/186，Aug 2015.

Bank of Japan，"Outlook for Economic Activity and Prices"，July 2017，http：//www. boj. or. jp/en/mopo/outlook/gor1707b. pdf.

亚太经济：周期性上行

杨盼盼 *

摘　要： 亚太经济体 2017 年经济增速预计为 5.5%，略高于 2016 年 5.4% 的增速。经济回暖的原因是外部环境的周期性转暖及国内需求的相对强劲，但亚太经济总体复苏强度不及全球经济。区域内多数国家通货膨胀水平较 2016 年进一步回升；多数国家货币出现贬值；经常账户的失衡水平略有缓和。在区域内的主要经济体中，加拿大经济出现显著上行，韩国和印度尼西亚经济呈现盘整态势，印度和澳大利亚经济出现显著下行。展望 2018 年，亚太经济的增长前景受到全球宽松外部环境可持续性及国内结构性改革步入深水区的影响，经济增长可能维持常态。

关键词： 亚太地区　经济增长　内需　外需

　　在《2017 年世界经济形势分析与预测》中，我们预计亚太地区主要经济体 2016 年的加权实际经济增速为 5.4%，与 2016 年亚太地区最终实现的增速保持一致。亚太地区自 2011 年以来经济增速漫长的下滑在 2017 年得以终结，预计 2017 年的经济增速较 2016 年缓慢回升，达 5.5%，这主要得益于全球经济外部环境的同步性回暖以及亚太国家内需总体强劲。但这一缓慢回升没有在本质上改变亚太地区经济增长放缓的常态。

*　杨盼盼，中国社会科学院世界经济与政治研究所副研究员，研究领域为国际金融。感谢冯维江研究员、孙杰研究员对全文的修改建议，感谢唐雪坤的科研助理工作。

一 亚太经济形势回顾

亚太经济体在 2016 年第三季度至 2017 年第二季度的经济增长呈现缓慢回升态势。[①] 2017 年，亚太地区 17 个国家的加权平均预期经济增速为 5.5%，高于 2016 年的 5.4%。本区域内的发达经济体在 2017 年的经济增速为 2.2%，相比上一年上升了 0.5 个百分点；新兴和发展中经济体在 2017 年的经济增速为 6.4%，与上一年持平（见表 1）。

亚太经济的增速仍然显著高于全球经济增速。2017 年全球经济增速预计为 3.6%，亚太经济的总体增速比全球增速高 1.9 个百分点。这意味着就加总意义而言，亚太经济仍然是全球经济复苏的重要引擎，亚太经济继续引领全球经济复苏。不过全球经济改善的速度高于亚太经济，全球经济增速比上年提升了 0.4 个百分点，而亚太地区国家则仅提升了 0.1 个百分点。分国家组来看，亚太新兴和发展中经济体仍然是增长动力的主要贡献者，它们 2017 年的经济增速比全球新兴和发展中经济体的平均经济增速高出 1.8 个百分点，而本区域内的发达经济体在 2017 年的经济增速则与所有发达经济体的平均经济增速同为 2.2%。

表 1 亚太主要国家国别和加总经济增长率

单位：%

年份	2014	2015	2016	2017	2018	2000~2007	2008~2017
亚太 17 国							
中国	7.3	6.9	6.7	6.8	6.5	10.5	8.2
日本	0.0	0.5	1.0	1.6	0.7	1.5	0.4
韩国	3.3	2.6	2.8	2.9	3.0	5.4	3.1

---

① 本文的亚太经济体包含 17 个国家，分别是：中国、日本、韩国、东盟十国（文莱、柬埔寨、印度尼西亚、老挝、马来西亚、缅甸、菲律宾、新加坡、泰国、越南）、印度、澳大利亚、新西兰、加拿大。

续表

年份	2014	2015	2016	2017	2018	2000~2007	2008~2017
文莱	−2.3	−0.6	−2.5	−1.3	0.6	2.2	−0.5
柬埔寨	7.1	7.0	7.0	6.9	6.8	9.6	6.3
印度尼西亚	5.0	4.8	5.0	5.0	5.3	5.1	5.6
老挝	7.5	7.6	7.0	6.9	6.9	6.8	7.6
马来西亚	6.0	5.0	4.2	5.6	4.8	5.5	4.7
缅甸	8.7	7.0	6.1	7.2	7.6	12.9	6.5
菲律宾	6.2	5.9	6.9	6.4	6.7	4.9	5.6
新加坡	3.3	2.0	2.0	2.9	2.6	6.5	4.1
泰国	0.8	2.8	3.2	3.5	3.5	5.3	3.0
越南	6.0	6.7	6.2	6.1	6.3	7.2	5.9
印度	7.2	7.6	7.1	6.6	7.4	7.1	7.0
澳大利亚	2.7	2.4	2.5	2.2	2.9	3.4	2.5
新西兰	3.0	3.0	3.6	3.5	3.0	3.7	2.1
加拿大	2.5	1.1	1.5	3.0	2.1	2.8	1.6
区域及全球加总							
世界	3.4	3.2	3.2	3.6	3.7	4.5	3.2
亚太经济体	5.5	5.5	5.4	5.5	5.5	6.3	5.8
除中国外的亚太经济体	4.2	4.3	4.3	4.5	4.6	4.4	4.0
发达经济体	1.9	2.1	1.7	2.2	2.0	2.7	1.1
亚太发达经济体	1.5	1.3	1.7	2.2	1.7	2.7	1.4
新兴和发展中经济体	4.6	4.0	4.3	4.6	4.9	6.6	5.1
亚太新兴和发展中经济体	6.8	6.6	6.4	6.4	6.4	8.2	7.3
除中国外的亚太新兴和发展中经济体	3.5	3.7	3.7	3.6	4.0	3.0	3.4

注：亚太发达经济体包括：日本、韩国、新加坡、澳大利亚、新西兰、加拿大；亚太新兴和发展中经济体包括：中国、文莱、柬埔寨、印度尼西亚、老挝、马来西亚、缅甸、菲律宾、泰国、越南、印度。

资料来源：笔者估算，国际货币基金组织（IMF）《世界经济展望》数据库（2017年10月）。

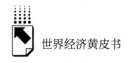
1. 经济增长略有回升

图 1 中横坐标显示了 2016 年亚太地区 17 个国家的实际 GDP 增速，纵坐标显示了 2017 年这些国家的实际 GDP 增速预测值。从该图中可以看出：①缅甸、柬埔寨、老挝、中国、印度、菲律宾、越南、马来西亚等 8 个国家 2017 年的经济增长率高于平均水平，可被视为亚太地区相对高速增长的国家，不过，2017 年仅马来西亚、中国和缅甸 3 个国家的增长速度高于 2016 年，其他高增长国家的经济增速均低于 2016 年；②印度尼西亚、泰国、新西兰、加拿大、新加坡、韩国、澳大利亚、日本、文莱等 9 个国家的经济增长率在均值以下，不过其中有 6 个国家 2017 年的经济增长相较于 2016 年有所好转，澳大利亚、新西兰和印度尼西亚的增长则不如 2016 年或持平。

亚太地区 2017 年有 9 个国家的经济状况同上年相比出现改善，改善的原因主要包括：①外需转暖，2016 年末至 2017 年上半年，全球主要发达经济体经济向好，全球经济处于周期性高点，为亚太各国增长向好提供外部动力，例如多个东盟国家有不同程度的出口回暖及复苏，且越是外向型国家本轮复苏越早，新加坡的复苏就早于其他主要东盟国家，缅甸的服装出口促进了经济增长，日本也实现了出口的复苏；②内需向好，体现为国内私人部门消费、投资不同程度的好转，以及房地产业和建筑业的周期性繁荣，例如发达市场中的日本、加拿大等，私人部门消费的好转成为这些国家增长向好的关键，新兴市场中马来西亚、泰国、缅甸等国的私人部门复苏也成为本国经济复苏的重要动力，马来西亚因为国内私人部门需求回暖，从 2016 年创下的全球金融危机以来的增长低点中走出；③政府宽松的政策和改革措施，例如中国的政策宽松和供给侧改革在提振 2017 年经济增长方面起到了重要作用，日本、加拿大的增长提升也得益于政府宽松的货币和财政政策。

亚太地区 2017 年有 8 个国家的经济增长与上年基本持平或出现恶化，主要原因包括：①外部需求对经济体的提振仍然不足抵消内需增长的向下盘整，例如越南、菲律宾、老挝；②政府改革措施带来的短期经济放缓，例如印度的"废钞令"对经济产生了较为显著的紧缩影响；③自然灾害冲击，例如老挝和越南因气候恶劣导致农业增速下降，拖累了经济增长。

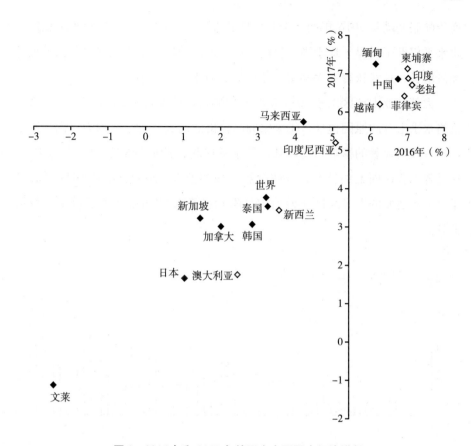

图1　2016 年和 2017 年的亚太主要国家经济增长

注：横轴和纵轴分别代表了对应国家在 2016 年和 2017 年的情况，横轴的交叉点为 2016 年 17 国实际 GDP 增速的加权平均值（5.4%），纵轴的交叉点为 2017 年 17 国实际 GDP 增速的加权平均预测值（5.5%）。因此，第一象限（右上）的国家是 2016 年和 2017 年 GDP 增速均快于均值的国家，第二象限（右下）的国家是 2016 年 GDP 增速快于均值但 2017 年 GDP 增速慢于均值的国家；第三象限（左下）的国家是 2016 年和 2017 年 GDP 增速均慢于均值的国家；第四象限（左上）的国家是 2016 年 GDP 增速慢于均值但 2017 年 GDP 增速快于均值的国家。图中实心表示该国 2017 年的经济增速高于 2016 年，空心表示该国 2017 年的经济增速低于 2016 年，或与 2016 年持平。

资料来源：笔者估算，国际货币基金组织（IMF）《世界经济展望》数据库（2017 年 10 月）。

2. 通货膨胀略有回升

因大宗商品价格回升及全球需求回暖，亚太地区主要国家 2017 年的加权通货膨胀水平同 2016 年相比略有回升，从 2.1% 上升至 2.3%。同期世界通货膨胀变动从 2016 年的 3.1% 上升至 2017 年的 3.2%。亚太地区总体通胀水平仍低于世界平均水平，且由于亚太地区的经济增长仍然显著快于世界经济增长，这意味着亚太国家总体承受的通胀压力较小。

大部分亚太地区国家 2017 年的通货膨胀规模均高于 2016 年（见图 2）。价格水平上升的原因包括：①大宗商品价格的回暖，对于区内大宗商品进出口国有较为显著的影响；②内外部需求的回暖，造成价格下行压力的减少，这是各国普遍面临的情形；③政策和外部冲击效应的结果，例如越南 2017 年上半年通胀的上升反映了政府取消医疗教育补贴和自然灾害带来的价格上升。

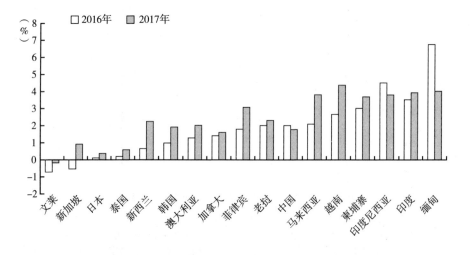

图 2　2016 年和 2017 年亚太主要国家的通货膨胀率

注：通货膨胀率为年平均消费者价格指数的变动率。

资料来源：国际货币基金组织（IMF）《世界经济展望》数据库（2017 年 10 月）。

3. 多数国家货币走软

2017 年亚太地区主要国家货币对美元相对于 2016 年同期总体呈现贬值态势，11 个亚太国家货币对美元出现贬值，6 个国家出现升值（见图 3），最高贬值幅度为 13.6%。多数亚太国家货币对美元出现贬值的原因包括：①强势美元背景下的货币贬值压力上升，美元指数曾在美国大选前夕达到高点，数月之内上升超过 8%，这给区域内主要国家的货币均带来较大压力；②英国脱欧及特朗普当选两大黑天鹅事件连同反全球化浪潮的各种举措一起，带动市场避险情绪上升，美元作为避险货币的特征彰显，这进一步使亚太地区新兴市场国家货币承受压力；③市场对于发达经济体货币政策走向的分化预期仍存，带来日元对美元汇率的贬值，同时这种贬值也反映出 2016年日元强势升值的回调；④前期杠杆率上升带来金融压力增加，使亚太地区国家对于外部冲击压力敏感程度提高，资本外流压力增强。不过伴随着强势美元的周期性回调，2017 年第二季度多数国家货币对美元的贬值压力都有显著的减轻，这使部分新兴市场国家（韩国、泰国、印度）已收复贬值失地，总体同上年相比呈现升值态势。包括加拿大、新西兰和澳大利亚在内的亚太发达国家的货币也出现不同幅度的升值。

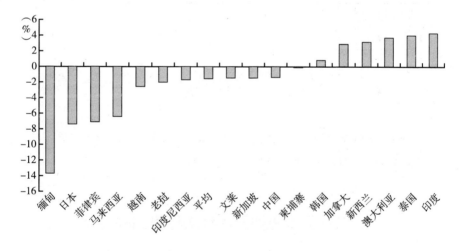

图 3　2017 年亚太主要国家汇率走势

注：①所有国家为 2017 年 6 月相对于上年的同比增速，所有数值均为月度平均值；②负数表示本币相对于美元贬值。

资料来源：CEIC。

4. 经常账户失衡好转

2017 年，IMF 预计亚太地区大部分顺差国的顺差规模出现下降，大部分逆差国的逆差规模则基本保持不变。具体来看，2017 年的顺差国为 8 个，逆差国为 9 个。2017 年，经常账户顺差占 GDP 比重超过 4% 的国家预计有 4 个，分别是文莱、韩国、泰国、新加坡，但是顺差规模较上年并未有显著上升，甚至多数出现下降，反映出这些国家内部再平衡的持续进行。中国和日本的顺差均有所下降，中国经常账户顺差占 GDP 比重从 2016 年的 1.8% 进一步下降至 1.4%，日本则从 3.8% 下降至 3.6%。域内顺差大国的再平衡压力减轻（见图 4）。

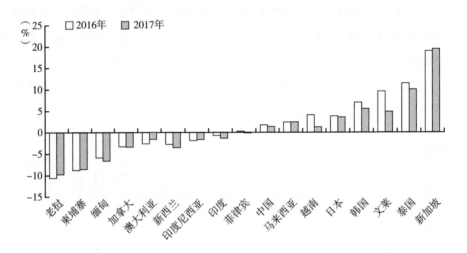

图 4　2016 年和 2017 年亚太主要国家经常账户余额占 GDP 比重走势

资料来源：国际货币基金组织（IMF）《世界经济展望》数据库（2017 年 10 月）。

二　亚太主要国家经济形势回顾

本部分回顾韩国、印度尼西亚、印度、澳大利亚和加拿大在 2016 年第三季度到 2017 年第二季度的经济形势①。在这一时间区间内，加拿大经济出现显著上行，韩国和印度尼西亚经济呈现盘整态势，印度和澳大利亚经济出现显著下行。将这些国家 2017 年形势同 2016 年进行比照，经济前景从乐

---

① 各国年度数据来源为国际货币基金组织（IMF）《世界经济展望》数据库（2017 年 4 月、7 月），季度和月度数据来源为 CEIC 数据库，其余为笔者估计数。

观到悲观排序依次为：加拿大、韩国、印度尼西亚、印度、澳大利亚。

1. 韩国

韩国经济在 2016 年上半年因政府的宽松的货币政策和一揽子财政刺激计划出现了一定程度的复苏，但因政治因素和刺激效果淡退，复苏进展在下半年并不顺利。2016 年第三季度，需求面和供给面即出现分化，一方面，受刺激政策鼓舞，消费者信心仍在高位；另一方面，PMI 跌落荣枯线，反映制造业前景不乐观，同期中韩关系紧张、海运公司运营困难、三星手机召回等事件将韩国经济形势转向负面，第三季度仅实现 2.6% 的同比增速。总统政治丑闻引发国内政局混乱，进一步打击了韩国经济的需求面，韩国消费者信心指数在第四季度快速下滑，年底跌至全球金融危机以来的低点。制造业 PMI 仍然没有起色，自 2016 年 8 月跌破荣枯线以后一直处于荣枯线之下，第四季度同比增速为 2.4%。在内需陷入冰点情形的同时，韩国面临的外部环境出现好转，全球经济迎来周期性上行。韩国作为开放型经济体，感知外部回暖较早，出口同比增速在 11 月由负转正，外需重新成为韩国经济增长引擎。进入 2017 年，受外部环境进一步回暖影响，出口进一步成为韩国经济复苏的主要动力，上半年各月出口同比均呈现两位数增长。国内政治动荡逐步平息，消费者信心指数开始回升，制造业 PMI 在 6 月回到荣枯线以上，内需开始企稳。2017 年韩国第一季度和第二季度同比增长分别为 3.0% 和 2.7%。

总体而言，2016 年第三季度至 2017 年第二季度，韩国经济又经历了一次下行周期，韩国经济能够从政治混乱中走出，很大程度上归因于外部环境的转暖。经由这样的转折，加之全球经济在 2017 年下半年进一步复苏，韩国经济有望继续向好，经济前景较为乐观。

2. 印度尼西亚

2016 年下半年至 2017 年上半年，印度尼西亚经济较此前有所回暖，季度同比增速多维持在 5.0% 上下，波动较小，也没有继续上行的势头。2016 年第二季度实现了 5.2% 的超预期增长，但这一增长没能在第三季度延续，第三季度的经济增速为 5.0%。主要原因在于政府消费增速由上季度的

6.3%下降至 - 3.0%。这是印度尼西亚经济的一个缩影，即在私人消费保持相对稳定、私人投资增速一直没有重大起色的情形下，政府部门开支变动成为经济波动的一个重要来源。随着 2017 年财政政策渐趋稳健，经济增长的波动程度进一步下降。2017 年第一季度和第二季度 GDP 增速均为 5.0%。5.0% 经济增速的取得，是在外部环境变暖的情况下得到的。分项来看，第一季度的私人部门消费有所下降，从 5.0% 的趋势值下降至 4.9%，尽管第二季度回升至 5.0%，但仍可见出口回暖并未通过收入效应渠道显著提振私人消费。私人投资在第一季度仍然难言理想，维持在 4.8%，第二季度上升至 5.2%，反映出一定的积极变化。由于政府稳健的财政政策，政府支出的影响已经显著下降，上半年财政支出增速约为 3.2%。从行业来看，拖累经济的主要是制造业，上半年同比增长 3.9%，第二季度更是下降至 3.5%，制造业 PMI 也于 6 月再度跌破荣枯线，外需转暖对制造业的提振并不显著，这也是造成印度尼西亚经济增长没有显著提升的重要原因。

总体而言，印度尼西亚经济仍然处于恢复和平稳运行的区间中，虽然经济的"滞胀"之忧得到缓解，但是经济短期内难见显著好转。主要原因在于：第一，政府的刺激计划已基本告一段落，指望政府开支提振经济增长的可能性不大；第二，在本轮全球经济上行周期中，印度尼西亚经济得到了一定程度的提振，但是好转并不明显，特别是制造业和私人投资增速仍然难言理想，在接下来的时间内，进一步的上行变得更加困难；第三，消费前景不乐观，个人可支配收入提升不理想和零售指数下滑成为私人消费可能走软的信号。

3. 印度

印度经济波动性较大，2016 年第一季度还曾取得 9.1% 的季度同比增长，一度被视为全球增长最快的国家，到 2017 年第二季度同比增长就下跌至 6.0% 以下。2016 年第三季度印度经济增速已经初现疲态，同比增长 7.5%，低于第二季度的 7.9%，低于上年同期的 8.0%。增长放缓主要来自投资萎缩，第三季度固定资本形成同比萎缩 5.6%，较上一季度扩大 2.4 个百分点，但私人及公共消费增长速度较快。第四季度经济放缓至 7.0%，12

月 PMI 甚至自 2015 年 12 月以来首次跌破 50 的荣枯分界线，创下 2008 年金融危机以来最大的月度降幅。印度经济 2017 年第一和第二季度的增速分别为 6.1% 和 5.7%，远低于外界预期，第二季度增速创下三年新低，显示出"废钞令"的货币紧缩性影响仍然在持续且显著超出预期。此外，2017 年 7 月 1 日开始实行统一税制的商品与服务税法案也将在短期对商业信心和企业投资行为产生负面影响。第二季度制造业产出同比增速从上季度的 5.3% 放缓至 1.2%，工业产值同比增速也从 3% 放缓至 1.6%。

印度经济在过去一年经历了持续下滑，反映出快速推进结构性改革对经济增长短期的负面影响。印度经济短期将难以重回高速增长轨道，除非政府决心实施更加宽松的货币及财政政策。

4. 澳大利亚

澳大利亚经济增长在 2016 年下半年至 2017 年上半年有所下滑。2016 年第三季度经济同比增速为 1.9%，远低于上半年 2.9% 的平均水平，环比更是首现五年来的第一次负增长。受到大选带来政局动荡及国内房价高企、薪资收入增长缓慢的影响，澳大利亚内需疲软，这是经济放缓的重要原因。第三季度国内零售总额为 738.8 亿澳元，环比增速为 -0.1%，CPI 环比折年率为 1.3%，低于央行设定的 2%~3% 的目标区间。加之持续从采矿业向非采矿业转型的负面影响，经济跌入低谷。第四季度情况略有缓和，同比增速为 2.4%。进入 2017 年，澳大利亚经济增长仍然难言乐观，第一季度同比增速为 1.8%，环比仅增长 0.3%，虽然不是负增长，但仍凸显增长动力不足。最终消费同比增速 2.5%，高于总体经济增速，这得益于国民可支配收入 5.6% 的实际增速。但投资放缓，固定资本形成总额环比和同比分别下降 0.6% 和 0.4%。经济转型仍在进行中，但以金融、保险为代表的服务行业增长强劲。第二季度澳大利亚同比经济增速与第一季度保持一致，不过环比增速有所上升，达到 0.8%，私人消费及服务业仍持续贡献增长动能。

2017 年，澳大利亚创造了连续 104 个季度未发生经济衰退的历史纪录，在这期间经受住了全球金融危机的洗礼。应该看到，这一历史纪录的创造并非没有代价，过去逆全球周期的表现与政策宽松带来的房地产及金融业的过

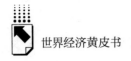
度繁荣有着密切关联，而民粹主义思潮的兴起使这一切不可能再持续下去，澳大利亚经济在未来仍面临较大不确定性。政府已经开始加强房地产市场的监管措施，这带来了居民偿债压力的上升，目前房地产债务增长已超过家庭收入增长，居民部门去杠杆压力上升，这成为今后澳大利亚经济的最大变数。此外，中国经济转型及总体外部经济短期高点已过也将给澳大利亚的传统采矿及制造业带来不小压力。

5. 加拿大

加拿大经济在 2016 年下半年至 2017 年上半年出现强劲反弹。2016 年第三季度，加拿大经济基本从上半年阿尔伯塔省山火事件中走出，原油开采和加工行业得以恢复，第三季度同比经济增速为 1.5%。第四季度，采矿业和原油开采业继续引领加拿大经济复苏，并带动加工行业的全面增长，私人消费强劲，经济增速进一步上升至 2.0%。受到下半年经济转暖的积极影响，加拿大 2016 年全年实现了 1.5% 增长。2017 年上半年，加拿大商业及消费者信心继续恢复，在外需转暖的叠加作用下，2 月制造业 PMI 上升至 54.7，创下 2014 年 11 月以来新高，加拿大经济增长继续上行，第一季度经济同比增速为 2.3%。受到石油制品出口提升、私人消费强劲及基期效应作用，第二季度同比增速进一步上升至 3.7%，创下近年新高，第二季度商业信心指数创下两年新高，达到 104.2。加拿大已成为七国集团成员中增长最快的国家。受经济增长强劲复苏的影响，加拿大央行在 7 月及 9 月加息两次。

总体来看，加拿大的商业信心恢复较为稳固，这构成对未来经济增长乐观预期的理由。但是私人部门消费的高企及房地产投资的繁荣与此前宽松的低利率政策不无关联，政府加息进程开启之后，会对上述经济动能产生不利影响。因此，加拿大在 2017 年下半年及 2018 年的增长将不及 2017 年上半年这么强劲，但仍能保持稳健。

三　2018年亚太经济展望

亚太经济在 2018 年的增速预计将与 2017 年持平，约为 5.5%。各国虽然处于复苏周期的不同阶段，但就平均意义而言，亚太地区的经济增长仍然远不及危机之前。

从外部环境来看，全球外部环境能否进一步上扬仍有待观察。2016 年下半年至 2017 年亚太地区经济出现的复苏主要得益于全球经济环境的周期性上行，但是这一上行在 2018 年是否能够持续仍然值得怀疑。尽管 2017 年下半年全球出现了危机以来首次同步性复苏，但在整体亮丽的表现面前，隐忧仍在：美国和英国经济增长不及此前预期，日本和欧洲的初步复苏能否坐实并转化为全球需求动能还有待观察，中国经济超预期增长累积的债务问题加剧了债务风险。全球范围内的不确定性难言减少。各国国内政策仍有进一步分化的可能，亚太区域内资本外流的压力仍然较大。

从内部动力来看，亚太地区结构性改革进入深水区。尽管基础设施投资也是结构性改革的一种形式，但是受到债务规模上升及政府财政刺激空间有限的影响，这种相对容易的结构性改革已经面临压力。中国的结构转型和去产能政策仍在持续，而印度的"废钞令"及税改举措已经给经济造成了较为严重的负面影响，多国政府加强房地产管控措施和针对各个部门的去杠杆举措，多有以"壮士断腕"之意志来进行改革。在这种情况下，"轻增长重改革"已在一定程度上显现。外部环境相对宽松叠加改革步入深水区将使亚太经济在未来一段时间内增长继续维持常态。

参考文献

中国社会科学院世界经济与政治研究所世界经济预测与政策模拟实验室，《CEEM 全球宏观经济季度报告》，2016 年第三季度~2017 年第三季度。

Asian Development Bank（ADB），"Asian Development Outlook 2017：Transcending the Middle-Income Challenge"，April 2017.

International Monetary Fund（IMF），"Regional Economic Outlook：Asia and Pacific：Preparing for Choppy Seas"，May 2017.

International Monetary Fund（IMF），"Regional Economic Outlook：Asia and Pacific：

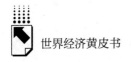
Making the Most of the Upswing", October 2017.

International Monetary Fund (IMF), "World Economic Outlook: Gaining Momentum?", April 2017.

International Monetary Fund (IMF), "World Economic Outlook: Seeking Sustainable Growth: Short – Term Recovery, Long – Term Challenges", October 2017.

International Monetary Fund (IMF), "World Economic Outlook Database", October 2017.

Y.6
俄罗斯经济：向好态势持续

高凌云　张　琳*

摘　要： 因为净出口、消费和资本形成等方面的表现，2016年俄罗斯经济下滑速度显著减缓，总体趋向平稳，2017年上半年走出低谷，实现正增长。同时，国际油价回升，使俄罗斯财政收入出现小幅增长，国际储备稳步回升，俄罗斯卢布汇率稳定，货物贸易增长强劲，服务贸易逆差逐渐减少。不仅如此，过去一年间中俄全面战略合作伙伴关系更加紧密，"一带一路"建设与欧亚经济联盟建设对接已经在贸易、投资、能源、人文等各个领域取得丰硕成果。俄罗斯经济已经实现了由衰退向增长的转变，且向好态势将持续。

关键词： 俄罗斯　国际油价　"一带一路"

2016年俄罗斯国内生产总值为1.419万亿美元，同比下降约0.2%；比我们在上一年"世界经济黄皮书"中的预测高了1个百分点。而根据俄罗斯经济发展部的统计，从2016年第四季度到2017年第三季度，俄罗斯国内生产总值已经连续4个季度增长，增幅最快的领域是汽车、制药、化学、食品工业和电气设备生产，且经济增长质量有所改善。综合

---

* 高凌云，中国社会科学院世界经济与政治研究所副研究员，经济学博士，研究领域为世界经济；张琳，中国社会科学院世界经济与政治研究所助理研究员，经济学博士，研究领域为国际贸易、世界经济。

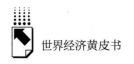

考虑，预计俄罗斯在 2017 年将实现 1.8% 的经济增速，但 2018 年可能收窄为 1.6%。

一 2016~2017年俄罗斯经济总体形势

2016 年俄罗斯经济下滑速度显著减缓，总体趋向平稳，2017 年上半年走出低谷，实现正增长。按当前价格计算，2016 年俄罗斯名义 GDP 为 86.044 万亿俄罗斯卢布（以下简称卢布），同比增长 3.38%；按照 2011 年不变价格计算，俄罗斯实际 GDP 为 62.12 万亿卢布，与 2015 年同期相比，下降 0.22%，显著低于 2015 年 3.7% 的降幅。2017 年，俄罗斯经济开始复苏反弹。第一季度实际 GDP 为 19.56 万亿卢布，较上年同期增长 0.64%，第二季度实际 GDP 为 20.95 万亿卢布，同比增长 2.33%（见表1）。

表 1 俄罗斯 GDP 及其各组成部分的变动

单位：十亿俄罗斯卢布，%

指标名称		2016 年第一季度	2016 年第二季度	2016 年第三季度	2016 年第四季度	2017 年第一季度	2017 年第二季度
GDP	GDP（现价）	18815.90	20429.62	22721.25	24076.88	20090.94	21691.13
	增长率	1.33	2.88	3.43	5.42	6.78	6.17
	不变价格	14025.24	14981.75	16188.46	16924.20	19555.17	20952.94
	增长率	-0.43	-0.48	-0.35	0.3	0.64	2.33
最终消费	不变价格	9755.40	9765.70	10249.60	10614.00	14717.50	15023.2
	GDP 拉动率	-2.34	-3.07	-2.43	-1.63	1.54	2.34
居民消费	不变价格	7144.20	7145.70	7625.20	7952.10	10759.10	11047.7
	GDP 拉动率	-2.27	-2.99	-2.38	-1.57	1.45	2.25
政府消费	不变价格	2560.90	2565.40	2565.30	2599.00	3875.50	3892.6
	GDP 拉动率	-0.08	-0.08	-0.07	-0.07	0.09	0.09
非营利机构消费	不变价格	53.8	53.8	53.8	53.9	82.9	82.90
	GDP 拉动率	0	0	0	0	0	0
资本形成总额	不变价格	1864.90	2541.90	3892.00	3707.50	3005.10	5133.50
	GDP 拉动率	0.32	0.27	-0.01	0.57	0.01	3.24

指标名称		2016 年第一季度	2016 年第二季度	2016 年第三季度	2016 年第四季度	2017 年第一季度	2017 年第二季度
固定资本形成	不变价格	1990.70	2662.30	2862.30	4469.10	2996.40	4209.6
	GDP 拉动率	-1.05	-0.26	-0.14	-0.06	0.35	1.22
出口	不变价格	4536.80	4860.60	4655.90	5159.10	5504.80	5712.9
	GDP 拉动率	-0.11	1.5	1.16	1.09	1.87	0.89
进口	不变价格	1952.60	2068.60	2530.60	2479.20	4334.10	5158.7
	GDP 拉动率	-1.17	-0.67	-0.59	0.06	3.15	4.33
净出口	不变价格	2584.20	2792.00	2125.30	2679.90	1170.70	554.20
	GDP 拉动率	1.06	2.17	1.75	1.03	-1.28	-3.44
统计误差	不变价格	-183.5	-148.8	-104.9	-52.1	661.9	242.00

注：2016 年不变价格以 2011 年为基期，2017 年不变价格以 2016 年为基期。

资料来源：俄罗斯联邦统计局。

从各细项看，2016～2017 年俄罗斯经济增长的特点主要体现在以下几个方面。

第一，贸易规模扩大，但净出口对俄罗斯经济增长的拉动作用有所减弱。2016 年四个季度，俄罗斯货物和服务净出口增速分别为 6.13%、13.25%、15.47% 和 6.96%，对俄罗斯 GDP 同比增长的拉动率分别为 1.06 个、2.17 个、1.75 个和 1.03 个百分点。进入 2017 年，俄罗斯进口替代政策效果显现，货物进出口强势增长。俄罗斯央行数据显示，2017 年第二季度，俄罗斯出口同比增长 23.12%，进口同比增长 28.21%。但因为服务贸易进口激增，造成逆差显著扩大。俄罗斯联邦统计局数据显示，2017 年第二季度，俄罗斯货物和服务净出口对 GDP 同比增长的拉动率为 -3.44 个百分点，拉动作用有所下降。

第二，国内需求逐步复苏，消费的驱动作用日益增强。2016 年俄罗斯最终消费，特别是居民消费仍显低迷，但降幅有所收窄。2016 年第二季度，家庭消费萎缩，实际增长率仅为 -5.92%。2017 年，俄罗斯国内消费企稳向好，第一季度最终消费增长 2.07%，对俄罗斯 GDP 同比增长的拉动率为 1.54 个百分点。其中，居民消费增长 2.69%，政府消费增长 0.44%。俄罗

斯统计数据显示，俄罗斯消费者信心指数已从 2016 年第四季度的 -18 上升至 2017 年第一季度的 -15（0 为荣枯临界值），表明消费者需求下跌幅度逐步收窄；2016 年 9 月起俄罗斯家庭人均收入指数超过 100，同比正向增长，2017 年 1 月该项指数达 112.5，人均收入的增长带动了俄罗斯国内消费意愿的增加。

第三，资本形成总额扭转颓势，实现正增长。2016 年，俄罗斯资本形成总额全面反弹，四个季度分别同比增长 2.48%、1.65%、-0.05% 和 2.69%。正如《2017 年世界经济形势分析与预测》一书中提到的，2016 年 3 月俄罗斯政府实行了新一轮"社会经济稳定发展行动计划"，即反危机计划，拿出大量资金扶持汽车、轻工业、机器制造和农业等产业发展。2017 年第二季度，资本形成总额达 51335 亿卢布，其中固定资本形成达 42096 亿卢布，对 GDP 同比增长的拉动率为 1.22 个百分点。

从行业看，按照 2011 年不变价格计算，2016 年俄罗斯第一产业增加值达 74549.4 亿卢布，同比增长 1.21%，其中农林牧业增加值为 20740 亿卢布，同比增长 3.59%；第二产业增加值下跌 0.31%，但其中制造业增加值为 71429.3 亿卢布，同比增长 1.15%。农业、制造业等领域出现的增长，对俄罗斯国民经济带来了积极的影响。

二　财政运行平稳，国际储备稳步回升

与其他国家类似，俄罗斯联邦政府财政收入的基本来源也包括企业机构所得税、增值税、消费税、（包括油气的）关税、（包括油气的）矿产开采税，以及其他与油气无关的自然资源使用税和政府资源使用税等诸多方面；而与其他国家明显不同的是，很长时间以来，俄罗斯财政收入高度依赖能源出口，来自石油和能源产业的出口税占其财政收入的份额超过 50%。但是近两年，俄罗斯财政收入的结构有所改善。2016 年石油和天然气出口收入税收占财政总收入的 38%，2017 年第一季度这一比值为 40%。

联邦主要承担的支出包括：国防支出，即用于维持军队、购买武器装

备、进行军事科研等方面的费用；国民经济支出，即用于基础科学研究、工业、能源、建筑、农业、渔业、交通、邮电及其他基础部门的财政援助和投资以及用于军工转产、环境保护、发展大众传媒工具等方面的费用等；其他的支出还包括国家行政管理支出及执法机关和安全机关支出、社会文化措施支出、联邦对地方的财政援助支出等。

2016～2017年俄罗斯联邦财政收支状况的主要特点包括以下几方面。

第一，2016年实现了主要预算目标，运行平稳。2016年，俄罗斯财政收入13.46万亿卢布，比预算收入高0.68%；财政支出16.42万亿卢布，比预算支出高1.68%。财政赤字为2.96万亿卢布，略高于2016年联邦政府财政预算的2.36亿卢布，占当年国内生产总值（GDP）的3.44%，与全年预定目标的3.5%基本持平（见表2）。从图1看出，俄罗斯财政收入的累计增长与国际石油价格高度相关，变化趋同。国际油价从2016年1月月平均价格32美元/桶的低谷回升至2017年上半年50美元/桶左右，拉动了俄罗斯财政收入的小幅增长。

表2　2016年至2017年第二季度俄罗斯财政收支结构

单位：十亿卢布

指标	2016年第一季度	2016年第二季度	2016年第三季度	2016年第四季度	2017年第一季度	2017年第二季度
联邦政府收入	2910.70	5868.70	9295.40	13460.10	3633.30	7122.00
公司利润税	102.00	240.40	388.90	491.00	147.80	359.40
国内产品增值税	731.60	1341.10	2002.70	2657.40	854.80	1570.50
进口产品增值税	441.90	893.00	1382.00	1913.60	421.30	910.80
国内产品特许权税	177.30	301.10	460.90	632.20	273.00	436.30
进口商产品特许权税	10.00	25.50	40.10	62.10	14.20	31.90
自然资源税	570.60	1280.00	2063.70	2883.00	1024.50	1971.20
对外经济活动	538.70	1127.90	1829.70	2606.00	633.90	1226.60
政府资源使用税	69.70	230.60	437.90	1283.40	33.00	150.60
矿产开采税	45.30	97.10	179.10	236.70	85.70	169.10
无偿收入	95.00	93.70	120.40	152.10	15.00	26.30
联邦政府支出	3549.30	7297.90	10804.90	16416.40	3825.50	7529.90
一般政府支出	191.50	478.20	745.40	1095.60	195.10	459.50
政府债务支出	195.10	—	497.80	621.30	192.60	327.70

指标	2016 年第一季度	2016 年第二季度	2016 年第三季度	2016 年第四季度	2017 年第一季度	2017 年第一季度
国防支出	886.60	1471.40	1952.60	3775.30	729.20	1355.20
国家安全与公共秩序支出	383.20	834.50	1269.00	1898.70	372.80	808.00
国民经济	252.00	787.50	1396.90	2302.10	341.60	863.70
燃料能源综合支出	7.50	18.20	23.10	42.00	6.10	7.70
农业和渔业部门支出	25.60	121.30	161.70	203.10	31.30	89.20
交通	32.10	129.50	192.00	296.90	26.40	103.50
道路基础设施	38.30	145.70	376.60	628.60	57.70	173.10
通信与信息科学支出	5.30	12.60	18.50	32.50	8.80	14.70
应用领域科学研究	12.90	51.80	111.60	251.20	32.00	89.50
其他问题	115.00	258.80	433.40	724.30	154.20	328.50
住房和公共事业	3.80	31.50	44.70	72.20	16.80	61.90
社会文化活动	1436.70	3012.70	4366.60	5916.10	1750.60	3223.80
政府间转移支付	183.00	324.80	480.70	672.00	192.10	374.30

资料来源：俄罗斯联邦统计局。

俄罗斯政府重新回归三年期预算编制实践。2016 年 10 月，俄罗斯政府讨论并原则性通过 2017～2019 年预算草案。根据俄罗斯财政部公布的预算案文本来看，未来三年预算赤字分别为 2.7 万亿、2.0 万亿和 1.1 万亿卢布，2017 年财政赤字设定为占当年 GDP 的 3.16%，2018 年该数值设定为占当年 GDP 的 2.155%，2019 年该数值设定为占当年 GDP 的 1.15%。

第二，俄罗斯外债总额略有增加。俄罗斯外债根据债务人不同，分为联邦政府外债、地方政府外债、货币当局外债、银行和其他机构的外债。其中，联邦政府外债主要指俄罗斯政府欠自然人和法人的主要以欧元和美元标价的债务，包括多边债权人贷款（如国际开发银行），与伦敦俱乐部、巴黎俱乐部债务（外国政府贷款）和以外币标价的俄罗斯国家有价债券等。俄罗斯央行数据显示，2016 年年末俄罗斯外债余额为 5141.32 亿美元，与 2015 年相比，下降 0.96%，基本完成了稳定外债余额的目标。2017 年第一季度，俄罗斯外债余额 5257 亿美元，第二季度 5296.15 亿美元。随着俄罗斯经济的复苏，外部融资渠道逐步放宽，俄罗斯外债略有攀升。

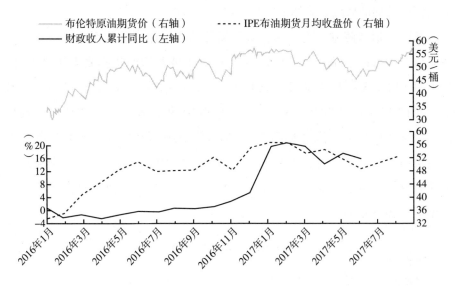

图 1 俄罗斯财政收入增长与原油价格比较

资料来源：俄罗斯联邦统计局，伦敦国际石油交易所（IPE）。

第三，俄罗斯国际储备稳步回升。俄罗斯国际储备包括外汇储备、黄金储备、特别提款权（SDRs）和在 IMF 的储备头寸。根据俄罗斯央行的数据，截至 2016 年 12 月俄罗斯国际储备为 3777.7 亿美元，与上年同期相比增长 2.54%，与 2015 年 4 月最低值相比，增长 6.11%。其中，2016 年 6 月单月国际储备资产增加了 50.4 亿美元，增长 1.3%。2017 年俄罗斯国际储备规模持续增加，8 月官方储备资产达 4239.78 亿美元，外汇储备增加至 3504.78 亿美元。由于外部市场对俄罗斯经济增长的乐观预期，俄罗斯基本已经摆脱国际储备可能耗尽的危机，保持了储备资产总规模的稳定。

三 通胀率处于历史最低位，卢布汇率稳定

2016～2017 年国际原油价格开始回升，俄罗斯反危机、调结构的政策效果凸显，成功避免了系统性风险，宏观经济逐渐稳定。2016 年俄罗斯通胀率处于历史最低，完全控制在央行设定的目标区间；卢布汇率稳中有升，

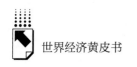

无大幅度波动的风险。具体情况包括以下两方面。

第一，通货膨胀压力下降，俄罗斯开始实行谨慎的货币宽松政策。得益于俄罗斯政府实施的反危机措施，2016年俄罗斯通货膨胀率逐月下降，从1月CPI 9.8%下降到12月CPI 5.4%，远远好于2015年12.9%的水平。2017年8月CPI为3.3%，成为自2001年俄罗斯联邦统计局有数据记录以来的历史最低值（见图2）。在通胀减缓和刺激经济的背景下，俄罗斯央行连续四次降息，将基准利率由年初的10%降至8.5%，未来六个月还有继续降息的可能性，以便进一步降低借贷成本，改善投资环境，支持俄罗斯经济复苏。

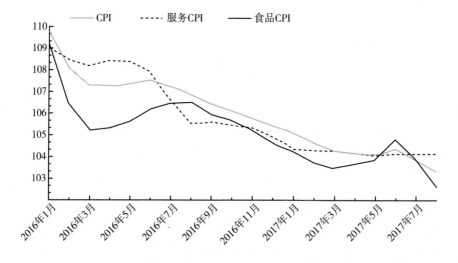

图2　俄罗斯CPI、食品CPI和服务CPI

注：上年同月=100。

资料来源：俄罗斯联邦政府统计局。

第二，俄罗斯卢布汇率稳定，无大幅度波动的风险。2016年1月1日，美元兑卢布日平均汇率为75.6，2017年8月31日的汇率是58.44，卢布累计升值22.7%（见图3）。过去几年面对危机，俄罗斯政府始终将维持卢布汇率自由浮动和维持国际储备总量稳定作为首要的政策目标。因此，2016年俄罗斯GDP下跌幅度收窄，2017年呈现积极增长态势，加之国际油价的企稳回升，国际社会对卢布的预期逐渐转好，导致了卢布兑美元的升值。俄罗斯资本外逃显著减少，2017 年 9 月俄罗斯央行宣布下调了资本净外流的规模，预计 2017 年不超过 170 亿美元[①]；俄罗斯央行连续降息和美联储的升息政策，并没有对卢布汇率产生显著的冲击。

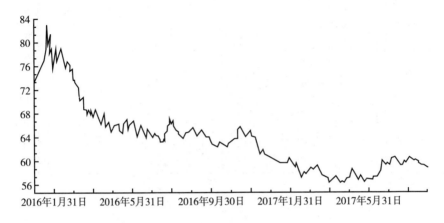

图3　美元兑卢布汇率

资料来源：俄罗斯央行。

四　2016～2017年俄罗斯对外贸易概况

（一）货物贸易

2016 年，俄罗斯货物进出口额为 4734.4 亿美元，同比下降 11.4%。其中，出口 2818.5 亿美元，同比下降 17.4%；进口 1915.9 亿美元，同比下降 0.7%。贸易顺差 902.6 亿美元，下降 39.2%。但是，进入 2017 年，俄罗斯对外贸易表现非常强势。2017 年第一、第二季度，俄罗斯货物进出口额分别为 1304.4 亿美元、1423.6 亿美元，同比增长率分别为 32.3%、25.5%。

---

① 中华人民共和国驻俄罗斯联邦经商参赞处：《俄央行降低资本外流预测》，中华人民共和国商务部网站，http://www.mofcom.gov.cn/article/i/jyjl/e/201709/20170902647327.shtml。

其中，第一、第二季度出口分别为 823.9 亿美元、837.8 亿美元，同比分别增长 36.2%、23.5%；第一、第二季度进口分别为 480.4 亿、585.7 亿美元，同比分别增长 26.1%、28.5%（见图 4）。

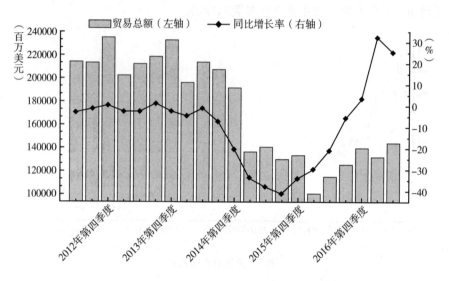

图 4　俄罗斯货物贸易总额及其增速变动情况

分国别（地区）看，出口方面，2016 年俄罗斯出口目的地排在前八位的分别是荷兰、中国、德国、白俄罗斯、土耳其、意大利、韩国、哈萨克斯坦，分别占俄出口总额的 10.3%、9.8%、7.5%、4.9%、4.8%、4.2%、3.5% 和 3.3%。排在前八位的出口目的地，除了中国、德国、哈萨克斯坦外，占俄罗斯出口份额的比重均有一定程度的下降；2017 年 1~7 月，俄罗斯出口排前八位的目的地与 2016 年完全相同。进口方面，2016 年俄罗斯进口来源地排在前八位的分别是中国、德国、美国、白俄罗斯、法国、意大利、日本和韩国，分别占俄罗斯进口总额的 20.9%、10.7%、6.0%、5.2%、4.7%、4.3%、3.7% 和 2.8%。前八位的进口来源地，除了中国、白俄罗斯、韩国外，占俄罗斯进口份额的比重均有一定程度的下降。2017 年 1~7 月，俄罗斯进口来源地排前八位的国家，除法国、意大利互换了一下位置之外，同样没有太大变化。

　　分商品看，俄罗斯排名前三的出口商品仍然是矿产品、贱金属及制品和化工产品。2016年出口额分别为1376.7亿美元、290.8亿美元和138.9亿美元，占俄罗斯出口总额比重分别为57.3%、12.1%和5.8%，出口额分别减少22.4%、11.6%和22.7%。机电产品是俄罗斯出口下降最多的产品，降幅为10.9%。俄罗斯排名前三的进口商品是机电产品、化工产品和运输设备，2016年进口额分别为568.7亿美元、233.1亿美元和180.2亿美元，占俄罗斯进口总额的比重分别为32.4%、13.3%和10.3%，进口额分别增长2.9%、-1.2%和5.9%。

（二）服务贸易

　　进入21世纪以来，各个年度俄罗斯服务贸易均处于逆差，但逆差总体呈现先增后减的态势。2013年俄罗斯服务贸易逆差最高达582.6亿美元，其中服务贸易出口701.2亿美元，服务贸易进口1283.8亿美元。2016年，俄罗斯服务贸易逆差下降为238.8亿美元，其中服务贸易出口505.0亿美元，服务贸易进口743.8亿美元（见图5）。

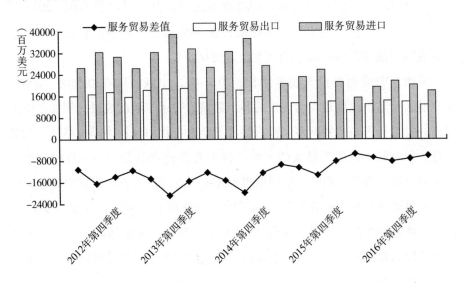

图5　俄罗斯服务贸易变化情况

五 2016~2017年的中俄经贸合作

过去一年间中俄全面战略合作伙伴关系更加紧密，"一带一路"建设与欧亚经济联盟建设对接在贸易、投资、能源、人文等各个领域取得丰硕成果，为两国关系健康稳定发展奠定了坚实的基础。具体表现在以下几个方面。

首先，双边货物贸易增长势头良好。中国海关总署统计数据显示，2016年中俄双边货物贸易额达到695.6亿美元，比2015年增长2.2%，在我国前八位贸易伙伴当中率先实现了正增长（见图6）。其中，虽然我国自俄罗斯进口322.3亿美元，同比下降3.1%；但是我国对俄罗斯出口373亿美元，同比增长7.3%。而2015年，我国与俄罗斯贸易总额大幅下滑28.6%，其中对俄罗斯出口下滑35.2%。2017年1~8月，我国与俄罗斯货物进出口总额为537.6亿美元，比上年同期的443亿美元增加了21.4%；其中，中国对俄罗斯货物出口总额为276亿美元，自俄罗斯进口货物总额为261.6亿美元。不仅如此，中俄双边贸易结构也有所改善。以机电产品为例，2016年我国机电产品对俄罗斯出口额同比增长在30%以上，其中高新技术产品出口在我国对俄罗斯出口额中的比重已达到60%。

其次，中俄相互投资稳步增长。2016年，中俄两国在以金融、能源、航空航天、基础设施建设为代表的各个领域取得了丰硕的成果。例如，中国国家开发银行等与俄罗斯多家银行签署了金融合作协议；中国丝路基金有限责任公司收购了俄罗斯最大的天然气加工及石化产品公司——西布尔集团10%的股权，等等。同时，俄罗斯投资环境也在逐渐改善。根据中国社会科学院世界经济与政治研究所发布的《中国海外投资国家风险评级（2017）》报告，俄罗斯在此次评级中排名比2016年上升。不过整体而言，由于自身经济结构问题，加之西方的长期制裁，中俄两国投资仍然呈现以中国对俄罗斯单向投资为主的特征。

再次，中俄能源合作已取得切实成果。在两国总理定期会晤机制指导下

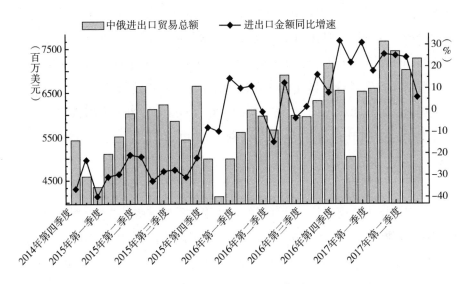

图6　中俄进出口贸易总额及其变化

成立的中俄能源合作委员会，依照"一带一路"建设与欧亚经济联盟对接声明的精神，积极落实能源合作领域达成的若干协议，取得了非常显著的成绩。目前，俄罗斯已经是我国第一大原油、电力等能源的进口来源国。而且，随着中俄原油、天然气管道建设的深入推进，可以肯定，中俄能源合作将取得更大突破。

不仅如此，2016年以来，中俄双方在联合国、G20、APEC、上海合作组织等国际多边框架内密切协调和配合，互动密切，在动荡多变的国际局势中发挥了稳定器作用。

六　对俄罗斯经济增长的展望

各国际组织对俄罗斯2017年和2018年经济增长走势的判断存在一定的分化。首先，2017年7月国际货币基金组织（IMF）发布了最新一期的《世界经济展望》，该组织预计俄罗斯经济在2017年和2018年将逐渐复苏，即2017年俄罗斯GDP增长率为1.4%，2018年为1.4%，这与该组织4月的预测一致。其次，2017 年 9 月 8 日，世界银行下调了 2017 年与 2018 年俄罗斯经济增速预测。具体而言，世行认为俄罗斯 2017 年国内生产总值将实现 3.5% 的增长，比其 6 月的预测低了 0.3 个百分点；同时，世行预测 2018 年俄罗斯国内生产总值增速为 3.6%，比其 6 月的预测低了 0.6 个百分点。与上述两家国际机构不同，2017 年 9 月 20 日 OECD 更新了其对俄罗斯 2017 年和 2018 年 GDP 增速的预测，分别为 2017 年增长 2%，2018 年增长 2.1%；相比该组织 2017 年 6 月所做的预测，分别提高了 1.4 个、1.6 个百分点。

俄罗斯国内政府经济主管部门的预计相对乐观一些。首先，俄罗斯中央银行 2017 年 8 月上调了对第三季度俄罗斯国内生产总值（GDP）的预测，从原来的同比增长 1.5% ~ 1.8% 上调至增长 1.7% ~ 2.2%。俄央行预计，俄罗斯经济第一季度和第二季度的增长将延续至第三至第四季度。经济的恢复也将促进消费和投资活动，2018 ~ 2019 年经济增速预计将达到 1.5% ~ 2.0%。其次，经济发展部同样上调了对俄罗斯 2017 年经济增长的预测，从之前预计的 0.6% 上调为 2%；但是，经济发展部对 2018 年国内生产总值增长的预计略微保守一些，将之前预计的 1.7% 下调为 1.5%。

从国内外机构对 2017 年、2018 年俄罗斯经济增长的预测来看，针对俄罗斯 2017 年、2018 年将会实现小幅的增长，基本上已经形成共识。我们的判断是，俄罗斯经济已走出衰退，2017 年将实现 1.8% 的增长，但 2018 年可能会下降为 1.6%。俄罗斯经济的这一轮衰退始于 2015 年第一季度，并且根据其联邦统计署的评估，一直持续了七个季度。公认标准是，经济增长如能持续两个季度，则可认为衰退已经结束。考虑到 2016 年第四季度到 2017 年第二季度俄罗斯经济成长一直表现非常优异，有可靠的理由说明，俄罗斯经济已经度过了由衰退向增长转变的拐点，将继续企稳向好，并进一步进入低速增长通道。而在此过程中，经济互补性强的中俄经贸合作也必将迎来崭新的局面。

参考文献

欧阳向英：《俄罗斯经济社会形势分析》，《俄罗斯学刊》2017 年第 2 期。

张琳、高凌云：《俄罗斯经济：企稳向好》，载张宇燕主编《2017 年世界经济形势分析与预测》，社会科学文献出版社，2017。

程伟：《俄罗斯经济新观察：危机与转机》，《国际经济评论》2017 年第 2 期。

程伟：《2017：俄罗斯经济能否走出危机》，《欧亚经济》2017 年第 1 期。

IMF，*World Economic Outlook*（*WEO*），October 2017.

Y.7

拉美经济：复苏迹象初现

熊爱宗*

摘　要： 2017 年拉美地区经济有望结束连续两年的衰退，增长率预计为 0.9%。从内部来看，投资和消费出现好转迹象，国内需求逐步回升；从外部来看，全球经济增长加快有利于改善拉美地区外部需求，国际大宗商品价格的回升也将带动拉美地区的对外出口。不过，部分国家依然面临通货膨胀高企、就业恶化等挑战。美国贸易政策的保护主义倾向给美国与拉美地区经贸关系带来冲击，增加了拉美地区经济复苏的不确定性，这迫切需要拉美国家通过深化区域经济一体化与促进出口市场多元化进行应对。

关键词： 拉美地区　经济形势　贸易保护

2016 年拉美地区经济增长率为 -1.0%，与我们在《2017 年世界经济形势分析与预测》中的预测基本一致。投资萎缩所带来的国内需求下降仍是造成经济萎缩的重要原因。出口出现好转迹象，但受大宗商品价格下降影响，仍未扭转萎缩态势。在连续经历两年衰退后，拉美地区经济有望在 2017 年恢复增长，不过仍存在多种不确定性因素。特朗普就任美国总统后，美国政府在贸易和投资政策上趋于强硬和保守，给拉美国家带来巨大压力。

---

* 熊爱宗，中国社会科学院世界经济与政治研究所全球治理研究室助理研究员，研究领域为国际金融、新兴市场。

与此同时，美联储货币政策收紧也将给拉美金融市场稳定带来挑战。2018年巴西、墨西哥等国将迎来新一轮总统选举，政治局势的不确定性上升。预计2017年拉美和加勒比地区经济增长为0.9%，2018年经济增长恢复至1.0%左右。

一　2016年与2017年上半年经济情况

1. 经济增长结束萎缩态势

据联合国拉美和加勒比经济委员会（Economic Commission for Latin America and Caribbean，ECLAC）的统计，2016年拉美和加勒比地区经济增长为-1.0%，比2015年经济增速下降0.6个百分点，连续两年陷入负增长。投资萎缩所带来的国内需求下降仍是造成经济增速下滑的重要因素。2013年第四季度至2016年第四季度，拉美地区固定资本形成共经历连续13个季度的下降，并在2016年达到谷底。私人消费和公共消费在2016年也分别萎缩1.1%和0.7%，这使拉美和加勒比地区国内需求在2016年萎缩2.0%。在商品和服务贸易方面，在国内需求疲弱和全球经济增长乏力的情况下，2016年拉美和加勒比地区出口增长缓慢，而进口则连续两年下降。

2017年，拉美和加勒比地区经济出现向好迹象。2017年第一季度拉美地区经济同比增长0.4%，其中投资同比增长4.7%，私人消费同比增长0.1%，尽管公共消费仍在萎缩，但国内需求实现0.9%的同比增长。这预示着拉美地区经济正在缓慢复苏。从外部来看，世界经济增长有所加快，全球贸易逐步回升，同时国际大宗商品价格也有望逐步走出低谷，这将改善拉美和加勒比地区的外部需求，并促进该地区的出口和投资增长。预计2017年拉美和加勒比地区经济有望结束连续两年的负增长，全年经济增长为0.9%。2018年进一步恢复至1.0%左右。

2. 通货膨胀出现下降趋势

自2016年8月起，拉美和加勒比地区（未包括委内瑞拉）平均通货膨胀率不断下降，至2016年12月已降至7.3%，相比2016年高点下降1.6个百分点，2017 年 5 月则进一步下降至 5.4%。分国家来看，巴西通货膨胀率从 2016 年 5 月的 9.3% 下降至 2017 年 5 月的 3.6%，乌拉圭通货膨胀率同期从 11.0% 下降至 5.6%，智利通货膨胀率同期从 4.2% 下降至 2.6%。但是仍有部分国家的通货膨胀率处于高位。阿根廷通货膨胀率在 2016 年 5 月为 43.1%，尽管有下降趋势，但在 2017 年 5 月仍高达 24.0%。苏里南的情况与之类似，2017 年 5 月通货膨胀率仍然高达 30.9%。与此同时，部分国家的通货膨胀率出现一定的上升，如墨西哥通货膨胀率从 2016 年 5 月的 2.6% 上升到 2017 年 5 月的 6.2%。根据国际货币基金组织的数据，2016 年委内瑞拉的通货膨胀率为 254.4%，2017 年将会进一步上升至 652.7%。总体上看，南美洲国家通货膨胀普遍出现好转，而中美洲和墨西哥以及加勒比地区国家通货膨胀率则出现上升趋势，个别国家的通货膨胀压力有所加大。食品价格下降是推动地区通货膨胀率下降的主要因素，与此同时，汇率波动、国内需求下降以及财政状况也对不同国家的通货膨胀率走势造成不同影响。预计 2017 年拉美地区通货膨胀将继续保持下降趋势，但仍需对个别国家的通货膨胀问题保持关注。

3. 就业状况进一步恶化

2016 年拉美和加勒比地区的城镇失业率从 2015 年的 7.3% 上升至 8.9%，为 20 年来的高点。失业率的上升主要来自城镇就业率的下降，2016 年城镇就业率从 2015 年的 57.4% 下降至 56.6%。拉美和加勒比地区失业率的上升主要来自巴西就业状况的恶化。2016 年巴西失业率上升至 13.0%，相比 2015 年上升 3.7 个百分点，2017 年第一季度则进一步上升至 14.9%。2016 年失业率上升的国家还包括阿根廷（相比 2015 年上升 2 个百分点）、乌拉圭（相比 2015 年上升 1.2 个百分点）、秘鲁（相比 2015 年上升 0.8 个百分点）、智利（相比 2015 年上升 0.4 个百分点）等。就业状况的恶化使拉美和加勒比地区实际工资水平和正式就业增长缓慢，加剧了该地区的贫困和不平等状况。

4. 汇率继续维持不同走势

受发达经济体货币政策、自身经济复苏预期等因素影响，拉美地区国家的货币继续延续不同走势。阿根廷、海地、墨西哥、苏里南等国家货币出现较大幅度贬值，如2016年12月相比2015年12月，阿根廷比索、墨西哥比索对美元贬值分别达39.1%和20.1%。巴西、智利、哥伦比亚、秘鲁、乌拉圭等国货币对美元贬值幅度较小，甚至出现较大幅度升值，如2016年12月相比2015年12月，巴西雷亚尔对美元升值13.6%。进入2017年，巴西、哥伦比亚、秘鲁等国货币继续延续2016年的升值趋势，墨西哥比索也由于美墨贸易关系预期的改善而出现对美元升值。不过，像委内瑞拉、海地、苏里南等国家由于面临一系列的宏观经济挑战，其货币仍面临较大的贬值压力。

5. 经常项目状况有所好转

受经济放缓影响，2016年大部分拉美国家进口有所下降，如厄瓜多尔进口萎缩达23%，巴西、哥伦比亚、乌拉圭等国的进口萎缩也在10%以上。在出口方面，尽管出口数量有所增加，但受大宗商品价格下降影响，多数拉美国家的出口额仍出现萎缩。不过，由于拉美地区两个重要经济体巴西和墨西哥的出口仅轻微下降3%和2%，这使该地区的出口萎缩总体只有3%。由于进口萎缩幅度远超过出口萎缩程度，2016年，拉美地区的经常账户赤字占GDP比例为1.9%，相比2015年收窄1.4个百分点，其中巴西经常账户赤字占GDP比例从2015年的3.3%下降至2016年的1.3%，成为拉美地区经常账户赤字收窄的重要推动力量。进入2017年，拉美地区的对外贸易形势出现好转。一方面，受内部经济好转影响，多数国家进口形势有所改观，另一方面，随着大宗商品价格上涨，出口也在缓慢恢复。据预计，2017年，拉美地区的进口将增长6%左右，出口将增长8%左右，但由于收入余额的恶化，该地区的经常账户赤字占GDP比例预计仍维持在1.9%左右。受经常账户余额好转影响，2016年拉美和加勒比地区国际储备出现恢复性增长，至2016年12月底上升至8304.4亿美元，相比2015年同期上升185.33亿美元，2017年5月则进一步上升至8458.1亿美元。

6. 货币政策继续分化

拉美和加勒比地区的货币政策继续呈现分化趋势。在国内需求疲弱、通货膨胀率走低的情况下，部分拉美国家开始实施宽松性货币政策，如巴西、

哥伦比亚、智利等国央行在 2016 年先后实施降息行动，2017 年其货币政策宽松程度进一步加大。而一些通货膨胀压力较大的国家则仍保持货币政策紧缩状态，甚至有所加息。2017 年 1 月，阿根廷引入通货膨胀目标。尽管阿根廷通货膨胀率有所下降，但由于仍超过其设定的通货膨胀目标，阿根廷央行在 2017 年 4 月仍实施了一次加息行动。受通货膨胀高企和汇率波动影响，墨西哥央行 2016 年 5 次提高其基准利率累计 200 个基点，2017 年其货币紧缩程度进一步加剧。其他保持货币政策紧缩的国家还包括哥斯达黎加、多米尼加等。

7. 财政状况保持稳定

2016 年拉美和加勒比地区的平均财政赤字率为 2.3%，相比 2015 年下降 0.4 个百分点，2017 年有望继续保持在这一水平。不过不同地区出现不同走势。对中美洲地区以及墨西哥等国来说，受政府收入恶化影响，财政赤字在 2017 年可能有所增加；而对南美洲国家来说，在政府支出有望缩减的情况下，财政赤字率可能会进一步降低；加勒比国家则由于偿债压力加大造成财政赤字率上升，政府债务占 GDP 的比例出现轻微上升。2016 年，拉美和加勒比地区中央政府债务占 GDP 的比例为 52.3%，相比 2015 年上升 1.6 个百分点。其中，加勒比国家仍普遍维持较高的政府债务比例，例如 2016 年牙买加政府债务占 GDP 的比例达到 124%，巴巴多斯政府债务占 GDP 的比例也在 103%。在中美和南美地区，巴西仍是政府债务最高的国家，2016 年其公共债务占 GDP 的比例为 70.5%，其后依次是阿根廷（57.9%）、洪都拉斯（46.6%）、乌拉圭（46.3%）等。政府债务的上升以及经济增长的放缓加重了拉美国家的债务偿还负担。

二 主要经济体的经济形势

拉美和加勒比地区主要包括巴西、墨西哥、阿根廷、委内瑞拉、智利和秘鲁等国。本部分主要对巴西、墨西哥、阿根廷和委内瑞拉的经济形势进行简要分析。

1. 巴西

2016 年，巴西经济萎缩 3.6%，这是继 2015 年经济萎缩 3.8% 之后巴西经济出现的连续衰退。不过，季度数据显示巴西经济不断好转。2016 年第一季度巴西经济同比萎缩高达 5.4%，此后萎缩幅度逐季收窄，至 2017 年第一季度收窄至 0.4%，2017 年第二季度则恢复正增长 0.3%，为 2014 年第二季度以来首次恢复同比正增长。2016 年巴西固定资本形成增速萎缩达 10.2%，虽较 2015 年情况有所好转，但依然是巴西经济衰退的主要原因。私人消费在 2016 年萎缩 4.2%，相比 2015 年有所恶化。2017 年第一季度巴西投资和私人消费萎缩幅度大幅收窄至 3.7% 和 1.9%。与此同时，出口仍保持快速增长，2017 年前 9 个月，巴西出口同比增长 18.1%，成为拉动经济的主要动力。

巴西通货膨胀率出现迅速下降，货币政策不断宽松。在 2016 年 1 月达到 10.7% 的高点之后，巴西通货膨胀率迅速下降，2016 年 12 月已经降至 6.3%，2017 年 9 月则进一步下降至 2.5%，且低于巴西央行设定的通货膨胀目标区间下限。在经济陷入衰退的背景下，通货膨胀率的走低为宽松货币政策奠定了基础。2016 年 10 月，巴西央行启动了首次降息行动，至 2017 年 9 月，巴西央行已经连续 8 次降息，累计降息幅度达 600 个基点。降息以及通货膨胀率的走低有利于降低巴西的实际利率水平，从而为经济活动带来刺激。在通货膨胀率持续走低的情况下，未来巴西央行仍有进一步降低利率的空间。

总体来看，在经历经济大幅萎缩之后，巴西经济出现回升迹象，但不确定性依然存在。巴西政治局势日益紧张可能会延缓经济复苏进程。2016 年 8 月，特梅尔接替罗塞夫就任巴西总统，曾为巴西经济营造了短暂的稳定政治环境。但随后特梅尔也被爆出贿赂丑闻。2017 年 6 月，巴西总检察长正式向巴西联邦最高法院起诉总统特梅尔受贿，特梅尔成为巴西历史上首位任内被起诉至联邦最高法院的总统。政治危机不断持续或令巴西经济改革受阻，从而影响经济复苏。2018 年巴西将迎来新的大选，这也将加剧经济的不确定性。不过，宽松的货币政策与较低的通货膨胀水平将会为经济带来正向刺

激，与此同时，伴随大宗商品价格回升、全球经济持续复苏，巴西对外出口有望继续保持良好增长态势。预计2017年巴西经济将恢复增长至0.5%，2018年有望达到1.5%。

2. 墨西哥

2016年墨西哥经济增长2.3%，较2015年回落0.3个百分点，但墨西哥经济增长较为平稳，2016年四个季度经济同比增长分别为2.2%、2.6%、2.0%和2.3%。私人消费仍是推动墨西哥经济增长的主要动力。受收入增加、通胀降低、消费信贷扩张等因素影响，2016年墨西哥私人消费增长2.6%。但国内固定资产投资的情况比上一年进一步恶化，2016年仅略微增长0.1%。2017年第一季度和第二季度，墨西哥经济同比增长分别为2.8%和1.8%，上半年实现经济增长2.3%，总体走势保持平稳。其中，墨西哥对外贸易状况不断改善。2017年1~8月对外出口保持快速增长，最高月份同比增速达到14.5%，这使其贸易逆差不断收窄。2017年下半年有望继续保持这一趋势，并为经济带来正向刺激力量。不过，墨西哥比索对美元保持强势以及北美自由贸易协定的重新谈判也将加剧墨西哥对外贸易的不确定性。预计2017年墨西哥经济增速有所下降，全年经济增长2.1%，2018年经济增长率有望回升至2.2%。

墨西哥通货膨胀率出现回升。自2016年特别是自2017年开始，墨西哥通货膨胀率重新出现上升趋势。2016年11月，墨西哥通货膨胀率重新恢复至3.4%，至2017年7月则进一步上升至6.7%，超出央行设定的通胀目标（3%±1%）范围。为此，墨西哥央行仍延续着其紧缩性的货币政策。在2016年加息5次的基础上，2017年1月、3月、5月、6月，墨西哥央行分别加息50个基点、25个基点、25个基点、25个基点，至2017年9月基准利率维持在7.0%。未来墨西哥通货膨胀形势或将有所缓和，但是不太可能迅速降低至央行的通胀目标范围之内，因此，墨西哥央行的货币政策紧缩将继续维持一段时间，这也会对经济增长带来一定影响。

3. 阿根廷

2016年阿根廷经济同比增长-2.2%，经济再次陷入衰退状态。从季度

数据来看，2016 年第一季度阿根廷经济仍有轻微正增长，但在第二季度和
第三季度经济同比增长率均为 -3.7%，第四季度虽略有回升，但经济同比
衰退仍有 1.9%。从环比增长来看，2016 年前两个季度，阿根廷经济增长率
分别为 -1.1% 和 -1.7%，第三季度和第四季度增长率则分别为 0.1% 和
0.7%，显示经济活动依然波动较大。2017 年第一季度阿根廷经济同比和环
比增长分别为 0.3% 和 1.1%，显示经济出现向好势头。其中，投资成为刺
激经济增长的主要动力，2017 年第一季度固定资本形成同比增速达到 3%。
私人消费和公共消费同比增长也分别为 0.9% 和 1.0%。阿根廷对外贸易也
出现较快增长，2017 年 1 ~ 7 月阿根廷出口累计同比增长 1.4%，而进口累
计同比增长 15.4%，这造成其贸易逆差不断扩大。预计 2017 年阿根廷经济
增长 2.0%，2018 年预计回升至 2.5%。

阿根廷通货膨胀依然维持在较高水平。自 2016 年下半年开始，阿根廷
通货膨胀率达到高点之后开始有所回落，不过至 2016 年 12 月，阿根廷通货
膨胀率依然高达 38.5%，2017 年 9 月，阿根廷通货膨胀率仍在 23.8%。高
企的通货膨胀使阿根廷央行不得不维持紧缩性货币政策。2016 年第二季度，
阿根廷政策利率一度上升至 38%，此后利率水平虽有所回落，但至 2016 年
12 月，货币政策利率仍在 24.75%。进入 2017 年，阿根廷央行引入通货膨
胀目标，并以 7 天再回购银行间利率作为货币政策利率。由于目前的通货膨
胀水平仍远高于阿根廷央行设定的目标，为此阿根廷央行将货币政策利率在
2017 年 4 月 11 日上调至 26.25%，10 月 24 日进一步上调至 27.75%。未来
阿根廷通货膨胀压力将会继续存在，货币政策也将持续保持紧缩。

4. 委内瑞拉

2016 年委内瑞拉经济增长 -9.4%，连续 3 年出现大幅衰退。石油出口
大幅下降仍是委内瑞拉经济大幅衰退的重要原因。2016 年，委内瑞拉原油
出口为每天 183.5 万桶，相比 2015 年下滑 7.1%。在石油价格下跌的共同作
用下，2016 年委内瑞拉石油出口收入为 251.4 亿美元，相比 2015 年大幅下
滑 39.8%。尽管 2017 年石油价格有所回升，但由于石油产量的下滑，并没
有对委内瑞拉的石油出口收入带来太大改善。政治局势也在影响着委内瑞拉

的经济走向。为促进国内各派对话、维护国家稳定、化解政治危机，委内瑞拉总统马杜罗 2017 年 5 月宣布启动制宪大会，重新制定宪法。8 月 4 日，委内瑞拉制宪大会正式成立。但制宪大会遭到委内瑞拉反对派的抵制，美国也为此宣布对委内瑞拉实施多轮制裁。在委内瑞拉经济面临严重问题的情况下，美国的经济制裁无疑加大了委内瑞拉经济复苏的难度，并增加委内瑞拉政府和委内瑞拉石油公司债务违约的可能性。预计 2017 年委内瑞拉经济将继续维持萎缩态势，经济增长预计在 -7.6%，2018 年也将维持负增长 3.0%。

委内瑞拉通货膨胀形势持续恶化。2016 年之后，委内瑞拉国家统计局不再更新其通货膨胀率数据，但据国际货币基金组织的统计，2016 年 12 月，委内瑞拉通货膨胀率达到 302.6%。而根据相关报道，2017 年前 8 个月，委内瑞拉累计通货膨胀率达 366.4%。公共债务货币化所带来的货币超发是造成恶性通货膨胀的重要原因之一。据统计，2016 年，委内瑞拉基础货币增长 207.6%，2017 年上半年增长更是高达 462.1%。与此同时，非官方汇率的急剧贬值也进一步加剧了委内瑞拉的通货膨胀预期。据国际货币基金组织预计，2017 年委内瑞拉通货膨胀率将达到 652.7%，2018 年将达到 2349.3%。

三　美国贸易保护主义倾向影响拉美对外贸易

特朗普当选美国总统后，宣布并实施了一些具有保护主义倾向的贸易政策，在世界范围内引发普遍担忧。拉美国家与美国存在紧密的贸易联系。2015 年拉美国家对美国出口占其总出口的比例平均超过 40%，其中墨西哥对美出口占到其总出口的近 80%，巴拿马、多米尼加、哥斯达黎加、厄瓜多尔、委内瑞拉等国都对美国市场存在较大的依赖。因此，美国贸易政策的变化对拉美国家的影响更为直接与迅速。美国的贸易保护主义倾向令拉美国家本不景气的经济雪上加霜。

美国贸易政策的变化将会通过以下渠道对拉美国家产生影响。首先，美国对与拉美国家已有的贸易协定进行修订，对美拉贸易关系带来冲击。当前，墨西哥、秘鲁、智利、哥伦比亚以及中美洲和加勒比等国家和地区与美国签订有自由贸易协定，由于美国是这些国家出口的核心市场，贸易协定的不确定性走向将会对这些国家的对外贸易带来直接冲击。墨西哥无疑是受冲击最为明显的国家。2017年1月，特朗普宣布美国将和墨西哥、加拿大就北美自由贸易协定重新进行谈判。2017年8月，美、加、墨三国在华盛顿启动了首轮北美自由贸易协定谈判，并在此后陆续进行多轮谈判。由于存在诸多立场分歧，未来北美自由贸易协定的修正方向和周期充满不确定性，这必将对三国经济产生极大影响，并波及其他拉美国家。此外，美国宣布退出跨太平洋伙伴关系协定（TPP），使TPP前景不明，部分拉美国家希望借助加入TPP扩大贸易规模的目标可能落空。

其次，美国政府对美国公司施加压力，要求它们将投资从海外转移至美国，部分拉美国家特别是墨西哥首当其冲。特朗普政府试图通过削减企业税和征收惩罚性关税促使美国企业将更多投资转移至国内，从而增加美国就业。受此影响，部分企业削减了对拉美国家的投资。例如2016年底，在特朗普的游说下，美国空调制造商开利同意保留美国工厂而不是转移到墨西哥。2017年1月，福特公司也宣布取消在墨西哥投资16亿美元建厂的计划，转而对美国密歇根州的工厂进行投资，特朗普施压被认为是福特公司取消在墨西哥投资计划的原因之一。拉美地区成为特朗普产业回归政策的受害者。

在这种背景下，拉美地区对美贸易受到严重影响。例如，在2017年第一季度，美国从拉美国家的进口同比只增长了11%，低于从中国（40%）和欧盟（13%）的进口增长[①]。为此，拉美国家已经开始采取多种措施，以降低美国贸易政策转向对其带来的负面影响。

首先，进一步提高拉美国家的内部一体化水平。尽管近年来拉美区域经

---

① 欧盟数据为2017年前两个月。数据来自IDB，"Trade Trend Estimates：Latin America and the Caribbean"，1Q 2017Update，May 2017。

济一体化不断推进，地区内部融合逐渐紧密，但该地区仍未建立一个完备的贸易协定①。例如南方共同市场（Mercosur）与加勒比和中美洲国家之间就不存在贸易协定，安第斯国家与加勒比和中美洲国家之间也是如此。美国贸易政策的变化为拉美国家加强内部贸易联动带来了外部压力。2017 年 2 月 6 日，阿根廷总统马克里致电墨西哥总统涅托，讨论深化南方共同市场与墨西哥之间的合作；2 月 7 日，马克里与巴西总统特梅尔商讨加强南方共同市场与太平洋联盟之间的整合，尤其是与墨西哥之间的合作；当月，智利与阿根廷两国外长宣布，两国将推动举行太平洋联盟与南方共同市场峰会，以共同应对拉美国家面临的保护主义威胁。未来，拉美国家将进一步加强物流基础设施建设，打破市场分割，整合和协调海关与监管标准，讨论区域内不同贸易安排对接的可能性，逐步提升拉美地区内部的贸易一体化水平。

其次，积极推动出口多元化，进一步加强与欧洲和亚洲的贸易联系。除拉美内部市场和美国市场外，拉美国家同欧洲和亚洲市场也存在紧密的联系。欧洲特别是欧盟一直是拉美国家传统的贸易伙伴，目前欧盟已与墨西哥、智利、秘鲁、哥伦比亚、厄瓜多尔、中美洲（包括萨尔瓦多、哥斯达黎加、危地马拉、洪都拉斯、尼加拉瓜和巴拿马等国）等签署了自由贸易协定，与此同时，欧盟与拉美国家还一直在积极推动欧盟和南方共同市场之间的自贸协定谈判。拉美国家也与亚洲国家签署了一系列的双边自由贸易协定，这包括智利与日本、韩国、中国分别签署有自由贸易协定；秘鲁与韩国、中国分别签署有自由贸易协定；墨西哥与日本签署有自由贸易协定；哥斯达黎加与中国签署有自由贸易协定等。与此同时，一系列新的自由贸易协定也在谈判之中。如果美国保护主义不断升温，拉美国家将很可能会更积极地与欧洲、亚洲相关国家进行贸易协定谈判，或升级已有的贸易协定，通过促进出口市场的多元化，化解美国贸易保护主义的负面冲击。

---

① 有关拉美区域经济一体化情况可参见《2014 年世界经济形势分析与预测》拉美经济部分。

四 拉美地区经济形势展望

2017 年拉美和加勒比地区经济有望结束连续两年的衰退，恢复增长。从内部来看，固定资产投资萎缩幅度不断收窄，并有望在 2017 年恢复增长，消费特别是私人消费也出现好转迹象，国内需求逐步回升。从外部来看，世界经济复苏趋于稳定，全球增长预计将有所加快，这将带动世界贸易逐步回升，同时国际大宗商品价格上涨将改善拉美和加勒比地区的外部需求，促进该地区的出口和投资增长。从主要国家来看，2017 年巴西和阿根廷有望结束经济衰退状态，墨西哥经济也将继续维持在稳定增长水平，但部分国家经济增长仍面临较大的压力。预计 2017 年拉美和加勒比地区经济增速为 0.9%。2018 年，拉美和加勒比地区经济有望进一步恢复至 1.0% 左右。

参考文献

ECLAC，"United States – Latin America and the Caribbean Trade Developments 2015 – 2016"，December 2016.

ECLAC，"Economic Survey of Latin America and the Caribbean：Dynamics of the Current Economic Cycle and Policy Challenges for Boosting Investment and Growth"，2017.

ECLAC/ILO，"The Employment Situation in Latin America and the Caribbean：Labour Immigration in Latin America"，Number 16，May 2017.

IMF，"Trade Developments in Latin America and the Caribbean"，*International Monetary Fund Background Papers*，March 2017.

CLAAF，"Latin America's Policy Options for Times of Protectionism"，The Latin American Committee on Macroeconomic and Financial Issues Statement，No. 37，April 2017.

Inter – American Development Bank，"Trade Trend Estimates：Latin America and the Caribbean"，1Q 2017Update，May 2017.

Y.8
西亚非洲经济：改革处于关键期

田　丰[*]

摘　要： 石油价格回升和地区政治安全局势趋稳是 2016 年推动西亚北非地区经济向好的主要因素。预计 2017 年西亚北非地区经济增长动力减弱，下行压力主要来自地缘政治紧张局势和冲突加剧、石油价格上涨低于预期、财政整顿影响公共支出等方面。撒哈拉以南非洲地区受大宗商品价格低迷以及尼日利亚、南非等地区大国表现不佳等因素影响，经济增长在 2016 年急剧减速。预计撒哈拉以南非洲地区的经济增长 2017 年有所加强。主要有利因素是全球商品价格的回升，安哥拉和尼日利亚等国经济走势改善以及结构性改革带动部分经济体国内条件改善；主要的风险来自某些发达经济体政策不确定性提高、大宗商品价格上涨低于预期以及结构性改革推进不畅。

关键词： 西亚北非地区　撒哈拉以南非洲地区　结构改革　经济增长　大宗商品　石油

正如我们在 2016 年 "世界经济黄皮书" 中所预测的那样：①西亚北非地区 2016 年的经济增长好于 2015 年，来自 IMF 的数据显示①，2016 年西亚

---

* 田丰，中国社会科学院世界经济与政治研究所研究员，主要研究领域为国际贸易、国际投资与经济发展。

① 在没有特别说明的情况下本文数据来自 IMF《世界经济展望》数据库（2017 年 10 月版），http：//www. imf. org/external/pubs/ft/weo/2017/02/weodata/index. aspx。

北非地区全年的增长率为 5.07%，明显高于 2015 年经济增长 2.56% 的水平；②撒哈拉以南非洲地区 2016 年经济增长再次放缓，全年的增长率为 1.37%，相对于 2015 年经济增长 3.39% 的水平，经济增长明显放缓。总体而言，我们在 2016 年 "世界经济黄皮书" 中较为准确地预测了西亚非洲地区经济发展态势。

一 西亚非洲经济形势回顾

2016 年西亚北非地区经济增长率为 5.07%，在 2015 年经济增长 2.56% 的基础上翻了近一番。这一增长速度不仅高于同期世界经济增长的总体水平，也高于新兴及发展中经济体的平均经济增长水平（见图 1）。石油价格回升（见图 2）和地区政治安全局势趋稳是 2016 年推动该地区经济向好的主要因素。

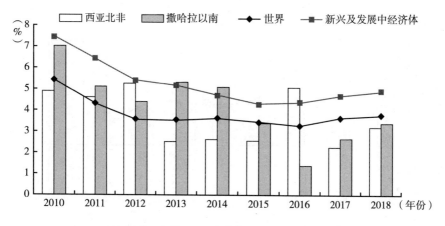

图 1　西亚非洲地区经济增长（2010～2018 年）

资料来源：笔者根据 IMF《世界经济展望》数据库（2017 年 10 月版）数据绘制。

对西亚北非地区经济增长的进一步分解可以看出（见图 3），2016 年非海湾合作委员会成员国经济增长最为强劲，主要原因是伊朗因解除制裁、伊拉克因安全局势改进导致原油生产上涨，经济增长超过预期。其中，伊朗

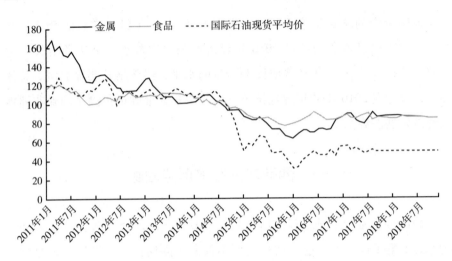

图2 主要大宗商品价格（2011～2018年）

注：①月度数据；②2011年1月至2018年12月，其中2017年9月后为预测数据；③数值为指数形式，2014年为100（经美国消费物价指数平减）。

资料来源：笔者根据IMF《世界经济展望》数据库（2017年10月版）数据绘制。

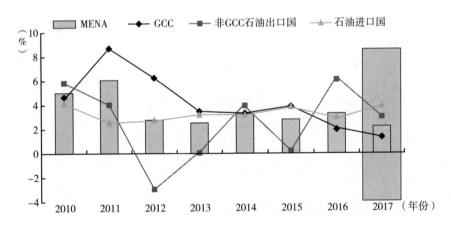

图3 西亚北非地区经济增长（2010～2017年）

注：①"MENA"指西亚北非地区；②增长率根据国别GDP增长率进行算术平均；③"GCC"指海湾合作委员会（海合会，Gulf Cooperation Council），具体包括阿拉伯联合酋长国、苏丹、巴林、卡塔尔、科威特、沙特阿拉伯等正式成员；④2017年为预测值；⑤石油进口国指吉布提、埃及、约旦、黎巴嫩、摩洛哥、突尼斯；⑥西岸和加沙因数据可获得性问题未列入；⑦非GCC石油出口国指阿尔及利亚、伊朗伊斯兰共和国和伊拉克。

资料来源：笔者根据IMF《世界经济展望》数据库（2017年10月版）数据绘制。

2015 年负增长 1.6%，2016 年经济增长 12.5%，提升了 14.1 个百分点；伊拉克 2015 年经济增长 4.8%，2016 年经济增长 11%，提升了 6.2 个百分点。海湾合作委员会成员国（海合会，Gulf Cooperation Council，GCC）与石油进口国 2016 年经济增长情况大体持平。在油价上涨背景下，GCC 石油出口国作为整体之所以经济增长率未能超过石油进口国，原因主要有两个，一是石油减产抵消了油价上涨给 GCC 成员带来的好处。石油输出国组织 2016 年 11 月达成减产协议试图遏制全球石油库存的增加，重新平衡全球石油市场。减产最初计划将持续到 2017 年 6 月，后来又延长到 2018 年 3 月。二是石油收入减少导致政府部门进行财政整顿，由于 GCC 国家银行部门主要依赖公共部门存款作为资金来源，政府财政整顿使银行部门收紧信贷，非石油部门活动因而大受影响。

西亚北非地区局势在 2016 年下半年整体趋稳，但进入 2017 年后，该地区不稳定因素增加，紧张局面不断出现，西亚北非地区各个经济集团 2017 年经济增长态势因而发生显著变化。最为明显的是非 GCC 石油出口国经济增长大幅回落。自 2017 年 1 月特朗普就任美国总统以后，美国政府以伊朗发展弹道导弹为由对伊朗不断施压。2017 年 10 月 13 日，美国总统特朗普在白宫发表讲话，宣布不会认可伊朗遵守 2015 年 7 月与美国、中国、俄罗斯、法国、德国和英国签订的《全面联合行动计划》（JCPOA，即伊核协议）①，也不会认可作为该协定一部分的美国暂停制裁是合理的、符合美国核心国家利益的，准备对伊朗伊斯兰革命卫队实施额外制裁。虽然美国未退出伊核协议，也不太可能重启部分或全部被暂停的制裁，但是有可能根据伊朗在叙利亚和域内其他地方的行为引入新的制裁。在伊拉克中央政府和多国反对之下，伊拉克北部库尔德自治区（库区）在 2017 年 9 月 25 日坚持举行了独立公投，逾九成的选民投票支持独立。独立公投后，伊拉克中央政府不断出台多项反制措施，库区当局毫无让步之意。双方关系剑拔弩张，对峙态

---

① 根据协议，伊朗承诺限制其核计划，国际社会将解除对伊制裁，国际原子能机构负责督查伊朗履行协议情况。

势愈演愈烈。2017 年 10 月 16 日伊拉克政府军进驻与库区存在争议的基尔库克省，伊拉克可能重新陷入混乱。叙利亚的六年冲突因区域和外国势力的影响（特别是支持叙利亚政府的俄罗斯和伊朗，以及支持反对派的美国和土耳其）日益国际化、复杂化而难见缓解。2017 年 9 月 18 日，俄罗斯支持的叙利亚政府军越过幼发拉底河，美俄在叙间接对抗风险增大①。GCC 内部也出现严重冲突。2017 年 6 月，沙特阿拉伯、阿联酋、巴林和埃及以卡塔尔支持恐怖主义和破坏地区安全为由，宣布与其断交，并对卡塔尔实施禁运和封锁。西亚北非地区石油进口国 2016 年开始着手进行广泛的改革，推动经济在 2017 年逐渐获得改善。埃及（该地区最大石油进口国）2016 年 11 月采用浮动汇率制，促进出口和工业生产在 2017 年初得到改善。摩洛哥央行 2017 年 1 月批准成立五家伊斯兰银行，还允许三家法国主要银行的子公司在摩洛哥销售伊斯兰金融产品，此举有利于缓解结构性瓶颈和提高私营部门活动，符合市场需求和政治预期。

　　西亚北非地区通货膨胀率近几年一直高于世界平均水平，也高于新兴及发展中经济体整体水平（见图 4）。在经历了 2016 年的短暂下降后，西亚北非地区经济体通货膨胀率普遍回升。由于油价提升，大多数石油进口国的通货膨胀在 2017 年上涨明显。特别是埃及，因为叠加货币贬值和食品价格上涨等因素，2017 年以平均消费价格衡量的通胀率预计高达 23.5%，远高于 2016 年通胀率 10.2% 的水平。伊朗尽管是石油出口国，但是食品价格提高推动其 2017 年通货膨胀率有可能达到 10.5%，略高于 2016 年通胀率 9% 的水平。从中期趋势看，伊朗通胀率 2012 年和 2013 年均高于 30%，因此 2017 年虽略有上涨，整体仍处于下降区间。海合会经济体基本上实行盯住美国美元的汇率制度，由于油价相对温和，其通胀率普遍低于 3%。

　　由于油价持续低于西亚北非地区石油出口国财政平衡的油价水平（见图 5），这些国家继续推进财政整顿计划，主要举措包括削减支出、实施新

---

① 《叙利亚政府军越过美俄划定的"冲突降级界线"》，http://www.ftchinese.com/story/001074359。

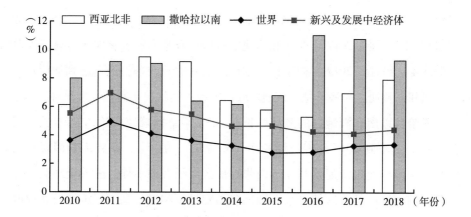

图4 西亚北非地区通货膨胀（2010～2018年）

注：①通胀率以平均消费价格衡量；②2017年和2018年为预测值。

资料来源：笔者根据IMF《世界经济展望》数据库（2017年10月版）数据绘制。

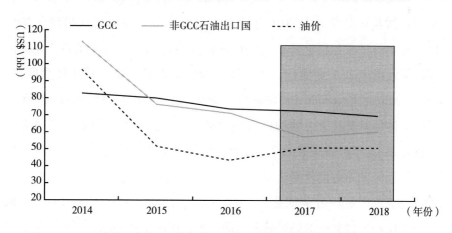

图5 油价与西亚北非地区石油出口国财政平衡油价

注：①财政平衡油价根据国别财政平衡油价进行算术平均；②"GCC"指海湾合作委员会（海合会，Gulf Cooperation Council），具体包括阿拉伯联合酋长国、苏丹、巴林、卡塔尔、科威特、沙特阿拉伯等正式成员；③2017年和2018年为预测值；④非GCC石油出口国指阿尔及利亚、伊朗伊斯兰共和国和伊拉克。

资料来源：笔者根据世界银行《全球经济展望》（2017年6月版）以及IMF《世界经济展望》数据库（2017年10月版）数据绘制。

税或提高增值税和消费税以及进行能源补贴改革等。沙特阿拉伯认为国家经济发展和财政收入不能过于依赖能源部门，积极推进国家转型计划和愿景

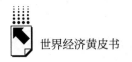
2030 （National Transformation Plan and Vision 2030），试图通过经济均衡发展改善财政状况。预计 2017 年西亚北非地区政府财政平衡状况将略有好转，尤其是摩洛哥、约旦到 2017 年初整顿计划已经使其财政改善，但考虑到油价水平较为温和以及地区局势不稳，该地区政府财政平衡状况难有根本性改善。

撒哈拉以南非洲地区的经济增长在 2016 年急剧减速，2016 年增长率仅为 1.37%，不到 2015 年经济增长率（3.39%）的一半，主要影响因素是大宗商品价格低迷以及尼日利亚、南非等地区大国表现不佳。随着全球大宗商品价格的回升以及次区域最大石油出口国安哥拉和尼日利亚经济增长状况改善，该地区增长态势将有所反弹（见图 6）。尼日利亚 2016 年由于尼日尔三角洲地区管道破坏，石油部门负增长 3.65%[1]。受益于油价回升以及输油管道受到武装攻击的减少，2017 年尼日利亚经济情况好转，2017 年第二季度 GDP 同比增长 0.55%，自 2016 年第一季度经济收缩以来首次出现反弹[2]。同时，充足的降水有利于南非、赞比亚等国的农业生产，并且有助于旱灾区国家恢复发电以及工业生产。西非经济和货币联盟国家（西非经货联盟，the West African Economic and Monetary Union，WAEMU）尽管不属于资源密集型经济体，但受益于强劲的内需以及第一、二、三产业附加值的显著提升，预计 2016 年经济增长 6.7%，2017 年增长 6.9%[3]。从 2016 年到 2017 年，可可豆的世界市场价格从 3000 美元降至低于 2000 美元，科特迪瓦和加纳的可可豆总产量约占全球总产量的 60%[4]，出口和财政收入因而大幅减少。安哥拉和尼日利亚的外汇管制扭曲了外汇市场，从而制约了非石油部门的活动。在南非，政治上的不确定性和低商业信心制约投资。中部非洲经济和

---

① 《2016 年尼日利亚 GDP 增长为 - 1.5%》，中华人民共和国驻拉各斯总领事馆经济商务室，http：//ng. mofcom. gov. cn/article/jmxw/201703/20170302525533. shtml。
② 《2 季度尼日利亚国内生产总值同比增长 0.55%》，中华人民共和国商务部网站，http：//www. mofcom. gov. cn/article/i/jyjl/k/201709/20170902640418. shtml。
③ 《2017 年度西非经济与货币联盟经济增长率预计达到 6.9%》，中华人民共和国商务部网站，http：//www. mofcom. gov. cn/article/i/jyjl/k/201709/20170902640527. shtml。
④ 《2018 年期间，加纳政府将维持可可豆价格》，搜狐网，http：//www. sohu. com/a/196676615_ 99928129。

货币共同体（the Central African Economic and Monetary Community，CEMAC）在过去三年（2014～2017 年）中，政府开支下降了 4 万亿中非法郎，从 7 万亿（2014 年）降至 3 万亿（2017 年）①，国内需求因而受到影响。

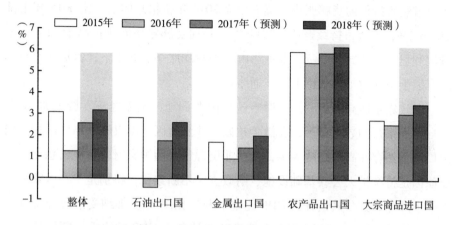

图 6　撒哈拉以南非洲地区经济增长（2015～2018 年）

注：①石油出口国指安哥拉、加纳和尼日利亚；②金属出口国指博茨瓦纳、莫桑比克、纳米比亚、南非和赞比亚；③整体经济增长水平为算术平均；④2017 年和 2018 年为预测值。

资料来源：世界银行《全球经济展望》（2017 年 6 月版）。

撒哈拉以南非洲地区 2016 年通货膨胀水平显著提升，高达 11.3%，几乎是 2015 年通胀水平（7%）的 1.6 倍，是 2016 年世界平均通胀水平（2.8%）的 4 倍。导致撒哈拉以南非洲地区 2016 年通货膨胀水平显著提升的主要原因包括名义汇率贬值传导、旱灾减少食品供应以及能源补贴削减等。南苏丹 2016 年 7 月首都朱巴爆发武装冲突，物资严重短缺、物价持续高企。2016 年 8 月和 9 月，南苏丹通胀率分别为 730.0% 和 682.1%，10 月消费价格指数（CPI）同比上涨 835.7%②。2017 年撒哈拉以南非洲地区通胀压力有所减轻。预计南苏丹 2017 年通胀水平将从 2016 年的近 400% 大幅

---

① 《非洲通讯社：中非经货共同体政府开支下降 4 万亿非郎》，中国国际商会，http：//www. ccoic. cn/info/info_ 402881185a725155015e4b254cf20e67. html。

② 《南苏丹通货膨胀率高达 835.7%》，新浪网，http：//finance. sina. com. cn/roll/2016 – 11 – 30/doc – ifxyicnf1211873. shtml。

回落至182%；南非、赞比亚等在货币大幅贬值后币值趋于稳定，通胀水平显著降低；马拉维食品价格持续下跌拉低通胀率，2017年6月通胀率为11.3%，仅为上年同期通胀率（22.6%）的一半①；坦桑尼亚、乌干达和赞比亚继续维持低通货膨胀率；莫桑比克2016年价格总体水平比2015年上涨25.26%②，因货币持续贬值，2017年4月通货膨胀率同比仍高于21%；安哥拉和尼日利亚同样受货币贬值影响，通货膨胀率居高不下；肯尼亚等东非国家因干旱导致粮食价格上涨，通胀抬头。

　　财政赤字居高不下一直是撒哈拉以南非洲地区国家经济发展中的难题。来自世界银行的数据显示，在撒哈拉以南非洲地区，不仅石油出口国和金属出口国仍然存在高额财政赤字，一些非资源密集型国家财政平衡已恶化，主要原因是持续扩大公共基础设施、财政赤字不断累积，特别是一些国家汇率大幅下降导致其公共债务占GDP比重上升（见图7）。加纳受财政开支过度和流动性压力影响，2012年以来政府公共债务占GDP的比重不断增长，据国际著名评级机构穆迪预测，加纳2017年公共债务占国内生产总值（GDP）的比重最高可达73.2%③。南非虽然已开始财政整顿以稳定政府债务，但是2017年4月初，国际评级机构标准普尔和惠誉考虑到南非目前的政治紧张局势，将其主权信用评级下调至垃圾级，南非财政整顿的难度因而进一步加大。由于埃塞俄比亚政府将继续为大型基建项目融资，穆迪预计其负债率将缓慢上升，未来数年财政赤字率将维持在2.5%左右，较高的地缘政治风险和复杂的国内政治形势、大型基建项目延迟投入运营和创汇能力欠缺等因素恐将影响埃塞俄比亚未来财政表现。④

① 《马拉维六月份通胀率降至11.3%》，中华人民共和国驻马拉维共和国大使馆经济商务参赞处，http://malawi.mofcom.gov.cn/article/jmxw/201707/20170702612313.shtml。
② 《莫桑比克2016年全年通货膨胀率破历史纪录，达25.27%》，新浪网，http://finance.sina.com.cn/roll/2017-01-12/doc-ifxzqhka2799190.shtml。
③ 《穆迪预测加纳2017年公共债务占GDP比重最高达73.2%》，中华人民共和国商务部网站，http://www.mofcom.gov.cn/article/i/jyjl/k/201707/20170702608682.shtml。
④ 《国际评级机构穆迪：埃塞主权债务压力可控》，中华人民共和国驻埃塞俄比亚联邦民主共和国大使馆经济商务参赞处，http://et.mofcom.gov.cn/article/jmxw/201708/20170802621665.shtml。

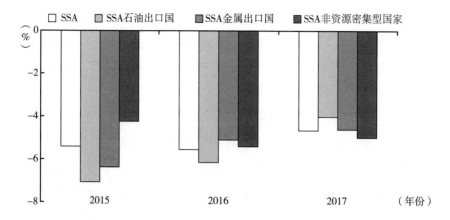

图7　撒哈拉以南非洲地区财政平衡水平（2015～2017年）

注：①SSA指撒哈拉以南非洲地区；②石油出口国指安哥拉、加纳和尼日利亚；③金属出口国指博茨瓦纳、莫桑比克、纳米比亚、南非和赞比亚；④非资源密集国指农产品和大宗商品进口国；⑤组内国家通货膨胀水平为简单平均；⑥2017年为预测值，2016年为预测基准；⑦纵坐标轴表示财政平衡状况与GDP之比，负号表示财政赤字。

资料来源：笔者根据世界银行《全球经济展望》（2017年6月版）数据绘制。

二　西亚非洲主要国家经济形势回顾

（一）埃及经济整体向好

2016/2017财年①第四季度埃及国民生产总值增长5%，高于2015/2016财年同期水平（4.5%），其中电信部门增长16.5%，建筑部门增长9.5%。2016/2017财年埃及经济增长率为4.1%，财政赤字与国民生产总值之比为10.9%，低于2015/2016财年水平（12.5%）②。

埃及经常账户平衡以及外部流动性状况明显改善。埃及中央公共动员与统计局（CAPMAS）公告称，2017年5月埃及贸易赤字为23.2亿美元，比

---

① 自7月1日起至次年6月30日止。

② 《2016/2017财年第4季度埃国民生产总值增长5%》，中华人民共和国驻阿拉伯埃及共和国大使馆经济商务参赞处，http：//eg. mofcom. gov. cn/article/jmxw/201709/20170902644138. shtml。

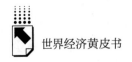
2016 年 5 月（41.4 亿美元）减少 43.8%。外债发行推动埃及外汇储备增加，截至 2017 年 6 月底，外国投资者购买埃及债券金额达 130 亿美元。此外侨汇、外国投资者在埃及股市投资以及外国直接投资（FDI）也推动埃及外汇储备的增长。

根据南非兰德商业银行（Rand Merchant Bank）最新公布的 2018 年非洲投资指南[①]，埃及取代南非成为排名第一的非洲最大的投资目的国，这也是该银行连续 7 年发布投资指南以来，南非第一次被其他国家赶超。2016/2017 财年埃及外国直接投资（FDI）预计将增至 87 亿美元，高出 2015/2016 财年水平（69 亿美元）。能源、房地产及金融领域是国际投资者的热门投资领域。埃及能够赶超南非的主要原因是埃及经济活力得分高，而南非经济增长缓慢。特别是 2016 年以来，埃及实施了一系列结构性改革措施，有利于改善营商环境，促进国内外投资。具体包括：2016 年 11 月埃及允许其汇率自由浮动；2017 年 6 月新投资法得到了总统的批准，法案明确了对欠发达地区的投资减免税收 50%、对与新项目有关的公用事业费用减免等激励措施；重新开放私人自由区申报，在该类自由区内免征各种税收及关税。

埃及货币贬值和财政改革已导致较为严重的通货膨胀，但埃及尚未爆发大规模的抗议活动，安全局势基本稳定，旅游业逐渐恢复。预计埃及青年人较高的失业率及严重社会不平等问题将会对改革产生较大阻力。2018 年 5 月的总统选举将对未来改革发展势头带来不确定性。

（二）沙特阿拉伯增长放缓

受石油限产及地区局势不稳影响，沙特 2017 年总体 GDP 增长预计会放缓，实际 GDP 增长率接近零（0.13%），而 2016 年为 1.74%。为支撑油价，沙特作为 OPEC 第一大产油国将 2017 年 8 月的石油出口限制在 660 万桶/日，比 2017 年前七个月的均值 726 万桶/日下降约 70 万桶/日。同时沙

---

① 《埃及取代南非成为非洲最佳投资国》，《中国贸易报》，http://www.chinatradenews.com.cn/epaper/content/2017 - 09/26/content_ 48295.htm。

特和俄罗斯正推动延长原油限产协议三个月，这将使 OPEC 和部分非 OPEC 产油国之间的减产协议延长至 2018 年 6 月底。① 对沙特经济增长的另一不利因素来自 2017 年 6 月沙特等四国对卡塔尔实施单边制裁，关闭陆海空边界实施禁运，此举严重影响了跨境贸易和投资，增加了经济增长的不确定性，推高了企业营商成本。

随着结构改革的落实，预计沙特中期经济将会实现增长。目前沙特的结构改革主要在以下方面展开：①经济多元化，2017 年沙特非石油部门经济增长率预计为 1.7%，而 2016 年仅为 0.2%②；②改善营商环境，提升政府透明度和问责制；③财政整顿，2017 年第二季度，沙特财政赤字降至 124 亿美元，较上年同期的约 156 亿美元减少 32 亿美元，降幅超过 20%，但较 2017 年第一季度约 70 亿美元的赤字规模环比增长 77%③，IMF 预计，到 2022 年，沙特政府财政赤字规模将从 2016 年占 GDP 的 17.2% 下降到占 GDP 的 1% 以下④；④扩大对外开放，继 2016 年放开外资全资进入批发零售业政策并取得满意效果后，沙特确信更多地吸收利用外国投资对沙特实现经济转型至关重要，进一步将外资全资准入扩大到工程设计和咨询行业。沙特未来也计划逐步改革外国人注册公司以及购买土地的有关规则，提高外国工人的流动性和减少旅游业、娱乐业等行业的发展障碍。

（三）尼日利亚走出衰退

尼日利亚经济正在走出衰退，但经济增速缓慢，表明其复苏之路仍不平坦。尼日利亚宏观经济状况改善主要体现在：①初步统计的国内生产总值及

---

① 《沙特拼了：承诺本国 8 月大幅减产，考虑明年 3 月延长减产协议》，华尔街见闻，https：//wallstreetcn. com/articles/3021492。

② 《IMF：沙特非石油经济出现回升》，中华人民共和国商务部网站，http：//www. mofcom. gov. cn/article/i/jyjl/k/201707/20170702614454. shtml。

③ 《"一带一路"国别风险监测月报（2017 年第 8 期）》，搜狐网，http：//www. sohu. com/a/195443402_ 465554。

④ 《IMF：沙特非石油经济出现回升》，中华人民共和国商务部网站，http：//www. mofcom. gov. cn/article/i/jyjl/k/201707/20170702614454. shtml。

制造业采购经理指数等经济数据显示，2017 年第二季度，农业、制造业、通信业及石油行业表现强劲，尼日利亚因而实现自 2015 年第二季度以来的首次经济季度增长，对政府与私营部门等业内人士的调查也均显示对经济增长的信心有大幅提高；②就业增长，根据最新公布的涵盖制造业和非制造业分行业的就业指数报告，2017 年 6 月的指数分别为 51.1 和 53.4，连续第二个月实现增长①；③资本回流，三年前油价下跌时，外国投资者逃离尼日利亚，近期，由于汇率透明度提高和尼日利亚央行为吸引投资所出台的政策，资本已回流。2017 年上半年，尼日利亚证券交易所的外国证券投资总额（FPI）相比上年同期的 2692.2 亿奈拉增加 59.81%②。惠誉公司发布的一份报告称，尼日利亚是撒哈拉以南非洲国家中行业前景最好的国家，其中基础设施和饮料行业是尼日利亚对投资最具吸引力的行业。但报告也指出，这些行业依赖的主要是人口增长，而非人均收入增长③。

尽管如此，尼日利亚实际人均国内生产总值增长率仍然低于同水平的经济体，经济发展短板较多，包括：①通胀处于高位。尼日利亚国家统计局最新公布的数据显示，2017 年 6 月，尼日利亚消费者价格指数同比上涨16.10%，环比上涨 1.58%。其中，食品价格分类指数 6 月继续攀升，同比上涨 19.91%，环比上涨 1.99%，主要食品价格包括肉、面包等全线上升④。②经济发展过于依赖能源部门。尼日利亚统计局数据显示，2017 年第二季度，在尼日利亚总出口额 31000 亿奈拉中，石油和天然气部门占 24300 亿奈拉，非石油部门出口额仅为 6700 亿奈拉，是石油和天然气部门的 1/4⑤。③投资不足。普华永道发布报告称，投资占尼日利亚经济比重已从 2007 年

---

① 《尼央行：六月就业率上升 51%》，中华人民共和国驻尼日利亚联邦共和国大使馆经济商务参赞处，http：//nigeria. mofcom. gov. cn/article/jmxw/201707/20170702606287. shtml。

② 《2017 年上半年外资对尼证券投资达到 4300 亿奈拉》，走出去公共服务平台，http：//fec. mofcom. gov. cn/article/ywzn/xgzx/guowai/201708/20170802620749. shtml。

③ 《尼日利亚建筑业和饮料业对外资最具吸引力》，中华人民共和国商务部网站，http：//www. mofcom. gov. cn/article/i/jyjl/k/201709/20170902642526. shtml。

④ http：//www. nigerianstat. gov. ng/。

⑤ http：//www. nigerianstat. gov. ng/。

的 18.7% 下降至 2016 年的 12.6%，为 20 年来最低；并且无论同撒哈拉以南国家还是金砖国家比较，投资在尼日利亚经济中占比都偏低①。④债务负担沉重。尼日利亚总统于 2017 年 6 月签署了总额 7.44 万亿奈拉（约 243.9 亿美元）的 2017 年预算法案，年度预算赤字为 2.21 万亿奈拉，相当于尼日利亚国民生产总值的 2.18%。尼日利亚债务管理办公室年度报告显示，由于尼日利亚美元债券的逐步到期，其将于 2018 年开始偿还外债。2018 年、2021 年和 2023 年尼日利亚将偿还总计 44.7 亿美元债券，而在未来 10 年多的时间里将为这些债券支付 4.83 亿美元的利息②。⑤安全局势有隐患，北部极端组织仍在进行零星袭击，尼日尔三角洲紧张局势有再度升级的风险。

（四）南非经济略有增长

2016 年，因受投资不足和百年大旱影响，南非经济增长率仅为 0.3%。2017 年经济增长率预计达到 0.7%。南非 2017 年第二季度国内生产总值环比增长 2.5%，同比增长 1.1%，表现超出预期，这意味着经济已暂时摆脱技术性衰退。南非经济增长主要归功于农业，在摆脱了百年不遇的旱灾影响后，农业猛增 33.6%，贡献了 0.7% 的 GDP 增长③。南非商业信心水平继 2017 年第二季度从 40 大跌 11 点至 29 后略有回升，第三季度信心指数为 35，仍远低于 50 荣枯线。8 月南非 Markit/标准银行采购经理人指数从上个月的 50.1 跌到 49.8，跌破 50 荣枯线，达到过去 12 个月以来的倒数第二低水平，这意味着 2017 年第三季度南非私有部门总体营业状况可能停滞不前。对南非各行业 1600 多名高管的调查结果显示，70% 的高管不满于南非当前营商环境④。经济合作与发展组织同南非财政部联合发布的《2017 年南非经济调查报告》指

---

① 《普华永道：尼日利亚经济中投资占比过低》，中华人民共和国驻尼日利亚联邦共和国大使馆经济商务参赞处，http：//nigeria. mofcom. gov. cn/article/jmxw/201707/20170702613133. shtml。
② https：//www. dmo. gov. ng/.
③ 《GDP 季度增速 2.5% 南非已脱离持续两季的经济衰退》，人民网，http：//world. people. com. cn/n1/2017/0906/c1002－29519468. html。
④ 《商业信心指数显示南非 70% 的高管不满于南营商环境》，中华人民共和国驻南非共和国大使馆经济商务参赞处，http：//za. mofcom. gov. cn/article/jmxw/201709/20170902647189. shtml。

出，为了推动经济复苏，并且让广大民众能够分享经济增长红利，南非必须推动更广泛的结构性改革。①

矿产是南非经济主要来源。2017 年 6 月 15 日，南非矿产资源部长莫斯科蒂·扎瓦尼（Mosebenzi Zwane）发布《2017 年度南非矿业宪章》（*South Africa's New Mining Charter*），强制矿业公司将其至少 30% 的股权交由黑人持有，且需要探矿权的公司需黑人持股 50% 以上等。南非政府明显欲透过新的矿业宪章对内部经济进行改革、重新分配社会资源、加快黑人进入经济主流的步伐。媒体评论认为，新宪章抹去了采矿业超过 500 亿兰特的价值，使其成为"不宜投资行业"，为采矿业带来了恐慌、怀疑和不确定性。南非矿业商会 9 月中旬表示，已与矿产资源部达成共识，后者将暂停实施有争议的《2017 年度南非矿业宪章》，等待法院就商会针对新宪章的紧急叫停申诉做出裁决。② 预期以南非矿业商会为首的业内代表将针对新矿业宪章的合宪性、合法性、公平性、执行性等方面向法院申请司法复核，这意味着新的矿业宪章将可能面对冗长的司法程序。

三 西亚非洲地区经济展望

预计 2017 年西亚北非地区经济增长动力减弱，下行压力主要来自地缘政治紧张局势和冲突加剧、石油价格上涨低于预期、财政整顿影响公共支出等方面。该地区主要经济体，包括沙特阿拉伯（该地区最大的经济体）、伊朗（该地区的第二大经济体）、伊拉克等，都受到地缘政治紧张局势的影响；沙特阿拉伯和伊拉克还将因持续减产而经济增长缓慢；伊朗面临美国新制裁的风险，且石油生产富余产能有限，融资困难，难以维持反弹。该地区经济体财政和外部账户调整步伐高度依赖石油价格水平，预计 2017 年和

---

① Economic Survey of South Africa 2017 - OECD, http：//www.oecd.org/southafrica/economic - survey - south - africa.htm.

② 《南非矿业部长同意暂时冻结新矿业宪章以待法庭裁决》，中华人民共和国驻南非共和国大使馆经济商务参赞处，http：//za.mofcom.gov.cn/article/jmxw/201709/20170902647193.shtml。

2018 年油价将持续低于西亚北非地区石油出口国财政平衡水平，石油出口国因而将面临数年的财政调整。汇率制度灵活的经济体，经常账户平衡预计将因贬值改善；对钉住汇率的经济体，外部账户平衡预计将通过财政整顿和油价上涨缓冲。

预计撒哈拉以南非洲地区的经济增长 2017 年有所加强。主要有利因素是全球商品价格的回升、安哥拉和尼日利亚等国经济走势改善以及结构性改革带来部分经济体国内条件的改善；主要的风险来自某些发达经济体政策不确定性提高、大宗商品价格上涨低于预期以及结构性改革推进不畅。发达经济体增加的保护主义可能通过减少贸易、汇款和资金流动对该区域发展造成不利影响；全球利率的急剧增长可能会阻碍该区域部分经济体从国际市场获得融资（对于一些国家来说，国际融资在近年来已成为一个关键的策略）；美国宣布将削减官方发展援助不利于该地区一些较小经济体和脆弱经济体的增长前景。

参考文献

AfDB，OECD，and UNDP，*African Economic Outlook*，May 2017.

IMF，*Regional Economic Outlook：Middle East and Central Asia*，April 2017.

IMF，*World Economic Outlook（WEO）：Too Slow for Too Long*，April 2017.

IMF，*Regional Economic Outlook：Sub − Saharan Africa*，May 2017.

IMF，*IMF World Economic Outlook（WEO）*，October 2017.

World Bank，*Global Economic Prospects*，June 2017.

World Bank，*Africa's Pulse*，April 2017.

World Bank，*Doing Business Indicators 2017*，October 2015.

Y.9
中国宏观经济形势分析与展望

徐奇渊　张　斌[*]

摘　要： 2016 年第一季度以来，中国经济持续回暖，但最大特点是价格指标显著回升而剔除价格影响后的数量指标回升微弱。我们对这个现象从三个角度展开了分析：正向需求冲击带动了经济回暖；行政手段去产能对供给能力造成了一次冲击；市场自发产能出清对供给面的市场集中度造成了二次冲击，而在二次冲击当中，行政去产能也进一步强化了市场集中度的提升。三股力量共同导致了产出—通胀关系的变异。供给面发生的这些变化主要集中于矿产资源和化工类行业，这造成了 PPI 增速和利润改善状况在行业层面出现严重分化。在经济回暖过程中，这种行业分化值得关注。

关键词： 中国经济　供给冲击　去产能　市场集中度　行业分化

2016 年第一季度中国经济开始企稳回暖，这一势头已经延续至 2017 年第三季度[①]。在本轮经济回暖过程中，出口需求改善明显，消费需求稳中有升，工业企业利润快速反弹，制造业和非制造业 PMI 指数持续改善。同时，整体物价水平明显企稳，尤其是工业品出厂价格指数（PPI）一反多年以来

---

[*]　徐奇渊，中国社会科学院世界经济与政治研究所研究员；张斌，中国社会科学院世界经济与政治研究所研究员。

[①]　2016 年 3 月前后，制造业 PMI 指数、非制造业 PMI 商务活动指数、工业企业利润总额同比增速等指标均开始好转，成为本轮经济回暖的开始。

持续低迷，在 2016 年 9 月逆转实现正增长，并在 2017 年持续保持高位增速。工业企业不但摆脱了债务—通缩风险，甚至还实现了债务杠杆率的轻微下降。

如何理解本轮经济回暖？就这一问题，观察者们展开了争论，分歧较大。笔者将以产出—物价水平为切入点，尝试厘清本轮经济回暖背后的机制，并以此为基础来评估本轮经济回暖。

一　不同寻常的回暖：产出—物价关系变异

2017 年中国经济增速的预估值为 6.8%，CPI 通胀率预估值为 1.6%。上述两项指标在 2016 年分别为 6.7% 和 2.0%。这两年的经济增速水平均低于 2015 年的 6.9%，而通胀率水平却都高于 2015 年的 1.4%（见图 1）。

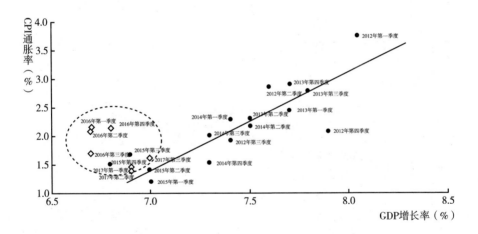

图 1　中国经济：GDP 增速与 CPI 通胀率关系

注：图中的菱形空心点，为 2016 年第一季度以来的散点，实心点为 2015 年第四季度及之前的散点。2017 年第三季度数据为预估值。另外，趋势线对应的时期，是 2012 年第一季度到 2015 年第四季度。

资料来源：国家统计局、Wind 数据终端。

观察 2012 年以来 GDP 增速和 CPI 通胀率的季度散点图，可以发现，2016 年第一季度以来的 GDP 增速和 CPI 通胀率组成的散点，均落在趋势线

上方。这表明,2015 年及以前的产出增速—通胀率关系,已经不适用于 2016 年以来的情况。2016 年初至今,相同产出增速,已经对应着更高的通胀率,或者说,相同的通胀率水平,对应于更低的产出增速。这似乎意味着潜在产出增速水平下降,尤其是供给面可能面临一定的负向冲击。这种新的产出—通胀关系,对于我们理解本轮经济回暖有什么启发?

如果只看工业部门,观察工业增加值增速和 PPI 增速,产出—通胀关系的变异现象将更加一目了然。2012~2015 年,工业增加值与 PPI 同比增速的关系表现为:较大的工业增加值增速变化,对应较小的 PPI 增速波动。其间,工业增加值同比增速的最大波动范围达到近 6 个百分点,而 PPI 同比增速的波动范围也仅有 6 个百分点。但是在 2016 年 1 月至 2017 年 8 月,工业增加值同比增速的波动范围只有不到 1.5 个百分点,而 PPI 同比增速的波动范围却达到了近 14 个百分点(见图 2)。

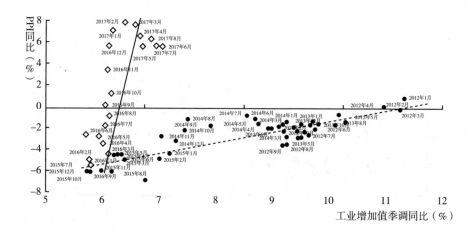

图 2　中国经济:工业增加值增速—PPI 增速

注:图中的菱形空心点,为 2016 年 1 月以来的散点,实心点为 2015 年 12 月以及之前的散点,另外,虚线趋势线,对应于 2012 年 1 月至 2015 年 12 月;实线趋势线,对应于 2016 年 1 月至 2017 年 8 月。

资料来源:国家统计局、Wind 数据终端。

与之对应,2015 年 12 月之前工业增加值增速—PPI 增速的趋势线非常平缓,但是 2016 年 1 月至 2017 年 8 月,趋势线非常陡峭。对比两条趋势线可以看到：2016 年 1 月以来的散点上，相同的工业增加值增速，对应着更高的 PPI 增速。以 2017 年 2 月为例，当月工业增加值同比增速为 6.4%，PPI 同比增速为 7.8%。而在 2015 年 6 月，工业增加值增速也几乎为 6.4%，但是 PPI 同比增速只有 -4.8%。几近相同的工业增加值增速，PPI 通胀率却相差超过 12 个百分点。本轮经济回暖的背后，到底发生了什么？

通过对 GDP 增速—CPI 通胀率、工业增加值增速—PPI 增速的分析，我们发现：在本轮经济回暖过程中，产出—通胀关系发生了变异，尤其是在工业部门，这种变异更为明显。因此，在本轮经济回暖的过程中，经济增速、工业增加值的回升是其中的一面，而更为特殊的一面则是与 CPI 通胀率和 PPI 通胀率的伴生关系发生了重要的变异。在经济新常态背景下，我们观察到了经济增速中枢从高速，切换到了中高速。通胀率却不降反升，甚至 PPI 通胀率还创下了多年来的历史新高。

如果从名义值来看，当前总体物价和企业利润均处于扩张状态。然而，企业新增投资却并不积极，剔除价格因素后的多数宏观经济指标增长有限。2016 年以来的经济回暖，与曾经的经济回暖相比，更多体现在价格回暖而非数量上升。

如何理解这种新常态下的非常态回暖？本文第二部分将会关注需求方面的冲击，从消费、出口、库存周期等角度，来观察需求冲击对本轮经济回暖所起到的作用。但是，正向的需求冲击只能解释经济回暖，无法解释产出—通胀关系的变异。本文第三和第四部分，将分别从供给面的产能冲击、供给面的市场结构变化，来试图解释这种产出—通胀关系的变异，并在此基础上对本轮的经济回暖做出评估。

二　正向需求冲击：能够解释回暖但不能解释变异

2017 年中国经济增长强于预期与总需求回暖有关，但固定资产投资并没有真正起到支撑作用。2017 年 1~8 月，固定资产投资累计同比增速为 7.8%，而 2016 年同期，这一增速为 8.1%，2016 年全年增速也是 8.1%。

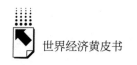

可见，固定资产投资名义增速在 2017 年略有下降，如果进一步考虑到 PPI 通胀率在 2017 年的强劲走势，则固定资产投资的实际增速将更低。

从固定资产投资的三大板块来看：①基础设施投资在 2017 年 1~8 月的累计同比增速为 16.1%，低于 2016 年同期 18.3%；②同期房地产业累计同比增速为 5.1%，同样低于 2016 年同期的 6.0%；③只有制造业投资累计同比增速为 4.5%，高于 2016 年同期的 2.8%。不过正如前面描述的，如果考虑到 2017 年 1~8 月 PPI 增速（6.3%）大幅高于 2016 年的同期水平（-0.8%），则事实上 2017 年的固定资产投资并不是 2017 年总需求回暖的支撑因素。

总需求回暖的真正支撑因素，来自消费、出口以及存货投资。从消费来看，2017 年 1~8 月，社会消费品零售总额累计同比增速为 10.4%，略高于 2016 年同期的 10.3%。如果考虑到 2017 年同期 CPI 通胀率均值为 1.5%，低于 2016 年同期的 2.0%。消费需求的扩张至少处于稳中有升的状态。另外，从出口需求来看，2017 年 1~8 月，人民币计值的出口贸易累计同比增速为 13%，大大高于 2016 年同期的 -1%。这同时得益于前期人民币汇率的一度走弱，以及主要贸易伙伴的进口需求回暖。关于存货投资，虽然诸多研究对于存货投资接下来的走向有较大分歧，但较容易形成的共识是，存货投资在本轮经济回暖过程中，起到了正向的推动作用。不过，在关于存货投资的争论中，一些研究对存货分析还存在误解。

总需求回暖是事实，但是这并不能解释前文提及的产出—通胀关系变异，尤其是无法解释工业增加值增速—PPI 通胀率关系的变异。如果看近两年不变价 GDP 增速的变化，其只有 0.2 个百分点的波动幅度。比起 2016 年之前的持续下降，这种变化相当平稳，无法解释 PPI 生产资料行业（采掘工业、原材料工业）价格 20%~50% 这样的剧烈波动（见图 3）。

从货币流动性来看，M2 同比增速自 2016 年以来总体上处于下行状态，2017 年以来继续保持这一趋势。2017 年的 M2 同比增速，已经从年初的 11.3% 下降到了 8 月的 8.9%。如果考虑银行理财产品、同业存单等因素，计算 M2+口径的同比增速，上述趋势也并不会改变（见图 4）。

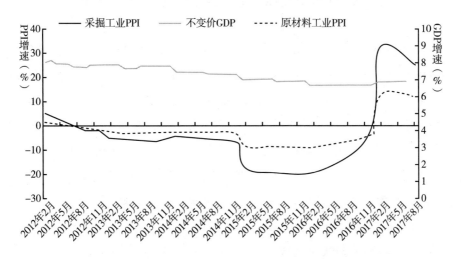

图3　实体经济的总需求扩张不足以支撑 PPI 增速上升

资料来源：国家统计局、Wind 数据终端。

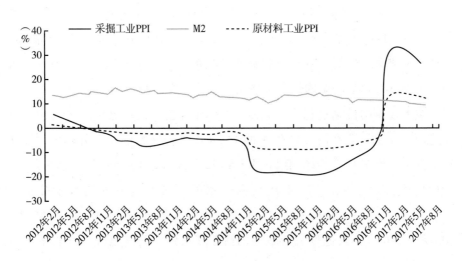

图4　流动性的扩张也无法解释 PPI 增速抬升

资料来源：中国人民银行、Wind 数据终端。

三 去产能政策对供给能力造成了一次冲击

自2015年末的中央经济工作会议提出供给侧改革以来，去产能政策开始在相关行业，尤其是一些上游行业展开。不过，去产能的政策在一定程度上衍生成为去产量，这对上游行业的供给能力带来了负面冲击。这意味着在相关行业产品价格上升的同时，并未伴随产量的相应扩张。

以煤炭行业为例，本轮去产能启动于2016年初。2016年4月，国家发改委、人社部、国家能源局、国家煤矿安监局联合发布《关于进一步规范和改善煤炭生产经营秩序的通知》，要求全国所有煤矿按276个工作日组织生产。此后，煤炭产量走势不断收紧，2016年下半年，国内煤炭供给缺口不断扩大，煤炭价格快速上涨。

2016年末，北方进入供暖季，煤炭供求缺口的压力进一步加剧。在此时点上，国家发改委于2016年11月放松了煤炭行业276个工作日的限制，对符合要求的煤企准许其按照330个工作日进行生产，并进一步推进中长期合同签订，以缓解煤价上涨压力。由于煤炭价格在2016年末已经升至高位，再加上采暖季的结束，2017年初煤炭价格的绝对水平开始回落。不过进入2017年下半年之后，全国煤炭价格又有抬升的迹象。

在上述价格波动过程中，4次中央环保督察，也对煤炭价格（包括其他能源、化工行业在内）产生了冲击。4次环保督察的时间分别为：2016年7月中旬至8月，2016年11月末到12月末，2017年4月末到5月末，2017年8月初至9月初。4次环保督察的立案调查或处罚数量分别为2587件、6310件、8687件、2115件，拘留人数分别为284人、265人、405人、146人。其他整治措施还包括办理案件、关停整改、问责等内容（见图5）。

在去产能政策和环保督察措施的影响下，煤炭产量实际上受到了限制。在总需求扩张回暖的情况下，煤炭价格猛涨。2016年上半年，全国电煤价格水平大致处于320元/吨的水平。在2016年末，这一价格已经突破530

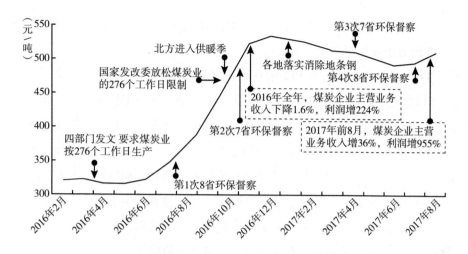

图5 影响煤炭产能的政策和全国电煤价格指数

资料来源：国家发改委、国家统计局、Wind 数据终端，以及笔者根据新闻资料整理。

元/吨。2017 年上半年，价格稳中有降，但下半年又开始有所上升。与之相对应，2016 年全年，全国煤炭企业主营业务收入下降 1.6%，利润却大幅上升 224%。2017 年 1~8 月，煤炭企业主营业务收入增速转正，实现了 36% 的增速，利润更是猛增了 955%。煤炭价格的大幅变化，会通过动力煤、燃料煤等渠道向中、下游行业传递。除了煤炭行业之外，还有一些矿产、化工行业也面临类似情况，但是一般的制造业则面临完全不同的情况。分析 2017 年 8 月的数据，可以观察到：39 个工业细分行业的 PPI 同比增速出现了明显的分化。

首先，12 个行业的 PPI 增速高于工业部门整体的 PPI 增速（6.3%）。这 12 个行业当中，有 8 个行业为矿产资源的开采、冶炼和加工行业，另有 2 个行业为化工类行业。其中，涨幅最高的煤炭开采和洗选业，其 PPI 同比涨幅达到 32.1%，涨幅第二的黑色金属冶炼及压延加工业（钢铁行业），其 PPI 同比涨幅为 29.1%。

另外的 27 个行业，其 PPI 同比增速则低于工业部门的整体增速。这些行业主要涉及家电、家具、纺织、皮革、食品、医药、娱乐用品等轻工业，也包括机械仪表、汽车制造等制造业。其中，有 24 个行业 PPI 同比增速低

于3%、19个行业PPI增速低于2%、11个行业PPI增速低于1%、6个行业PPI增速等于或低于0（见图6）。

39个工业细分部门的PPI增速出现了严重分化，这意味着，第一，本轮PPI增速上升，主要发生在矿产资源开采、冶炼和加工行业，以及化工行业。这些行业基本以重工业为主。第二，其他中下游工业部门的PPI增速较低，绝大部分都低于3%。这些行业以轻工业或机械设备、交通运输工具为主。第三，以重工业为主的上游原材料价格上升明显，而以轻工业和机器设备为主的下游企业的产成品价格上升幅度有限，这意味着上游企业利润有了显著改善的同时，下游企业的利润压力仍然较大。第四，对于PPI增速等于或低于0的6个行业而言，在面临原有的债务—通缩循环的压力同时，还进一步面临原材料成本上升的压力。

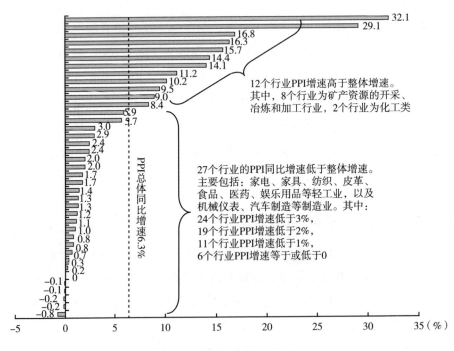

图6 各行业PPI同比增速严重分化（2017年8月）

资料来源：国家统计局、Wind数据终端。

四 市场结构变化给供给面造成了二次冲击

另一股力量是市场结构变化。市场自发地在工业部门实现了产能出清，工业部门的产能从爆发期过渡到平稳期。2010 年以来，中国的工业部门增速已经出现持续收缩。对标其他高收入国家的历史经验，中国的工业化高峰期已过，从制造业到服务业的经济结构转型势不可当。工业部门增速收缩是总产能增速下降但产品质量提高的过程，也是产业集中度提高的过程。这个过程并非线性均匀地发生，而是在积聚力量后猛然爆发，然后进入新的平稳期。2011～2015 年是工业部门产能出清的爆发期，工业品价格大面积持续下跌、大量企业破产、大量产能被淘汰，产业集中度也在快速提升。爆发期过后，工业部门产能和产品质量调整到了新的阶段，产能出清实现了从爆发期到平稳期的切换。另外，在 2015 年之后，特别是 2016 年至今，供给侧改革的去产能和环保督察等措施，又在较短的时期内，进一步强化了市场集中度的提升。2015 年及之前的市场主导的自发集中度提升，以及 2016 年以来政策干预主导下的市场集中度提升，都使市场结构发生了较为显著的改变。

这里仍以煤炭行业为例，最大两家企业的市场集中度，从 2010 年的 13.4% 提高到 2015 年的 15.9%，并进一步提升至 2017 年初的 18%。最大 4 家企业的集中度，从 2010 年的 17.7% 提升到 2015 年的 24.2%，并进一步提升至 2017 年初的 26.3%。最大 10 家企业的市场集中度，从 2010 年的 28.3% 提升至 2015 年的 41.7%，并在 2017 年初上升至 43.4%。整体上，在 6 年多时间中，上述 3 个口径的市场集中度分别提高了 4.6 个、8.6 个、15.1 个百分点（见图 7）。与欧美发达国家相比，这一市场集中度水平并不算高，但从纵向来看变化显著。除了煤炭行业之外，化工、水泥、挖掘机等中上游行业也显示出类似特征。同一时期，钢铁行业市场集中度的变化是个例外，不过其在 2016 年也出现了稳中有升。

在市场集中度提升、产能出清进入平稳期以后，工业部门在整体上不会再次大幅、快速增加产能。世界上从制造到服务转型成功的经济体，工业部

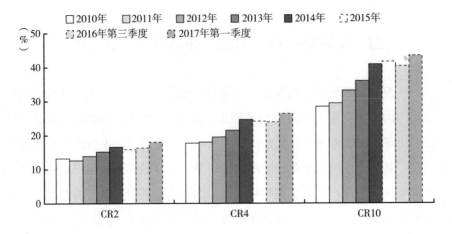

图7　2010年以来煤炭行业集中度有显著提升

注：CR2为行业最大两家企业产量在全行业中的占比，CR4和CR10分别对应于最大4家、最大10家的市场集中度。

资料来源：Wind数据终端、中国煤炭工业协会、海通证券研究所。

门增速再也没有长期超过GDP增速，这背后是发展阶段的力量①。从趋势上看，中国主要工业品的需求收入弹性都小于1且在下降通道当中，所以中国也不会例外。某一段时间的工业部门反弹不过是下降通道中的插曲。

五　三种力量交织：温和增长伴随价格快速上升

正向需求冲击带动了经济活动回暖、去产能对供给能力造成了一次冲击、市场结构变化给供给面造成了二次冲击。这三股力量同时交织在一起会怎么样？

一股力量是正向需求冲击，带来的是需求曲线向右移动（从D到D′）。仅依靠这个力量，我们将会看到价格和产量双双同步上涨（见图8）。

另一股力量是行政去产能带来的供给面负向冲击，将影响到供给曲线向

---

① 这里分析的依据主要是历史经验，从中国现实的微观机制角度来看，也可以进行分析。具体参照本文第五部分的第三点。

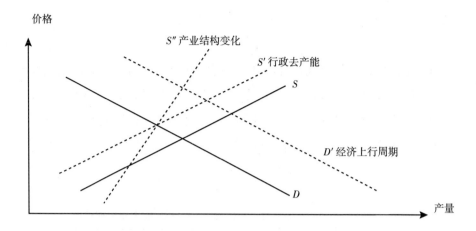

图8 需求和供给面三种力量交织带来了新的产出—物价关系

左移动（从 S 到 S'）。煤炭和钢铁都是重要的上游产品，这些行业调整也会影响到下游企业的供给曲线变化。

第三股力量是产能出清进入平稳期，市场集中度和产品质量提升，对供给面造成二次负向冲击。这带来的是供给曲线更加陡峭（从 S' 到 S''）。在此情况下，给定价格的上涨幅度、企业扩大供给的幅度将非常有限，或者给定价格下降企业愿意减少的供给下降。市场自发的工业部门产能出清从爆发期到平稳期，市场留存下来的企业数量下降，效率高规模大的企业占据的市场份额上升（定价能力更强），即便是留下来的企业在前几年的优胜劣汰厮杀中资产负债表也已经难看。这种格局下，即便面临周期性需求回暖，企业应对措施是提价（或者减少降价）和修复资产负债表，而不会继续扩大产能。

六 关注非常态回暖下的行业利益再分配

由于行政去产能对供给面造成的一次冲击，市场集中度提升对供给面造成的二次冲击，且均主要发生在上游行业，这造成了工业部门的 PPI 增速并未在各行业出现普遍上升，而是出现了严重分化。PPI 在矿产资源的开采、冶炼和加工行业，以及化工行业的大幅上升，一方面使这些行业的利润迅速

改善，另一方面提高了中下游行业的生产成本，使这些行业的利润改善面临更大压力。

下面我们基于两个时期进行分析，比较39个工业行业的利润增速改善情况：第一个时期是2017年以来，各行业利润增速情况，即2017年1~8月的表现；第二个时期是2015年同期，即本轮行政去产能之前，以及产能出清进入平稳期之前，各行业的利润增速情况。将上述两个时期各行业的利润增速进行比较（见表1），可以得到以下结论。

表1　分行业的利润改善幅度：2017年1~8月与2015年同期相比

行业分类	各行业利润改善幅度（百分点）
高于整体工业企业的行业 （9个行业）	煤炭开采和洗选业,1020 黑色金属冶炼及压延加工业,159 黑色金属矿采选业,113 有色金属矿采选业,59 有色金属冶炼及压延加工业,41 非金属矿物制品业,32 造纸及纸制品业,32 专用设备制造业,26 化学原料及化学制品制造业,24
整体工业企业	23.5
高于制造业的行业 （4个行业）	仪器仪表制造业,21 水的生产和供应业,19 通用设备制造业,16 汽车制造,16
整体制造业	14.1
改善幅度为正,但低于制造业的行业 （10个行业）	其他采矿业,14 化学纤维制造业,9 燃气生产和供应业,8 医药制造业,5 非金属矿采选业,5 纺织服装、服饰业,4 酒、饮料和精制茶制造业,4 皮革、毛皮、羽毛及其制品和制鞋业,4 计算机、通信和其他电子设备制造业,2 印刷业和记录媒介的复制,1

行业分类	各行业利润改善幅度(百分点)
增速没有改善,以及增速恶化行业 (16 个行业)	文教、工美、体育和娱乐用品制造业,0 木材加工及木、竹、藤、棕、草制品业,0 铁路、船舶、航空航天和其他运输设备制造业,0 废弃资源综合利用业,－1 金属制品业,－2 金属制品、机械和设备修理业,－2 橡胶和塑料制品业,－2 食品制造业,－3 纺织业,－3 电气机械及器材制造业,－4 烟草制品业,－6 农副食品加工业,－6 家具制造业,－7 其他制造业,－9 石油加工、炼焦及核燃料加工业,－18 电力、热力、燃气及水的生产和供应业,－36

注:各行业利润改善幅度等于 A 减去 B,其中 A = 2017 年 1~8 月利润总额同比增速, B = 2015 年 1~8 月利润总额同比增速。

资料来源:国家统计局、Wind 数据终端。

首先,有 9 个行业的利润增速改善幅度大于同期整体工业企业的改善幅度①,其中煤炭开采和洗选业的利润改善幅度高达 1020 个百分点。这 9 大行业,除了专用设备制造业、造纸及纸制品业之外,全部都是矿产资源的开采、冶炼和加工行业,以及化工行业,即以重工业为主。

其次,有 4 个行业的利润增速改善幅度低于整体工业企业的改善幅度,同时又高于整体制造业的改善幅度②。还有 10 个行业的利润增速改善为正,但是低于制造业的整体改善情况。

最后,还有 16 个行业的利润增速没有改善,甚至出现了恶化。情况最

---

① 整体工业企业改善幅度为 23.5 个百分点。
② 整体制造业企业的改善幅度为 14.1 个百分点。

糟糕的是电力、热力、燃气及水的生产和供应业，其利润增速下降了36个百分点。实际上在2017年1~8月，该行业的利润同比增速为-22.6%。这些显然和电煤价格的大幅上升造成的成本急升有关。这16个行业的利润增速不变甚至恶化，与整体工业部门同期利润增速的大幅改善（23.5个百分点）形成了鲜明对比。

表1中利润增速改善最大的9个行业中，只有专用设备制造业不属于矿产资源、原材料和化工业，我们将这个行业剔除，将剩下8类行业称为"利润改善最大行业类"。可以发现以下结论（见表2）：在2015年1~8月，这8类行业的加总利润为7108亿元，在规模以上工业企业总利润37663亿中占比为19%。而在2017年1~8月，这8类行业的加总利润上升至13694亿元，几乎翻了一倍，其在规模以上工业企业总利润49214亿元当中，占比

表2　8类行业的利润改善在整体工业部门中的表现

单位：亿元，%

序号	项目	2015年 1~8月 利润总额 (I)	2017年 1~8月 利润总额 (II)	利润增加 (II-I)	各行业对 利润增加的贡献
	规模以上工业企业总体	37663	49214	11551	100
1	煤炭开采和洗选业	256	2001	1745	15
2	黑色金属冶炼及压延加工业	358	2035	1677	15
3	化学原料及化学制品制造业	2675	4055	1380	12
4	非金属矿物制品业	2115	2887	772	7
5	有色金属冶炼及压延加工业	736	1362	626	5
6	造纸及纸制品业	416	642	226	2
7	有色金属矿采选业	280	408	128	1
8	黑色金属矿采选业	271	304	33	0.3
	8类行业加总	7108	13694	6586	57
	其他31类行业加总	30555	35520	4965	43

资料来源：国家统计局和笔者计算。

上升至28%。两相比较，8类行业的利润占比提升了9个百分点，利润总额增速为93%。同期39个行业整体利润总额的增速为31%；其中剔除8个行业之后，剩下31个行业的整体利润总额增速为16%。

换一个角度，与2015年1~8月相比，2017年1~8月整体工业部门的利润总额增加了11551亿元，其中仅上述8类行业就贡献了6586亿元。8类行业对利润总额的增量贡献了57%，而这些行业在2015年的总体利润占比仅为19%。其中，煤炭开采和洗选业、黑色金属冶炼及压延加工业、化学原料及化学制品制造业，三类行业的贡献分别达到15%、15%、12%。同时，其他31个行业在2015年的利润占比为81%，但是对同期利润增量的贡献仅为43%。

由此我们可以看出，在中国经济增速温和回暖的背后，产出—物价关系发生变异的原因是在需求回暖的同时，供给面受到了两轮冲击。这些冲击，既有来自行政去产能的影响（供给曲线向左移动），也有市场自发力量为主造成市场集中度提升和产能出清进入平稳期带来的影响（供给曲线斜率更加陡峭）。

供给面发生的这些变化，主要集中于矿产资源和化工类行业，这进一步体现为PPI增速在行业之间的显著分化，以及利润增速在各行业间的严重异化。矿产资源和化工类行业中的8类行业利润增速改善非常明显，而同时还有16个行业的利润增速没有改善，甚至出现了恶化。如果注意到，矿产资源和化工类行业是以国有企业为主的重工业，而另外16个行业则是典型的以非国有企业为主的轻工业，这种行业利益的再分配，实际上还具有更为广泛、更多维度的经济和社会影响。

参考文献

张斌：《当前经济运行中的三股力量》，中国金融四十人论坛讨论稿，2017年9月10日。

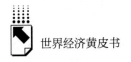
徐奇渊、杨盼盼：《对存货概念的四种误解》，中国社会科学院世界经济与政治研究所全球发展展望研究系列（GDP）讨论稿，Policy Brief No. 17. 006，2017 年 9 月 20 日。

姜超、于博：《黑暗中寻找光明——周期性行业集中度测算与展望》，海通证券研究所研究报告，2017 年 5 月 25 日。

伍戈：《供给扰动中的需求扩张》，CF40 青年论坛双周内部研讨会第 100 期，2017年 9 月。

专 题 篇

Special Reports

Y.10
国际贸易形势回顾与展望：触底反弹

马 涛*

摘 要： 　2016年，全球贸易经历了非同一般的低速增长。2017年上半
　　　　年全球货物贸易呈反弹增长趋势，超过4月世界贸易组织
　　　　（WTO）预测的2.4%的全球贸易量增速。虽然世界经济复苏
　　　　的各种政策不确定性依然存在，但是全球贸易触底反弹态势
　　　　已十分明朗。本文判断，2017年，全球货物贸易增速较2016
　　　　年将出现强力反弹，贸易量增速将超过3.0%。考虑经济下
　　　　行风险的集聚，也要避免被过于悲观的预期所束缚，本文认
　　　　为，2018年全球货物贸易量增速会在3.0%左右。中美双边
　　　　经贸关系直接影响全球贸易增长。面对特朗普上台以来对华
　　　　"起伏跌宕"的贸易政策，中美关系在磨合中不断向前推进，

* 马涛，经济学博士，中国社会科学院世界经济与政治研究所副研究员，主要研究领域为国际
贸易、全球价值链、低碳经济等。

并日益走向成熟。中国和美国之间爆发全面贸易冲突是不太可能的，但是在双边经济和贸易方面的摩擦会日益增多，这些冲突也难以在短期内解决，而是需要循序渐进的调整过程。

关键词： 国际贸易　增长预测　中美经贸关系　贸易冲突

一　2016年国际贸易形势回顾

2016年，全球货物贸易经历了非同一般的低速增长，减速风险因素充斥全年。2016年全球货物贸易增速连续第五年低于3%，实际贸易量增速仅为1.3%。[①] 上述1.3%的实际货物贸易量增速是进出口贸易量增长的平均值，是在考虑了国家间通货膨胀率和汇率差异并进行调整之后的增速。2016年全球名义货物贸易额为15.6万亿美元，比2015年的16.5万亿美元下降了5.5%（见表1）。全球名义贸易额的显著下降是过去几年世界经济持续低迷的直接后果，政策的不确定性是贸易额下滑的主要风险因素，主要包括贸易限制措施的滥用和货币政策的收紧。[②]

首先，从进口方面看，2016年不同经济体的情况不尽相同。发展中经济体第一季度的进口额同比下滑3%，第二季度进口开始增长。在整个2016年，发展中经济体进口量增速基本停滞，增长率仅为0.2%。同时，发达经济体进口继续以低速增长，2016年发达经济体的进口量增长率为2.0%。全球进口增长的低迷还反映在两类经济体之间出口侧的船运量低速增长上。

其次，世界各地区进口贸易因经济低迷而受到不同程度的影响。在亚洲，进口贸易在第一季度出现下跌，但是这种低迷只是暂时的，2016年亚

[①] 笔者在《2017年世界经济形势分析与预测》中对2016年全球货物贸易量增速的预测是不超过2.0%，与WTO公布的1.3%在同一区间内。

[②] 贸易额是名义的贸易规模，贸易量是剔除价格和汇率变动等因素后的实际贸易规模。

洲全年进口量增长了 2.0%。同时，亚洲是对全球进口需求做出贡献最多的地区，为进口增长贡献了 1.9 个百分点（占进口增长的 49%）；在南美和其他地区（包括非洲、中东和独联体国家），进口下降显得尤为剧烈和持久，这主要归因于大宗商品价格较低，以及巴西经济的严重衰退；在欧洲与北美国家，尽管欧洲贸易自 2015 年初就显示不景气，但是欧洲进口增长速度依然高于北美国家。欧洲也是对全球进口需求做出重要贡献的地区，为进口增长贡献了 1.6 个百分点（占进口增长的 39%）。2016 年，北美国家进出口量均实现正增长，尽管北美国家为全球进口增长仅贡献了 0.1 个百分点，但依然是世界进口低速增长的主要贡献者之一。①

最后，从大宗商品价格角度看全球进口贸易增速低迷的原因。大宗商品价格和汇率对 2016 年进口贸易增长低迷的影响较大。从 2014 年中开始一路跌落的原油和金属价格不仅影响了进口贸易，还减少了资源出口地区用于购买其他进口商品的税收收入。2016 年，大宗商品价格基本稳定。在原油价格方面，只要库存保持高位、美元依然坚挺，原油价格回到十年前的水平已不再可能。

表 1　2016 年世界主要国家和地区的货物贸易额增长情况

单位：十亿美元，%

地区	出口					进口				
	出口额	年度变化				进口额	年度变化			
	2016 年	2010 ~ 2016 年	2014 年	2015 年	2016 年	2016 年	2010 ~ 2016 年	2014 年	2015 年	2016 年
世界	15464	0.6	0.3	-13.5	-3.3	15799	0.7	0.6	-12.5	-3.2
北美洲	2219	2.1	3.1	-8.0	-3.2	3067	2.3	3.4	-4.5	-2.9
美国	1455	2.2	2.6	-7.3	-3.2	2251	2.3	3.6	-4.0	-2.8
加拿大	390	0.1	3.9	-13.9	-4.8	417	0.6	0.9	-9.1	-4.5
墨西哥	374	3.8	4.4	-4.1	-1.8	398	4.2	5.3	-1.5	-1.9
中南美洲	511	-2.4	-7.0	-21.1	-5.6	533	-1.5	-4.0	-16.4	-14.5
巴西	185	-1.4	-7.0	-15.1	-3.1	143	-4.7	-4.5	-25.2	-19.8

---

①　除了上述国家对全球进口的贡献为正，还有一些国家对进口的贡献为负。

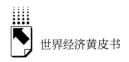
续表

地区	出口					进口				
	出口额	年度变化				进口额	年度变化			
	2016年	2010~2016年	2014年	2015年	2016年	2016年	2010~2016年	2014年	2015年	2016年
其他中南美洲国家	326	−2.9	−6.9	−24.1	−6.9	389	−0.2	−3.7	−12.3	−12.4
欧洲	5942	0.8	0.5	−12.5	−0.3	5920	0.0	1.2	−13.2	0.2
欧盟(28国)	5373	0.6	1.3	−12.5	−0.3	5330	−0.3	2.2	−13.4	0.1
德国	1340	1.0	3.4	−11.2	1.0	1055	0.0	2.2	−12.9	0.3
法国	501	−0.7	−0.1	−12.9	−0.9	573	−1.1	−0.7	−15.3	−0.1
荷兰	570	−0.1	0.2	−15.3	0.0	503	−0.4	0.0	−12.9	−1.9
英国	409	−0.3	−6.6	−8.9	−11.0	636	1.2	4.6	−9.3	1.5
意大利	462	0.5	2.2	−13.7	0.9	404	−3.0	−1.1	−13.3	−1.6
独联体国家(CIS)	419	−5.5	−5.8	−31.9	−16.2	333	−3.6	−11.7	−32.4	−2.6
俄罗斯	282	−5.7	−4.8	−31.3	−17.5	191	−4.3	−9.8	−37.3	−0.8
非洲	346	−6.6	−7.6	−29.6	−11.5	501	0.7	0.4	−13.8	−9.5
南非	75	−3.2	−4.1	−11.7	−7.8	92	−0.9	−3.5	−14.2	−12.5
石油出口国	113	−14.4	−13.6	−44.6	−27.6	143	−0.7	1.2	−19.1	−12.6
非石油出口国	158	1.7	1.6	−15.4	2.8	266	2.2	1.3	−10.4	−6.6
中东	766	−2.8	−4.3	−34.4	−9.5	665	2.3	2.1	−7.7	−7.2
亚洲	5262	1.9	2.6	−7.9	−3.7	4781	0.9	0.1	−14.5	−4.7
中国	2098	4.9	6.0	−2.9	−7.7	1587	2.2	0.5	−14.3	−5.5
日本	645	−2.9	−3.5	−9.5	3.2	607	−2.2	−2.5	−20.2	−6.3
印度	264	2.6	2.5	−17.1	−1.3	359	0.4	−0.5	−15.1	−8.6
NIE(4)	1131	0.3	1.3	−11.1	−3.5	1041	−0.9	1.1	−16.6	−5.8

注：NIE(4)包含中国香港、韩国、新加坡和中国台湾。石油出口国包括阿尔及利亚、安哥拉、喀麦隆、乍得、赤道几内亚、利比亚、尼日利亚、苏丹、刚果和加蓬共和国。

资料来源：WTO秘书处。

二　2017年国际贸易的走势分析

（一）对2017年国际贸易形势的基本判断和分析

全球货物贸易量从2016年的谷底开始出现反弹。只有世界经济出现稳健复苏，并且各国政府采用正确的政策组合，2017 年的贸易反弹才可持续。2017 年 4 月，WTO 的《贸易统计与展望》分析认为，如果经济下行风险提高，贸易低速增长的周期将会延长，那么，全年贸易增速将会在 1.8% ~ 3.6%。假如发达经济体能维持温和的财政和货币政策，新兴经济体经济能够逐步复苏，并且贸易限制措施不再进一步扩散，2017 年全球货物贸易量增速为 2.4%。9 月的《贸易统计与展望》分析指出，2017 年全球货物贸易量增速提升至 3.6%，又将贸易量增速的区间调整为 3.2% ~ 3.9%。可见，WTO 对 2017 年全球贸易量增长的预期还是比较乐观的。

1. 基于两个指标走势的判断

第一，国际航运指数显示，全球货物贸易在经历了 2016 年初的低谷后小幅回升，直至 2017 年初开始企稳。国际航运市场状况是反映国际贸易景气程度的一个最重要体现，干散货运输市场波罗的海综合运价指数（BDI）就是一个最常用的指标。图 1 显示，BDI 指数从 2015 年年中开始急剧下滑至 2016 年初的谷底，下滑了 800 多点，滑落至 2016 年 1 月的 317 点。此后开始平稳、大幅回升，尽管期间有轻微波动，但到 2016 年 10 月基本稳定在 800 多点。2017 年前 8 个月则在 800 ~ 1200 点区间波动。这意味着全球货物贸易增长在经历了"寒冬"之后开始缓慢复苏，从 2016 年底至 2017 年 8 月基本趋于稳定。

第二，全球需求企稳回升，服务业比制造业复苏更加显著。2016 年底，全球各项需求指标已经攀升到了一个新的高度，此后开始稳步发展。从全球的采购经理人指数（PMI）看，特别是服务业，自 2016 年年中跌落至谷底，便开始大幅反弹，直至 2016 年底上升到约 54% 并维持平稳。在几个 PMI 指数中，全球综合 PMI 新订单值仍然高于其他几个指数，说明全球需求还有提升空间，并可能进一步提高下半年的全球贸易增速。2016 年，图 2 中几个指数均较低，但 2017 年前 7 个月，除制造业 PMI 外，其他各指标均达到 53% ~ 54%。由此可见，全球需求企稳回升，但是制造业的 PMI 指数还有待进一步提高，其比全球服务业 PMI 和全球综合 PMI 新订单指数均低，说明实体经济尚需更多的政策刺激。

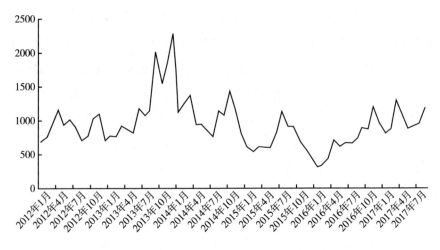

图1　干散货运输市场波罗的海综合运价指数（BDI）

资料来源：根据凤凰网财经的价格指数绘制，http：//app. finance. ifeng. com/data/indu/jgzs. php？。

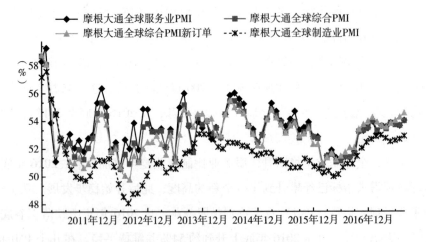

图2　全球分类别 PMI 和新订单指数

资料来源：Wind 资讯数据库。

2. 对主要经济体经济发展形势的分析

世界各国经济增长情况能体现该国贸易的基本走势，从宏观经济增长的结构看，贸易是经济增长的构成之一。以下分析主要经济体 2017 年上半年经济增长情况。

第一，美国经济增长企稳回升，日本经济增长超过预期。2017年初，IMF预测，特朗普上任后将推动美国实施相当于其国内生产总值2%的财政刺激，这将提振美国经济增长。然而，特朗普政府未能如期推进税改和基础设施建设计划，导致IMF把对2017年和2018年美国经济增长率的预测值从2.3%和2.5%都下调到了2.1%。2017年8月30日，美国商务部公布，第一季度美国GDP增长率仅为1.4%。受家庭消费支出和强劲投资的推动，美国第二季度经济扩张速度加快，GDP增速为3%，这一趋势与往年相似，是否表明美国经济复苏势头加快，还有待观察。同样，作为发达经济体的日本经济增长也超过了预期。特别是第二季度经济增长了4%，较第一季度1.5%的增速有较大提高，这是日本2000年以来由国内消费需求推动的最高增长率（私人消费环比增长0.9%，企业支出增长2.4%）。日本经济连续第六个季度实现增长，也创下十多年来最长的连续增长纪录，使陷入困境的"安倍经济学"复兴计划可能因此得救。

第二，欧元区经济实现了债务危机以来最快增速，从目前看，经济发展前景变得明朗。欧元区第二季度GDP同比增长2.1%，环比增长0.6%，这是2011年第二季度以来最高的增长水平，也创造了连续17个月增长的纪录。其中，英国与欧盟未来关系的持续不确定性正在阻碍商业投资和家庭支出。英国央行在其通胀报告中，已将2017年增长预测从1.9%下调至1.7%。法国2017年得益于消费者消费与企业家投资热情高涨，外贸形势改善，失业率下降至9.3%。IMF 2017年三次上调了对法国经济增长的预期，2017年和2018年的经济增长率可能达到1.5%和1.7%。2016年德国经济增速为1.9%，是五年来最大增幅，而2017年德国经济增速会更高，将达到六年来最好水平。

此外，欧元区制造业的就业水平正在迅速改善。根据IHS Markit发布的采购经理人指数，法国企业的招聘达到了2000年以来最高水平，同时西班牙的招聘需求也是前所未有的。2017年6月，欧元区失业率降至9.1%，为9年来的低点。欧盟统计局的数据显示，过去一年，150多万人摆脱了失业状态。

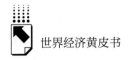

第三，新兴市场国家面临投资缺乏和生产率乏力，经济增长仍存在隐忧。很多新兴市场国家正在遭遇特殊问题，比如，墨西哥面临美国贸易政策的不确定性，土耳其面临国内政治动荡问题等。虽然新兴市场国家经济整体处于复苏之中，但是投资缺乏和生产率增长乏力束缚了新兴市场国家的长期增长。2017年6月，世界银行预测，2017年新兴市场国家经济增长率为4.1%，未来两年的经济增速均为4.6%。此外，IMF预测中国经济2017年增长6.8%，并预计2018年中国经济的放缓将不太严重，经济增长率为6.5%。IMF预测2017至2018财年印度经济增长率将反弹到7.2%，2018至2019财年将增长至7.7%。俄罗斯经济活跃度下降正在触底，IMF预测俄罗斯2017年和2018年经济增速均为1.4%。

从上述分析可以看出，发达经济体的经济发展前景好于新兴市场国家，这也表明发达经济体对全球贸易增长的贡献会高于后者。近几年，新兴市场国家已不再现金融危机后对全球贸易的显著贡献，主要原因在于经济发展动力不足以及自身经济结构问题。随着世界主要经济体经济的稳步复苏，其对国际贸易增长的滞后拉动效应将会逐步显现。

（二）2017年上半年国际贸易的基本情况

第一，与2016年同期相比，2017年前6个月全球实际货物贸易量显著回暖，各月平均增长幅度接近4.1%。从月度同比数据看，增幅最低的为2月的1.8%，其他月份增幅均超过2.9%，特别是3月和5月增幅攀升至5%以上，这是近几年少有的好局面。同时，由于各月的增幅波动较大，呈现"锯齿状"的增长轨迹。从月度环比数据看，形势也比上年同期好，除了2月和4月为环比负增长外，其他月份均为正增长，3月增长2.27%，并且各月环比和同比增长的"锯齿状"轨迹完全吻合（见图3）。

第二，从国别情况看，不论是出口量还是进口量，发达经济体均明显高于新兴经济体。这种情况在2017年上半年进口量中尤为明显（见表2）。从分月的进口情况看，发达经济体呈现稳步小幅增长态势，其中欧元区和日本增长平稳，美国有小幅波动。新兴经济体的进口量相较于发达经济体有一些

图3 2017年1~6月全球货物贸易增长的月度变化

资料来源：根据荷兰经济政策研究局（NBE）《2017年世界货物贸易监测数据》计算。

波动，并且近几年相较于金融危机之后新兴经济体对全球贸易的贡献在下降。从分月的出口情况看，发达经济体各月的出口稳中有升，其中，日本在上半年出口量有小幅波动。新兴经济体各月的出口也有小幅波动，但亚洲新兴经济体出口较为平稳，拉美国家4月的小幅下滑导致其有轻微波动。

表2 2017年1~6月世界分地区实际贸易量

单位：亿美元

地区	1月	2月	3月	4月	5月	6月	合计
世界进口	16575.6	16383.8	16695.0	16315.4	16761.9	16805.3	99537.1
发达经济体	9645.4	9507.7	9645.7	9640.5	9887.8	9802.3	58129.5
美国	2430.5	2379.0	2384.1	2401.2	2394.6	2394.4	14383.7
日本	806.5	765.0	798.4	811.4	806.9	823.8	4812.0
欧元区	4335.2	4301.4	4346.6	4337.9	4464.2	4419.8	26205.0
其他发达经济体	2073.0	2062.2	2116.5	2089.9	2222.0	2164.2	12727.7
新兴经济体	6930.0	6875.8	7048.9	6674.8	6874.0	7002.8	41406.3
亚洲新兴经济体	4906.9	4890.9	5023.6	4717.7	4871.4	4962.9	29373.3
中东欧	382.0	365.0	374.9	370.0	378.7	379.7	2250.3
拉美	924.5	920.3	949.6	885.6	918.6	954.2	5552.7
非洲和中东	717.3	700.3	701.6	702.0	706.0	706.7	4233.9

续表

地区	1月	2月	3月	4月	5月	6月	合计
世界出口	16502.4	16354.4	16785.6	16439.5	16629.2	16768.3	99479.4
发达经济体	8879.1	8878.6	8963.8	8877.6	9063.6	9079.0	53741.8
美国	1545.5	1544.1	1537.7	1529.8	1539.0	1565.3	9261.4
日本	815.6	852.7	833.4	821.4	837.4	829.8	4990.5
欧元区	4546.8	4568.7	4645.6	4586.7	4697.9	4697.2	27742.8
其他发达经济体	1971.2	1913.0	1947.1	1939.7	1989.2	1986.7	11746.9
新兴经济体	7623.1	7475.7	7821.7	7561.8	7565.5	7689.2	45737.1
亚洲新兴经济体	4972.0	4869.8	5172.6	5015.2	4952.7	5065.2	30047.4
中东欧	638.3	627.1	644.1	622.5	628.8	629.0	3789.8
拉美	1068.9	1045.2	1066.4	980.9	1040.7	1049.3	6251.3
非洲和中东	943.9	933.6	938.7	943.2	943.3	945.8	5648.6

资料来源：根据荷兰经济政策研究局（NBE）《2017年世界货物贸易监测数据》计算。

第三，新兴经济体整体的出口情况有所复苏，这将化解人们对新兴经济体贸易的悲观看法。在大宗商品价格上涨和需求温和上升的推动下，新兴经济体出口贸易继续改善，出口额同比温和增长。例如，2017年上半年，中国出口同比增长15%，进口同比增长25.7%，延续了2016年下半年以来的回稳向好走势。此外，俄罗斯和巴西经济逐步走出深度衰退，也会助推新兴经济体贸易的回暖，但从目前来看，这仅是一种温和改善。

（三）对2017年下半年国际贸易形势的预测

2017年8月7日WTO发布的世界贸易展望指数（WTOI）显示，6月WTOI数据为102.6，高于趋势（100为中期趋势）增长，表明2017年第三季度世界贸易将保持温和复苏的态势。2017年4月中旬，WTO发布的报告预测，全球贸易量增长将有一个喜人的提升，同时也充斥着高度的政策不确定性，于是给出了2017年全球贸易量增速的区间为1.8%～3.6%。基于上半年全球贸易稳健反弹的形势，9月WTO将全球贸易量增速区间修订为3.2%～3.9%，从这也可以判断出，下半年的贸易增长将会延续上半年的良好趋势。2017年7月24日，IMF公布的最新预测数据显示，2017年全球经济增长率预测维持不变，以3.5%的"健康水平"增长。根据近几年的实际情况看，全球贸易增速平均为国内生产总值（GDP）增速两倍的情形早已不复存在，而是会接近或者低于全球经济增速，2017 年的情况会依然如此。

图 4 是全球货物贸易量的实际值和模拟值，以及通过模拟的预测趋势，从 2017 年上半年全球贸易量的实际值和模拟值看，两者较为吻合，实际值比模拟值还略高一些。在方法上，笔者使用了双指数平滑预测方法，其中包含了趋势变动。从 2017 年中至下半年，全球货物贸易将实现一个较为强劲的增长（详见图中曲线的虚线部分）。根据预测的数据，2017 年 7 ~ 12 月，全球实际货物贸易量较上半年将有一个较为显著的提升，约为 100959 亿美元，相比 2016 年下半年的 97032 亿美元，同比增长高达近 4.1%，这是金融危机以来不多见的高增速。基于此，我们认为 2017 年全球货物贸易将会出现一个自谷底开始强力反弹的局面，贸易增速将会大幅提升。我们的预测是，2017 年全年的全球货物贸易量同比增速将超过 3.0%。

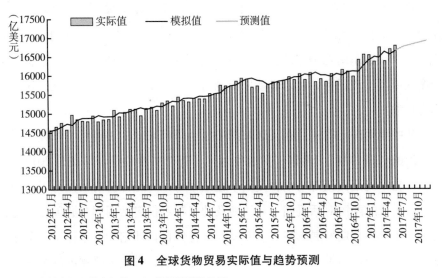

图 4　全球货物贸易实际值与趋势预测

资料来源：笔者根据 NBE 数据预测并绘制。

三　国际贸易热点：特朗普新政下的中美经贸关系

中国和美国同是世界贸易大国，两国双边经贸关系直接影响着全球贸易

增长。自2017年1月特朗普上任以来，中美经贸关系可谓起伏跌宕。面对错综复杂的中美经贸关系，双方在磨合中不断推进经贸合作，并日益走向成熟。

回溯到特朗普在参选总统之时，他对中国的贸易政策就比较激进，声称当选后会对从中国进口的产品征收高额关税。若美国对来自中国的产品征收高关税，美国对同在价值链上的日本和韩国也会造成经济上的损害，因为日韩与中国的生产合作、经贸关系日益紧密。美国对中国产品征收高额贸易税，会影响中日韩之间、美国与亚太国家和地区之间的供应链和生产格局，破坏亚太地区供应链，最终受损的不仅是中国的利益，参与亚太互联经济的美国企业也将会遭受重创。道理很简单，特朗普的重商主义做法就是想重振美国的制造业，扩大美国制造业的就业机会。但是，在多国共同参与的全球化生产格局下，任何企业行为都是以成本最小化驱动的。当初，美国的跨国公司把一些生产环节外包给中国和东南亚等国家，以低成本获得高收益，现在想通过提高关税等重商主义做法实现"制造业回流"，可能会事与愿违。原因在于一些东南亚国家的劳动力成本比中国还要低，即便从中国转移出部分产业或者生产任务，也未必能回流到劳动力成本颇高的美国本土，这一点不言自喻。

从中美两国元首4月在美国海湖庄园会晤以来，中美经贸关系经历了一段融洽的"蜜月期"，两国经贸合作取得了若干早期收获。特别是2017年7月，首轮中美全面经济对话在美国华盛顿举行，此轮经济对话提升了海湖庄园会晤达成的两国对话机制，对话涉及的议题不仅包括两国共同关注的经贸问题，还聚焦长期发展战略。双方就经济合作百日计划和一年计划、全球经济治理、中美贸易投资、宏观经济政策和金融业、农业等议题进行了深入讨论，并达成广泛共识。

从2017年开始，尽管中美贸易失衡问题有所改善，但此问题依然是两国经贸合作中难以逾越的"藩篱"。中国对美国的贸易顺差，一方面是中国与美国在全球价值链和亚太地区的国际分工地位不同所致，传统的贸易统计方法无法剥离中国对美国出口中包含的大量其他国家乃至美国贡献的增加值，导致中国对美国出口偏高；另一方面，中美两国国内的储蓄率、消费习惯和劳动力成本等方面的差异，也是造成中国对美国贸易顺差过大的重要原因。上述贸易结构失衡问题需要两国共同努力解决，关键是要扩大中国从美国的进口（包括高技术产品的进口），而不是刻意缩小美国从中国的进口。

特朗普政府之所以要解决美国巨额贸易逆差，问题的关键还是美国的就业问题。从特朗普想尽快取得政绩的角度分析，对中国贸易采取单边制裁，可能是他的无奈之举。从总统上任到 8 月，特朗普对华贸易政策"变化无常"。国内各派施压迫使特朗普政府不得不有所行动，于是特朗普签署行政备忘录，对中国启动"301 调查"，企图通过对中国采取贸易调查进行施压，以此获得中国在外交和国际问题上的支持与合作。正如彼得森国际经济研究所的研究员 Caroline Freund 所言，如果美国使用单边惩罚手段，在贸易问题上先发制人，很快就会发现自己将处于孤立状态。①

根据 1974 年美国贸易法，美国总统只能征收为期 150 天、最高为 15% 的临时性关税，笔者假设美国最可能先对中国出口美国最多、造成贸易顺差最大的部门提高关税，我们根据 2009 年中美 17 个部门的双边贸易数据，以一年期为例分三种情景（进口关税分别为 6%、10% 和 15%）进行模拟。

我们的模拟结果发现，中国对美国的贸易顺差不仅存在于劳动密集型产品部门，也存在于技术密集型产品部门。随着美国进一步提高进口关税水平，中国技术密集型部门的产品出口额减少得最多。如果关税水平从 10% 提至 15%，存在顺差部门的出口占全部制造业部门出口的比例将从近 8% 扩大到近 12.9%。美国如果对中国进口实施重商主义的限制措施，根据互联经济的原理，不仅会对中国向美国出口造成严重损害，同时也损害了中国对美国出口中内含的其他国家以及美国自身的中间品出口。

对就业的冲击，随着美国对进口中国的产品提高关税，各种不同技能劳

---

① "Caroline Freund, US Needs China Trade Deals, Not 'Remedies'", Peterson International Institute for Economics, August 14, 2017.

动力的工作时间均大幅减少，其中就业时间减少最多的是低技能劳动力，其次是中等技能劳动力，高技能劳动力较前两者减少的数量轻微一些。由于中国对美国出口的劳动密集型产品份额较大，两国贸易冲突对中国劳动力密集型部门的就业冲击最大。

2017年，中美两国元首几次开诚布公的会晤，为中美关系和经贸合作注入了新动力，也开启了中美经贸发展的新时代。我们认为，中美应该借助双边谈判的方式，努力寻求解决问题的方式，以实现双边关系的互利共赢。正如2017年习近平主席在越南APEC峰会上提出，开放带来进步，封闭必然落后，要引导经济全球化朝着更加开放、包容、普惠、平衡、共赢的方向发展。客观来说，中美双边关系发展的总基调仍是互利共赢。

四 2018年国际贸易形势预测

2017年初，IMF曾警告，政策的不确定性是中期内全球经济面临的最大威胁之一，而国际贸易受到不确定性的挑战最大。始终没有完全复苏的全球经济，以及政府间缺乏清晰的货币、财政和贸易政策协调，这些都会遏制相关贸易活动，进而提高经济增长的风险。中美经贸关系的波动也对全球贸易稳步回暖提出了挑战，特朗普政府对华启动301条款并实施贸易调查，短期内可能冲击不大，但是在中期内双边贸易摩擦则可能会增多。

自2017年开始，全球贸易发展形势好于往年。WTO在2017年9月预测2018年全球货物贸易量增速的区间为1.4%~4.4%，比2017年的预测区间更大一些，反映了全球经济与贸易增长中的不确定性。我们也应该看到，当前美联储不断加息的预期、收紧的财政政策以及贸易限制措施的增加，都会抑制未来两年全球贸易的增长势头。考虑到上述经济下行风险的集聚，同时也要避免被过于悲观的假设所束缚，我们认为，2018年全球货物贸易量增速会在3.0%左右。

参考文献

荷兰经济政策研究局（NBE）：《2017 年世界货物贸易监测各月数据》。

马涛、东艳：《构建积极的中美经贸关系》，《中国社会科学报》2017 年 9 月 11 日。

东艳、马涛：《中美经贸关系需在磨合中前行》，《学习时报》2017 年 8 月 28 日。

WTO，*Trade Statistics and Outlook*，12 April 2017 Press Release.

WTO，*Trade Statistics and Outlook*，21 September 2017 Press Release.

WTO，*World Trade Outlook Indicator*，7 August 2017.

Y.11

2017年国际金融形势回顾与展望

高海红　刘东民*

摘　要： 2016~2017年全球经济稳定复苏，但是受债务负担和经济结构调整缓慢困扰，尤其是政治因素等一系列不确定性以及货币政策常态化缓慢推进的影响，国际金融市场持续动荡。经济普遍复苏为发展中国家抵御外部金融风险提供了基本面的支撑。然而，国内信贷和债务负担、外汇市场汇率风险、贸易保护主义等给新兴和发展中国家金融稳定带来挑战。2017年国际金融市场受到一系列政治事件的冲击。这些冲击瞬间改变投资者对风险资产的定价。受经济基本面支撑，全球股市大幅度上扬。而在外汇市场，受特朗普执政的不确定性影响，美元对主要货币总体呈现贬值态势。展望未来，发达国家货币政策正常化的推进以及可能出现的新的加息势头，将对全球金融市场造成影响，新兴和发展中国家或迎来新一轮资本流出，金融稳定性再度受到冲击。

关键词： 国际金融风险　货币政策正常化　全球债券市场　全球股市
　　　　　外汇市场

在《2016年国际金融形势回顾与展望》中，我们认为继美联储首

---

* 高海红，中国社会科学院世界经济与政治研究所研究员，主要研究领域为国际金融；刘东民，中国社会科学院世界经济与政治研究所副研究员，主要研究领域为国际金融。

度加息之后，主要发达国家货币政策走向分化，中央银行资产负债规模继续膨胀，新兴市场金融脆弱性增加，全球金融市场持续动荡。2016年后期以及2017年上半期的国际金融形势变化基本印证了这一判断。本文首先分析2016~2017年国际金融市场变化的风险因素，然后分别分析国债市场、股票市场和外汇市场的走势、原因和对近期未来发展进行预测。

一 国际金融风险

2016~2017年全球经济稳定复苏，但是受债务负担和经济结构调整缓慢的困扰，尤其是政治因素变动等一系列不确定性以及货币政策正常化（normalization）缓慢推进的影响，国际金融市场动荡加剧，发达国家跨境信贷收缩，发展中国家资本流动风险加大。总体看，影响国际金融市场的主要因素和风险包括如下几个方面。

第一，全球货币政策保持分化，正常化进程缓慢。

2016年至2017年上半年，尽管全球经济复苏强劲，通胀总体有所抬头，劳动力市场出现偏紧势头，但大范围的货币收紧并没有出现。相反，主要国家货币政策持续分化。美联储于2015年12月将联邦基金利率调高至0.25%，率先结束了保持七年之久的低利率政策。随后，美联储又于2016年12月、2017年3月和6月三度加息，将名义联邦基金利率升至0.88%。然而，欧洲中央银行自2016年3月以来一直保持零利率政策不变，日本中央银行于2016年2月将基本贴现率降至-0.1%之后一直保持这一负利率水平（见图1）。根据国际清算银行统计，2016年新兴经济体国家名义政策利率平均水平为5.01%~5.69%，2017年1月至5月进一步降低至4.91%~4.98%。总体来看，全球货币政策仍处于宽松状态。进入2017年，全球经济复苏表现强劲，劳动力市场进一步改善，主要发达国家通胀率开始回升，平均通胀率从2016年第四季度的1.2%上升至2017年第一季度的1.94%。其中美国就业明显改善，通胀率在2017年第一季度达到了2%。比较而言，欧元区尽管基本上摆脱了通缩阴影，欧洲央行也对缓慢回升的通胀表现出了关注，但由于经济增长和劳动力市场条件差强人意，欧洲央行选择保持负利率政策，在宣布将其资产购买计划从原来的每月 800 亿欧元调低至 600 亿欧元的同时，将该计划延长至 2017 年 12 月。面对持续的通缩，日本央行在2016 年初强化了其质、量并举的宽松政策（QQE），随后在保持负利率和每年 80 万亿日元资产购买的同时，对长期收益率实施了目标管理，防止长期利率上升过快对经济造成损害。其他大部分发达经济体和新兴经济体也保持了原有的宽松货币政策。

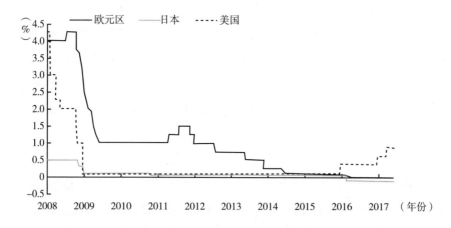

图 1　主要国家和经济体的政策利率走势

注：这里的政策利率分别指欧洲中央银行的再融资利率；美联储的基金利率；日本中央银行的基本贴现率。

资料来源：国际清算银行数据库。

本轮货币政策正常化主要围绕央行何时进行缩表，并摆脱零利率水平，以适当的节奏加息。这其中，时机选择尤其重要，而决定最佳时机的因素却比较复杂。比如，债券预期收益率可以作为市场指标，无通胀的自然利率可以作为理论指标，而实现特定人均实际增长目标的真实利率也可以作为政策指标。[①] 此外，央行资产负债表的膨胀规模和速度也是影响货币政策正常化

---

① 对货币政策正常化问题的系统分析详见 BIS，"87th Annual Report"，June 2017。

的重要因素。对于那些资产负债表大幅度膨胀的央行来说，何时、以何种节奏进行缩表，影响利率政策正常化的进程，因为从央行资产负债表的资产一端来看，过快和过大幅度缩表将通过银行储备金的变化对货币市场基金利率造成影响，从而干扰利率政策的调整。同时，央行缩表行动本身通过信号效应影响市场预期，对未来收益率的贴现预期以及金融条件产生影响，从而影响未来利率政策的路径。此外，随着央行调整甚至中止资产购买计划，央行手中到期的国债需要财政部发行的国债置换。以何种久期、何时进行置换则需要考虑国内财政状况，也要考虑政治压力。目前美联储已经开始缩表，但其进程十分缓慢。日本中央银行和欧洲中央银行仍在延长其资产购买，其资产负债表规模也在持续扩大。2017 年第一季度，两家央行资产规模占 GDP 的比重分别达到了 91.2% 和 37.95% 的创纪录水平（见图2）。

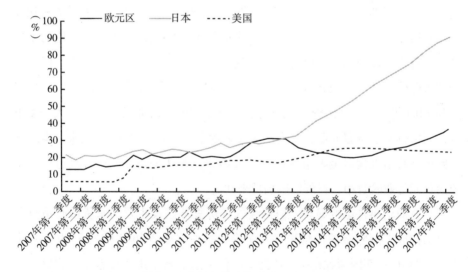

图 2　中央银行资产规模占 GDP 比重

资料来源：国际清算银行数据库。

实际上，各国央行在政策调整的时机选择上面临两难选择：如果过早收紧和幅度过大则抑制产出和阻碍实现通胀目标；如果过晚收紧和幅度不足则不利于对资产价格的抑制。对金融市场稳定性来说，央行政策变化的透明性以及与市场的有效沟通，会降低金融市场的过度反应。值得关注的是，全球

债务问题严重以及地缘政治风险的上升增加了政策调整的变数。但随着经济指标进一步改善，预计未来主要国家的利率收紧和央行缩表将同时进行，而且从总的趋势看，主要国家未来货币政策正常化将采取渐进和透明的原则。

第二，政治因素短期冲击显著，但市场总体受经济因素支撑。

从2016年后半期至2017年，金融市场受到一系列政治事件的冲击。这些冲击造成了投资者瞬间改变对风险资产定价、"避险"情绪使政治事件对市场信心的影响在短期内明显大于经济因素的影响。比如，2016年6月23日英国脱欧的公投结果对金融市场带来瞬间冲击，次日股价下跌了5%，英镑对美元也贬值了8%，同时也打断了本来受经济向好提振的国债市场，压低了政府长期收益率，因为这一事件增加了英国经济和政策条件的不确定性。再比如，2016年11月美国大选结果也造成股市瞬间跌落。但是因对新政府承诺降低公司税、增加基础设施支出和放松金融监管等措施的期待，标普500指数很快反弹，政府债券收益率也大幅度上升。而值得关注的是，由于新政实施的不确定性，特别是在短期难以区分受益和受损群体，股指中不同部门资产回报出现严重分化。这一现象在进入2017年之后更为显著。例如，将2017年1~5月与2016年8~12月比较，美国的电信行业和油气行业股价收益率大幅度下降，而银行和消费服务业股价收益率大幅度上升。进入2017年以来，中东和朝鲜地缘政治因素对金融市场产生巨大影响，尤其是朝核危机升级造成资金流向日元等避险货币，对外汇市场带来动荡。

尽管政治事件影响显著，但持续的经济复苏以及主要国家货币政策分化态势仍构成了国际金融市场走势的主导力量。比如2016年中期至2017年中期，美国10年期国债收益率总体处于高位，这反映了市场更看重美联储的利率调整和未来的通胀走势；德国10年期国债收益率走势有所反复，主要因市场对欧洲央行维持宽松货币的预期，但从2016年中期以来总体上也走出上升曲线；受日本低迷通胀预期和负利率政策影响，日本10年期国债收益率曾在2016年上半期落入负值区间，2017年以来基本恢复至接近10个基点的水平。与平缓上升的国债收益率相对应，2016年后期至2017年中期，外汇市场、债券市场、股票市场和大宗商品市场的波动率均有所下降，这表明国际投资者的风险溢价有所降低（见图3）。国际资本倾向高收益、高风险的市场，全球股市走势上扬。外汇市场在2016年后期受美国大选影响，投资者针对美元升值的风险溢价上升。而进入2017年，外汇市场风险溢价有所下降，外汇市场相对平稳。与此同时，全球信贷市场经历2016年上半年的低迷之后呈现活跃态势，以国际清算银行的全球流动性指标（GLIs）衡量的全球信贷条件有所改善，全球银行与非银行信贷增长都有所加速（见图4）。

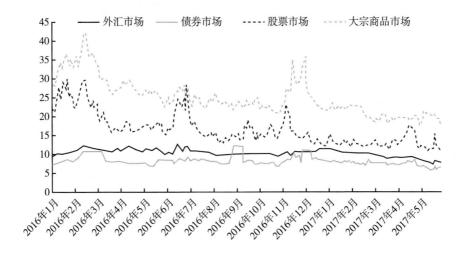

图3　主要市场隐含波动率

资料来源：国际清算银行数据库。

第三，新兴经济体融资活跃，但金融稳定面临挑战。

在经历2015年开始的普遍减速之后，2017年新兴经济体经济增长速度有所恢复，但恢复步伐不如发达经济体快，且在不同区域呈现多速复苏态势。根据国际货币基金组织统计，2016年新兴和发展中国家年增长率为4.3%，2017年预计达到4.5%，其中，亚洲保持年增长率为6.5%，高于欧洲、拉美、非洲和中东的新兴和发展中国家。在这一背景下，新兴和发展中国家跨境融资在经历2015年和2016年下滑之后，2017年有所恢复，跨境银行信贷的未偿额从2016年第四季度的3.49万亿美元增加到2017年第一季度的3.65万亿美元。其中，亚太新兴和发展中国家融资最为活跃，同

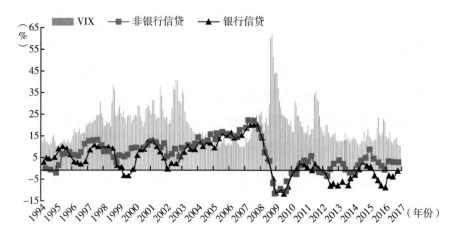

图 4　全球信贷市场年变动率

注：VIX 指芝加哥期权交易所市场隐含波动指数。本统计仅限于国际清算银行报告银行，仅限于国际银行的信贷。非银行信贷指银行对非银行的债权；银行信贷指银行对银行的债权。

资料来源：国际清算银行数据库 Global Liquidity Index，June 2017。

期增加了 0.14 万亿美元，达到 1.84 万亿美元。欧洲、中东和非洲地区融资也有所增加，拉美地区略有收缩（见图 5）。但从全球信贷流动来看，新兴

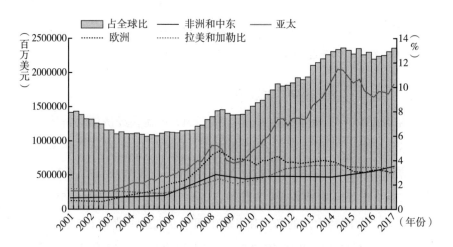

图 5　新兴和发展中国家跨境信贷

注：左轴代表跨境信贷未偿额；右轴表示新兴和发展中国家跨境信贷占全球的比例。
资料来源：国际清算银行数据库以及笔者计算。

和发展中国家仍只占全球的13%，发达国家占绝大部分比重。在全球负债证券融资市场，受美元走强以及贸易保护主义抬头等影响，2016年发展中国家经历了普遍的资本流出局面，进入2017年这一局面有所改善。尽管总的净融资额有小幅度收缩，但地区分布较不均匀，其中拉美和欧洲国家净融资额有所减少，但亚太国家的净融资额仍有大幅度增加（见图6）。

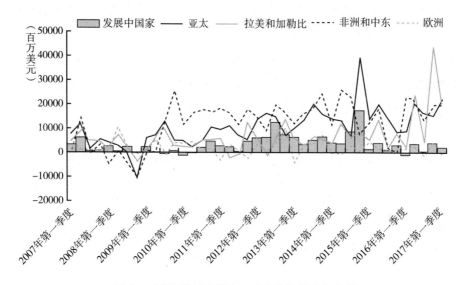

图6　新兴和发展中国家国际负债证券净发行额

资料来源：国际清算银行数据库以及笔者计算。

经济的普遍复苏为发展中国家抵御外部金融风险提供了基本面的支撑。然而，国内信贷和债务负担、外汇市场汇率风险、贸易保护主义以及政治和地缘冲突等因素，给新兴和发展中国家金融稳定带来挑战。首先，2016年以来大部分新兴经济体国内信贷扩张有所减缓，以地产价格和信贷增加为标志的金融上升周期开始出现缓和态势，但从信贷总体规模来看，仍预警金融脆弱性的存在。[1]

---

[1]　短期会造成反映中期风险的金融抑制（Financial stress），并伴随着信贷对 GDP 缺口（Credit－to－GDP gap）—非金融部门对其长期趋势的偏离程度的扩大。详见 BIS，"87th Annual Report"，June 2017。

其次，包括中国、巴西、印度、韩国和俄罗斯在内的国内债务进一步增加。从2007年至2016年，新兴经济体公司债年平均增长率高达19%。一些国家居民债务负担也大幅度增加。由于国内债务与银行体系健康状况有密切关联，同时对资产价格、投资和消费都会产生影响，高企的债务负担是多数新兴和发展中国家金融脆弱性的重要表现。再次，外汇市场变动给外币融资占比较高的国家带来风险。根据BIS的估计，从2009年至2016年，美国境外美元非银行信贷增加了50%，达到10.5万亿美元，其中新兴经济体美元信贷额达3.6万亿美元。美元一直以来是新兴和发展中国家外币融资的主要币种，至2017年第一季度，美元占外币融资比例高达80.57%（见图7）。在这种情况下，美元汇率变动以及美元计价的资本跨境流动对外部债务和国内金融稳定造成重要影响。而美元汇率深受美国货币政策正常化进程、特朗普税改、贸易保护主义以及美国政治和地缘冲突态度等不确定的影响，在2017年出现大幅度波动。最后，尽管新兴和发展中国家在过去多年积累了

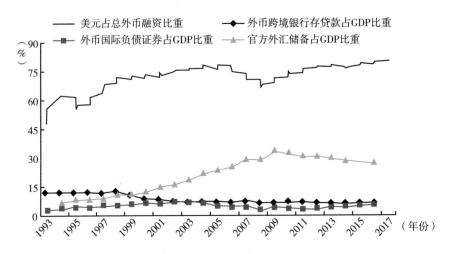

图7 新兴经济体和发展中国家跨境融资（外币）和官方储备

注：美元占总外币融资比重以未偿额计算得出，融资部门包括银行、其他金融机构、非金融机构和政府部门的外币融资，季度数据，期末数。

资料来源：国际清算银行数据库、国际清算银行87th Annual Report（1 April 2016 - 31 March 2017）以及笔者计算。

大量的外汇储备，成为抵御国际收支问题和金融危机的重要支撑，但全球金融危机以来，这些国家的外汇储备占 GDP 比重有所降低。

在未来一段时间内，美国加息提速将对新兴和发展中国家造成溢出性影响，或将形成新一轮的资本流出。当然，如果新兴和发展中国家能够保持持续的经济复苏，采取审慎的资本流动监管，实行更加灵活的汇率制度，有效平抑国内信贷扩张和抑制债务水平，以及顺利推进国内经济结构改革，则有助于化解资本外流造成的外部金融风险。

二 全球债券市场

（一）全球长期国债市场

在最近一年中，发达经济体长期国债市场表现出两个典型特征：一是发达国家国债市场变化继续呈现较高的同步性；二是欧元区和日本负收益率长期国债的规模显著下降。

从 2016 年 9 月初至 2017 年 8 月底，主要发达经济体的国债市场可以划分为四个阶段。第一阶段，从 2016 年 9 月至 2016 年 12 月中旬，长期国债收益率在波动中总体呈现上升趋势。这一阶段发达经济体的国债市场主要受欧元区经济整体复苏、美国经济基本面表现良好和美国大选的影响，市场加息预期增强，经济因素和政治因素一起推动美、英、德、日四国的 10 年期国债收益率在波动中不断提高，德、日两国 10 年期国债逐渐由负利率恢复至零以上水平。第二阶段，从 2016 年 12 月中旬到 2017 年 6 月中下旬，美、英两国经济增长数据不如预期，3 月美国通货膨胀率同比下降至 2.4%，4 月继续下降至 2.2%。此外，美国非农就业数据增长不断放缓。市场预期 2017 年美联储加息的次数将会降低。这一阶段美、英两国 10 年期国债收益率在震荡中小幅下降，而德国经济表现良好，推动其 10 年期国债收益率在波动中小幅上升。第三阶段，2017 年 6 月中旬至 2017 年 7 月初，由于美联储 6 月 14 日宣布将联邦基金利率目标区间上调至 1% ~ 1.25%，并将在

2017 年开始缩减资产负债表，导致国际市场对发达国家国债需求下降，美、英、德、日四国国债收益率在 2017 年 6 月下旬同时转入上升区间。第四阶段，2017 年 7 月初至今，由于美国通胀数据连续 4 个月表现疲弱，市场对美联储年内加息预期下降，美、英、德、日四国债券 10 年期收益率持续下跌。受到美国国债收益率下滑和朝鲜问题引发紧张局势的影响，日本 10 年期国债收益率自 2016 年 11 月中旬以来于 2017 年 9 月 8 日再次跌至负收益区间，为 -0.012%（见图 8）。

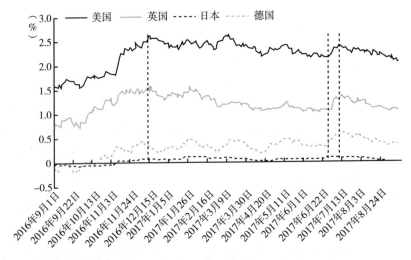

图 8　美国、德国、英国和日本四国的 10 年期国债收益率

资料来源：Wind 数据库。

2016 年，欧元区和日本的长期国债曾大规模地出现负收益率。随着 2017 年美联储加息和欧元区及日本的经济复苏，全球范围内负收益率债券数量不断减少，彭博巴克莱全球基准债券指数中负收益率债券的规模在 2017 年 6 月已降至 6.5 万亿美元，而在 2016 年 8 月，负收益率债券规模曾达到 13.4 万亿美元的峰值水平。但是，全球地缘政治风险和美国经济增长放缓又提高了市场对负利率债券的需求。根据摩根大通的研究统计，截至 2017 年 8 月全球负收益率国债的规模又攀升至 7.4 万亿美元，其中日本负收益率国债规模高达 4.6 亿美元，占总规模的 62%。可以看出，尽管国际市场上负收益率国债规模已经出现显著下降，但是全球经济和政治的不确定性使欧元区和日本的负收益率国债并不会迅速消失，未来的变化趋势尚不明朗。

自2016年11月特朗普总统竞选成功以来，美联储已经进行了三次加息，但由于美联储资产结构扭曲（长期国债和抵押支持债券占据主导地位）、久期较长，加息并没有使美国长期国债收益率上行，美国10年期国债收益率在8月下降了16个基点，创出2016年6月以来最大单月降幅。截至2017年9月5日，美国10年期国债收益率已经跌至2.05%，为2017年的最低水平，加息对美国长期利率的影响已经失效。美联储在6月的议息会议上公布了年内缩表计划，9月的货币政策会议再次确认缩表将于10月开始。缩表出售长期资产将会提升长期利率，中长期美国国债收益率有望上行，但上行幅度还取决于缩表速度、美国国内通货膨胀、经济增长等诸多因素。

与美国近一年来宏观经济增长遭遇压力不同，自2016年9月以来，欧元区整体经济复苏显著。2017年第二季度，欧元区GDP同比增长2.3%，达到2011年以来的最大增速。其中，法国、意大利、西班牙与希腊的GDP同比增速分别达到1.8%、1.6%、0.9%与0.8%。同时，欧元区失业率在2017年6月下降到9.1%，为2009年2月以来的最低水平。欧元区通胀稳定上升，居民消费价格调和指数HICP同比增速在2017年7月达到1.2%，这与2017年4月的1.2%一起，成为自2013年6月以来的新高。此外，欧元区制造业PMI持续改善，2017年8月欧元区制造业PMI终值为57.4，创下2011年4月以来的新高，其中奥地利与荷兰8月制造业PMI为78个月来最高水平，希腊8月制造业PMI增速为9年来最高水平。经济基本面数据良好，推动多数欧元区国家10年期国债收益率稳步上升。西班牙和意大利的10年期国债收益率从2016年9月的1%左右，分别爬升至2017年9月的1.5%和2%。法国的10年期国债收益率从0左右的低位一度爬升至1.14%。与上述3国债券变化趋势相反的是希腊，作为一度深陷债券危机并出现债务违约的国家，10年期国债收益率从9%的过高位降至5%左右，显示其宏观经济形势的好转（见图9）。2017年第四季度，预计欧洲央行有可能逐步缩减购债规模，欧元区国家长期国债收益率将维持上升势头。

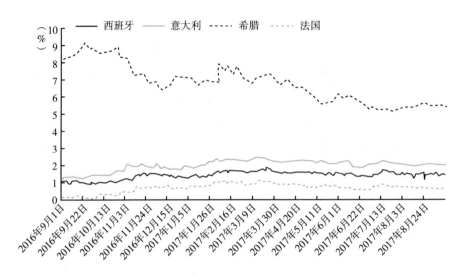

图9　南欧国家10年期国债收益率

资料来源：Wind数据库。

（二）国际负债证券市场

2016～2017年，发展中国家在国际负债证券市场上的份额小幅上涨，其未清偿余额占比有所增加，但是与发达经济体相比，仍然有巨大的差距。

从总量比较来看，截至2017年第一季度末，发展中国家未清偿余额占国际负债证券市场未清偿总额的12.01%，较2016年第四季度上涨0.18个百分点，比上年同期增长1.38个百分点，创历史新高。值得注意的是，净发行额的变化还显示出发达经济体复苏步伐加快，2016年第一季度至2017年第一季度，发达经济体国际负债证券净发行额累计高达5295亿美元，较2015年第一季度至2016年第一季度的3364亿美元有显著增长，同时远高于同期发展中国家的2935亿美元（见图10）。

从结构上看，一方面，尽管近年来发展中国家的债券市场取得了长足的进步，但金融机构债券和企业债券的发展仍有明显落后。2016年第一季度至2017年第一季度，发展中经济体金融机构和企业的国际负债证券净发行

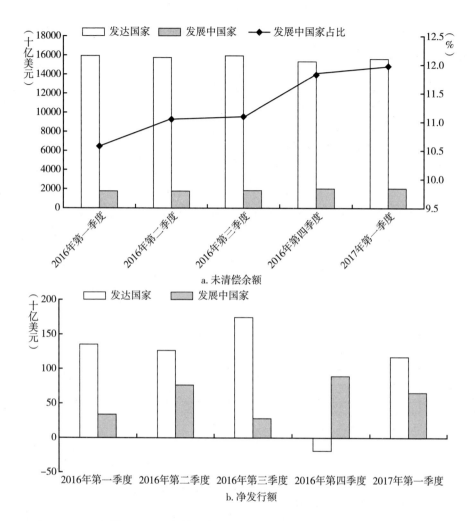

图10 国际负债证券市场的未清偿余额及净发行额

资料来源：国际清算银行数据库。

额分别668亿美元和484亿美元，与同期发达经济体3403亿美元和2392亿美元的规模相比有巨大差距。另一方面，发达国家的政府债务仍维持在较高水平，存在显著的去杠杆压力，自2016年第一季度至2017年第一季度，发达国家政府的国际负债证券净发行额为 –501 亿美元，远远落后于同期发展中国家1783亿美元的水平（见图11）。

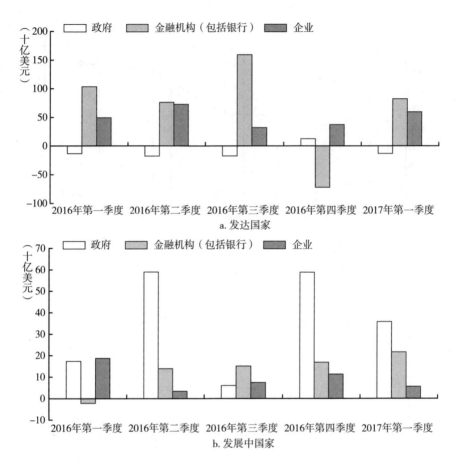

图11 分部门国际负债证券净发行额

资料来源：国际清算银行数据库。

三 全球股票市场

2017 年，由于全球经济复苏终于显露普遍稳定的迹象，且大多数国家投资者都对近期经济增长持相对积极态度，全球股市总体表现良好。欧盟政治风险下降、欧洲和日本经济复苏态势良好、美国经济数据第二季度高于预期、中国经济运行稳定且有向好趋势，这些因素给予了投资者信心，从而使全球股市普遍上涨。但是，股市繁荣在很大程度上还是得益于全球宽松的流动性。未来一段时期内，美国政治经济的不确定性、美联储缩表和加息的影响，都对全球股市的发展造成压力。

2016年，MSCI新兴市场股市指数止跌上扬8.58%，衡量发达国家股市状况的MSCI全球指数则上涨5.32%，新兴市场股市反弹明显，表现略好于发达国家；而截至2017年9月7日，MSCI新兴市场股市指数在本年度更是上涨了26.14%，明显高于发达国家市场11.91%的增长率，成为2010年以来新兴市场股市指数增长幅度最高的一年（见图12）。但是，美联储的缩表和加息进程，将对新兴市场股市产生压力。

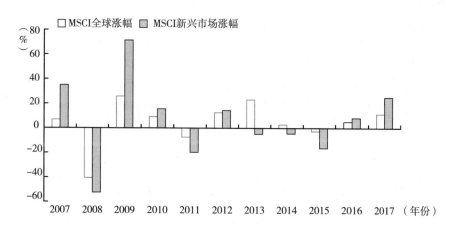

图12 发达国家与新兴市场国家股指增长率比较（截至2017年9月7日）

资料来源：Wind数据库。

截至2017年9月7日，在全球14个主要国家中，除去加拿大和俄罗斯，其他国家都在本年度实现了股票市场指数正增长，涨幅前5位的国家中有4个都是金砖国家。除俄罗斯外的新兴经济体股市在2017年整体表现亮眼。相比2016年，全球主要股市虽然最高增幅收窄，但是整体增长势头更平稳（见图13）。

在发达经济体中，法国和德国作为欧盟的核心，虽然欧洲政治风险以及其银行结构性风险并未消除，但是基于其经济复苏较为强劲，它们的股市依

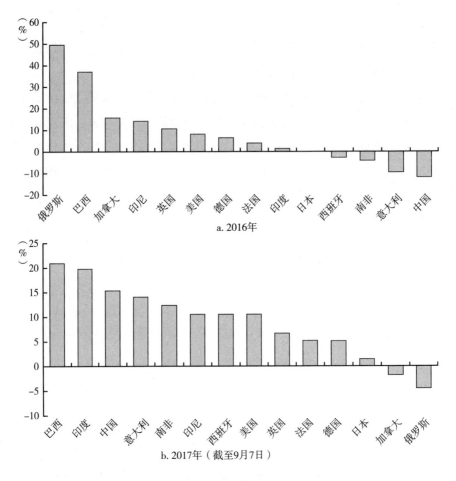

a. 2016年

b. 2017年（截至9月7日）

图13　全球主要股市 2016 年和 2017 年的增长率

资料来源：Wind 数据库。

然在 2017 年延续并扩大了 2016 年的涨势。受欧债危机影响，股市于 2016 年收跌的国家如西班牙和意大利，都重新获得了投资者的部分信心，在 2017 年涨幅超过 10%。未来欧洲若能保持强劲的经济复苏势头、有效改善银行结构性问题并强化对外经贸合作，整体股市上行空间较大。

美国股市从 2009 年 3 月以来，除 2016 年初的短期断崖式下跌外，一直保持强力的增长态势。截至 2017 年 9 月 10 日，标普 500 在本年累计上涨 9.94%，已经超过了 2016 年上涨 9.54% 的势头。虽然 2016 年美国 GDP 增长率仅为 1.5%，是自 2011 年的最低值，没能延续前三年 GDP 增速递增的趋势，但是这并没有影响美国股市自 2016 年 2 月触底反弹以来的持续上涨。再加上美国 2017 年第二季度经季调的不变价环比折年率 2.6% 的 GDP 增长高于预期，美国股市得到了进一步支撑。然而，美国股市未来能否维持上涨态势存在疑问。从负面因素来看，美国 8 月非农新增就业仅为 15.6 万，远不及预期，同时工资 0.1% 的环比增长率以及 2.5% 的同比增长率亦不及预期。美国南部面临飓风连续三次的袭击，对美国经济尤其是原油生产、工业生产造成了冲击。2017 年 9 月 22 日美国纽约联储将美国第三季度和第四季度 GDP 预期增长率分别下调至 1.56% 和 2.01%，比 9 月 1 日的预测下调了 0.61 个和 0.71 个百分点。特朗普改革前景的扑朔迷离、朝核问题的困境，都在更深层上给股市笼罩了阴影。由诺贝尔经济学奖得主、美国耶鲁大学教授罗伯特·席勒编制的标普 500 周期调整市盈率（席勒 PE）在 2017 年 9 月超过了 30 倍，历史上只有在 1929 年大萧条和 1997~2001 年席勒 PE 曾经超出 30 倍，这也表明美国股市风险较高。但是，从另一角度来看，美联储加息和缩表的进程，会吸引全球资金流向美国，对美国股市的上涨产生推动作用。因此，未来美国股市的走向，呈现很大的不确定性。

新兴经济体中，俄罗斯在 2016 年赢得全球股市涨幅头筹，但是因其经济结构还未能成功摆脱资源经济，又在政治上受到美国严重打压，股市发展的稳定性不足，在全球股市普遍收涨的 2017 年下跌近 5%，落到了垫底的位置。中国在全球经济加快复苏的背景下，经济基本面有所改善，人民币止跌回升，且"一带一路""金砖+"等倡议强化了国际合作，股市重拾信心，截至 2017 年 9 月 10 日上涨 15.52%。考虑到中国宏观审慎监管不断深化，资本市场改革步伐较为稳健，资金大量流入股市或受国际危机冲击严重破坏国内金融市场稳定的可能性都较低，未来一段时间股市平稳缓慢上行的概率较大。

四　全球外汇市场

2017 年的全球外汇市场，以美元终止为期约 5 年的持续上涨态势，以及人民币超出大部分人预期的对美元显著升值，作为最引人注目的两大特征。

2011年之后，美元出现了一轮上涨的态势，一直延续到2016年底。在此期间，欧债危机导致欧元区经济恶化，日本经济也一直萎靡不振，而美国经济数据总体上持续好转，美元指数从94.6攀升至127.7（见图14）。2017年，欧元区和日本经济复苏态势良好，朝鲜局势紧张，特朗普部分关键改革进展不顺利，美国在经济、外交、内政三方面面临的压力破坏了美元上升通道，致使美元指数持续下跌。短期来看，美联储缩表与加息、国内经济受飓风冲击结果评估、朝鲜问题能否破局和以税改为主的新政等事件，将一同对美元走势产生重要影响。2017年9月19～20日的美联储货币政策会议明确指出，10月将开展资产负债表的正常化。未来美联储缩表如果进展较快，将吸引全球资本流向美国，短期内可能推动美元重回上升通道。但是，缩表进程将受到诸多因素的影响，其进展速度的不确定性较高。长期来讲，美元要想保有强势地位，只能通过重新成为全球经济增长的引领者才能实现，这同样具有很高的不确定性。

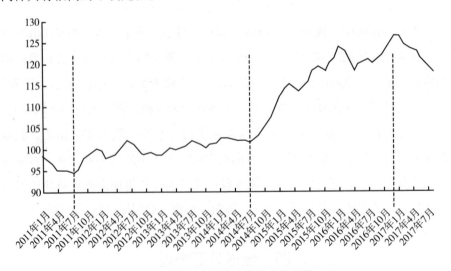

图14　名义广义美元指数变化趋势

资料来源：Wind。

从图 15 我们可以看出，2017 年美元兑主要货币均出现贬值，其中兑欧元汇率下跌幅度最大，超过 12%。欧元强势有明确的经济基础，德国与法国经济走强，此前陷入欧债危机的国家也逐渐加入全球经济复苏行列。不过对欧元影响更大的是欧洲政治风险逐渐化解，右翼极端势力对欧盟整体政治格局影响减弱，市场放弃此前对欧元区可能崩溃的担忧，资金重新回归，推动欧元升值。

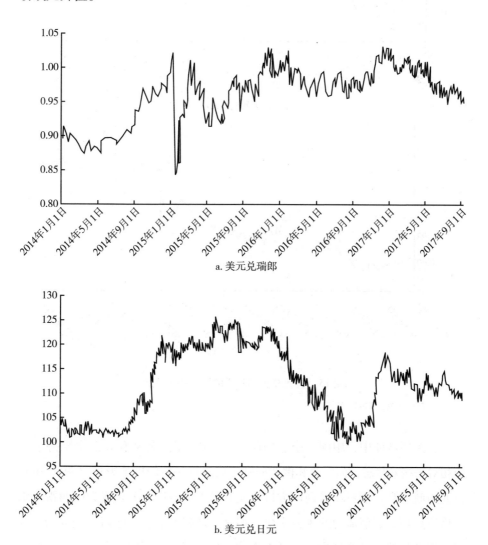

a. 美元兑瑞郎

b. 美元兑日元

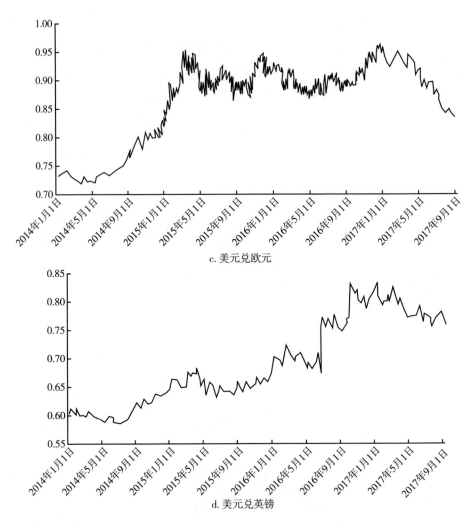

c. 美元兑欧元

d. 美元兑英镑

图15　美元兑主要货币的汇率变化趋势

资料来源：Wind。

　　新兴经济体中，中国、南非和印度在2017年的名义有效汇率维持了此前相对平缓的状态，而巴西和俄罗斯则先后出现一定幅度的贬值（见图16）。巴西内政混乱，俄罗斯受到西方世界尤其是美国打压，分别成为巴西雷亚尔和俄罗斯卢布贬值压力的主要来源。但是，从根本上看，巴西和俄罗斯未能脱离资源依赖型经济结构也是其汇率难以稳定的重要原因。印度近年来经济

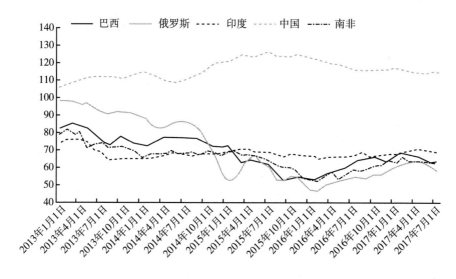

图16 金砖国家名义有效汇率变化趋势

资料来源：Wind。

增长的势头较好，未来印度卢比走势将取决于莫迪总理改革推行效果和美国缩表加息的进程。

从CFETS人民币汇率指数（通称的"篮子指数"）我们可以看出，自该指数诞生以来至2017年5月底，人民币总体上一直处于下行区间。而从2017年6月开始，尤其是进入8月以来，人民币反弹回升，其中美元兑人民币在2017年初达到最高位6.97，震荡到5月后人民币强势回升，于9月初一度升破6.5（见图17）。

2017年，随着全球经济逐步进入共同复苏而美国经济增长压力加大，美国在这一年相对于其他发达国家的经济增长优势显著减弱，特朗普施政的不确定性也削弱了国际社会对于美元的信心。中国2017年的经济数据好于预期，7月IMF上调中国增长预期标志着国际市场对于中国经济前景已持积极态度。严格管理换汇以及规范海外投资行为对于资本外流产生了显著抑制。中国央行于5月在CFETS指数中引入"逆周期因子"调整中间价机制，向市场传达了稳定人民币汇率的明确信息。上述因素推动人民币重新升值，尤其是对美元明显上调。

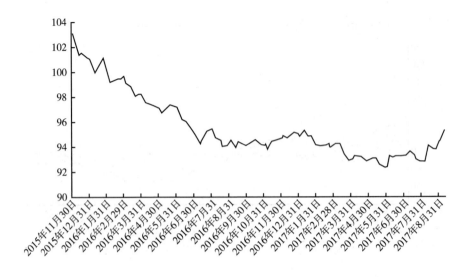

图 17　CFETS 人民币汇率指数变化趋势

资料来源：Wind。

由于美国还处在加息通道，且 10 月开始进行缩表，这一进程将对全球资本流入美国产生吸引力，美元未来具有一定的升值动力。而对于人民币而言，中国政府推动金融改革与金融开放的目标之一是让人民币实现双向浮动。因此，未来一段时期，人民币继续升值的概率较低。

五　小结与展望

2016～2017 年国际金融市场持续动荡。全球货币政策保持分化以及正常化进程缓慢推进是影响市场走势的重要因素。英国脱欧、特朗普执政以及地缘政治事件对金融市场所造成的短期冲击显著。而新兴市场和发展中国家经济的普遍复苏为其抵御外部金融风险提供了基本面的支撑。然而，国内信贷和债务负担、外汇市场汇率风险、贸易保护主义等对其金融稳定性带来挑战。2017 年发达经济体长期国债市场走势呈现同步性，欧元区和日本负收益率长期国债的规模显著下降。全球股市大幅度上扬。而在外汇市场，美元对主要货币总体呈现贬值态势。

展望未来，主要国家货币政策正常化渐次推进，利率政策也将缓慢步入上升通道。但金融市场对政策推出的时机和力度仍有疑虑，市场走势将深受政策动向影响。经济普遍复苏是未来金融市场走势的重要的基本面支撑。但是地缘政治因素、贸易保护主义等仍将对金融市场和资本流向产生显著冲击。在外汇市场，未来美联储缩表如果进展较快，将吸引全球资本流向美国，短期内可能推动美元重回上升通道。欧洲若能保持强劲的经济复苏势头，有效改善银行结构性问题则其股市具有上行空间。此外，在发达国家货币政策正常化的推进影响下，新兴和发展中国家或迎来新一轮资本流出，金融稳定性再度受到冲击。如果新兴和发展中国家能够保持持续的经济复苏，有效缓解国内金融脆弱性，以及妥善管理资本流动，则有助于化解资本外流造成的外部金融风险。

参考文献

高海红、刘东民：《2016 年国际金融形势回顾与展望》，载张宇燕主编《世界经济形势分析与预测》，社会科学文献出版社，2016。

BIS，"87th Annual Report"，June 2017.

BIS，"Global Liquidity Index"，June 2017.

Y.12
国际直接投资形势回顾与展望

摘　要： 2016 年国际直接投资（FDI）总额比 2015 年下降了 2%，但仍然达到全球金融危机以来的次高值。发达国家 FDI 流入延续了上一年增长的趋势，但发展中国家对外资的吸引力则有所下降，FDI 流入下滑到 2011 年以来的最低水平。采矿业国际投资有所回暖，但这主要是受到壳牌与 BG 集团之间 690 亿美元交易的影响，能否持续则在很大程度上取决于未来大宗商品的价格走势。整体而言，全球经济增长的加快和贸易规模的回升有助于提升跨国企业的国际投资活力，但地缘政治风险加剧和政策不确定性使全球外商直接投资的复苏非常微弱。

关键词： 国际直接投资　跨国兼并收购　采矿业　国有跨国企业

2008～2009 年全球金融危机以来，国际直接投资（FDI）复苏之路崎岖不平。在 2017 年度的报告中，联合国贸易和发展会议（以下简称"联合国贸发会议"）预计全球 FDI 流量在 2016 年下降 10%～15%。但实际降幅是 2%，大幅低于预期。这主要是由发达国家出现的几笔大额跨境并购交易造成的。

本文从投资区位、投资行业、投资者和投资政策的角度分析了国际直接投资的最新形势，并结合宏微观信息展望了国际直接投资的发展前景。

---

* 王碧珺，经济学博士，中国社会科学院世界经济与政治研究所副研究员，主要研究方向为国际投资。

一 发达国家强化优势，发展中国家表现欠佳

2016 年国际直接投资下降了 2%，达到 1.75 万亿美元（见图 1）。其中，发展中国家 FDI 流入大幅下降了 14%，达到 6460 亿美元，这是 2011 年以来的最低水平，成为拖累全球 FDI 的主要因素。而发达国家强化了在全球外商直接投资舞台上的优势，FDI 流入 1.03 万亿美元，同比增长了 5%，占全球比重达到 59%，比上年增加了 4 个百分点，达到 2007 年以来的最高值。转轨经济体 FDI 流入也取得了强劲增长，达到 680 亿美元，同比增幅达到 81%[①]。

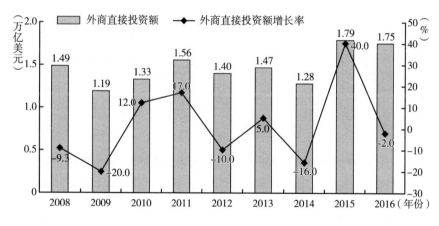

图 1　全球外商直接投资增长情况（2008~2016 年）

资料来源：笔者根据联合国贸发会议数据库整理（http://unctadstat.unctad.org/fdistatistics）。

1. FDI 流入：发达国家继续增长，发展中国家跌至 2011 年以来最低

发达国家 FDI 流入延续了 2015 年的增长趋势，但主要的增幅来自北美和其他发达国家，流向欧洲的 FDI 则有所减少（见图 2）。2016 年，北

---

① 转轨经济体主要是指东南欧、独联体国家和格鲁吉亚。

美和其他发达国家 FDI 流入分别比上年增长了 9% 和 168%，欧洲 FDI 流入则比上年下降了 6%。FDI 主要有股权投资、利润再投资和其他投资三种方式。发达国家 FDI 流入增长的主要驱动力是股权投资的增加。股权投资占比从 2013 年的 38% 增长到 2016 年的 74%，达到 2008 年以来的最高水平。

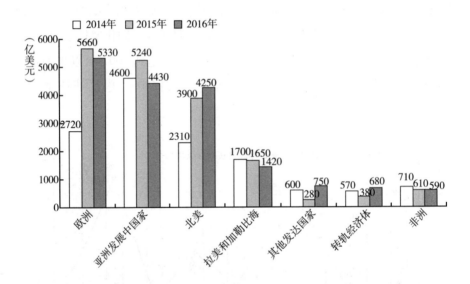

图 2　全球外商直接投资流入分区域情况（2014～2016 年）

资料来源：笔者根据联合国贸发会议数据库整理（http：//unctadstat.unctad.org/fdistatistics）。

股权投资比例的大幅上升反映了跨境并购交易非常活跃。2016 年，以发达国家为目的地的跨境并购交易额为 7940 亿美元，同比增幅达到 24%。其中，令人瞩目的交易包括全球领先的啤酒酿造商百威英博公司（比利时）1010 亿美元收购米勒酿酒公司（英国）、荷兰皇家壳牌公司（Royal Dutch Shell）690 亿美元收购英国石油和天然气勘探公司 BG 集团、以色列梯瓦制药工业有限公司 390 亿美元收购美国艾尔建公司非专利药部门以及日本软银集团 320 亿美元收购英国安谋国际科技公司等。

转轨经济体 FDI 流入扭转了过去两年的下降状况，在 2016 年强劲增长了 79%，达到 680 亿美元。这主要是由俄罗斯国有资产私有化以及哈萨克斯坦采矿业投资流入造成的。

与发达国家和转轨经济体 FDI 流入增长形成鲜明对比，发展中国家 FDI 流入则在疲弱的大宗商品价格和放缓的经济增长等不利因素影响下降到 2011 年以来的最低水平。其中，跨境兼并收购大幅下降了 18%；绿地投资尽管增长了 12%，但主要是由集中在少数国家的大型项目贡献的，绝大部分发展中国家绿地投资都有所下降。

2. FDI 流出：全球普跌，中国亮眼

对外直接投资（FDI 流出）普遍下跌。其中，发达国家下跌了 11%，达到 1 万亿美元；发展中国家下跌了 1%，达到 3830 亿美元；转轨经济体下跌了 22%，达到 250 亿美元。发达国家跨国企业仍然是对外直接投资的主体，全球占比虽然比 2015 年的 74% 有所降低，但依然达到 72%。

在发达国家内部，欧洲曾在 2015 年表现亮眼，对外直接投资占了全球总额的 40%，但在 2016 年收缩明显，同比下降了 23%，达到 5150 亿美元。这主要是受到爱尔兰、瑞士和德国三国拖累，三者对外直接投资分别比上年下降了 73%、71% 和 63%。尽管欧洲对外直接投资整体降幅明显，但是某些大型跨国公司期望寻求新的利润增长点，积极开展跨国并购，这使欧洲跨国并购强劲增长了 40%，达到 4350 亿美元。若剔除了包括百威英博—米勒、壳牌—BG 等巨无霸型交易后，欧洲的跨国并购实际上还下降了 15%。美国虽然仍然稳坐对外直接投资全球第一把交椅，但其跨境并购大幅下降了 39%，只有 780 亿美元。其中一部分原因是美国政府加大对那些以避税为目的的反转交易（Inversion Deals）的打击。

发展中国家内部分化加剧。中国对外直接投资表现亮眼，比上年增长了 44%，达到 1830 亿美元，成为仅次于美国的全球第二大对外直接投资国和资本净输出国（见表 1）。拉美和加勒比海地区对外直接投资则巨幅下降了 98%，只有不到 8 亿美元，这是该地区 1988 年以来的最低值。其中两个大国，巴西和墨西哥净撤资，对外直接投资为负数。

表1　2016年全球前20大FDI参与国（地区）

单位：亿美元

FDI 流入				FDI 流出			
排名	参与国（地区）	2015 年	2016 年	排名	参与国（地区）	2015 年	2016 年
1	美国（1）	3480	3910	1	美国（1）	3030	2990
2	英国（14）	330	2540	2	中国（5）	1280	1830
3	中国（4）	1360	1340	3	荷兰（3）	1380	1740
4	中国香港（3）	1740	1080	4	日本（4）	1290	1450
5	荷兰（7）	690	920	5	加拿大（9）	670	660
6	新加坡（5）	710	620	6	中国香港（8）	720	620
7	巴西（8）	640	590	7	法国（12）	440	570
8	澳大利亚（16）	190	480	8	爱尔兰（2）	1660	450
9	印度（10）	440	440	9	西班牙（11）	440	420
10	俄罗斯（25）	120	380	10	德国（7）	930	350
11	加拿大（11）	420	340	11	卢森堡（10）	500	320
12	比利时（15）	210	330	12	瑞士（6）	1040	310
13	意大利（17）	190	290	13	韩国（17）	240	270
14	法国（9）	470	280	14	俄罗斯（15）	270	270
15	卢森堡（21）	160	270	15	新加坡（13）	310	240
16	墨西哥（13）	330	270	16	瑞典（21）	150	230
17	爱尔兰（2）	1880	220	17	意大利（18）	200	230
18	瑞典（38）	60	200	18	芬兰（186）	-160	230
19	西班牙（24）	120	190	19	比利时（14）	300	180
20	安哥拉（20）	160	140	20	中国台湾（22）	150	180

注：括号中为2015年的排名。

资料来源：笔者根据2017年UNCTAD的数据整理。

二　采矿业回暖，服务业掺杂水分

1. 壳牌—BG交易推动采矿业国际投资回暖

近几年来，大宗商品价格低迷严重影响了采矿业国际投资。采矿业投资占全行业比重由2009～2011年的22%（跨境并购）、9%（绿地投资）下降到2012～2015年的4.5%（跨境并购）、5%（绿地投资）。这尤其对部分非洲、拉美和西亚等国的经济带来不利影响。在这些地区，采矿业FDI存量占比高达 20%～30%。

2016 年采矿业国际投资有所回暖，跨境并购和绿地投资在全行业比重分别比上年增加了 5 个百分点和 3 个百分点（见图 3）。而这主要是由石油和天然气（简称"油气"）行业贡献的。该行业跨境并购比上年增长了 281%，

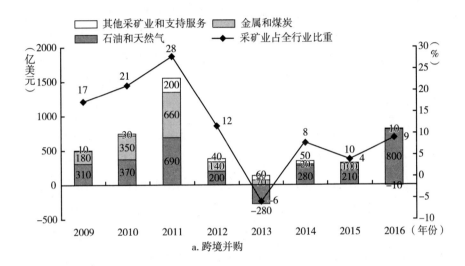

a. 跨境并购

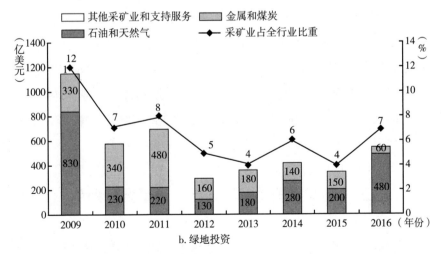

b. 绿地投资

图 3 采矿业跨境并购和绿地投资规模和占全行业比重（2009～2016 年）

资料来源：跨境并购数据来源于联合国贸发会议数据库（http：//unctadstat. unctad. org/fdistatistics），绿地投资数据来自 fDi Markets（www. fDimarkets. com）。

达到800亿美元；绿地投资比上年增长了140%，达到480亿美元。油气行业国际投资的增加主要受两方面因素推动。一是油气价格回升提高了投资吸引力。2016年原油全年上涨了40%，天然气上涨了63%。二是壳牌—BG交易的推动。荷兰皇家壳牌公司收购英国石油和天然气勘探公司BG集团，该笔交易金额690亿美元，占当年全部油气行业跨境并购的86%。

2. 第一产业①和制造业跨国企业52%的海外子公司被归类为服务业企业

服务业是国际直接投资第一大行业。截至2015年底，服务业FDI存量占比达到68%，而制造业和第一产业占比分别为26%和6%。在服务业内部，占比最大的是金融服务业，占全球服务业FDI存量的62%。

尽管服务业占比增加是全球经济发展的普遍现象，但服务业FDI数据中有诸多水分，使服务业FDI占比虚高。在FDI数据统计中，国外子公司的行业分类是依据子公司从事的经济活动，而不是母公司所属的行业。在被归类于服务业的FDI中，有相当一部分从事的服务是商务服务业，执行的主要职能是控股公司、区域总部；还有一部分从事的服务是主业配套的服务，例如行政、财务、采购、分销、物流、售后、研发等，而其母公司实际属于第一产业或制造业。

联合国贸发会议（UNCTAD）考察了属于第一产业和制造业的跨国公司在海外超过15000个子公司，发现其中52%被归类于服务业。其中，43%属于批发和零售贸易、19%属于金融和保险服务、13%属于研发和技术服务、7%属于行政和支持服务，以及5%属于信息和通信服务。这些子公司虽然从事的是服务业务，但其主要作为一个功能部门服务于属于第一产业或制造业的跨国集团。将这类子公司划分到服务业尚值得商榷。

三 国有跨国企业扮演越来越重要的角色

国有跨国企业指的是那些政府是最大股东、持股比例高于10%，或者即使不是最大股东但对于企业重大战略性决策拥有否决能力（黄金股）的跨国

---

① 主要包括农林牧渔业和采矿业。

企业。这些企业在数量上较少，例如只有 1.5%（1500 家）的跨国企业是国有跨国企业，但是它们一般规模较大。例如全球规模前 100 的非金融跨国企业中 15 家、发展中和转轨经济体规模前 100 的跨国企业中 41 家都是国有跨国企业。

从国有跨国企业的母国分布来看，超过半数总部位于发展中国家，还有超过 1/4（400 家）位于欧盟。而在 2016 年全球规模前 25 的非金融国有跨国企业中，一半以上（17 家，占 68%）来自发达国家，主要也是欧盟国家。其中，拥有数目最多的国家是法国，有法国电力公司、苏伊士环能、空客、法国电信、法国雷诺公司和标致雪铁龙 6 家企业。拥有数目次多的是中国，有中海油、中国远洋运输集团、五矿集团和中国建筑工程总公司 4 家企业（见表 2）。在全球规模前 25 的金融国有跨国企业中，拥有数目最多的是中国，有 9 家企业入围。尽管超过半数国有跨国企业来自发展中国家，但它们的海外子公司有相当一部分位于发达国家。以亚洲国有跨国企业为例，其海外子公司第一大目的地是欧盟（23%），第二大目的地是美国（10%）。

表 2　2016 年规模前 25 的国有跨国企业

单位：%

序号	非金融类跨国企业				金融类跨国企业			
	公司名	母国	行业	国有股比重	公司名	母国	行业	国有股比重
1	大众集团	德国	汽车	20	中国工商银行	中国	商业银行	34.6
2	国家电力公司	意大利	电力	23.6	中国建设银行	中国	商业银行	57
3	埃尼公司	意大利	石油	25.8	中国农业银行	中国	商业银行	40
4	德国电信	德国	电信	17.4	日本邮政	日本	保险	80.5
5	法国电力公司	法国	电力	84.6	中国银行	中国	商业银行	64
6	苏伊士环能	法国	电力	32	交通银行	中国	商业银行	26.5
7	挪威国家石油	挪威	石油	67	苏格兰皇家银行	英国	银行	71.9
8	中海油	中国	石油	100	中国招商银行	中国	商业银行	26.8
9	空客	法国	航空	11.1	上海浦东发展银行	中国	商业银行	20
10	法国电信	法国	电信	13.5	平安保险	中国	保险	32.2
11	日本电报电话公司	日本	电信	32.4	德国商业银行	德国	商业银行	15

续表

序号	非金融类跨国企业				金融类跨国企业			
	公司名	母国	行业	国有股比重	公司名	母国	行业	国有股比重
12	法国雷诺公司	法国	汽车	15	巴西银行	巴西	商业银行	65.6
13	马来西亚石油	马来西亚	石油	60.6	中国人寿	中国	保险	100
14	中国远洋运输集团	中国	运输	100	印度国家银行	印度	商业银行	61.2
15	淡水河谷	巴西	采矿	黄金股	法国国家人寿保险	法国	保险	40.9
16	五矿集团	中国	采矿	100	联邦储蓄银行	俄罗斯	储蓄机构	52.3
17	国际石油开发株式会社	日本	石油	19	荷兰银行	荷兰	商业银行	70.1
18	德国邮政	德国	运输	24.9	印度人寿保险	印度	保险	100
19	日本烟草	日本	烟草	33.4	挪威银行	挪威	银行	34
20	奥地利石油天然气集团	奥地利	石油	31.5	巴登伍腾堡邦银行	德国	信贷机构	25
21	沙特基础工业公司	沙特	化工	70	友利银行	韩国	商业银行	51.1
22	中国建筑工程总公司	中国	建筑	100	比利时德克夏银行	比利时	银行	50
23	瑞典瀑布能源公司	瑞典	电力	100	俄罗斯外贸银行	俄罗斯	商业银行	47.2
24	标致雪铁龙	法国	汽车	13.7	韩国企业银行	韩国	商业银行	51.8
25	石油和天然气公司	印度	采矿	68.9	卡塔尔国家银行	卡塔尔	商业银行	50

资料来源：笔者根据 2017 年 UNCTAD 的数据整理。

　　从行业分布上来看，超过一半国有跨国企业主要分布在五大行业：金融、保险和房地产（18%），电力、燃气和水的供应业（10%），交通运输业（10%），控股公司（7%）以及采矿业（6%）。这反映出一国政府希望加强对资源能源和关键性基础设施的控制。此外，还有一部分国有跨国企业的形成是由于 2008～2009 年全球金融危机中的政府救市行为。对于这类国有跨国企业而言，政府持股并不是为了长期的战略性目的，而是出于拯救企业免于在金融危机中破产。一旦企业经营情况好转，政府就会撤资。例如在 2013 年底，美国财政部已售出所持全部通用汽车普通股，通用汽车为期四年半的政府持股模式正式结束。

由于国有股份的存在，国有跨国企业的行为容易引起东道国的疑虑。尽管有的母国出于担心对本国就业率的不利影响而对该国国有跨国企业的海外投资行为并不十分支持（例如意大利）或持中立的态度，但仍然有不少东道国担心国有跨国企业国际化背后涉及的威胁国家安全、带来不公平竞争、交易的不透明和公司治理的不完善等多方面的问题。

四 国别投资政策：加强对外国投资者的限制和监管

2016 年，涉及外商直接投资的国别政策变化达到了 2006 年以来的最高值。至少有 58 个国家和经济体进行了 124 项涉及外商直接投资的政策变化，比 2015 年的 49 个国家 99 项政策变化分别增加了 18.37% 和 25.25%。

在 2016 年的 124 项政策变化中，针对外国投资者的新增限制性政策变化占比显著提高。从这 124 项政策变化的组成来看，84 项涉及投资自由化和促进措施，22 项施加了新的投资限制性和监管政策，余下 18 项是中性的政策。不包括中性的政策，投资自由化和促进措施的占比下降到 79%，显著低于 21 世纪初期 90% 以上的比例（见图4）。与此同时，限制性和监管政策占比不断上升，在 2016 年达到 21%。在某些国家和地区，针对外资并购行为的监管框架有加强的趋势。例如，德国、法国和意大利已经联合建议欧盟采取措施，阻止或限制来自非欧盟成员国的投资行为，目的是要求对方能对等开放市场以及保护欧盟企业的竞争优势。

外国投资者的新增限制性政策措施主要表现了东道国监管当局以下两方面的考虑。一是不希望将国内战略性资产出售给外国投资者。例如，澳大利亚要求外资并购国内的部分基础设施必须得到政府批准。二是不希望影响本国企业的竞争优势或导致国内就业显著减少。例如，印度尼西亚规定外资在电子支付服务业的股权比例不得超过 20%。

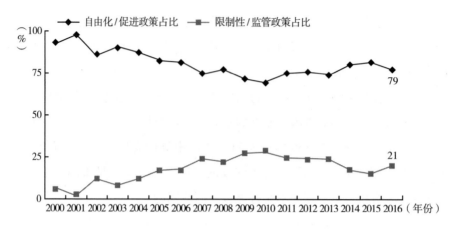

图4 国别投资政策变化（2000～2016年）

资料来源：联合国贸发会议数据库（http：//unctadstat. unctad. org/fdistatistics）。

2016年，至少涉及7笔、价值1679亿美元的外资并购交易在政府的反对声中被迫终止（见表3）。从行业上来看，主要涉及的行业是以医药、半导体和电子为代表的高科技制造业。此外，电信业和食品行业也各有一笔交易因为政府监管因素而终止。从涉及的国家来看，施加反对的国家绝大部分是发达国家（主要是美国，其后是德国、法国等欧盟国家）；而受到冲击的第一大国是中国，7笔因监管因素终止的代表性并购交易中有3笔来自中国投资者。从政府反对的原因来看，最大的原因（7笔中有3笔）是担心外资并购威胁自身国家安全，这全部针对的是中国投资者在高科技制造业领域的并购行为。其他的原因还包括担心影响市场竞争、限制企业通过反转交易进行避税等。

表3 2016年因为监管因素终止的代表性并购交易

序号	投资企业	母国	标的企业	东道国	行业	终止原因
1	福建芯片投资基金	中国	爱思强（AIXTRON）	德国	半导体和机械	德国经济和能源部担心威胁国家安全
2	金沙江基金	中国	飞利浦旗下Lumileds	美国	LED生产与汽车照明	美国外资投资委员会担心威胁国家安全
3	厦门三安集成电路	中国	全球通信半导体公司（GCS）	美国	电子、芯片	美国外资投资委员会担心威胁国家安全

续表

序号	投资企业	母国	标的企业	东道国	行业	终止原因
4	薇诗曼（Visma）	挪威	佛特诺克斯（Fortnox）	瑞典	制造业	瑞典当局担心影响市场竞争
5	阿尔迪斯（Altice）	荷兰	SFR集团	法国	电信运营	法国当局出于审慎的目的
6	艾尔建（Allergan）	爱尔兰	辉瑞（Pfizer）	美国	医药	美国当局限制以避税为目的的反转交易
7	土展局全球创投	马来西亚	中羚控股	中国	食用油制造	马来西亚国内审批过程中终止

资料来源：笔者根据2017年UNCTAD的数据整理。

五 国际投资协定：强调投资的可持续性

2016年全球共达成37个国际投资协定（International Investment Agreements，IIAs），其中双边投资协定（Bilateral Investment Treaties，BITs）30个，其他国际投资协定（TIPs）7个①，另有26个IIAs生效。从存量上来看，截至2016年底全球共有3324个IIAs，其中89%是BITs。

与此同时，部分国家单方面退出、重新评估所签订的国际投资协定的行为对国际投资政策体系带来了一些挑战。从2016年1月到2017年4月，至少有19个IIAs终止生效，其中绝大部分（16个）是由单方面宣布终止的。最为活跃的终止国是印度尼西亚（涉及11个IIAs）和印度（涉及7个IIAs）。此外，美国宣布将全方位重新评估其签署的所有双边和多边投资协定。

国际投资协定发展的一个重要方向在于强调投资的可持续性。在2016年全球新签订的37个IIAs中，可以得到18个协定文本（15个BITs和3个TIPs）。在这18个IIAs中，11个都明确强调不能为了吸引投资而降低健康、安全和环境标准。此外，为了尽量避免投资仲裁和保留监管空间，有16个

---

① 其他国际投资协定是指除了双边投资协定之外的其他涉及投资相关条款的经济协定。

IIAs 都不包括保护伞条款。

从时间趋势上比较近几年签订的 BITs（2011 年以来）和早期签订的 BITs（2010 年之前），可以发现协定内容发生了极大的变化（见表4）。第一个变化是更强调负责任的投资。在 2010 年之前，只有 8% 的 IIAs 在序言部分会强调要保护健康、安全、劳工权利、环境和可持续发展，而 2011 年以来，这一比例达到了 56%。除了在序言部分关于负责任投资的抽象表述外，在 2016 年全球新签订的部分 IIAs 中对于负责任的投资有了更为具体的要求。例如，摩洛哥—尼日利亚 BIT 要求投资者在投资前要通过环境评估审查，并就潜在投资可能造成的社会影响进行评估。而巴西—秘鲁经济和贸易扩张协议（Economic and Trade Expansion Agreements，简称 ETEA）鼓励投资者为当地的经济、社会和环境发展，自生能力建设，人力资本形成等做贡献。

表4　国际投资协定的内容变迁

单位：%

条约规定	早期 BITs （1959～2010 年）（2432）	近年 BITs （2011～2016 年）（110）
序文部分 保护健康、安全、劳工权利、环境和可持续发展	8	56
所涉投资的定义 专门说明不包含财务投资、主权债务或者其他基于商业合同的财务诉求	4	39
所涉投资者的定义 包括"利益拒绝"条款	5	58
最惠国待遇 明确说明该待遇不适用于其他 IIAs 的投资者—国家争端解决（Investor – State Dispute Settlement，简称 ISDS）条款	2	45
公平和公正条款 指的是在国际习惯法（Customary International Law）中的最低标准	1	29
间接征收 明确说明哪些构成/不构成间接征收	5	42

续表

条约规定	早期 BITs （1959～2010 年）(2432)	近来 BITs （2011～2016 年）(110)
资金自由调拨	18	74
包含了例外情况：国际收支困难或国内执法期间		
公共政策例外	7	43
包含一般的例外情况：例如为了保护人类、动物或 植物的生命和健康，为了保护可耗尽的自然资源等		

资料来源：笔者根据 2017 年 UNCTAD 的数据整理。

第二个变化是保留了更多的监管空间。例如，2011 年以来的 BITs 中 74% 都包含了资金自由调拨的例外情况，即如果东道国面临国际收支困难或者投资项目涉及东道国尚未完结的法律诉讼，则投资者不享有资金自由调拨的自由，此外，还有 43% 的 BITs 包含了公共政策的一般例外情况。而这两个比例在 2010 年之前的 BIT 里只分别为 18% 和 7%。第三个变化是不断细化和明确协定内容。例如，明确所涉投资和间接征收的定义和内容等。

六　前景展望

全球经济增长的加快和贸易规模的回升有助于提升跨国企业的国际投资活动，促进全球外商直接投资的复苏。全球经济增长有望在 2017 年达到 2.7%，比 2016 年 2.2% 的增长提高 0.5 个百分点。在发达国家中，美国经济继续向好，欧洲和日本也进入经济复苏周期。在发展中国家里，中国经济企稳回升，大宗商品（尤其是石油价格）回升带动了自然资源出口型经济体的经济扩张。全球经济增长的加快和大宗商品价格的小幅上涨对于跨国企业的利润水平带来正面影响，提高了企业进行国际投资的资金实力。

但地缘政治风险加剧和政策不确定性使全球外商直接投资的复苏非常微弱。在发达国家，英国脱欧、美国退出 TPP 并重新协商 NAFTA 以及欧洲大选等因素都增加了国际投资的不确定性。在发展中国家，全球利率水平的上升增加了国际融资成本，而部分发展中国家货币贬值带来以美元计价的公司债务偿付压力明显加大。在以上两方面因素的作用下，联合国贸发会议预计全球FDI流量在2017年小幅增长5%，达到1.8万亿美元。而中国对外直接投资在连续数十年高速增长后，由于政府加大真实性和合规性审查，将在2017年首次出现明显下降。

从企业微观角度来看，2017～2019年企业FDI支出倾向有所增加，对于全球外商直接投资活动较为乐观（见图5）。大部分跨国企业高管，尤其是那些来自发达经济体的，在未来三年里预计增加FDI支出。同时，与2016年相比，另一个显著变化来自第一产业的FDI支出意向。在经历了过去两年艰难的投资削减后，自然资源行业的跨国企业，尤其是那些来自石油行业的，倾向于在接下来两年里增加FDI支出。企业FDI支出倾向增加的主要原因在于对亚洲发展中经济体和美国宏观经济状况看好，以及受到技术进步和数字经济的推动；而地缘政治的不确定性、恐怖主义、汇率波动以及贸易协定的变化，使部分跨国企业仍然倾向于减少FDI支出（见图6）。

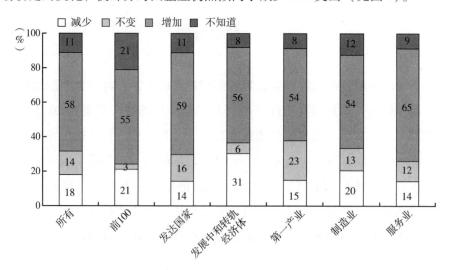

图5 跨国企业高管2017～2019年FDI支出意向

资料来源：笔者根据2017年UNCTAD的数据整理。

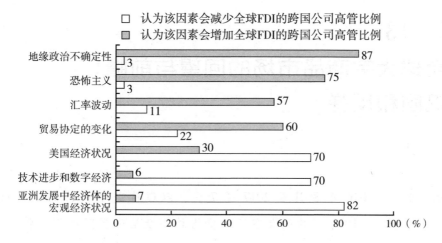

图 6 跨国企业高管 2017 ~ 2019 年 FDI 支出意向

资料来源：笔者根据 2017 年 UNCTAD 的数据整理。

参考文献

王碧珺：《国际直接投资形式回顾与展望》，载张宇燕主编《2017 年世界经济形势分析与预测》，社会科学文献出版社，2017。

United Nations, *World Economic Situation and Prospects 2017*, New York: United Nations, 2017.

UNCTAD, *World Investment Report* 2016: *Investor Nationality*: *Policy Challenges*, New York and Geneva: United Nations Conference on Trade and Development, 2016.

UNCTAD, *World Investment Report* 2017: *Investment and the Digital Economy*, New York and Geneva: United Nations Conference on Trade and Development, 2016.

Y.13
全球大宗商品市场的回望与前瞻：
巩固和反弹

王永中*

摘 要： 2016 年 8 月至 2017 年 7 月，以现价美元和特别提款权（SDR）计价的大宗商品价格总指数呈现震荡巩固的特征。在经过一个先升后降的过程后，价格总水平基本维持不变；但农业原料、矿石与金属、原油的价格指数分别上涨了 4.3%、19.1%、7.6%，食品价格指数下跌了 9.3%。受经济结构调整、过剩产能淘汰和经济增速下滑的影响，中国 2016 年进口 18 种大宗商品的价值为 3229 亿美元，比上年下降 9.3%，约占全球进口总额的 21.0%，下跌 0.4 个百分点。2017~2018 年，世界经济回暖将导致大宗商品需求增速加快，而大宗商品供给受投资不足的制约，大宗商品价格预计进入稳定反弹通道。大宗商品价格在 2017 年下半年将有望迎来一波稳定的反弹行情，在 2018 年将可能继续波动上行。原油平均价格在 2017 年第四季度将预期涨至 53 美元/桶左右，2018 年有可能进一步反弹至 57 美元/桶左右。

关键词： 大宗商品市场 需求 供给 价格

---

* 王永中，经济学博士，中国社会科学院世界经济与政治研究所研究员，主要研究领域为国际经济学。

一 大宗商品市场总体状况

2016 年以来，在需求上升和供给下降的共同作用下，绝大部分大宗商品价格指数迎来了一波较为稳定的反弹行情。2016 年下半年至 2017 年上半年，全球大宗商品市场处于震荡巩固的状态。从大宗商品价格运行方向的角度看，可划分为三个阶段：2016 年 8 月至 2017 年 2 月属于第一阶段，价格稳定上行；2017 年 2～6 月，价格显著下行；2017 年 7 月，价格出现反弹，基本与上年同期持平。在大宗商品价格体系中，最受关注的是原油价格，2016 年第四季度原油均价为 49.1 美元/桶，2017 年前 9 个月，原油均价约为 50.8 美元/桶。这一结果与我们上期报告的预测，既有一致之处，也有不一致地方（王永中，2016）。我们准确地预测了大宗商品价格指数仅有小幅反弹，原油价格在 2017 年将会出现上涨。预测错误的地方体现在：一是没有预期到大宗商品价格在 2017 年初的较大幅度下跌；二是低估了 OPEC 减产协议对国际原油市场价格的短期影响力；三是在需求和供给两端均高估了导致 2017 年原油价格上涨驱动因素的作用。

2016 年 8 月至 2017 年 7 月，以现价美元和特别提款权（SDR）计价的大宗商品价格指数呈现震荡巩固的态势，先分别由期初的 206.5、195.2 升至 2017 年 2 月的 219.5、214.2 的阶段性高点，上涨率分别为 6.3%、9.7%，后下调至 2017 年 6 月的 203.5、194.5，跌幅分别为 7.3%、9.2%，2017 年 7 月分别反弹至 207.3、196.5，与期初的水平基本持平，但较 2011 年 2 月的峰值水平下跌了 37.1%、29.6%（见图 1）。

2016 年 8 月至 2017 年 7 月，不同类型大宗商品价格指数的走势出现分化，农业原料、矿石与金属、原油等类别的大宗商品价格指数震荡上行，而食品价格指数波动下跌（见图 2）。食品价格指数在 2017 年 7 月跌至 200.5，比 2011 年 2 月的峰值水平下跌了 31.3%，比上年同期下降了 9.3%。在过去的一年中，食品价格指数先稳步下降至 2016 年底的 204.4，旋即反弹至

图1　大宗商品价格指数

注：2000 年的价格指数为 100。

资料来源：UNCATD STAT。

2017 年 2 月的 212.7 的阶段性高点，随后下探至 4 月的 198.4，下跌幅度达 6.7%，后缓慢回升至 200 点左右的水平。

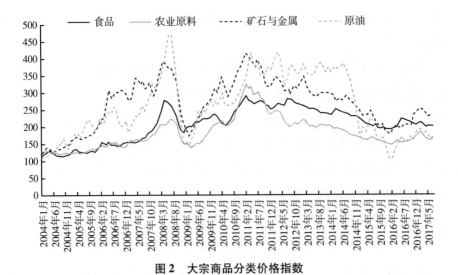

图2　大宗商品分类价格指数

注：2000 年的价格指数为 100；原油价格指数为英国布伦特轻质原油、迪拜重质原油和西德克萨斯中质原油的价格的平均指数，三种原油的权重相等。

资料来源：UNCATD STAT。

2017 年 7 月，农业原料的价格指数为 163.8，相较于 2011 年 2 月的峰值水平下跌了 49.7%，但比上年同期小幅反弹了 4.3%。2016 年 8 月至 2017 年 7 月，农业原料价格指数走出了一波先涨后跌的行情，先由期初的 156.1 攀升至 2017 年 2 月 182.6 的阶段性高点，上涨了 17.0%，但随后下跌至 6 月的 160.1，下跌幅度达 12.3%。

2017 年 7 月，矿石与金属价格指数为 245.2，相比 2011 年 2 月的峰值水平下跌了 41.3%，但比上年同期反弹了 19.1%。2016 年 8 月至 2017 年 7 月，矿石与金属价格指数呈现快速上扬态势，由期初的 206.7 快速攀升至 2017 年 2 月 254 的阶段性高点，上涨幅度达 22.9%，随后虽有所下滑，但下跌幅度不大，7 月又反弹至 245 的较高点位。

2017 年 9 月 8 日，伦敦金属交易所纯度为 99.5% 的标准金下午定盘价跌至 1346 美元/盎司，与 2016 年 7 月末的价格水平基本持平，相比 2011 年 9 月 5 日的峰值价位 1895 美元/盎司下跌了 29.0%。黄金价格走出了一波大幅震荡行情，先由 2016 年 8 月的 1349.7 美元/盎司降至 2016 年 12 月 12 日的 1156.1 美元/盎司，下降幅度为 14.3%，而 2017 年初以来，呈波动上行态势并稳步回升至 1345 美元/盎司。黄金均价在经历了四年的持续下降之后，在 2016 年实现了大幅反弹，而在 2017 年前 9 个月有小幅回调。如图 3 所示，黄金均价先由 2015 年的 1160.2 美元/盎司大幅反弹至 2016 年的 1250.8 美元/盎司，上涨幅度达 7.8%，而在 2017 年前 9 个月微幅下调至 1247.0 美元/盎司，跌幅为 0.3%。

铁矿石价格在 2017 年出现大幅波动。天津港进口的铁矿石到岸价格，由 2017 年 3 月的阶段性高位 87.43 美元/干吨降至 6 月的 57.1 美元/干吨，降幅达 34.7%，7 月虽反弹至 66.77 美元/干吨，但仍比上年 12 月的价格下降了 16.7%。造成铁矿石价格下跌的原因主要有：一是中国钢铁产业过剩、房地产行业发展受到抑制和银行信贷紧缩，导致中国对铁矿石需求的增长速度显著放缓；二是美国特朗普政府虽提出加大基础设施投资力度的计划，但鉴于美国的铁矿石需求较小，不会对铁矿石市场产生明显的影响；三是铁矿石供给增加，目前低成本铁矿石供应量已达 1.8 亿吨，存在明显的供给过剩问题，预计未来四年内铁矿石价格将维持低位（IMF，2017a）。

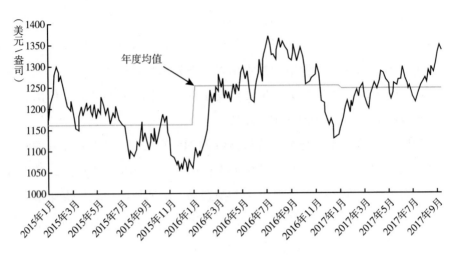

图3　伦敦金属交易所黄金的下午定盘价

资料来源：CEIC。

原油价格指数在 2017 年 2 月小幅反弹至 168.9，比 2011 年 2 月的峰值水平下跌 51.2%，但比上年同期高出了 7.6%。在过去的一年中，原油价格指数也呈现前涨后跌的走势。OPEC 和一些非 OPEC 产油国达成减产协议，以及全球石油库存的下降，导致原油价格指数先由 2016 年 8 月的 157 升至 2017 年 2 月的 192.6，涨幅达 22.7%。随后，原油价格指数有所下跌，降至 6 月的 163.5 点，跌幅为 15.1%。原因在于：一是投资者质疑沙特和俄罗斯执行减产协议的意愿；二是美国石油库存持续居高不下；三是美国页岩气产能的强劲复苏。

从 2017 年前 9 个月的情况看，原油价格总体上呈现震荡下行的态势。2017 年 9 月上旬，布伦特轻质原油的现货价格和 WTI 库欣中质原油的均价约为 50.9 美元/桶，比上年同期上涨 10.3%，但低于 2016 年末 2017 年期初的水平约 8%。原油价格由 2017 年 1 月 5 日的高点 55.3 美元/桶下探至 6 月 21 日的低点 43.7 美元/桶，下跌幅度高达 21.1%，后回调至 9 月 7 日的 51.8 美元/桶，反弹幅度为 18.6%。如图 4 所示，2017 年前 9 个月的原油价格为 50.8 美元/桶，与 2015 年的均价 51.2 美元/桶接近，比 2016 年的平均价位上涨了 14.7%。

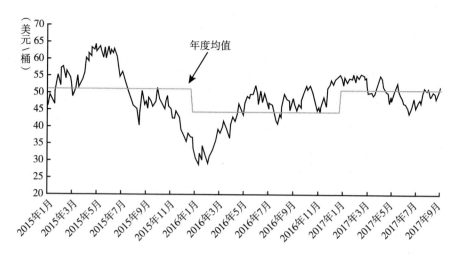

图4 原油现货价格

注：原油现货价格为英国布伦特轻质原油和西德克萨斯轻质原油的现货价格的平均数，二者的权重相等。

资料来源：CEIC。

天然气价格在2016年跌至谷底，在2017年第一季度实现大幅反弹，但随后维持小幅走跌的态势。2016年，天然气的平均价格指数为56.6，分别相当于2014年、2015年的平均价格水平的50.7%、77.3%。2017年第一季度，受欧洲和亚洲的天然气需求强劲增长，以及天然气供给趋紧的影响，天然气平均价格指数反弹至68.5，比2016年的平均水平大幅上涨了21%，但相对于2014年、2015年的价格水平，仍分别下跌了38.7%、6.4%。2017年8月，天然气的平均价格指数为65.6，相比较于上一季度、上个月的平均水平分别下降3.5%、1.2%（见表1）。由于管道运输和地缘政治等因素的存在，全球尚未形成一个统一的天然气市场，以日本液化气价格为基准的东亚天然气价格长期高于美国、欧洲，即所谓的"亚洲溢价"现象。对表1中的数据简单计算可以看出，2014年以来，随着天然气供给趋于宽松和市场价格下跌，日本LNG价格与美国、欧洲的价格的相对差距有所缩小，日本价格与欧洲价格的比值由2014年的1.60降至2017年的1.52，与美国价格的比值由2014年3.67大幅降至2017年的2.76。

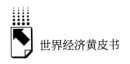

表 1 天然气的价格及价格指数

单位：美元/百万英热单位

指标	年度平均			季度平均		月度平均		
	2014 年	2015 年	2016 年	2017 年第一季度	2017 年第二季度	2017 年6 月	2017 年7 月	2017 年8 月
价格指数	111.7	73.2	56.6	68.5	68	67	66.4	65.6
欧洲价格	10.05	7.26	4.56	5.7	5.33	5.41	5.21	5.28
美国价格	4.37	2.61	2.49	2.99	3.05	2.94	2.96	2.88
日本 LNG 价格	16.04	10.22	6.89	7.69	8.33	8.3	8.3	8.3

注：2010 年的天然气价格指数为 100。

资料来源：World Bank Commodities Price Data（The Pink Sheet）。

二 石油的实际供需状况

目前，随着世界经济的回暖，全球石油需求增长有所加快。2015 年、2016 年全球石油平均日需求量分别为 9480 万桶、9610 万桶，增速依次为 1.72%、1.37%。2017 年上半年，全球石油平均日需求量达 9695 万桶，比 2016 年增长了 0.88%（见表 2）。根据国际能源署的预测，在全球经济复苏的带动下，2017 年全球石油日均需求的增长量预计为 150 万桶，比 2016 年多增加 20 万桶，2018 年日均需求增长量小幅回落至 140 万桶，从而 2017 年、2018 年全球石油平均日需求量将分别达 9760 万桶、9900 万桶①，年均增速依次为 1.56%、1.43%（IEA，2017a）。另据国际能源署 2017 年 9 月发布的最新《石油市场月报》（Oil Market Report），全球石油需求增长在 2017 年第二季度增长强劲，日均石油需求量比 2016 年全年增长 230 万桶，

① 国际能源署运用新的能源统计方法，对包括中国、印度在内的非 OECD 国家 2015 年以来的能源需求进行估计，引起全球的石油需求量数据下调。2015～2018 年，全球日均石油需求预测量依次下调 20 万桶、42.5 万桶、33 万桶和 37 万桶。不过，2017～2018 年的石油需求增长率仅有微小的变化。

年增长率达 2.4%；2017 年日均石油需求增长量将升至 160 万桶（IEA，2017b)[①]。

表2 世界石油供需状况

单位：百万桶/天

地区	2015年	2016年	2017年第一季度	2017年第二季度	2017年第三季度	2017年第四季度	2017年	2018年
需求								
OECD	46.4	46.9	46.9	46.6	47.5	47.6	47.1	47.2
美洲	24.6	24.7	24.5	24.8	25.2	25.1	24.9	25.0
欧洲	13.8	14.0	13.9	14.1	14.5	14.3	14.2	14.2
亚洲大洋洲	8.1	8.1	8.6	7.7	7.7	8.3	8.1	8.0
非OECD	48.4	49.3	49.6	50.9	50.4	51.0	50.5	51.8
前苏联	4.5	4.8	4.6	4.8	5.0	5.0	4.8	4.9
欧洲	0.7	0.7	0.7	0.7	0.7	0.7	0.7	0.7
亚洲	24.0	24.8	25.7	26.2	25.1	26.1	25.8	26.6
中国	11.6	11.9	12.5	12.7	12.0	12.4	12.4	12.7
拉美	6.7	6.6	6.5	6.6	6.8	6.7	6.6	6.7
中东	8.4	8.3	7.9	8.4	8.7	8.4	8.3	8.5
非洲	4.1	4.1	4.3	4.3	4.1	4.2	4.2	4.3
总需求	94.8	96.1	96.5	97.4	97.9	98.7	97.6	99.0
供给								
OECD	23.9	23.4	24.0	23.6	23.9	24.5	24.0	25.2
美洲	20.0	19.4	20.0	19.8	20.1	20.5	20.1	21.2
欧洲	3.5	3.5	3.7	3.5	3.3	3.6	3.5	3.6
亚洲大洋洲	0.5	0.4	0.4	0.4	0.4	0.4	0.4	0.4
非OECD	29.8	29.4	29.5	29.3	29.4	29.4	29.4	29.6
前苏联	14.0	14.2	14.4	14.3	14.3	14.4	14.4	14.4
欧洲	0.1	0.1	0.1	0.1	0.1	0.1	0.1	0.1
亚洲	7.7	7.6	7.5	7.5	7.4	7.2	7.4	7.2
中国	4.3	4.0	4.0	4.0	3.9	3.8	3.9	3.8
拉美	4.6	4.5	4.6	4.5	4.6	4.6	4.6	4.8

---

① 国际能源署经常对历史数据进行调整更新，因此不同期的《石油市场月报》的统计数据存在不一致。

续表

地区	2015 年	2016 年	2017 年第一季度	2017 年第二季度	2017 年第三季度	2017 年第四季度	2017 年	2018 年
中东	1.3	1.3	1.2	1.2	1.2	1.2	1.2	1.2
非洲	1.8	1.7	1.7	1.7	1.7	1.7	1.7	1.8
OPEC	38.4	39.6	38.9	39.2	—	—	—	—
原油	31.8	32.8	32.1	32.3	—	—	—	—
总供给	96.6	97.0	96.7	97.0	—	—	—	—
供需缺口	1.8	0.9	0.2	-0.4	—	—	—	—

资料来源：国际能源署（IEA），*Oil Market Report*，August 2017。

在美国和欧洲的驱动下，OECD[①] 石油需求的增长继续强于预期，不过，哈维、艾玛飓风将对美国 2017 年第三季度的石油需求增长产生负面影响（IEA，2017b）。2016 年、2017 年上半年，OECD 国家的石油日需求量分别为 4690 万桶、4675 万桶，比上年分别增加了 50 万桶、-15 万桶，预计 2017 年第三、四季度的石油日需求增加量分别为 60 万桶、70 万桶，而 2015 年日需求增加量为 10 万桶。在 OECD 国家中，美洲和欧洲是主要的需求驱动者。美洲、欧洲发达国家的石油日均需求增加量在 2016 年分别为 10 万桶、20 万桶，在 2017 年第一季度分别为 -20 万桶、-10 万桶，在第二季度均为 10 万桶，在第三季度预计均为 50 万桶。

全球石油需求增长主要由新兴经济体驱动，亚洲国家需求的强劲增长和独联体需求的稳定上升，有效弥补了拉丁美洲需求的小幅下降和非洲需求增长的停滞。非 OECD 国家石油需求增长的主力是中国和印度。如表 2 所示，2016 年、2017 年上半年，非 OECD 国家的石油日均需求量分别为 4930 万桶、5025 万桶，相比上年依次增加了 90 万桶、95 万桶，而 2015 年日需求增加量为 120 万桶。2017 年，非 OECD 国家的石油需求总体上呈现加速增长的态势，第一、二季度的日需求增量分别为 30 万桶、160 万桶，而第三、

---

① 拉脱维亚最近成为 OECD 的新成员国。2017 年 8 月的《石油市场月报》已将拉脱维亚纳入统计范围。

四季度的增量预计分别为 110 万桶、170 万桶。其中，中国近年来经济增速虽有所放慢，但原油需求增长仍然强劲。2016 年和 2017 年上半年，中国石油日均需求量依次为 1190 万桶和 1260 万桶，比上年分别增加 30 万桶、70 万桶，而 2017 年第三、四季度预计将分别增加 10 万桶、50 万桶。

2016 年下半年以来，全球石油供给增长速度明显趋缓，甚至出现了负增长。如表 2 所示，2016 年全球日均石油供给量达 9700 万桶，比 2015 年增加 40 万桶，而 2015 年日均石油供给增加量达 280 万桶，供给过剩量由上年的 180 万桶下降至 90 万桶。2017 年第一季度，全球日均石油供给量为 9670 万桶，比 2016 年减少 30 万桶，供给过剩量下降至 20 万桶。2017 年第二季度的原油产量与 2016 年持平，由供给过剩变为供给短缺，短缺量为 40 万桶。

对表 2 数据的简单测算发现，2016 年，全球石油供给增长全部来源于 OPEC 和前苏联地区（俄罗斯、哈萨克斯坦），其他地区的石油供给均呈下降状态。其中，OPEC、前苏联地区的日均产量分别增加 120 万桶、20 万桶，而美洲、拉美、亚洲和非洲地区的日均产量分别下降 60 万桶、10 万桶、10 万桶、10 万桶。2017 年上半年，全球石油日均产量下降 15 万桶，其中，美洲、前苏联地区、欧洲发达国家、拉美的石油供给增长量分别为 50 万桶、15 万桶、10 万桶、5 万桶，而 OPEC 和亚洲的产量分别下降 55 万桶、10 万桶。显然，美洲等地的原油产量上升不能抵消 OPEC 原油产量的减少。

未来，若 OPEC 减产协议①得以延长，全球石油供给是否实现增长将完全取决于于美洲和前苏联地区。在 2017 年第三、四季度，美洲日均石油供给量将分别增长 70 万桶、110 万桶，前苏联地区的日均石油供给量将分别上升 10 万桶、20 万桶，拉美的日均石油供给量将各增长 10 万桶，而亚洲的日均石油供给量预计将分别下降 20 万桶、40 万桶，其中中国的日均石油供给量将分别下降 10 万桶、20 万桶。2018 年，美洲的日均石油产量预计将

---

① OPEC 减产协议的期限是到 2018 年 3 月底。沙特和俄罗斯宣布支持延长 OPEC 牵头的减产协议 9 个月。OPEC 下次会议会在 2017 年 11 月 30 日举行，届时该组织和包括俄罗斯在内的其他产油国决定是否延长减产协议。目前，投资者普遍预计 OPEC 牵头的减产协议可能会延长，这将会抵消美国原油产量上升的影响。

增加 110 万桶，独联体、拉美地区的原油供应预计增加 20 万桶，而亚洲的石油供应将减少 20 万桶，其中中国的石油供应将减少 10 万桶。

三 中国需求

中国是全球大宗商品市场最主要的需求者。近年来，中国经济增长的减速和过剩产能的调整，使中国对全球大宗商品需求的增长步伐显著放慢，导致大宗商品供给相对过剩①。就表 3 所列的 18 种主要大宗商品而言，中国在 2016 年的进口额为 3229 亿美元，比上年下降 9.3%，约占上述商品全球进口价值总额的 21.0%，比 2015 年的进口份额下跌 0.4 个百分点。

值得指出的是，中国进口的大宗商品价值量的下降，既有大宗商品价格下跌的因素，又有进口商品绝对数量减少的因素。事实上，2016 年中国进口的大宗商品绝对数量有增有减。就图 5 中的 12 种大宗商品而言，中国 2016 年的总进口数量比上年增加了 11434 万吨，增长了 7.5%，其中，铁矿石、原油、原木、铜矿石、大豆和稻谷的进口量分别增加 7090 万吨、4574 万吨、271 万吨、366 万吨、214 万吨、18 万吨，而铝矿石、镍矿石、氧化铝等的进口量依次下降了 424 万吨、315 万吨、163 万吨。

表 3 中国大宗商品进口规模及占全球的份额

商品	2016 年进口规模		2016 年中国进口的份额（%）		中国进口份额变化（百分点）（与 2015 年的差额）	
	价值(亿美元)	数量(万吨)	价值	数量	价值	数量
谷　　物	57	—	7.3	—	-4.3	—
稻　　谷	16	353	11.7	14.1	2.3	1.9
大　　豆	340	8391	65.8	67.0	-0.8	-0.2
橡　　胶	34	250	27.3	28.7	-2.2	-3.2

---

① 2016 年以来，中国的周期性行业有一波明显的反弹，经济增速有所加快，产能过剩得到明显缓解，预计中国 2017 年的大宗商品进口量特别是进口数量（重量）将可能会出现正增长。

续表

商品	2016 年进口规模		2016 年中国进口的份额（%）		中国进口份额变化（百分点）（与 2015 年的差额）	
	价值（亿美元）	数量（万吨）	价值	数量	价值	数量
原 木	81	4210	54.7	50.0	2.0	3.8
羊 毛	31	—	27.6	—	-2.1	—
棉 花	77	—	23.2	—	-7.8	—
钢 铁	169	—	6.3	—	0.0	—
铁 矿 石	580	102395	69.4	70.2	0.5	-1.5
铜及制品	333	—	29.1	—	-1.9	—
铜 矿 石	209	1696	48.5	52.6	1.8	2.7
铝及制品	59	—	4.4	—	-0.4	—
铝 矿 石	25	5174	64.7	65.2	5.0	5.4
氧 化 铝	9	303	8.5	8.5	-6.8	-7.1
铅 矿 石	15	141	25.7	44.8	-18.2	-20.0
锌 矿 石	13	200	17.0	18.8	-12.8	-13.8
镍 矿 石	15	3211	60.1	79.5	-8.9	-2.7
原 油	1167	38101	18.0	17.8	-0.1	0.3
合 计	3229	—	21.0	—	-0.4	—

注：表中产品名称均为对应的海关 HS 分类名称的简称，对应的代码分别为：谷物 10、稻谷 1006、大豆 1201、橡胶 4001、原木 4403、羊毛 51、棉花 52、钢铁 72、铁矿石 2601、铜及制品 74、铜矿石 2603、铝及制品 76、铝矿石 2606、氧化铝 281820、铅矿石 2607、锌矿石 2608、镍矿石 2604、原油 270900。

资料来源：联合国 COMTRADE 数据库。

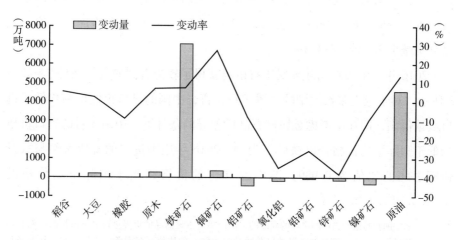

图 5　2016 年中国进口的大宗商品数量的变动

资料来源：联合国 COMTRADE 数据库和笔者的计算。

中国是全球金属与矿石原料最主要的需求者，中国进口的镍矿石、铁矿石、铝矿石和铜矿石的价值总额占全球进口规模的份额达到甚至超过 50%。中国进口规模最大的金属矿石品种是铁矿石。2016 年，中国进口的铁矿石规模为 580 亿美元，与上年 578.7 亿美元的进口规模基本持平，进口数量达 10.2 亿吨，比上年增长 7.4%。2016 年中国铁矿石进口的价值、数量份额分别由 2015 年的 68.9%、71.7% 变为 69.4%、70.2%。

中国进口铜及制品的规模仅次于铁矿石。2016 年，中国进口的铜及制品的价值额为 333 亿美元，较上年进口规模下降 18.8%，占全球进口份额由 31.0% 降至 29.1%。中国 2016 年进口的铜矿石规模达 209 亿美元，进口数量规模为 1696 万吨，分别比上年增长 7.7%、27.5%，占世界进口的价值、数量份额分别由上年的 46.7%、49.9% 升至 48.5%、52.6%。2016 年，中国的镍矿石进口价值为 15 亿美元，进口数量为 3211 万吨，比上年进口量分别大幅下降 43.6%、8.9%，占全球镍矿石进口的价值、数量份额由上年的 69.0%、82.2% 降至 60.1%、79.5%。

除铁矿石、铜矿石外，中国 2016 年对其他金属与矿石原料的进口价值和数量相比上年均出现明显下降。其中，铝及制品的进口价值下跌了 14.9%；氧化铝的进口价值和数量分别大幅下降了 44.8%、35.0%；铅矿石的进口价值、数量分别下跌了 28.2%、25.8%；锌矿石的进口价值、数量分别减少 35.3%、38.3%。

2016 年，中国在国际金属矿石市场获得了较为有利的贸易条件①。如表 3 所示，对于绝大多数类型的金属矿石而言，中国的进口价值份额均低于进口数量份额，即在不考虑金属矿石品质差异的条件下，中国支付的进口价格均低于国际平均价格。以铁矿石为例，2016 年中国进口的价值份额与数量份额之间的比值为 0.989，即中国支付的价格相当于国际市场价格的

① 本文的贸易条件指中国进口的商品的价值份额（占该商品的世界进口总价值量的比例）与数量份额（占该商品的世界进口总数量的比例）的比值。在不考虑商品品质差异的条件下，若价值份额与数量份额的比值大于 1，说明中国支付的进口商品的价格较高，进口贸易条件不利，反之，若比值小于 1，则中国支付的进口商品价格较低，进口贸易条件有利。

98.9%。2013～2015年，中国进口铁矿石的价值份额与数量份额的比值依次为0.97、0.96、0.96。因此，中国在铁矿石贸易条件方面持续获得小幅优惠。

作为土地资源相对稀缺的国家，中国对大豆等农作物和木材资源有着巨大的需求。2016年，中国进口大豆的价值为340亿美元，比上年下降2.6%，进口重量达8391万吨，增长2.6%，占全球大豆进口的价值、数量份额分别为65.8%、67.0%。中国在国际大豆市场获得了较为优惠的贸易条件，2015～2016年中国大豆进口的价值份额与数量份额的平均比值为0.987。

2016年，中国进口原木的价值量为81亿美元，比上年增加0.5亿美元，进口数量为4210万吨，比上年增长了6.9%，占全球原木进口的价值、数量份额分别上升2个和3.8个百分点，分别达54.7%和50%。中国在国际原木市场一直面临不利的贸易条件，价值份额长期高于数量份额，2015年和2016年的平均比值为1.117。这可能与中国消费者对高品质原木的偏好密切相关，如红木等。

2016年，中国棉花进口77亿美元，比上年减少25.6亿美元，占全球棉花进口份额由31.0%降至23.2%。中国2016年稻谷进口16亿美元，重量为353万吨，比上年有明显增加，占全球稻谷进口的价值、数量份额分别上升2.3个和1.9个百分点，达11.7%和14.1%。2016年，中国的橡胶、羊毛的进口价值下降明显，占全球进口价值份额也有所下跌。

原油是中国进口规模最大的大宗商品。中国进口原油的数量逐年增长，占世界石油进口份额不断上升。2016年，中国进口原油1167亿美元，比上年减少173亿美元，但进口数量比上年增加4574万吨，达38101万吨，占全球石油进口的价值、数量份额分别为18.0%和17.8%，与上年相比，价值份额下降0.1个百分点，数量份额上升0.3个百分点。

目前，中国的原油进口总量略低于美国，原油净进口量已超过美国。页岩气革命将会使美国能源独立的步伐加快，中国将很快全面超越美国成为最大的原油进口国。2016年，中国总体上超越美国成为最大的石油进口国。

尽管中国的总进口量尚比美国低 432 万吨，但总进口价值比美国多 86 亿美元，净进口数量比美国多 1916 万吨，净进口价值比美国多 160 亿美元（见表 4）。2015~2016 年，中国原油进口的价值份额与数量份额的平均比例为 1.023，表明中国进口的原油价格稍高于国际平均水平。

表 4　美国、中国的原油进口规模比较

单位：万吨、亿美元

年份	美国				中国			
	进口		净进口		进口		净进口	
	数量	价值	数量	价值	数量	价值	数量	价值
2011	46103	3428	45783	3405	25377	1968	25125	1949
2012	42701	3220	42298	3192	27098	2208	26855	2186
2013	38615	2795	37928	2743	28174	2197	28012	2182
2014	30904	2532	29272	2403	30838	2283	30778	2278
2015	36468	1326	34016	1233	33549	1343	33263	1328
2016	38533	1081	35891	997	38101	1167	37807	1157

注：净进口等于进口量减去出口量和再出口量（Re-export）的差额。
资料来源：联合国 COMTRADE 数据库。

四　总结与展望

2016 年 8 月至 2017 年 7 月，大宗商品价格指数呈现震荡巩固的特征，经过一个先升后降的过程后，价格指数基本维持在同一水平上；不同类型大宗商品价格指数的走势出现分化，农业原料、矿石与金属、原油的价格指数分别上涨了 4.3%、19.1%、7.6%，而食品价格指数下跌了 9.3%。受经济结构调整、过剩产能淘汰和经济增速下滑的影响，中国 2016 年进口的 18 种大宗商品的价值为 3229 亿美元，比上年下降 9.3%，约占上述商品全球进口总额的 21.0%，比上年下跌 0.4 个百分点。中国基本超越美国成为最大的石油进口国。

全球大宗商品的需求取决于世界经济形势。IMF 和 OECD 均对 2017~

2018 年世界经济形势做出了较乐观的预测，认为发达经济体和新兴经济体将同步加速。据 IMF 2017 年 7 月发布的《世界经济展望》，2017 年全球经济增长率为 3.5%，比 2016 年提高 0.3 个百分点，其中发达经济体的增长率为 2.0%，比 2016 年上升 0.3 个百分点，发展中新兴经济体的增长率为 4.6%，比 2016 年上升 0.3 个百分点；2018 年，全球经济增长动能进一步巩固，经济增长率上调至 3.6%，其中发达经济体增速为 1.9%，发展中新兴经济体增长率提高至 4.8%（IMF，2017b）。OECD 在 2016 年 9 月发布的《中期经济展望》中小幅上调了 2017～2018 年的全球经济增长率预测值。与 2016 年 6 月的预估值相比，2017 年增长率维持在 3.5% 的水平，2018 年由 3.6% 上调至 3.7%。其中，发达国家特别是欧元区的增长率明显上调，中国的增速预测上调，印度的增速预测下调（OECD，2017）。

关于国际大宗商品在 2016～2017 年的价格走势，世界银行和 IMF 均进行了预测（见表 5）。根据世界银行的预测，能源的价格在 2017 年将上涨 25.8%，在 2018 年将继续反弹 8.1%，其中原油均价在 2017 年将涨至 55.0 美元/桶，比 2016 年大涨 28.5%，在 2018 年将继续上涨 9.1%，升至 60.0 美元/桶；非能源价格在 2017 年将上涨 4.0%，在 2018 年小幅上调 0.7%，其中金属和矿石价格在 2017 年将上涨 15.6%，2018 年将下跌 0.8%，黄金价格在 2017 年将下跌 1.9%，2018 年继续下降 1.6%（World Bank，2017）。

表 5　国际大宗商品的价格或价格指数

项目	实际值			预测值			年变动率（%）		
	2014 年	2015 年	2016 年	2017 年	2018 年	2019 年	2015～2016 年	2016～2017 年	2017～2018 年
能源	118.3	64.9	55.0	69.2	74.8	76.4	-15.3	25.8	8.1
非能源	97.0	82.4	80.3	83.5	84.1	85.0	-2.5	4.0	0.7
金属和矿石	84.8	66.9	63.0	72.8	72.2	72.6	-5.8	15.6	-0.8
农产品	102.7	89.3	89.1	89.2	90.3	91.3	-0.2	0.1	1.2
食品	107.4	90.9	92.3	92.4	93.5	94.6	1.5	0.1	1.2
原材料	91.9	83.2	80.2	83.4	84.6	85.9	-3.6	4.0	1.4
化肥	100.5	95.4	75.3	75.9	77.6	79.3	-21.1	0.8	2.2

续表

项目	实际值			预测值			年变动率(%)		
	2014 年	2015 年	2016 年	2017 年	2018 年	2019 年	2015 ~ 2016 年	2016 ~ 2017 年	2017 ~ 2018 年
贵金属	101.1	90.6	97.5	96.1	94.8	93.6	7.6	-1.4	-1.4
原油(美元/桶)	96.2	50.8	42.8	55.0	60.0	61.5	-15.7	28.5	9.1
天然气(美元/百万英热单位)	10.15	6.76	4.65	5.08	5.37	5.53	-31.2	9.2	5.7
黄金(美元/盎司)	1265	1161	1249	1225	1206	1187	7.6	-1.9	-1.6

注：2010 年的价格指数为100；天然气价格为欧洲价格、美国价格和日本液化气价格的简单平均。

资料来源：World Bank。

另据 IMF 的预测，2017 年原油的年均价格（布伦特轻质原油、WTI 中质原油和迪拜重质原油的价格的简单平均数）为 51.9 美元/桶，比 2016 年上涨 21.2%，2018 年原油的年均价格预计为 52.0 美元/桶，仅上涨 0.1%；非燃料商品的价格在 2017 年将上涨 5.4%，在 2018 年将下降 1.4%（IMF，2017a）。

基于前文的预测分析，我们现从需求、供给、地缘政治和货币等视角，对 2017~2018 年国际大宗商品市场的走势作一个简要展望。

从需求角度看，发达经济体和发展中新兴经济体的经济同步而且稳定的复苏，显然有利于促进大宗商品需求的快速增长。鉴于发达经济体的产业结构高度服务化，对大宗商品的需求量较稳定，变动量较小，因而其经济复苏不会显著驱动大宗商品需求。这就使中国、印度等发展中经济体的需求对大宗商品市场至关重要。中国经济的明显减速和结构调整，特别是压缩钢铁、水泥、火电、造船等行业的过剩产能，以及环保执行标准的显著提高，将导致中国对大宗商品的需求增速明显放慢。印度、东南亚等新兴经济体虽致力于发展制造业，但其增加的需求不可能弥补中国的需求放缓。因此，未来全球大宗商品需求会适当加快，但增速总体上较慢。

从供给角度看，大宗商品的供给受到产能的严重制约，难以适应需求的增长。2011 年以来，全球经济增长低迷、大宗商品价格的急剧下跌和一些大宗商品出口国政治风险的上升，导致全球大宗商品行业的投资大幅下滑。

发展中大宗商品出口国的投资增长率显著放慢，从 2010 年的 7.1% 降至 2015 年的 1.6%。2011～2015 年，大宗商品价格下跌，直接导致大宗商品出口国的投资增长率减少 1.5 个百分点。2016 年以来，尽管大宗商品价格趋于稳定，但大宗商品价格仍然处于低位，发展中大宗商品出口国仍处于经济困境，GDP 增长率仅为 0.3%，远低于大宗商品进口国 5.6% 的经济增速（World Bank，2017），其投资能力势必非常有限。因此，大宗商品的投资下降限制了产能扩张，为未来大宗商品价格上涨埋下了伏笔。

OPEC 影响全球石油市场的能力受到美国页岩气革命的严峻挑战。尽管本轮 OPEC 限产协议得到了较好的执行，但美国页岩气革命已打破了全球能源行业的既有格局。随着生产技术和劳动生产率的不断进步和提高，页岩油的生产成本实现了大幅下降。2013～2016 年，页岩油的平均生产成本以 22% 的年率下降（World Bank，2016）。OPEC 减产虽在短期内能导致原油价格上涨，但这鼓励了北美非常规油气厂商增加油气供应，从而在中期对原油价格构成压力。因此，OPEC 的干预行为在中期难以有效提高原油价格[①]。同时，美国对伊朗进行经济制裁的前景和伊拉克等国的地缘政治风险的上升，对原油供给产生消极影响，助推原油价格上涨。

鉴于美元是大宗商品的计价货币，预测大宗商品价格需要考虑美元汇率的变化。美元汇率目前已处于高位，继续升值的空间不大，但美元在未来一年左右的时间内很可能仍将维持强势地位，理由如下：一是美联储的加息和缩表将导致美元收益率上升；二是美国经济复苏势头强劲，美元作为避险货币的地位将进一步稳固；三是制造业回流和美国能源独立将会改善美国的贸易收支。

综上所述，2017～2018 年，全球经济将明显回暖，大宗商品需求增速将会加快，而大宗商品供给能力受之前投资下滑的制约，难以适应需求的增长，供应趋于紧张，大宗商品价格预计进入稳定的反弹通道。考虑到大宗商

---

① 2008 年 7 月，原油价格曾高达 150 美元/桶。当年造成高油价的因素主要有：一是以中国为主的新兴经济体快速的经济增长和旺盛的能源需求；二是在大宗商品超级周期前长期低投资率（大宗商品价格长期处于低位）；三是全球流动性过剩（World Bank，2016）。

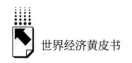

品价格指数在 2017 年上半年经历了一定幅度的向下调整，2017 年下半年大宗商品市场将有望迎来一波稳定的反弹行情。2018 年，大宗商品价格指数将可能继续波动上行。国际原油价格将很可能会小幅波动上行，预计在2017 年第四季度将涨至 53 美元/桶附近，2018 年将可能进一步反弹至 57 美元/桶左右。

参考文献

王永中，2016，《全球大宗商品市场的回顾与展望：温和反弹》，载张宇燕主编《2017 年世界经济形势分析与预测》，社会科学文献出版社。

Donora David, 2017, "Commodity Market Outlook", Columbia Threadneedle Investments.

International Energy Agency（IEA），2017a，*Oil Market Report*.

International Energy Agency（IEA），2017b，"Highlights"，*Oil Market Report*.

International Monetary Fund（IMF），2017a，"Commodity Market Monthly"，Commodities Unit, Research Department, June 9.

International Monetary Fund（IMF），2017b，"A Firming Recovery"，*World Economic Outlook Update*，July 23.

OECD，2017，"Short-term Momentum: Will It be Sustained?" *Interim Economic Outlook*，September 20.

World Bank，2016，"Special Focus: OPEC in Historical Context: Commodity Agreements and Market Fundamentals"，*Commodity Markets Outlook*.

World Bank，2017，"Special Focus: Investment Weakness in Commodity Exporters"，*Commodity Markets Outlook*.

Y.14
"一带一路"建设回顾与展望

徐秀军*

摘　要： 2016 年以来，"一带一路"建设在政策沟通、设施联通、贸易畅通、资金融通、民心相通等重点领域的合作逐步深化，一批标志性的合作项目相继启动并顺利推进，为"一带一路"建设注入了新的动力。2017 年 5 月，"一带一路"国际合作高峰论坛的成功举行以及论坛结束前夕各国中央政府、地方当局和企业围绕共建"一带一路"达成的诸多务实成果推动"一带一路"建设迈入全面拓展、提质增效的新阶段。未来一年，"一带一路"重点领域的建设将迎来新的发展机遇，但在政治、经济和安全等领域仍面临诸多新的风险与挑战。

关键词： "一带一路"　互联互通　境外经贸合作

　　2013 年秋，国家主席习近平提出共建"丝绸之路经济带"和"21 世纪海上丝绸之路"（"一带一路"）重大倡议。四年来，全球范围内积极支持和参与"一带一路"建设的国家和国际组织达 100 多个，其中同中国签署合作协议的有 40 多个，同中国开展机制化产能合作的国家有 30 多个。联合国大会和联合国安理会等国际机构的重要决议也纳入了"一带一路"建设内

---

* 徐秀军，中国社会科学院世界经济与政治研究所副研究员，研究领域为国际政治经济学、新兴经济体与全球治理。

容。"一带一路"建设逐步从规划向实践、从理念向行动转变，建设进展与合作成果超出预期。

一 "一带一路"建设重点领域回顾

2016 年以来，"一带一路"建设加速推进。在"一带一路"建设框架下，"一带一路"参与国以政策沟通、设施联通、贸易畅通、资金融通、民心相通为主要内容不断夯实合作基础，推进各领域合作取得诸多新的进展。2017 年 5 月，"一带一路"国际合作高峰论坛在北京举行，来自全球五大洲各大区域的 130 多个国家和 70 多个国际组织的 1500 多名代表参会，其中包括 29 个国家的国家元首或政府首脑。"一带一路"参与国的中央和地方政府以及企业还在高峰论坛期间及前夕达成 270 多项共建"一带一路"的务实成果，涵盖"一带一路"建设的各个重点领域。

（一）深化政策沟通

加强战略对接、深化政策沟通是"一带一路"建设顺利推进的重要保障。"一带一路"倡议提出以来，很多国家提出的区域合作规划和国家发展规划与"一带一路"倡议实现对接，政策的联动性和协同性不断提升，并出台了相应的对接方案。在区域和双边层面，通过"一带一路"倡议同欧亚经济联盟及东盟互联互通总体规划、贯通欧洲南北的"琥珀之路"、土耳其"中间走廊"计划、哈萨克斯坦"光明之路"新经济政策、塔吉克斯坦"2030 年前国家发展战略"、沙特"2030 愿景"战略、蒙古国"发展之路"倡议、中越"两廊一圈"规划、柬埔寨"四角战略"、泰国"东部经济走廊"计划、老挝"'陆锁国'转向'陆联国'优先发展政策"、英国基础设施升级投资计划及"英格兰北方经济中心"建设计划、匈牙利"向东开放"政策等发展与合作战略规划的对接，"一带一路"倡议在亚欧非大陆拥有了立足点，优势互补和利益契合也得到了深刻体现。在全球层面，中国政府或政府部门同近 20 个国际组织签署"一带一路"合作文件。①

中国政府还同蒙古国、巴基斯坦、尼泊尔、东帝汶、新加坡、缅甸、马来西亚、黎巴嫩以及 13 个中东欧国家政府签署了政府间"一带一路"合作谅解备忘录，中国与有关国家政府部门之间在"一带一路"倡议框架下的合作规划及项目也在有序展开。此外，在 2015 年 3 月发布《推动共建丝绸之路经济带和 21 世纪海上丝绸之路的愿景与行动》的基础上，中国政府有关部门还发布了《共建"一带一路"：理念、实践与中国的贡献》以及涵盖能源合作、农业合作、绿色发展、海上合作等领域的政策文件，向"一带一路"参与国阐述了中方的政策规划和设想，为促进政策沟通和战略对接奠定了基础。②

（二）加强设施联通

基础设施互联互通是"一带一路"建设的优先领域，也是合作成果最为显著的领域。"一带一路"倡议提出以来，中国与"一带一路"参与国积极制定基础设施建设规划，加强技术标准体系的对接，并通过一系列建设工程和项目扎实推动构建连接相关区域和国家之间的基础设施网络。

在交通基础设施互联互通方面，中国与"一带一路"参与国规划了一大批互联互通项目，并且部分项目已投入运营。例如，2017 年 5 月，中企承建的肯尼亚独立以来最大的基础设施建设项目、连接肯尼亚蒙巴萨港与首都内罗毕的蒙内铁路建成通车。2017 年上半年，中斯合作的斯里兰卡科伦坡国际集装箱码头完成吞吐量 111 万标准箱，较上年同期增长 21.2%；同

---

① 包括联合国开发计划署、联合国工业发展组织、联合国人类住区规划署、联合国儿童基金会、联合国人口基金、联合国贸易和发展会议、联合国欧洲经济委员会、联合国文明联盟、世界卫生组织、世界知识产权组织、国际刑警组织、世界经济论坛、国际道路运输联盟、国际贸易中心、国际电信联盟、国际民航组织、国际发展法律组织、世界气象组织、国际海事组织等。

② 包括国家发展和改革委员会、国家能源局联合发布的《推动丝绸之路经济带和 21 世纪海上丝绸之路能源合作愿景与行动》，农业部、国家发展和改革委员会、商务部、外交部联合发布的《共同推进"一带一路"建设农业合作的愿景与行动》，环境保护部、外交部、国家发展和改革委员会、商务部联合发布的《关于推进绿色"一带一路"建设的指导意见》，国家发展和改革委员会、国家海洋局联合发布的《"一带一路"建设海上合作设想》。

期，中欧班列开行超过 2000 列，累计开行超 4000 列。与此同时，连接印尼首都雅加达与万隆的雅万高铁、连接云南玉溪与老挝首都万象的中老铁路、连接埃塞俄比亚首都亚的斯亚贝巴与吉布提首都吉布提的东非首条电气化铁路——亚吉铁路、连接匈牙利首都布达佩斯与塞尔维亚首都贝尔格莱德的匈塞铁路等项目加速推进，巴基斯坦瓜达尔港、希腊比雷埃夫斯港等港口建设项目顺利起步。马来西亚东海岸铁路项目开工，将为畅通相关国家之间的陆水运输通道起到十分重要的推动作用。为进一步深化交通基础设施互联互通领域的合作，乌兹别克斯坦、土耳其、白俄罗斯等国家政府与中国签署了国际运输及战略对接协定，中国与柬埔寨、巴基斯坦、缅甸等国家政府部门之间签署了交通运输基础设施领域的合作文件。中埃签署轻轨线项目合作，中泰签署曼谷至呵叻段铁路合作项目，中国、白俄罗斯、德国、哈萨克斯坦、蒙古国、波兰和俄罗斯铁路公司还签署了《关于深化中欧班列合作协议》。

在能源和水资源基础设施互联互通方面，中国与"一带一路"参与国之间的合作有序推进。2016 年，中国主要电力企业对东盟成员国 3000 万美元及以上大型项目（下同）实际投资额达 14.8 亿美元，与柬埔寨、老挝、缅甸等东盟成员国新签大型承包工程项目合同额达 24 亿美元。中国第一个跨境第三国电网互联互通项目——中国经老挝向越南特高压送电项目正式启动，推动中老越电网互联互通取得实质性进展。中方承建的巴基斯坦恰希玛核电一期工程 4 台机组全面建成，中方承接了埃及电网整体升级工程，中方与泰国、瑞士、巴基斯坦等国签署能源合作文件。中国还与马来西亚、波兰等国政府或政府部门签署水资源合作文件。在通信基础设施互联互通方面，中方注重对"一带一路"参与国工业和信息化发展研究，并为提高国际通信互联互通水平和扩大信息交流与合作创造机遇。目前，中国与阿富汗相关政府部门签署了《信息技术合作谅解备忘录》，并积极探讨与哈萨克斯坦、泰国、约旦、印度、土耳其等国在工业和信息化领域的合作。

（三）提升贸易畅通

作为"一带一路"建设的重点内容，中国与"一带一路"参与国的投资贸易合作稳步推进。目前，中国同 30 个"一带一路"参与国签署经贸合作协议，与格鲁吉亚、澳大利亚、韩国、瑞士、冰岛、哥斯达黎加、秘鲁、新加坡、新西兰、智利、巴基斯坦、东盟等国家和地区组织签署自由贸易协定，大大推动了贸易和投资便利化。①

2016 年以来，中国同"一带一路"参与国之间的贸易与投资合作不断深入，并呈现新的亮点。据中国海关数据，2016 年中国对俄罗斯、波兰、巴基斯坦出口额增长显著，分别增长 14.1%、11.8% 和 11.0%；2017 年上半年中国对哈萨克斯坦、俄罗斯、波兰、东盟进出口额大幅增长，增速分别为 46.8%、33.1%、24.6% 和 21.9%。据中国商务部数据，2016 年中国企业对"一带一路"参与国直接投资总额达 145.3 亿美元；对外承包工程新签合同额为 1260 余亿美元，占新签合同总额的 51.6%；完成营业额近 760 亿美元，占完成营业总额的 47.7%。

2017 年上半年，中国企业对 47 个"一带一路"参与国新增投资 66.1 亿美元，占新增投资总额的比例较上年同期增加 6 个百分点（至 13.7%）；在"一带一路"参与国对外承包工程新签合同额为 714.2 亿美元，占新签合同总额的比例较上年同期增加 6.1 个百分点（至 57.7%）；完成营业额为 330.7 亿美元，占完成营业总额的比例较上年同期增加 2.7 个百分点（至 49.2%）。

（四）扩大资金融通

作为"一带一路"建设的重要支撑，资金融通为各领域合作奠定了基础。对多数"一带一路"参与国而言，资金匮乏和融资困难是实现互联互通的突出问题与挑战。为了扩大资金融通，中方发起成立了亚洲基础设施投资银行，设立了"丝路基金"，鼓励国家开发银行、中国进出口银行等金融

---

① 包括阿富汗、阿尔巴尼亚、亚美尼亚、阿塞拜疆、孟加拉国、白俄罗斯、波黑、柬埔寨、埃塞俄比亚、斐济、格鲁吉亚、印度尼西亚、伊拉克、肯尼亚、老挝、黎巴嫩、马尔代夫、蒙古国、黑山、缅甸、尼泊尔、巴基斯坦、巴勒斯坦、菲律宾、塞尔维亚、斯里兰卡、叙利亚、塔吉克斯坦、乌兹别克斯坦和越南。

机构为"一带一路"建设提供资金支持,并积极推动与国际多边开发性金融机构之间的合作。

截至 2017 年 9 月,亚洲基础设施投资银行为 11 个"一带一路"参与国的 21 个基础设施建设项目提供了总额为 34.9 亿美元的资金支持。"丝路基金"对"一带一路"参与国投资已超过 40 亿美元。"丝路基金"获得增资人民币 1000 亿元,并与上海合作组织银联体、乌兹别克斯坦国家对外经济银行签署合作文件和协议。中国国家开发银行新设人民币 1000 亿元等值规模的"一带一路"基础设施专项贷款、人民币 1000 亿元等值规模的"一带一路"产能合作专项贷款和人民币 500 亿元等值规模的"一带一路"金融合作专项贷款;中国进出口银行新设人民币 1000 亿元等值规模的"一带一路"专项贷款额度和人民币 300 亿元等值规模的"一带一路"基础设施专项贷款额度;中国工商银行与巴基斯坦、乌兹别克斯坦、奥地利等国主要银行发起了"一带一路"银行合作行动计划。

在财政部的推动下,世界银行、亚洲基础设施投资银行、亚洲开发银行、欧洲复兴开发银行、欧洲投资银行、金砖国家新开发银行等国际多边开发机构与中方签署相关领域合作的谅解备忘录,共同推进"一带一路"建设框架下的投融资合作。2017 年 5 月,财政部与 26 国财政部共同核准了《"一带一路"融资指导原则》,其中 17 国财长或财政部授权代表签署了这一文件。[①] 同月,中国银行业协会牵头筹建的亚洲金融合作协会正式成立,成员包括亚洲、欧洲、美洲、非洲和大洋洲的 27 个国家和地区的 107 家机构。

(五)促进民心相通

作为"一带一路"建设的社会根基,民心相通涵盖文化、教育、科技、人才、媒体、青年、妇女、旅游、卫生健康等多个领域的交流与合作。为鼓

---

① 包括阿根廷、白俄罗斯、柬埔寨、智利、捷克、埃塞俄比亚、斐济、格鲁吉亚、希腊、匈牙利、印度尼西亚、伊朗、肯尼亚、老挝、马来西亚、蒙古国、缅甸、巴基斯坦、卡塔尔、俄罗斯、塞尔维亚、苏丹、瑞士、泰国、土耳其和英国等 26 国。

励国际文化与教育交流,中国政府每年向相关国家提供的政府奖学金名额达1万个,广东、甘肃、贵州等地方政府还设立了丝绸之路专项奖学金。一年来,中方与黎巴嫩、突尼斯、土耳其、俄罗斯、哈萨克斯坦、波黑、爱沙尼亚、老挝、塞浦路斯、蒙古国、匈牙利等国政府或有关部门签署了文化、教育、科技创新等领域的合作文件;与土耳其、沙特阿拉伯、柬埔寨、文莱、阿联酋、巴勒斯坦、阿尔巴尼亚、以色列等国有关部门签署了新闻、媒体或智库领域的合作文件;与波兰、乌兹别克斯坦、柬埔寨等国政府或相关部门签署了旅游合作文件。2017年5月,在中国民间组织国际交流促进会牵头下,《中国社会组织推动"一带一路"民心相通行动计划(2017~2020)》和"丝路沿线民间组织合作网络"正式启动,凝聚了促进"一带一路"民心相通的民间力量。同时,文化节、艺术节、电影节、旅游节、研讨会和智库对话会等人文交流活动的举行,增进了相互之间的了解和友谊,拉近了心与心的距离。

未来,中国将加大对"一带一路"发展中参与国的民生投入。中国将向"一带一路"发展中参与国提供20亿元人民币的紧急粮食援助;向南南合作援助基金增资10亿美元;向开展惠及"一带一路"参与国的国际合作项目的有关国际组织提供10亿美元的资金支持;未来三年向"一带一路"发展中参与国提供不少于600亿元人民币的援助。

二 "一带一路"建设重大项目进展

"一带一路"倡议提出后,一批标志性的合作项目相继落地,不断推动"一带一路"建设取得实效。这些项目涵盖基础设施建设、工业合作、经贸合作和人文交流等多个领域,并成为推进"一带一路"建设和中外产能合作的重要载体。其中,境外经贸合作区和重大工程项目因其对东道国和区域经济社会发展具有重要的带动作用和辐射作用,已成为中国企业"走出去"的平台和名片。

（一）境外经贸合作区

当前，境外经贸合作区已成为中国企业深度参与东道国经济社会发展、全方位促进国际产能合作的重要模式和手段。近年来，境外经贸合作区发展迅速，助推"一带一路"建设融入主要国家和地区长期发展规划。据商务部数据，截至2016年，中国企业在建境外经贸合作区为77个，覆盖全球36个国家，累计投资额达241.9亿美元，吸引1522家企业入驻园区并创造总产值702.8亿美元，为当地创造26.7亿美元税费收入和21.2万个就业岗位。其中，56个境外经贸合作区分布在20个"一带一路"参与国，累计投资额达185.5亿美元，1082家入驻企业创造总产值为506.9亿美元，为当地创造10.7亿美元税费收入和17.7万个就业岗位（见表1）。

表1　中国企业在建境外经贸合作区概况

项目	涉及国家（个）	在建合作区（个）	累计投资额（亿美元）	入驻企业（个）	总产值（亿美元）	上缴东道国税费（亿美元）	为东道国创造就业岗位（万个）
全球	36	77	241.9	1522	702.8	26.7	21.2
"一带一路"参与国	20	56	185.2	1082	506.9	10.7	17.7
占比(%)	55.6	72.7	76.6	71.1	72.1	40.1	83.5

注：数据截至2016年。
资料来源：商务部。

作为中国建立的"一带一路"境外经贸合作区的一个代表，中国—白俄罗斯工业园（简称为"中白工业园"）位于"丝绸之路经济带"的欧亚枢纽——白俄罗斯明斯克州，三期开发建设规划总面积为91.5平方公里，是目前中资企业最大的境外经贸合作区。目前，一期（2016～2020年）规划面积8.5平方公里中的3.5平方公里起步区完成"七通一平"建设，厂房和办公楼主体已投入使用。据中白工业园数据，2016年中白工业园区参建单位为当地创造3000多万美元税收和5000多个就业岗位，租用购买当地设备合同额达 1.2 亿美元。2017 年 5 月，白俄罗斯总统卢卡申科签署旨在完善中白工业园专门法律制度的第 166 号总统令，并通过优化行政环境和税收政策、扩大优惠范围来提高项目的投资吸引力，为工业园的长远发展奠定了法律基础。截至 2017 年 9 月，入驻园区的企业来自中国、奥地利、立陶宛、美国和白俄罗斯等国，涉及仓储物流、研发、机械制造、电子科技等领域，包括招商局物流集团、中兴通讯、华为、中联重科、潍柴控股等。

（二）重大工程项目

2016 年以来，中国同"一带一国"参与国之间启动了一批新的合作项目，其中重大项目主要集中在铁路、桥梁、港口、油气管道等基础设施建设及能源合作领域。现将有代表性并在近一年内有重大进展的大型项目概述如下。

1. 马来西亚东海岸铁路项目开工

由中国企业承建的马来西亚东海岸铁路项目合同总额约 550 亿林吉特（约合 866 亿元人民币），是截至目前中国企业境外最大的在建工程。该项目建设铁路连接吉隆坡北部的鹅唛与吉兰丹州的瓦卡巴鲁，跨越马来半岛 4 个州，全长约 688 公里。东海岸铁路采用中国国家一级客货两用准电气化铁路标，客运和货运列车设计时速分别为 160 公里和 80 公里。2017 年 8 月，马来西亚东海岸铁路项目在马来西亚彭亨州首府关丹举行开工仪式。根据合同，2024 年东海岸铁路将实现全线通车。项目建成后，不仅填补马来半岛东西岸没有铁路的空白，直接惠及沿线 440 万人口，还将带动沿线地区物流、商贸、旅游和工业等行业的发展，并推动东盟互联互通和共同体建设。

2. 孟加拉国帕德玛大桥建设取得重大进展

孟加拉国帕德玛大桥主桥全长 6.15 公里，为双层公路铁路两用大桥。该项目合同金额 15.49 亿美元，是目前中国企业在海外承建的最大单体桥梁工程。2015 年 12 月，帕德玛大桥项目主体正式开工。在帕德玛大桥项目建设基地上，2016 年 8 月中国企业与孟加拉国铁路局签署了金额为 31.4 亿美元的帕德玛大桥铁路连接线项目建设合同。2017 年 9 月，长 150 米、重 3200 吨的首跨钢梁成功架设到帕德玛大桥桥墩上，这是中铁大桥局所铺设

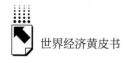
的跨度和重量最大的单孔钢梁。本次架梁成功是桥梁建设各环节技术成熟的标志。帕德玛大桥将对孟加拉国经济起到重要的拉动作用，并将成为连接中国及"泛亚铁路"的重要通道之一。据测算，连接孟加拉国东北部和西南部地区的帕德玛大桥建成后，将带动该国经济增长 1.26 个百分点，西南地区的经济增长 2.3 个百分点。

3. 俄罗斯阿穆尔天然气加工厂开工

俄罗斯阿穆尔天然气加工厂位于俄罗斯远东地区阿穆尔州斯沃博金区，距黑龙江省黑河市约 200 公里。根据规划，阿穆尔天然气加工厂设计天然气加工能力为每年 420 亿立方米，氦气加工能力为每年 600 万立方米。该厂建成后将成为俄罗斯最大的天然气处理厂，也将是全球最大的天然气处理厂之一。阿穆尔天然气加工厂建设的三个标段均由中国企业投标参与。2017 年 7 月，中国大型基建公司葛洲坝集团与俄罗斯天然气工业集团签署承建阿穆尔天然气加工厂 P1 标段协议。8 月，阿穆尔天然气加工厂在施工现场举行开工仪式，正式动工建设。该项目是中俄天然气管道东线建设项目的源头，对中俄两国来说，项目建成后将有效推动两国发展战略对接，实现两国资源互补，带动两国经济增长。

4. 印尼雅万高铁进入全面实施阶段

雅万高铁连接雅加达与万隆，一期工程全长 142 公里，设计最高时速为350 公里。2015 年 10 月，中国和印尼签署雅万高铁项目协议；2016 年 1 月，雅万高铁建设正式启动。2017 年 4 月，雅万高铁合资公司、中国与印尼企业联合体在雅加达签署雅万高铁总承包（EPC）合同。这标志着作为"一带一路"建设重要成果的雅万高铁进入全面实施阶段。印尼雅万高铁项目是中国高铁从前期技术标准、勘察设计、工程施工、装备制造及物资供应等建设环节，到后期运营管理、人才培训及沿线综合开发等配套环节全方位"走出去"的首个项目，因而对于中国高铁"走出去"具有重要的示范作用。中国与印尼合作建设雅万高速铁路，对于"一带一路"参与国交通基础设施互联互通和中外铁路合作具有重要推动作用。

5. 巴基斯坦瓜达尔港正式开航

巴基斯坦瓜达尔港位于巴基斯坦俾路支省西南部,南临印度洋,西望阿拉伯海与红海,距亚洲海上石油运输通道的霍尔木兹海峡约 400 公里。瓜达尔港是中巴经济走廊建设的终点,也是巴中油气运输管道的起点,是中巴互联互通的关键节点。从中东向中国运输石油,如果通过瓜达尔港从陆路运送到中国新疆,航程要比经马六甲海峡缩短 85%。瓜达尔港于 2002 年 3 月开工兴建,2007 年 3 月建成。2013 年 1 月,巴基斯坦政府同意将瓜达尔港的营运控制权从新加坡公司移交给中国公司。2015 年 11 月,中国正式接手瓜达尔港 2281 亩土地为期 43 年的使用权,并全权处理瓜达尔港业务。2016 年 11 月,中方管理的瓜达尔港正式开航。2017 年 9 月,中国企业与瓜达尔港务局签署瓜达尔东湾快速路项目 EPC 合同,瓜达尔港的优势进一步扩大。

6. 中缅原油管道正式投入运行

中缅原油管道全长 1420 公里,设计年输油量 2200 万吨。2017 年 4 月,继 2013 年中缅天然气管道投入运行之后中缅原油管道正式投入运行。2017 年 5 月,经中缅原油管道输送的原油进入中国境内。中缅管道项目是继中亚油气管道、中俄原油管道和海上通道之后的第四条中国能源进口通道。中国自中东进口的原油可自缅甸若开邦马德岛上岸并经该管道直接输送至中国西南地区,而不必再绕道马六甲海峡。中缅管道项目也是"一带一路"框架下中缅合作的"先导项目"。中缅原油管道工程正式投入运行标志着两国能源合作迈入新阶段,并将有力带动两国经济社会发展和推进"孟中印缅经济走廊"建设。

三 "一带一路"建设的前景展望

经过四年多的建设实践,中国政府和企业积累了丰富的合作经验,更加善于挖掘合作潜力、创造合作机遇和管控合作风险,"一带一路"建设也相应地进入全面拓展、提质增效的新阶段。

未来一年,政策沟通、设施联通、贸易畅通、资金融通、民心相通等重点领域的建设将迎来新的发展机遇。在政策沟通上,中国将与更多的国家、地区和国际组织签署"一带一路"建设相关合作文件，与"一带一路"参与国的国家发展和区域合作战略的对接将更加深入，并有望推出一系列新的务实举措。在设施联通上，随着一些重大项目的投入运行、在建项目的顺利推进以及新的合作项目的启动，"一带一路"参与国家和地区之间的基础设施互联互通将得到进一步的提升。在贸易畅通上，中国将大力推进双边和区域经贸谈判，积极参与多边贸易合作，并以切实行动促进"一带一路"参与国家之间的贸易联系。2017 年 5 月，商务部与 60 多个国家相关部门及国际组织共同发布旨在促进贸易增长、振兴相互投资和促进包容可持续发展的《"一带一路"贸易畅通合作倡议》，中方承诺从 2018 年起举办中国国际进口博览会，未来 5 年中国将从"一带一路"参与国家和地区进口 2 万亿美元的商品，对"一带一路"参与国家和地区投资达 1500 亿美元。中方的这些举措必将推动"一带一路"建设框架下更加紧密的投资贸易合作，并为贸易畅通注入新的动力。在资金融通上，中国将依托多边开发金融机构、丝路基金以及国内金融机构力量加大对"一带一路"建设的资金支持，盘活存量资金并与私营部门合作不断拓展融资渠道。在民心相通上，中国将落实现有的文化、教育、科技等领域的合作规划，并依托民间力量开展更加丰富多样的交流活动。

但是，"一带一路"建设仍面临诸多新的风险与挑战。未来一年，以下几个方面的因素尤其值得关注。在政治方面，政局不稳、政治腐败、政策走向不确定等问题对有关国家参与"一带一路"建设的影响值得关注。当前，中东、拉美等地区部分国家政局不稳仍在持续，欧洲右翼势力抬头对有关国家大选及其未来政策走向的影响仍不明确，部分"一带一路"发展中参与国政治法律制度不完善导致的政策多变和政治腐败现象仍较为突出。

在经济方面，一些大国地缘政治战略的变化也会对中国与相关"一带一路"参与国之间的政治外交关系带来影响，进而影响"一带一路"建设进程。日益加大的外部风险更加凸显了一些国家内部经济的脆弱性。这其中，美联储缩表进程和加息步伐及其对"一带一路"参与国的溢出效应不可小觑。2018 年，预计美联储缩表规模约为 4000 亿美元，并且继 2017 年上半年两次加息后美联储还将继续加息。美国货币政策收紧将威胁"一带一路"参与国的金融市场稳定,并使一些金融脆弱的发展中国家爆发金融危机的概率加大。

在安全方面,一些地区和国家传统安全与非传统安全问题相互交织使"一带一路"建设环境更加复杂。中东、北非等"一带一路"沿线热点地区冲突以及美欧俄在地缘政治上的博弈有可能在一定条件下升温,部分国家之间的边界纠纷可能由于热点事件而激化,部分地区和国家恐怖主义、难民问题等非传统安全挑战加大,都可能成为"一带一路"建设在相关地区和国家顺利推进的障碍。

总之,"一带一路"建设是一项立足现实、面向未来的系统工程,蕴藏着巨大的发展潜力和发展机遇。尽管在共建过程中面临各种问题和挑战,但"一带一路"沿线国家和地区推动和引领世界经济增长的趋势没有变,"一带一路"朋友圈日益扩大、各领域合作日益深化的势头没有变。

参考文献

IMF, *World Economic Outlook: Seeking Sustainable Growth: Short – Term Recovery, Long – Term Challenges*, October 2017.

IMF, *World Economic Outlook Update: A Firming Recovery*, July 2017.

《"一带一路"国际合作高峰论坛成果清单》,《人民日报》2017 年 5 月 16 日。

《"一带一路"国际合作高峰论坛圆桌峰会联合公报》,《人民日报》2017 年 5 月 16 日。

商务部、国家统计局、国家外汇管理局:《2016 年度中国对外直接投资统计公报(2017)》,2017 年 9 月。

中国社会科学院世界经济与政治研究所: 《中国海外投资国家风险评级报告(2017)》,中国社会科学出版社,2017。

热 点 篇

Hot Topics

Y.15

税基侵蚀和利润转移：问题、根源与应对

宋 泓*

摘 要： 全球化的背景下，跨国公司的跨国偷税漏税活动越来越成为
各国政府和民众关注的焦点。从 2012 年开始，税基侵蚀与利
润转移议题就进入当年的 20 国集团的议程之中，并在 2013
年的安塔利亚峰会上变成了一种联合行动。几年来，国际社
会的合作已经取得了很多积极的进展。但是，要解决这个问
题，仍然任重道远。

关键词： 税基侵蚀和利润转移 税收管辖权转移 定价杠杆 反避税

* 宋泓，中国社会科学院世界经济与政治研究所研究员，主要研究领域为国际贸易和国际投资。

一　问题

税基侵蚀和利润转移（Base Erosion and Profit Shifting，BEPS）是指跨国公司①利用不同国家和地区之间不同的税制安排、税收水平以及税收优惠等进行的跨国界逃税和避税活动。伴随着跨国公司的出现和兴起，跨国界的逃税避税活动很早就已经开始了。但是，随着全球化的推进以及跨国公司活动的不断扩展，这种情形越来越严重，并受到公众的广泛关注。

根据联合国贸发会议（UNCTAD）的估计，到2016年底，全球共有跨国公司10万家，子公司和分支机构86万家（其中，国有跨国公司1500家，子公司和分支机构8600家）。仅是这些跨国公司的国外子公司和分支机构所实现的当地销售就达到37.57万亿美元，实现价值增值8.355万亿美元，进行出口贸易6.812万亿美元，雇用当地员工达到82.14万人。这还不包括跨国公司母公司自身的销售、价值增值、雇用员工以及非股权子公司与母公司之间的交易活动。而同年全球的GDP为75.259万亿美元，商品和服务出口为20.437万亿美元。

越来越密集的跨国经营和国际生产活动，为跨国公司带来了越来越多的跨国避税和逃税的机遇。根据美国税收和经济政策研究所等机构发表的研究报告②，2015年，《财富》500强美国跨国公司中，有367家在海外的避税天堂中设立了10366家分支机构，并保留了将近2.5万亿美元的利润，偷逃美国税收7178亿美元。其中最大的30家美国跨国公司在这些避税天堂设立了2509家分支机构，在海外保留了1.65万亿美元的利润。另外，根据其中的58家公司披露的"如果将海外利润按照美国公司所得税报税，应该上缴

---

① 逃税避税的行为，不仅仅存在于跨国公司，也广泛存在于自然纳税人身上。但是，目前国际社会的努力主要集中在跨国公司身上。本文的分析也以此为准。

② Citizens for Tax Justice, Institute on Taxation and Economic Policy and U. S. PIRG Education Fund, *Offshore Shell Games 2016 – The Use of Offshore Tax Havens by Fortune 500 Companies*, 2016. https://www.ctj.org/offshore – shell – games – 2016/; Oxform, *Tax Battles*, 2016. https://www.oxfam.org/en/research/tax – battles – dangerous – global – race – bottom – corporate – tax.

多少"的信息估计，这58家公司就少交2120亿美元的联邦税收——这相当于当年加利福尼亚州、弗吉尼亚州和印第安纳州全部预算的总和。这58家公司在海外支付的有效公司所得税率仅仅为6.2%，远远低于美国的法定公司所得税率（35%）。这些公司在海外避税天堂逃税和避税的目的昭然若揭。

更有甚者，一些国家和地区专门出台法律和税收政策，为跨国公司的这类跨国界避税和逃税活动提供便利。一时间，国际上各种各样的避税港、避税岛、避税区等避税天堂层出不穷。根据乐施会（Oxform）公布的世界最糟糕的避税天堂情况[1]（见表1），在不少国家和地区，不仅公司所得税率为零，为跨国公司提供各种税收优惠，而且还采取各种规则和制度，甚至法律措施拒绝透露和公开相关公司的信息，拒绝和国际社会进行税收规避方面的合作。

表1 世界上15大跨国公司避税和逃税天堂

排序	避税港	主要特征
1	百慕大	公司所得税为零，公司预扣税为零，没有参与多边的反滥用、信息交换以及透明度动议，有大规模利润转移的证据
2	开曼群岛	公司所得税为零，公司预扣税为零，没有参与多边的反滥用、信息交换以及透明度动议，有大规模利润转移的证据
3	荷兰	税收优惠，零公司预扣税，大规模利润转移的证据
4	瑞士	税收优惠，零公司预扣税，大规模利润转移的证据
5	新加坡	税收优惠，零公司预扣税，大规模利润转移的证据
6	爱尔兰	很低的公司所得税率，税收优惠，大规模利润转移的证据
7	卢森堡	税收优惠，零公司预扣税，大规模利润转移的证据
8	Curacao	税收优惠，零公司预扣税，没有参与多边反滥用、信息交换与透明度动议，相当规模的利润转移的证据
9	香港	税收优惠，零公司预扣税，大规模利润转移的证据
10	塞浦路斯	很低的公司所得税率，税收优惠，零公司预扣税
11	巴哈马	公司所得税为零，零公司预扣税，没有参与多边的反滥用、信息交换以及透明度动议

---

[1] McKinsey Global Institute, *The New Global Competition for Corporate Profits*, 2015. http://www.mckinsey.com/business – functions/strategy – and – corporate – finance/our – insights/the – new – global – competition – for – corporate – profits.

排序	避税港	主要特征
12	泽西(Jersy)	公司所得税为零,零公司预扣税,相当规模的利润转移的证据
13	巴巴多斯	很低的公司所得税率,零公司预扣税,没有参与多边的反滥用、信息交换以及透明度动议
14	毛里求斯	很低的公司所得税率,零公司预扣税,没有参与多边的反滥用、信息交换以及透明度动议
15	英属维尔京群岛	零公司所得税率,零公司预扣税,没有参与多边的反滥用、信息交换以及透明度动议

资料来源：Oxform, *Tax Battles*, 2016, p. 13, table 2。

一方面是越来越多的跨国公司经营着日益全球化的业务，赚取了巨额的利润，另一方面却是这些公司实际负担的所得税率不断下降。比如，在过去30多年间①，世界最大跨国公司的实际利润从1980年的2.7万亿美元增加到2013年的7.2万亿美元，它们实际承担的税率却不断下降。比如，对于20国集团而言，25年前的平均公司所得税率为40%左右，现在则不足30%。再比如，在过去10年中，全球的公司所得税率从27.5%下降到了今天的23.6%，并且，下降的过程有愈演愈烈之势。

总之，在很多国家中，来自公司所得税的税收占到整个税收总量的10%左右，占整个GDP的3%左右。跨国公司的国际逃税和避税活动，不仅规避了大型公司所承担的税收责任，加剧了跨国公司与从事国内经营的中小企业之间的不平等，而且侵蚀着国家的税基，加剧了资本，尤其是大资本与劳动之间收入分配的不平等，引发了众多的社会矛盾，成为众矢之的。

二　根源

既然各个国家都有自己的税收体制，那么，为什么跨国公司的偷税和漏税行为能够在国际范围内大行其道呢？从本质上讲，是由跨国税制之间的不

---

① Oxform, *Tax Battles*, 2016, pp. 5 – 6。

协调和跨国经济治理的缺失造成的。本部分首先介绍对于跨国经营活动的征税和管理原则，其次分析这些原则所创造的跨国税收漏洞以及跨国公司的偷逃税做法①。

（一）跨国经营活动的征税和管理原则

1. 跨国公司税收的征取和分享

征税权是一个国家的主权之一，对于跨国税收管辖权的合法性也来源于此。跨国税收有两种体制，其一是所谓的世界税收体制，其二是所谓的主权税收体制。世界税收体制一般是指对本国居民在世界范围内所获得的收入进行征税［比如，对从该国领土内和领土外（通过所控制的外国分支机构）所获得的收益进行征税］，以及对在本国领土内的外国居民所获得的收益进行征税。而主权税收体制只是对本国居民和外国居民在本国领土范围内所获得的收益进行征税。显然，对于经济发展水平以及国际化程度更高的国家而言，第一种税制更有利；而对于经济发展水平、国际化程度较低的落后国家而言，后一种税制则更加实惠。但是在现实中，绝大多数国家所实行的税制都是如上两种税制的某种混合形式，世界上也没有两个国家的税制是完全一样的。

跨国界来看，任何两个国家的国内税制之间都会存在着双重征税和双重不征税问题，即相互重叠的税收管辖领域，对于潜在的跨国经营活动双重征税；同时，两个国家都没有涉及的税收管辖权上的空隙领域，导致两个国家都没有对某些跨国经营活动的收益进行征税。

对于双重征税问题，早在20世纪20年代，国联（The League of Nations）就已经确定了不少的原则。目前的国际避免双重征税协议中的很多条款和原则都来源于此，以减少贸易扭曲和对于可持续经济增长的阻碍。国际避免双重征税协定中的核心条款是：对于一个国家的纳税义务，首先是基于该法人

---

① 除特别说明之外，这部分的分析和介绍主要参考 OECD，*Addressing base erosion and profit shifting*，Chapter 4，Key tax principles and opportunities for base erosion and profit shifting，2013，pp. 33 – 46。

是不是该国居民——如果是，那么，就具有广泛的纳税义务，而不管该法人的商业收益是来自世界何处的；而如果不是该国居民，那么只是在某些条件下，其商业收益才会被课税。

"某些条件"是什么样的条件呢？这里，最基本原则是看这个企业是否在该国建立了"永久性的商业存在"。如果有这样的永久性商业存在，那么，这个国家就有权对该企业在该处产生的商业利润进行课税；否则，则不能。但是也有例外，比如，对于来自不动产上的商业收益的课税，就由该不动产所在国来征收；再比如，对于分红、利息以及技术特许费的课税原则，也有所不同。

征税是一个国家的主权之一，但是，企业的跨国经营活动，不仅在一个国家的主权领土范围内，而且是在很多国家的范围内展开，由此产生的商业利润如何进行国际分割和适当课税呢？例如，如果征税的主要对象是本国的法人（本国的居民和公司），那么本国法人跨国经营所产生的利润应该如何合理进行分割呢？对于本国领土范围内的外国公司的"永久性商业存在"所产生的商业利润，也存在着如何合理进行判定的问题。早在 1920～1930 年，国际商会（International Chamber of Commerce）和国联就专门进行过类似的研究，后者的专家组得出结论——国际税收应该按照各个国家对于国际生产以及由此产生的商业利润的贡献来分割。也就是说，决定国际税收的最重要的因素（当然基于不同的收入来源重要性有所不同）是：①财富的来源（the Origin of the Wealth），即财富的源泉问题；②财富在哪里消费的问题，即财富的归属问题。这里财富的生产或者来源是指该财富创造的所有过程，包括参与该财富创造的所有国家和地区。"财富的来源"的原则，至今仍然是确定国际税收合作的基本原则。通俗地讲，就是应该按照各个国家在全球价值链中参与的程度以及贡献大小来确定由此产生的商业利润的分享比例，和各个国家应该征收的税收的比例。

2. 转移定价

即便是世界各国都同意：跨国经营企业的商业利润应该按照各个国家在其中的贡献来分享，但是，更加的棘手的问题又会出现——如何计算和评估跨国经营的企业在某一个国家所进行的某个生产阶段和环节上所产生的价值增值以及商业利润，尤其是从事跨国经营的企业，涉及大量的、频繁的跨国界"企业内部"，或者是关联企业之间的交易活动。转移定价的规则就是专门针对这种情况而设定的。国际社会普遍接受的原则就是"市场交易"原则，即跨国公司企业的内部交易，或关联企业之间的交易活动，一定要参照市场条件下的类似交易进行评估。因为在市场经济条件下，独立企业之间的交易按照市场竞争的标准来进行才是比较正常和公平的。

但是，进行这种可比性分析也是非常不容易的，即一定要保证两者之间具有可比性——交易双方所承担的责任、投入的资产以及所承担的风险、交易活动的核心特征等。即便是如此，进行这种可比性分析仍然具有很大的随意性，因为各个国家的税收体制，尤其对于转移定价的规则都不相同，立场也不同。OECD 在这方面已经于 1979 年专门出台了相关的指导准则（《OECD 对于跨国公司和各国税收当局有关转移定价的指导原则》），并在 1995 年进行了更新。

3. 杠杆

很多国家的税收体制对于债务和资产的课税原则是完全不同的。一般而言，债务都被认定为是不属于一个公司的资源，因此，在某些条件下，为这些债务所支付的利息是享受税收减免的；相反，一个公司所拥有的资产，以及该公司对于股东所支付的分红则不会享受税收减免。这种做法会引致很多的逃税和避税行为，比如，同样的一项投资，通过债务融资就可以避税，而通过自有资产投资则不能获得所得税方面的减免；再比如，同样的股东分红，可以在一个税收管辖权区内采取债务利息的形式（以便获得税收减免），而在另外一个税收管辖区内则直接采取分红形式（假如该国不对股东分红征税的话）。

4. 反避税规则和措施

一方面，是进行跨国经营的跨国公司会利用不同国家之间的税收制度来进行偷税和避税。不少公司内部甚至专门设立了财会和税务部门，从事形形色色的避税活动。另一方面，是各个国家的税务部门也在积极应对，并出台各种措施反击跨国公司的偷税和逃税行为，以保证它们公司所得税体制的有效性和公平性。在现实中，政府反避税战略通常集中在对跨国公司有计划逃税行为的阻止、侦探以及积极反应上。阻止战略的重心是威慑跨国公司的偷逃税行为。这种阻止战略通常包括公开发布政府相关税收政策以及惩罚政策，要求潜在的偷逃税企业提供额外的经营信息，并曝光违规企业等。侦探战略则是为了保证及时获得有针对性的和比较全面的相关信息。这些信息一般的审计部门很难单独提供，但是对于政府部门及时识别潜在的危险领域和逃税企业，并做出有效的反应非常重要。政府的反应战略则体现在两个方面，其一是对于一些企业偷逃税行为的阻止上，其二是对这些企业未来的纳税行为的影响和干预上。以下是各国国内税收体制中的一些最重要的反避税规则。

（1）一般性的反避税规则或者原则，以限制甚至阻止企业通过各种不正当方式获取过度的税收优惠，比如，进行没有实质经济内容的交易等。

（2）对于被控制的外国公司的规则。在该规则下，来自由非居民（或者外国人）控制的经济实体的利润，可以被归属于国内股东，并课以本国所得税率，而不管这种收入是否已经转移给这些国内股东们。

（3）限制债务利息的税收减免规则。比如，设定一定的债务—资产比率。对于超过这个比率门槛的债务人所支付的债务利息不进行税收减免。

（4）反复合实体（Anti-hybrid）规则。比如，将国内的税收处置与国外的相挂钩，消除国家之间税收体制之间的不协调，弥补漏洞，减少跨国偷税逃税的机会。

（5）反税基侵蚀规则。比如，对于某些跨国支付征收较高的抵扣税，或者取消相应的税收减免等。

（二）在现有税制下跨国公司的偷税和逃税机会

在现有的税制下，虽然每个国家都单独制定自己的税收政策，并建立了独立的税收体制，也都非常合理和公平，但是，跨国之间有很多的不协调和漏洞，从而为从事跨国经营的公司提供了偷税和逃税的机会（见表2）。

表 2 跨国税制、税基侵蚀和利润转移的机会以及跨国公司的做法

项目	现有税制的主要做法	税基侵蚀和利润转移的漏洞	跨国公司主要做法
跨国税收的征收和分享	按照是不是本国居民、是否设立永久性的商业存在等原则征税	双重征税；双重不征税；国别税率、税收优惠的不同以及不匹配	在低税收地区创建分支机构，创建复合实体、金融机构或者金融工具、渠道公司，使用衍生金融工具等
转移定价	按照市场交易规则进行企业内部跨国交易活动	对于无形资产以及风险分担，很难确定其公平的市场价值以及交易活动	将更多的利润配置在无形资产以及与风险相连的职能上
杠杆	对于资产上的收益征税，对于债务利息免税	债务性融资行为	跨国分支机构之间的债务融资活动
反规避	各国政府反对跨国税收规避逃避的规则	不同国家反规避规则之间的不协调不一致	根据不同国家的反规避法规的规定，安排不同分支机构的活动

资料来源：笔者汇总。

1. 对于跨国税制不协调和不一致的利用

虽然每个国家都有权选择和制定自己的税收体制并征收税收，支持自己的正常开销，但是，各国的税收体制也要保证不干扰和扭曲正常的跨国投资和贸易活动，也不能在国内生产商与跨国生产商之间造成人为的不公平。在世界各国经济越来越密切融合的条件下，各国的税收体制之间存在着很多的不协调和漏洞，比如双重征税以及双重不征税的问题。这会导致两方面的后果，其一，各国政府会流失税收；其二，会带来众多的跨国偷税和逃税机会，从而在跨国经营的企业与从事国内经营的企业，尤其是一个国家的中小企业之间形成不公平竞争，并为前者创造出不正常的竞争优势。

在现有的国际税收体制下，跨国公司从事税基侵蚀和利润转移的做法主要有以下几种形式。

（1）在公司所得税率低的国家和地区创建新的外国分支机构。跨国公司可以一方面在公司所得税率高的国家建立商业存在并从事大规模的生产和经营活动，另一方面，在公司所得税率很低或者为零的国家建立一个子公司或者分支机构，然后，通过前者向后者贷款的形式（许可或者服务）将利润转移到后者，从而上缴很低的所得税。

（2）创建复合实体。复合实体是指这样一种经济实体，即在一个国家是作为应税的实体，而同时在另一个国家则是作为非应税的"透明"（transparent）实体存在的。比如，假定一个在 B 国的实体，从其设在 A 国的母公司获得了一笔贷款。这时，在 B 国的实体，在 B 国是作为应税的实体存在的，而 A 国则是作为一个"透明"（transparent）实体存在的。两个国家对于同一个实体税收处置上的不协调使该公司集团能够在 B 国为这一笔贷款获得税收上的减免，而同时 A 国对于这笔贷款也不课税①。

（3）创造复合金融工具和其他金融交易，也可以达到同样的目的。比如，在 A 国的一个公司购买了在 B 国的一个公司发行的金融工具。根据 A 国的税制，这个金融工具被认定为资产，而在 B 国，这个金融工具则被认定为债务工具。因而，在这个金融工具上所进行的支付，在 B 国，可以进行利息支付上的税收减免，同时，在 A 国，这种收益被认定为红利，并享受税收减免。这样的一笔跨国利息支出（或者红利收益），在两个国家都没有被征收所得税。

（4）创建渠道公司。

（5）使用金融衍生工具。某些金融衍生工具可以被用来降低或者消除跨境支付的抵扣税。比如，用衍生金融工具合约的费用，如利率互换合约费用等，可以从经济上替代掉利息支付，从而避免抵扣税。

2. 对于转移定价规则的利用

市场交易原则的一个基本假设是交易中，从事功能、投入资产以及承担风险越多的一方，获得的收益也就越多，反之则相反。从事跨国经营的跨国公司就可以根据所在国家和地区的公司所得税的高低不同来合理配置生产和经营的功能、资产和风险的地理分布，从而达到偷税和避税的目的，实现利润最大化。这里，跨国生产和经营的功能转移，相对来讲比较困难。比如，就生产型跨国公司而言，在低收入的国家从事加工和制造活动，在高收入的国家从事研发和销售活动，这种功能上的国际分工格局是很难调整的。但

---

① 如果这种操作反过来进行，那么，则会导致双重征税问题。

253

是，不同功能上所承担的风险以及无形资产，甚至有形资产的所有权却是很容易在不同国家和地区进行转移的。

这样，虽然市场交易的原则被用来处置跨国转移定价问题，对于难以评估价值的无形资产以及经营风险的配置却很难找到合适的市场交易和定价的参照。这些方面正是跨国公司用来进行大规模偷税和逃税的主要领域。

3. 对于政府杠杆规则的利用

前面已经介绍过，现有的税收体制鼓励公司采取债务融资的方式进行扩张，而隐含地对于资产融资扩张的方式进行抑制。这种做法，就为跨国公司提供了在不同分支机构之间进行债务以及资产配置，从而减少整个公司税收负担的机会。因为，跨国公司母公司可以战略性地将一定数量的资产和债务配置在不同税制环境下的分支机构中，从而达到避税的目的——比如，在身处高税收环境下的分支机构上配置更多的公司内部债务，从而能够压低利润甚至导致该分支机构处于亏损状态，从而实现转移利润以及偷税避税的目的。

4. 对于反规避法规的利用

各个国家的反规避法规之间差别很大，从而为国际合作抑制跨国公司的避税行为带来很多困难。比如，对于跨国公司的某些避税措施和做法的认定以及裁定上就存在差异。同样的行为，有些国家的法规可能认定其已经违反了反规避法规，需要采取法律行动；而有些国家则不这么认为。同时，对于不同的反规避法规，跨国公司也形成了形形色色的应对和逃避策略。比如，为了达到偷税和避税的目的，跨国公司内部利润配置的结构，从而税收结构也在进行着重要的变化，即①更多的利润配置在法律事务、无形资产以及内部风险的分担上，而在实质性的生产经营活动上的配置则越来越小。随着发达国家的经济向信息经济、知识经济转型，这种趋势更加明显。②尽管跨国公司的跨国偷税和漏税行为，在很多时候是合法的，精心利用了现有各国税收规制和体制的漏洞及不协调之处，造成的结果却是共同的：严重降低了这些公司的税收负担，从而侵蚀了所有国家的税基。因此，各个国家也需要及时交流信息，共同应对跨国避税行为。

三 应对——国际合作和中国的参与

如前所述，正是世界各个国家不同的税制原则和做法，为从事跨国经营活动的跨国公司创造了偷税和避税的机会。从单个国家的角度来看，即使当地的税收规则和体制都很完好，但是，不同国家的税制规则和体制的相互作用交织在一起，就会产生种种税基侵蚀和利润转移的机会。这正是国际合作共同应对跨国公司偷税和逃税行为的必要性之所在：单个国家的单独行动是不能够应对这种跨国税基侵蚀和利润转移问题的，而需要各个国家之间的密切协作。

为此，首先需要制订一个综合行动计划，以便给各个国家提供不同的政策工具选择，从而将课税权力更好、更密切地和实体经济活动相结合。

其次，需要及时地和各个利益相关方进行密切的沟通和协商。不论是综合行动计划的形成和制订，还是这个计划的执行都需要所有利益相关方的积极参与和努力。所有感兴趣的国家，尤其是 OECD 成员和 20 国集团成员都需要做出积极的努力。同时，也要征询商业团体以及市民社会的意见。

从 2012 年开始，解决税基侵蚀和利润转移就成为国际社会关注的重大议题，并被纳入当年在墨西哥举行的 20 国集团领导人声明，从而成为很多国家政府的一个优先关注领域。2013 年，OECD 和 20 国集团联手一起推出了影响广泛的《处置税基侵蚀和利润转移》（*Addressing Base Erosion and Profit Shifting*）报告，并提出了 15 点行动计划要点（见表 3）。随后，经过两年的密集谈判，由 34 个 OECD 成员国、8 个非 OECD 的 G20 成员国和 19 个其他发展中国家共同参与，并于 2015 年 10 月就 15 点行动计划要点达成共识，形成了相应的 15 项成果，统称为 OECD/G20 的 BEPS 规划（OECD/G20 BEPS Project）。同年 11 月在土耳其安塔利亚召开的 G20 峰会上，OECD 和 20 国集团又进一步确立了"有关 BEPS 的包容性框架"，鼓励感兴趣的国家和地区与 OECD 以及 20 国集团一起，共同确定与 BEPS 相关的议题标准，评估和监督有关 BEPS 一揽子行动计划的执行情况。

表3　BEPS规划15项行动计划目录

排序	行动计划	主要内容
1	第1项行动计划	《应对数字经济的税收挑战》
2	第2项行动计划	《消除混合错配安排的影响》
3	第3项行动计划	《制定有效受控外国公司规则》
4	第4项行动计划	《对利用利息扣除和其他款项支付实现的税基侵蚀予以限制》
5	第5项行动计划	《考虑透明度和实质性因素有效打击有害税收实践》
6	第6项行动计划	《防止税收协定优惠的不当授予》
7	第7项行动计划	《防止人为规避构成常设机构》
8～10	第8～10项行动计划	《无形资产转移定价指引》
11	第11项行动计划	《衡量和监控BEPS》
12	第12项行动计划	《强制披露规则》
13	第13项行动计划	《转移定价文档和国别报告》
14	第14项行动计划	《使争议解决机制更有效》
15	第15项行动计划	《制定用于修订双边税收协定的多边协议》

资料来源：国家税务总局网站，http：//www.chinatax.gov.cn//n810214/n810641/n810697/n813233/c1836574/content.html。

到2017年7月11日为止，已经有70个国家和地区加入《实施阻止税基侵蚀和利润转移相关税则的多边公约》（*the Multilateral Convention to Implement Tax Treaty Related Measures to Prevent Base Erosion and Profit Shifting*）中来。不同国家根据本国的国情，分别参加了不同的行动计划。

中国作为20国集团的成员方以及OECD的平等对话伙伴，全程参与了BEPS所有15项行动计划的形成过程并发挥了积极作用。

四　几点评论

就打击跨国公司的跨国税基侵蚀和利润转移活动而言，似乎有两个问题更需要关注。

其一，就跨国公司的跨国经营活动而言，是不是应该实现"价值增值过程与利润创造过程的统一"[①]呢？或者更一般地讲，跨国经营活动的价值

---

① 这里的"统一"是指，跨国公司的利润创造应该按照价值增值的过程来进行配置——比如，在生产阶段和研发阶段，价值创造的贡献是20%和30%，那么，相应的利润分享也应该是相同比例。

创造和利润创造过程的关系应该是什么样的关系呢？这样的国际共识和原则不确立，允许跨国公司任意决定全球价值链上的某个环节和功能上的利润配置比例，那么，解决跨国税基侵蚀和利润转移问题就是一句空话。

其二，就主权国家的税收征收和政策制定权力而言，是不是各个国家应该制定统一的，或者（更简单地讲）一样的公司所得税率呢？既然征税是一个国家的主权之一，为什么不同的国家不能确定不同的公司所得税税率呢？而如果每个国家都可以自主选择自己的公司所得税率，那么，在国际范围内存在的各种各样的避税天堂就是合理的了，从而，也就隐含地承认了跨国避税和逃税的合理性了。这样的话，国际合作解决跨国税基侵蚀和利润转移问题还有必要吗？

就国际经济治理而言，也有两点值得关注。

其一，在经济全球化的背景下，跨国经营活动所带来的经济治理最突出的挑战之一就是国际税收管理问题。跨国界的价值创造过程以及利润的配置过程，使单个国家的税收管理鞭长莫及，而跨国公司则游刃有余。造成的结果就是跨国公司逃避税收义务，获得不平等的竞争优势，并侵蚀来源国和接受国的税基。在短期内，似乎没有很好的解决方案。

其二，就制定国际规则而言，跨国界的税收治理是一个很好的机遇。但是，国际规则的制定并不是一声空洞的呼喊，更不是一个号召、振臂一呼就可以搞定的；而是一种引导，一种开拓。需要的是一种先见之明和高瞻远瞩，是一种科学的研究以及积极的探索，是一种从发现问题、剖析问题再到解决问题的缜密和耐心，是一种凝聚共识、求同存异的引领，是一种各个国家的逐渐认同、附和以及支持。至少到目前为止，在跨国税收新规则的研判、讨论和形成中，OECD 所发挥的作用值得我们深入学习和借鉴。

参考文献

Citizens for Tax Justice, Institute on Taxation and Economic Policy and U. S. PIRG

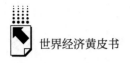
Education Fund, *Offshore Shell Games 2016 - The Use of Offshore Tax Havens by Fortune 500 Companies*, 2016, https：//www. ctj. org/offshore – shell – games – 2016/.

McKinsey Global Institute, *The New Global Competition for Corporate Profits*, http：// www. mckinsey. com/business – functions/strategy – and – corporate – finance/our – insights/the – new – global – competition – for – corporate – profits.

OECD, *Addressing Base Erosion and Profit Shifting*, 2013.

Oxform, *Tax Battles*, 2016, https：//www. oxfam. org/en/research/tax – battles – dangerous – global – race – bottom – corporate – tax.

UNCTAD, *World Investment Report*, 2017, http：//unctad. org/en/PublicationsLibrary/ wir2017_ en. pdf.

Y.16
全球生产率减速之谜

李远芳*

摘　要： 经济长期增长的关键在于反映资本和劳动总体使用效率的全要素生产率（TFP）的增长。然而在全球金融危机过去十年之后，全球生产率增速至今低迷不振，显著低于危机前。与此统计事实构成鲜明对照的是日常经验中互联网信息技术、人工智能等领域正快速发展，二者构成了新时期的"生产率之谜"。本文考察了全球生产率增长趋势的变化及根源、"生产率之谜"产生的原因，展望了未来生产率的增长前景并提出了有关的政策应对。

关键词： 全要素生产率　经济增长　全球金融危机　结构改革

　　全球金融危机过去十年之后，全球经济增长中的长期性问题越来越得到重视。长期增长的关键在于生产率增长，特别是反映资本和劳动总体使用效率的全要素生产率增长。然而全球金融危机后生产率增速急剧下降，并未随着危机影响的消退而恢复至危机前水平，至今仍低迷不振，国际组织的中期预测也不甚乐观。伴随这一现象的却是互联网信息技术应用深入各个主要产业领域，新能源、大数据、人工智能等领域的进展突飞猛进。这形成了新时期的"生产率悖论"，并引发了全球经济智库学者的热烈关注，在全球政策层面也得到广泛重视和回应。本文考察了全球生产率增长的趋势变化，分析

---

* 李远芳，经济学博士，中国社会科学院世界经济与政治研究所国际金融室助理研究员。

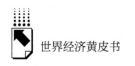

了全球生产率增速变化的有关假说以及根源，展望了未来全球生产率增长前景，并在此基础上提出有关的政策应对。

一 全球生产率增长趋势与生产率之谜

距离全球金融危机爆发已经十年，无论是发达经济体还是发展中经济体，其经济增速相比危机前的趋势均明显放缓。从增长核算的角度看，危机后的经济减速在很大程度上反映了全要素生产率增速的下降。

根据 IMF 工作人员的测算，发达经济体全要素生产率增速下滑可以解释发达经济体危机后 40% 的产出损失[1]。美国布鲁金斯学会的研究也显示，即便将周期性因素很好地控制住，危机后仍出现了全要素生产率增速的下滑[2]。对新兴经济体和低收入经济体而言，全要素生产率下降更是危机后产出损失的主要原因。虽然新兴经济体和低收入经济体内部存在相当大的经济结构差异，但全要素生产率下降也是相当普遍的。

图 1 显示，在危机前的 2000～2007 年，发达经济体的全要素生产率年均增速为 1%，在危机后的 2011～2016 年下降至 0.3%。同期，新兴与发展中经济体则从危机前的 2.8% 下降至危机后 1.3%。根据预测，未来六年两组经济体全要素生产率增速将有一定恢复，发达经济体上升至年均 0.7%，而新兴与发展中经济体上升至年均 1.9%，但相比危机前的水平，差距仍是颇为明显的。

从长期历史的角度看，处于全球技术前沿的发达经济体全要素生产率的下降事实上从 20 世纪 70 年代就开始了。1960～1970 年，发达经济体全要素生产率年均增长 2.3%，但 70 年代和 80 年代就开始经历大幅下滑，90 年代和 21 世纪初经历一段时期的小幅复兴后，又于危机后跌至前所未有的谷底。如果包括危机期间，那么最近十年发达经济体全要素生产率年均增速仅

① Gustavo Adler, Romain Duval et al. , "Gone with the Headwinds, Global Productivity", IMF Staff Discussion Note SDN/17/04, April 2017.

② John Fernald, Robert Hall, James Stock, and Mark W. Watson, "The Disappointing Recovery of Output after 2009", Brookings Papers on Economic Activity, Mar 23, 2017.

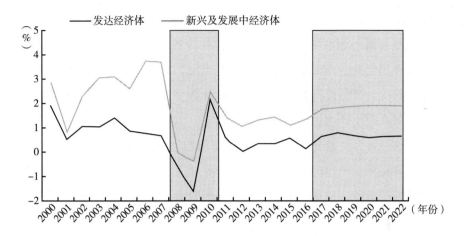

图1 危机前后全要素生产率增长

注：阴影部分分别代表全球金融危机期间以及未来预测。

资料来源：IMF，《世界经济展望》，2017年4月。

为0。而即便控制住周期性因素，主要发达经济体全要素生产率的下降也是从危机前就开始了。

根据经典的新古典主义增长模型，全要素生产率增长是劳动生产率增长的基石。从增长机制上看，全要素生产率上升将带来人均资本边际报酬率的上升，从而激励更多的资本累积，进一步提升人均资本存量，形成更高的人均产出。若全球全要素生产率增速正发生长期性的滑坡，那对全球劳动生产率以及居民生活水平的提升绝不是好消息。

令人感到困惑的是，尽管增长核算显示的长期生产率统计数据以及有关的预测很是悲观，但同时全球经济正在经历数字化转型，也面临新能源、新生物医疗、机器人、人工智能等新兴科技给产业带来的巨大机遇。这些转型与技术进步是否能带来更有效率更有质量的经济增长？生产率统计数字是否能对这一状况做出客观描述？这是展望未来经济中的基础性问题。

二 有关生产率测量问题的争议

三十年前，经济学家索罗提出了"索罗生产率之谜"（The Solow

Productivity Paradox)。他于 1987 年发表在《纽约时报书评》上的一篇文章提到"到处都看得到电脑，就除了生产率统计数字外"。当前的状况与三十年前亦有可比之处。而无论是早先，还是当前，对于具体经验与统计数字之间相悖的状况，比较流行的一种解释是统计数字不能如实刻画新技术对经济的影响，带来对生产率进步的低估。

根据这一解释，首先，一种可能性是广泛应用信息技术且受益最大的产业恰好是最难测量产出的那些产业。譬如相比于农业、制造业、建筑业等产出物质成果的产业，信息技术在金融业、保险业、流通业等服务业应用得更为密集。而在产出统计中，服务业统计向来就存在巨大的问题。不仅是统计方法本身，甚至有时候连产出本身的定义都存在可争议之处。若是产出的性质越来越偏重于质量而非数量，那么投入产出比着实会更难以衡量。所以，如果新技术对生产率的提升很大程度上都发生在难以被测量的产业，那么产生上述生产率悖论也就很有可能了。

其次，也有可能新技术的收益反映在消费者剩余的提升上，而非完全体现在产出的上升中。这一情况下，不考虑消费者剩余的增量，而只使用产出指标，就会低估全要素生产率。譬如，很多互联网信息技术领域的改进，使人类可以更加方便地使用各种设备，但这种便利性或者娱乐性并不一定会立即影响真实世界的物质生产，所以不能在产出上反映出来。

最后，互联网信息技术促进了经济活动在全球的再组织，而新的组织方式所带来的收益却并不能显示在一国的经济统计中。近三十年来的全球化进程，很重要的一个特征是原本在地理上较为集中的、环节连贯的经济活动，可以通过信息技术的帮助，分散至全球相对供应成本最低的地区。譬如一家美国的玩具公司，多年前的运营模式是在美国生产玩具，使用当地的金融服务以及流通体系，而现在发达的信息技术就可使该公司能够仅将美国作为总部，将制造生产安排在中国，将金融交易安排在巴哈马群岛这类离岸金融中心，玩具生产完成后直接由轮船运至美国的玩具零售商。从公司股东和管理层的角度看，这一生产运营再组织大大提升了盈利空间，在美国的生产率数据中却无法表征出来。而总部提供的各类设计运营管理服务更可能是提升了位于其他地区的经济活动的生产率。而即便要度量总部提供的服务也会遇到上述第一条中提及的问题。

然而，测量问题是否能解释生产率增速在中长期的波动呢？答案是否定的。20世纪七八十年代处于技术前沿的发达经济体全要素生产率增速或早或晚都开始滑坡，如果这是与新技术伴随的测量问题所致，那20世纪90年代到21世纪初的生产率增长回升就不能再用测量问题来解释了。譬如，Byrne等人就认为，尽管信息技术产业的技术进步存在不易量化的问题，但近年来学界量化这些技术进步的准确度无疑是在不断提高的。[1] 他们通过使用反映质量调整的价格指数、固定不易测量产出的服务业部门比重等多种调整技术，发现这些调整或者扩大了生产率近年相比前一阶段的减速幅度，或者相比减速幅度其调整量过小，不足以解释统计数据中的现象。因此，危机前就开始显露的生产率增速下降，不能简单归因为测量问题。

另外，在生产率增速的下行中，测量误差究竟占据多大成分？是否足以扭转上述长期生产率增速下滑的结论？答案亦不尽然。一些最新研究提出的证据显示，即便考虑到测量问题，生产率增速的下行趋势也基本是确定的。如Byrne等人使用了多种数据调整方法来估算以往美国生产率测算中的偏差问题，结果发现测量偏差对结果的影响并不大。

芝加哥大学的Chad Syverson做了四组彼此相互独立的研究来分析生产率测量误差的规模[2]。首先，Syverson发现生产率增速放缓的现象出现在了几十个国家当中，虽然这些国家的IT产业所占GDP比重各不相同，但其生产率增速都出现了类似的放缓现象。其次，他通过归纳现有文献发现，IT

① David M. Byrne, John G. Fernald, and Marshall B. Reinsdorf, "Does the United States Have a Productivity Slowdown or a Measurement problem?", Brookings Papers on Economic Activity, 2016, https://www.brookings.edu/bpea – articles/does – the – united – states – have – a – productivity – slowdown – or – a – measurement – problem/.

② Chad Syverson, "Challenges to Mismeasurement Explanations for the US Productivity Slowdown", *Journal of Economic Perspectives*, American Economic Association, vol. 31 (2), 2017, pp. 165 – 186.

产业增速放缓并不能解释美国整体的生产率放缓的规模，二者之间的缺口大概为 2.7 万亿美元。再次，如果测度误差真的是导致生产率增速放缓的主要原因，那么通过改变对 IT 产业技术进步的估算方式就应能看到生产率增速数据的剧烈起伏，然而事实并非如此。最后，Syverson 还发现很多国家都存在的国民总收入略大于国内总产值的现象，这在生产率减速之前就存在了，因此并不能将其作为新技术带来显著免费服务的证据。这一现象更有可能反映的是资本回报率的持续高涨。

三　全球生产率趋势性减速的根源

上述最新研究表明，全球生产率趋势性减速在很大概率上是真实发生的情况，那么导致全球生产率趋势性减速的根源又是什么？对这一问题的分析，需要区分处于技术前沿的发达经济体以及尚未处于技术前沿的新兴及发展中经济体，还需要区分危机前就已存在的长期性因素，以及危机后又出现的新问题。

对于发达经济体，目前一些研究成果显示，危机前就已开始的生产率减速趋势很大程度上源于信息技术扩散带来的生产率繁荣正在消退。如麦肯锡全球研究院的研究显示，不同部门和行业的生产率变动趋势并非完全一致，总体生产率增速变化其实是不同时期不同部门生产率此消彼长的综合结果①。发达经济体 20 世纪 90 年代中期到 21 世纪初的生产率提速很大程度上得益于一些劳动数量庞大的服务业部门技术的迅速进步。然而，当今世界的一个重要特征是，发达经济体相对缺乏技术快速进步的产业。如图 2 所示，从 90 年代到 21 世纪初，发达经济体信息技术密集部门的全要素生产率显著高于其他部门，但 2000 年以后前者增速开始滑落，到 2005 年后两个部门生产率增速没有明显差异。

---

① Mckinsey Global Institute（MGI），"The Productivity Puzzle：a Closer Look at the Unisted States"，*Discussion Paper*，March 2017.

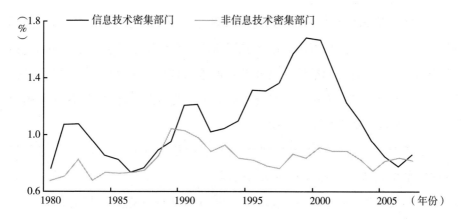

图2 发达经济体全要素生产率增长：信息技术密集与非信息技术密集部门

资料来源：Gustavo Adler, Romain Duval et al.，"Gone with the Headwinds, Global Productivity"，IMF Staff Discussion Note SDN/17/04，April 2017。

通过总结微观产业经验，麦肯锡全球研究院还发现，缺乏技术快速进步的产业并非缺乏提升生产率的技术机遇。事实上在先进制造、能源密集使用的制造业、能源开采、交通、教育、医疗、建筑以及政府部门，技术进步的机会都非常多。然而，由于制度惯性，创新和改变的激励却相对不足。

除产业层面的原因之外，危机前一些重要的结构性问题就已经制约了全球全要素生产率的增长，而危机进一步加剧了某些结构性问题。这些结构性问题尤其包括老龄化问题、人力资本积累减缓、全球贸易增速放缓以及中国融入全球贸易的进程已趋于成熟等。其中，全球贸易增速放缓主要反映了贸易自由化的动能减弱以及全球供应链的成熟。贸易减缓意味着竞争的下降以及投入品丰富程度的下降，还意味着资源再配置效应的减弱。根据IMF的估算，中国融入全球贸易对于发达经济体全要素生产率的影响非常显著，中国贸易的趋势性上升大约能够解释发达经济体全要素生产率中位数上升水平的10%。

发展中经济体全要素生产率在危机后的减速则更为复杂，并不那么清晰。除了国家前沿技术进步减缓导致的溢出效应下降以及上述人口、人力资

本及贸易等方面的结构性因素之外，发展中经济体还受到一些特殊因素影响。譬如，对于商品出口国，由于采掘业往往是尽量先开采易开采和质量高的矿藏，那么随着时间推移，当开采变得越来越难，矿藏质量越来越差时，生产率也就会受到负面影响。另外，商品价格波动也会通过信贷环境、财政状况等影响经济的全要素生产率。

整体上，发展中经济体全要素生产率的放缓还有很大可能与这些经济体内部结构改革动能减弱存在密切联系。全要素生产率反映了资本和劳动总体使用效率，除了技术以外，也与制度息息相关，早先的研究都证实了结构改革对于新兴和发展中经济体全要素生产率的积极作用。虽然这些经济体全要素生产率追赶的潜力仍然巨大，但之前的结构性改革和转型的效果正在退却，近年来贸易领域以及金融体系的改革步伐甚至开始放缓①。

全球金融危机之后，全球生产率又受到了危机后遗症的深刻影响。全球金融危机是由资产价格泡沫引发的，它伴随着包括金融部门在内的多部门资产负债表剧烈恶化。这种经济衰退现在被广泛称为资产负债表衰退，以区别于传统宏观经济周期中的衰退。这类型衰退往往伴随永久性的产出损失和长时间的低迷。

危机之后，三方面因素将导致全要素生产率增速在长时间内受到抑制。第一，由于企业资产负债表薄弱，同时金融部门资产负债表恶化导致信贷环境收紧，企业投资将受到抑制。如图 3 所示，危机后发达经济体和发展中经济体整体资本形成速度都明显放缓。技术进步往往是包含在企业投资中，投资减缓不利于生产率增长。Redmond 等从行业层面研究了金融危机期间各行业信贷约束与技术进步的关系。他们发现，那些信贷条件较差的行业，其生产率增长更容易受阻。第二，在金融过度繁荣阶段还会伴随资本错配问题，而危机后政府短视性决策以及金融体系的内在缺陷很可能延迟资本错配问题

---

① Era Dabla – Norris, Giang Ho, and Annette Kyobe, "Structural Reforms and Productivity Growth in Emerging Market and Developing Economies", IMF Working Paper WP/16/15, Feb 2016.

的纠正，甚至强化这一问题。这对全要素生产率增长也是一大不利因素。第三，经济和政策的不确定性加大，在一定程度上导致投资远离高风险、高收益项目，这可能进一步损害了全要素生产率的增长。

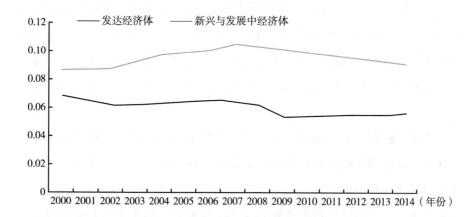

图3　总固定资本形成占物质资本存量比重（2000～2014年）

资料来源：IMF，《世界经济展望》，2017年4月。

综上所述，全球生产率减速既存在深刻的结构性因素，同时也受制于危机冲击所导致的后遗症问题。但在此之外，我们还需要回答：为何人们的直观经验中涌现的众多新技术产品和服务与生产率统计数据显示的趋势存在明显差距？

如上文所述，生产率统计偏差没有那么大，不足以扭转数据所揭示的增速下滑趋势。那么如果不是统计偏差方面所形成的问题，更大可能是我们的直观经验存在较大的偏差。事实上，我们的直观经验累积与新技术产生的产品和服务数量成正比，新技术带来的生产率进步却应当是与新产品服务占已有产品服务数量的比重成正比。当存量产品服务数量是100时，增长1%只需要增加1件产品或服务。但当基数变为10000时，增长1%却需要100件产品或服务。增加100种新产品容易被直观经验感知，但是所占比重并不高，因此，这种差异大概是直观经验与统计数据差异的重要来源。

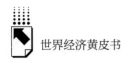

四 全球生产率走势展望

中长期的生产率预测往往存在巨大的不确定性。技术方面的不确定性来自两部分,一部分是新兴技术累积的经济影响会有多大,另一部分是新技术的扩散与成熟将经历多久。譬如,当前对未来 10 年美国企业部门全要素生产率的诸多预测中,低的有年均仅 0.4% 的上升[1],而高的则有每年 2% 的增长[2]。

持技术乐观主义看法的经济学家认为全球经济正处于一轮新增长的转折点上。这轮增长将由充分利用人工智能、网络通信、数字化等一系列新技术的智能机器推动。他们对未来生产率增长的乐观不仅来自计算能力、互联设备、数字信息呈指数增长的观念,也来自新的想法和创意将越来越迅速便捷地得到创造和实现的看法。历史上,电力、蒸汽机等技术突破往往需要几十年才到达广泛应用的临界点,持乐观看法的经济学家认为,信息技术和数字通信对人类生活及企业运营的根本性改造也需要几十年才将到达临界点。

持悲观看法的经济学家则认为自 20 世纪 70 年代以后,人类生活的基本方面所经历的变化事实上并没有那么多[3]。Robert J. Gordon 是美国知名的宏观经济学家与经济历史学家,从 21 世纪初的互联网热潮高峰之际就不断地表达如下观点:当今信息通信技术上的发展,无法相比于过去的几次技术突破。信息技术革命就重要性而言也无法与驱动1870~1970 年经济增长的五项伟大发明相提并论。他所提及的五项伟大发明包括:电力、城市排污设施、化学制药、内燃机以及现代通信。这些伟大发明产生于 19 世纪末,之

---

[1] Robert J. Gordon, *The Rise and Fall of American Growth*, Princeton, NJ: Princeton University Press, 2016.

[2] Eric Brynjolfsson and Andrew McAfee, *The Second Machine Age*, New York: Norton, 2014.

[3] Paul Krugman, "Paul Krugman reviews 'The Rise and Fall of American Growth' by Robert J. Gordon", *The New York Times*, Book Review, Jan 25, 2016.

后经过了较长时期的改良，对经济增长的明显效果才最终发生在 1920～1970 年。

一个很有趣的比方是，如果有时间机器把我们送到二战前夕美国纽约的一间公寓，我们会发现冲水马桶、供水管路、煤气灶、电灯、冰箱、电话等满足现代基本生活需求的绝大部分设施。虽然没有电视和互联网，但也不会难受到觉得生活过不下去的地步。但如果将 20 世纪 40 年代美国的城里人送到 19 世纪 70 年代，很可能人们会觉得生活不下去了。因此，由伟大发明推动的快速经济增长，事实上仅是偶发性事件，不能期待会一直持续下去。

在学者对于未来生产率增速的看法存在如此大的差异的背景下，我们可以预见的是，从产业角度看，人工智能和其他技术突破将推动有关部门的生产率增速再次提升，但提升的幅度和时间点难以预测。在新技术带来明显的生产率增长之前，即便全球经济能够解决危机遗留的问题，由于存在人口老龄化、人力资本、全球贸易瓶颈等结构性问题，生产率增速也难以恢复至发达经济体 90 年代末，或者新兴与发展中经济体危机前的水平。

五　政策应对

为应对未来生产率低速增长的可能性，政策制定者要主动应对上述危机后遗症以及结构性问题的影响。在短期和中期，应通过鼓励私人投资、改善基础设施、修复资产负债表、降低政策不确定性等措施化解全球金融危机后遗症。在中长期，应通过推动结构性改革，开放贸易和移民政策，改善创新、研究和教育培训领域的政策等，来提升生产率增长空间。

如上文所述，当前全球固定资本形成占存量资本比重相比危机前存在明显缺口，这对长期生产率增速并不是好预兆。有关的宏观需求政策应更加注重鼓励私人投资，促进资本深化，并以新的实物资本的形态来促进新技术的应用。在宏观政策空间受限的背景下，应更加注重货币、财政与结构性政策

的协同效应①。同时，以基础设施为主的公共投资也应得到加强。研究显示，基础设施投资对于生产率的作用非常可观，而更有效率的基础设施支出对生产率的作用更大。

然而，发达经济体特别是欧洲投资乏力很重要的一个原因是，金融体系的资产负债表还存在很大脆弱性。因此，这些经济体的金融机构修复资产负债表是很重要的任务。这就需要促进金融机构重组，改善经济体的融资结构，开辟创新性的融资渠道，同时强化金融监管。显然，更为灵活有韧性的金融体系有助于改善整个经济的资本配置效率。

从长期看，促进技术进步的创新政策有很大的改善空间。对于许多研究领域而言，稳定增长的资金投入是至关重要的，这不仅可以使已有的研究继续深入下去并取得成果，也可以使科学家更容易开拓全新的研究领域。根据IMF的研究，由于知识存在正向溢出效应，目前全球研发投入相比于最优水平存在很大缺口。同时，全球还存在很大空间来改进与创新有关的政策设计，譬如为研发支出提供税收激励，降低风险投资的法律和市场门槛，设计更优的知识产权保护框架来平衡创新激励与技术扩散等。

为应对老龄化对全球生产率的负面影响，政策制定者应当改善对成年工作人群的健康服务，促进在职成熟年龄段人员的技能提升，并制定更加灵活的退休政策以充分利用老龄人口的人力资本。

从提升全球生产率的角度来说，在全球层面推动开放贸易体系的建设是全球治理的当务之急。贸易自由化进程将对全球生产率带来不可忽视的作用，特别对于新兴与发展中经济体，贸易自由化将促进新技术从技术前沿更快速地扩散。

除了上述有关政策之外，更广泛意义上的结构改革对于提升各类经济体的生产率具有非常基础性的作用，也应当作为提升生产率政策包中的一项基

---

① Vtor Gaspar, Maurice Obstfeld and Ratna Sahay, "Macroeconomic Management When Policy Space is Constrained: A Comprehensive, Consistent and Coordinated Approach to Economic Policy", IMF Staff Discussion Note 16/09, International Monetary Fund, 2016.

本内容。虽然各经济体的经济条件存在巨大差异，结构改革的优先选项各有不同，但总体而言，产品和劳动市场改革优先度都比较高，特别是在不可贸易品部门。这些改革不仅能提高全要素生产率，促进资本深化，还能对上下游产业形成正向溢出效应。

参考文献

David M. Byrne, John G. Fernald, and Marshall B. Reinsdorf, "Does the United States Have a Productivity Slowdown or a Measurement Problem?", Brookings Papers on Economic Activity, 2016.

Era Dabla – Norris, Giang Ho, and Annette Kyobe, "Structural Reforms and Productivity Growth in Emerging Market and Developing Economies", IMF Working Paper WP/16/15, Feb 2016.

Eric Brynjolfsson and Andrew McAfee, *The Second Machine Age*, New York: Norton, 2014.

Gustavo Adler, Romain Duval, et al., "Gone with the Headwinds, Global Productivity", IMF Staff Discussion Note SDN/17/04, April 2017.

International Monetary Fund, *World Economic Outlook*, April 2017.

John Fernald, Robert Hall, James Stock, and Mark W. Watson, "The Disappointing Recovery of Output After 2009", Brookings Papers on Economic Activity, Mar 23, 2017.

Lee Branstetter, Daniel Sichel, "The Case for an American Productivity Revival", June 2017, https://piie.com/system/files/documents/pb17 – 26.pdf.

Mckinsey Global Institute (MGI), "The Productivity Puzzle: a Closer Look at the Unisted States", *Discussion Paper*, March 2017.

Nicholas Crafts, Terence Mills, "Economic Models vs 'Techno-optimism': Predicting Medium-term Total Factor Productivity Rates in the US", 17 July 2017, http://voxeu.org/article/slow – productivity – growth – may – not – be – new – normal – us.

Paul Krugman, "Paul Krugman reviews 'The Rise and Fall of American Growth' by Robert J. Gordon", *The New York Times*, Book Review, Jan 25, 2016.

Robert J. Gordon, *The Rise and Fall of American Growth*, Princeton, NJ: Princeton University Press, 2016.

Robert Solow, "We'd Better Watch out", *New York Times*, Book Review, July 12, 1987.

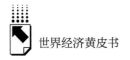

Silvia Merler, "The US and the Productivity Puzzle", May 8, 2017, http: //bruegel. org/2017/05/the – us – and – the – productivity – puzzle/.

Vtor Gaspar, Maurice Obstfeld and Ratna Sahay, "Macroeconomic Management When Policy Space is Constrained: A Comprehensive, Consistent and Coordinated Approach to Economic Policy", IMF Staff Discussion Note 16/09, International Monetary Fund, 2016.

特朗普政府经济政策：
政策梳理与影响评估

张 明　刘 瑶*

摘　要： 特朗普政府上任以来的经济政策延续了竞选时期的政策主张，凸显了"美国优先"的单边主义倾向。在国内经济政策方面，特朗普政府一方面积极推动大规模减税法案、基础设施投资刺激计划与金融监管放松提案，另一方面致力于发展传统能源、推动制造业回归、主张低利率与弱美元的货币政策取向。在对外经济政策方面，特朗普政府宣布要重新谈判多边贸易协定、推行严厉的移民政策、主张贸易保护主义并敲打主要贸易伙伴。特朗普政府经济政策的可行性受到经济规律、政治制度、利益集团与民众反应等多重因素的制约，因此其推出进度与最终成效都面临很大的不确定性。

关键词： 特朗普政府　经济政策　扩张财政　贸易保护主义　民粹主义

一　引言

特朗普上任伊始，美国经济面临短期企稳复苏与长期增长停滞并存的局面。短期内企稳复苏，是指美国经济同比增速稳定、通货膨胀率逐渐走高、

---

* 张明，经济学博士，中国社会科学院世界经济与政治研究所研究员，研究领域为国际金融与宏观经济；刘瑶，中国社会科学院研究生院博士生，研究领域为国际金融。

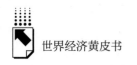

消费者信心指数持续回升，产出缺口逐渐缩小，短期内美国经济基本面有望呈现回暖走势。长期增长停滞，是指危机后至今美国实际 GDP 年平均增速仅为 1.5%，远低于 3.5% 的历史平均水平①。剔除周期性因素影响，美国经济长期增长动能依旧面临挑战。

打着"让美国再次变得伟大"的旗号，特朗普政府上任以来的经济政策延续了竞选时期的政策主张，凸显了"美国优先"的单边主义倾向。一方面，特朗普上台后的经济政策深受传统供给学派影响，抓住了税改、医保、货币、贸易等核心要害，将扩大供给与改善分配作为其政策核心导向；另一方面，特朗普政府的经济政策崇尚贸易保护主义、反对全球化、从区域主义转向双边主义、拒绝无偿或低成本提供有效的全球公共产品，这对全球贸易体系与全球治理体系构成了严重挑战。

本文将梳理特朗普政府执政以来的主要经济政策，并对政策的潜在影响、外溢性与可行性进行评估。本文剩余部分的结构安排如下：第二部分概括特朗普政府经济政策的总体思路；第三部分梳理特朗普政府的国内政策及潜在影响；第四部分分析特朗普政府的对外政策和外溢影响；最后一部分展望特朗普经济政策的前景。

二 特朗普政府经济政策的总体思路

特朗普上任后，其经济政策的出台及实施受到多重因素掣肘，然而出于"言必行，行必果"的执政风格，特朗普政府仍签署了一系列改革法案及行政令，这凸显了其经济政策与过去多届美国政府相关政策的转向（见图 1）。

特朗普政府经济政策的总体思路，可以概括为以下几点。

第一，以本国经济优先为核心，致力于提升经济增速，并为美国蓝领阶层提供更多的工作岗位。2008 年美国次贷危机爆发后，美国经济增长"V"

---

① 来源于美国国会预算办公室（Congressional Budget Office）的测算。

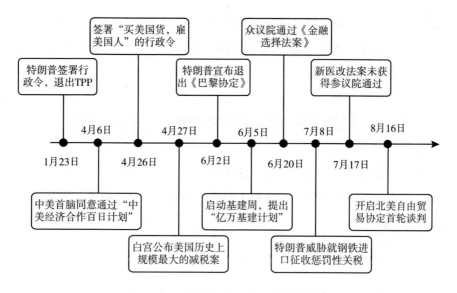

图1　2017年特朗普上任后经济政策大事记

资料来源：笔者自行整理绘制。

形反弹后持续在低位徘徊，陷入复苏动力不足的泥潭，因此，重振经济成为特朗普政府的最大目标，其财政政策、产业政策、金融监管政策及对外贸易政策均围绕这一目标进行，加快基础设施建设、全面减税、奉行贸易保护主义、重振制造业等具体措施——奉行了本国经济优先这一根本宗旨。

第二，对国内经济活动进行目的性极强的选择性干预。一方面，特朗普政府试图通过税收激励并降低财政补贴力度的方式来加强对企业经济活动的引导，试图刺激经济增长并创造就业岗位；另一方面，特朗普时常批评耶伦掌管的美联储货币政策，试图挑战美联储货币政策的独立性，让货币政策为政府的财政政策与产业政策服务。此外，特朗普政府还试图干预汇率政策来缓解美国的对外贸易失衡。

第三，崇尚贸易保护主义与民粹主义，抛弃多边主义，挑战全球化。一方面，特朗普政府试图扭转美国长期存在的贸易赤字，且不惜以抛弃从前承诺的国际责任为代价。上任之初，特朗普就宣布退出TPP，并宣布要重新谈判北美自由贸易协定，重新通过双边谈判确立新的义务和责任，其孤立主义

显露无遗。另一方面，特朗普政府将国内经济运行问题复杂化、外部化、政治化，试图通过寻找替罪羊（例如中国、德国、日本等）来转移国民对本国政府的怨气。

三 特朗普政府国内经济政策：梳理与评估

2008 年美国次贷危机爆发后，美国经济一度增长缓慢，动能不足，特朗普上任后的国内经济政策旨在扩大供给、调整经济增长模式、刺激投资并增加就业。

（一）财政政策

财政政策是特朗普政府经济政策转向的重点，其主要方向是进行结构性调整、增加政府支出与减少税收。特朗普政府执政后公布的财政政策措施主要如下。

第一，推动美国历史上最大规模的税收减免计划。2017 年 4 月 26 日，特朗普政府公布了一系列税收改革方案，重点涉及减免长期以来偏高的企业所得税和个人所得税。[①] 具体措施如下：首先，提高个税起征点并简化征税档，个税起征点由 6300 美元提升至 1.26 万美元，适当增加家庭税收减免幅度，同时征税档由 7 档简化为 3 档，最高税率由 39.5% 降至 35%；其次，改革公司所得税，特朗普政府计划将公司所得税税率从 35% 削减至 15%，并采用属地征税原则，给予公司汇回境外存留资金税收减免优惠；最后，撤销奥巴马政府的医改税，废除替代最低税额和遗产税。

第二，提出刺激基础设施建设的目标和方案。2017 年第二季度以来，特朗普政府基建政策出台进展迅速。5 月 23 日，特朗普提交了总额为 4.1万亿美元的 2018 财年预算案，该方案旨在国防、边境安全与基础设施建设

---

① "2017 Tax Reform for Economic Growth and American Jobs"，白宫网站，2017 年 4 月 29 日，https：//americansfortaxfairness. org/wp－content/uploads/White－House－One－Pager－on－Trump－Plan. pdf。

方面增加更多的资金，同时受到赤字限额限制，预算方案要求减少教育、科研、环境和医保方面的投入。① 6 月 5 日，特朗普宣布启动"基建周"，在辛辛那提提出"万元基建计划"，② 讨论如何有效利用税收收入开展基础设施建设。

第三，开启特朗普医改议案，试图废除奥巴马医疗法案，借此来节省财政支出，为减税与扩大基建创造财政空间。特朗普的医改道路并不顺利，进程接连受阻：2017 年 3 月 24 日，特朗普医改（Trumpcare）的《美国医疗法案》（*American Health Care Act*）在国会投票前一刻被撤回，使医改进程受重创；③ 6 月 22 日，共和党参议员在原法案基础上进一步修订，提出了《更好医保和解法案》，但批评者指出新医改法案将会在 2026 年前使 2200 万人失去医保；④ 7 月 17 日，新医保法案遭到几名参议员反对，直接导致医保法案无法提交参议院表决，医改的二次受挫也被视为特朗普执政后的最大失败。⑤

（二）货币政策取向

特朗普在竞选时曾多次表态对美联储现阶段的货币政策不满，试图干涉货币政策，并支持退出量化宽松政策，同时反对长期宽松缓慢的加息节奏。然而，特朗普执政以来美国货币政策走向符合预期，加息与缩表的节奏一再放缓，特朗普政府的货币政策取向与竞选时存在一定的差异。

---

① "2018 Budget：Infrastructure Initiative"，白宫网站，2017 年 5 月 24 日，https：//www. whitehouse. gov/sites/whitehouse. gov/files/omb/budget/fy2018/fact ＿ sheets/2018％ 20 Budget％20Fact％20Sheet＿ Infrastructure％20Initiative. pdf。

② "President Trump Kicks Off Infrastructure Week"，白宫网站，2017 年 6 月 6 日，https：//www. whitehouse. gov/blog/2017/06/06/president – trump – kicks – infrastructure – week。

③ "American Health Care Act of 2017"，美国国会网站，2017 年 3 月 20 日，https：//www. congress. gov/bill/115th – congress – house – bill/1628。

④ 《美参议院共和党公布修订版医改法案，增加 700 亿美元拨款》，中国日报网，2017 年 7 月 14 日，https：//world. chinadaily. com. cn/2017 – 07/14/content＿ 30109685. htm。

⑤ 《美国新医保法案将无法通过参议院表决》，新华网，2017 年 7 月 20 日，http：//news. xinhuanet. com/world/2017 – 07/20/c＿ 129662239. htm。

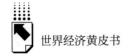

第一，特朗普利率政策左右摇摆，与竞选时表态明显不同。一方面，特朗普政府对美联储长期的量化宽松低利率政策给予猛烈抨击，认为量化宽松政策（QE）推动了股指的一路走高及严重的资产泡沫；另一方面，特朗普主打的财政政策又急需低利率的货币政策配合，这是由于低利率有助于政府实施积极的财政政策，降低发债利息成本及基建投资的融资成本。竞选时，特朗普选择支持退出 QE，提升利率；当选后又表现出支持低利率的政策取向。在特朗普政府执政后，美联储加息、缩表的时机和次数均低于预期。

第二，特朗普政府主张"弱势美元"。2017 年上半年美元指数走势乏力，持续在低位震荡①。特朗普上任后多次表示不喜欢强势美元，认为美元汇率应下降。但是美元指数的持续降低，一方面反映了特朗普上任后美国经济增速低于预期，经济基本面状况未显著改善，另一方面也源于美债与欧债、日债利差逐渐收窄。政策层面上，扩张的财政政策通常需要紧缩的货币政策予以配合，由于特朗普的财政扩张举措未能落实，市场对美联储紧缩货币政策的预期不断降低，最终造成美债与欧债、日债收益率逐渐收窄。

第三，特朗普多次挑战美联储货币政策独立性。特朗普执政以来，在公开场合多次批评耶伦执掌的美联储，试图让美联储改变货币政策目标，使货币政策配合政府积极的财政政策，推动美国经济增长、提升就业服务。值得注意的是，虽然美联储主席耶伦一再表示货币政策独立性不容置疑，然而2018 年耶伦连任机会渺茫，同时特朗普也可以选择以向美联储增派新委员的方式继续施加对货币政策的影响。

（三）产业政策

特朗普政府的产业政策转向主要表现为三个方面：一是进行能源新政，发展传统能源，削减清洁能源，增加能源出口；二是促进美国制造业回归，

---

① 进入 2017 年，美元指数（DINIW）阶段式下跌，从 2016 年底的 100.36 下降至 2017 年 8 月 26 日的 92.55。

主张"买美国货，雇美国人"；三是进行金融体系改革，试图创造更加宽松的监管环境。

上任后，特朗普政府兑现竞选承诺，推出了一系列能源政策：6月2日，特朗普在白宫宣布美国退出《巴黎协定》，奥巴马时期的多项气候政策遭到废除；6月20日，众议院通过了旨在扩大核设施税收优惠的法案，使核设施获得1.8美分/千瓦时的税收抵免。随后众议院还通过了《先进核技术发展法案》《能源部创新法案》，在力推核反应堆技术方面的政策取得新进展；为了开拓美国的能源市场，特朗普先后会晤了印度总理莫迪和韩国总统文在寅，达成了天然气合作的共识；7月6日，美国内阁部长签署了法令，明确了在联邦土地上增加租赁销售、加快批准勘探石油和天然气的许可。①

为振兴制造业，特朗普一方面多次威胁对进口商品征收高额税赋，另一方面呼吁美国制造业巨头进行整改，并在全美范围内开展"美国制造周"。②在特朗普的高压威胁下，跨国公司均纷纷表态向特朗普示好，不少海外建厂的企业开始回归美国，掀起制造业回迁潮。例如，福特汽车立即叫停了在墨西哥设立小型车工厂的计划；通用电气时隔50年后再次回国设厂，并将冰箱冷冻生产线搬回美国本土；IBM宣布在未来四年内在美国投资10亿美元，增添2.5万个新的工作岗位；世界上最大的工厂机械和矿山设备生产厂——卡特彼勒将整机组装业务由墨西哥迁回美国本土。

此外，特朗普政府力推金融体系改革，试图为金融业创造更宽松的监管环境。2017年4月21日，特朗普签署行政令，要求财政部重新审议金融危机后对大型金融机构的监管规定；6月20日，美国财政部公布了金融监管松绑的首份报告，要求包括联邦存款保险公司、消费者金融保障局和联邦储备局在内的金融监管机构放松监管，同时在改善市场流动性和放松信贷环境

---

① "An American First Energy Plan"，白宫网站，https：//www. whitehouse. gov/america - first - foreign - policy。

② "Made in America"，白宫网站，2017 年 7 月 17 日，https：//www. whitehouse. gov/blog/ 2017/07/17/made - america。

方面做出详细的调整建议；随后，美国国会众议院表决通过《金融选择法案》，推翻了之前《多德－弗兰克法案》（*Dodd － Frank Act*）的主要内容。①

（四）特朗普国内经济政策评估

特朗普上任后的国内经济政策抓住了美国经济增长困局的一些突出问题，面对金融危机爆发十年后依旧疲软的需求、停滞不前的全要素生产率与庞大的失业人口，以减税与放松管制为核心，这可谓瞄准了美国经济的主要矛盾，具有一定程度的合理性。然而，特朗普政府国内经济政策之间也存在着诸多矛盾，例如增加基础设施投资、减少税负与政府高额财政赤字之间的矛盾，货币政策正常化与弱势美元政策之间的矛盾，提升底层人民福利水平与取缔奥巴马医疗法案之间的矛盾等。我们认为，特朗普政府的国内经济政策的出台尽管有助于改善美国经济的短期基本面，然而在能否提升美国经济长期增速方面仍存在疑问。

第一，特朗普财政政策的真实力度与长期效益具有不确定性。减税与提振国内投资的措施能够得到企业家与中产阶级的支持，短期内政策落地的概率正在上升。然而，考虑到美国联邦政府债务占 GDP 比例已经超过 100%，美国财政政策进一步扩张的空间面临掣肘。此外，特朗普财政政策能否成功复制里根经济学的成功，也面临很大疑问。首先，与里根时代相比，美国当前经济处境截然不同。里根时代美国经济面临持续的滞胀局面，美国当前面临低通胀与经济结构失衡共存的局面。里根经济学造成了 20 世纪 80 年代连续飙升的财政赤字，特朗普财政政策是否也会重蹈覆辙，尚不得而知。其次，共和党把持的参众两院均主张平衡财政的预算目标，若没有削减支出，就不会扩大支出，因此特朗普政府能否真正地扩张财政，尚不确定。再次，目前美国 10 年期国债收益率处于历史低位，若未来美国国债收益率显著上升，则美国政府财政支出中刚性支出占比将会加大，这会加剧财政困难。因

---

① "Financial Choice Act of 2017"，美国国会网站，2017 年 4 月 26 日，https：//www.congress.gov/bill/115th － congress/house － bill/10。

此，特朗普政府财政政策的真实力度与长期效应恐怕不及预期。

第二，特朗普政府的货币政策取向恐怕难以显著影响美联储货币政策独立性。目前，美联储正处于货币政策正常化的初期阶段，预计美联储将从2017年下半年开启缩表过程。尽管当前欧洲央行、英格兰银行、日本央行均在释放可能在未来收紧货币政策的信号，但未来对美联储加息与缩表的市场预期依然是最清晰最确定的。美联储的紧缩货币政策一方面会导致国债收益率上升，另一方面依然可能会推高美元汇率。这两方面影响均与特朗普政府的期望背道而驰。尽管特朗普多次批评耶伦及美联储，但美联储的货币政策独立性不仅受到制度保障，也受到舆论监督，即使特朗普更换了美联储主席，想胁迫美联储为其短期目标服务，恐怕并不容易。

第三，制造业回归政策短期有望提升就业，但可持续性成疑。此外，特朗普政府的能源政策在中长期可能会加剧企业成本。一方面，制造业回归政策试图为美国人创造更多的就业岗位，但美国制造业巨头违背资源禀赋优势，实现产业链逆向转移，回国办厂并非长远之计，因此其可持续性仍受怀疑。另一方面，特朗普的能源政策积极支持页岩油气产业，企图削减能源进口量并以此摆脱对中东地区的能源依赖。然而在油价阶段式震荡的当下，激进的自给自足式能源政策会拖累众多美国油气企业和制造商，推进能源独立仍面临较大的难度。

四　特朗普政府的对外经济政策：梳理与评估

特朗普政府的对外经济政策主要包括贸易政策与移民政策。上任后，特朗普出台了一系列以保护国内市场和增强出口竞争力为目标的贸易政策，以及更加严厉的移民政策。

（一）对外贸易政策

特朗普上任后，美国的贸易政策发生很大转向，奥巴马时代的贸易政策几乎全部被废除。特朗普对外贸易政策的核心逻辑之一即为放弃多边主义的贸易协定、回归双边主义谈判：特朗普上任后的第一天，就立即履行竞选时的承诺，签署行政令，宣布美国退出《跨太平洋伙伴关系协定》（TPP）；2017年4月28日，美国商务部部长罗斯（Wilber Ross）提出对WTO贸易协议进行整体评估；4月29日，特朗普发布两项行政命令，其一为"解决贸易协定中的违约和滥用"，并指示对所有与美国有贸易或投资协定的国家和国际组织进行"表现评估"，其二是设立"贸易及制造业政策办公室"，目的在于维护和服务国内的制造业，以缩小贸易逆差；2017年7月，英美贸易协定、美韩自由贸易协定的修改被提上议程；美国贸易代表办公室随后宣布于2017年8月16日开启北美自由贸易协定（NAFTA）的重新谈判。[①]

上任后特朗普政府对外贸易政策的核心逻辑之二就是不断敲打主要贸易伙伴，实行贸易保护主义。特朗普旨在改变其眼中"不公平的贸易秩序"，倡导其追求的"公平贸易"。

首先，特朗普在上任伊始就恢复了尘封已久的两项法规：2017年4月，特朗普政府宣布，根据《贸易扩张法》232条对钢铁和铝的进口开展新调查；4月26日，贸易法第201条得以重启，根据该法案，若美国国际贸易委员会发现进口产品对美国国内工业造成严重损害时，有权决定采取何种行动。[②]

其次，特朗普签署了一系列以减少美国贸易逆差为目标的行政令：3月31日，特朗普签署行政令，要求商务部与美国贸易代表、其他政府机构领导人协商，在90天内提交有关美国贸易赤字的报告，并于5月18日举行公开听证会；除此之外，在另一份行政令中，特朗普要求确立一个保障正确收缴反倾销和反补贴税的计划；4月29日，特朗普签署了两项关于贸易出口的行政令，其一是要建立由彼得·纳瓦罗（Peter Navarro）管理的贸易和制造业政策办公室（OTMP），其二是指示商务部和美国贸易代表审查现有贸易或投资协议，将终止"有损于美国经济、企业、知识产权、创新效率及

---

① "Trade Deals that Work for All Americans"，白宫网站，https：//www. whitehouse. gov/america - first - foreign - policy。

② "Trade Deals that Work for All Americans"，白宫网站，https：//www. whitehouse. gov/trade - deals - working - all - americans。

美国人民利益"的贸易或投资关系。①

再次，特朗普不断敲打中国、日本、韩国、德国等制造业大国，进行反倾销反垄断调查，威胁对贸易伙伴进行制裁：7 月 8 日，特朗普在 G20 峰会上威胁就钢铁进口实施惩罚性关税；7 月 13 日，美国贸易代表处正式通知韩国，要求修改两国间的自由贸易协定；8 月 19 日特朗普宣布正式对中国发起 301 调查，扣动了对华贸易战的扳机。

最后，汇率工具也是特朗普政府实施贸易政策的惯用手段。如果一国被美国列为"汇率操纵国"，美国财政部将逼迫其在汇率制度、币值稳定、资本管制等领域展开谈判，若对方未做出让步，美国将采取一系列制裁措施，例如限制该国的海外融资、将其从政府采购清单中剔除、征收高额关税等。2017 年 1 月 31 日，特朗普在出席美国几大制药企业负责人见面会时，指责日本几年来搞货币竞争性贬值；此后，白宫国家贸易委员会主席纳瓦罗（Peter Navarro）在接受《金融时报》专访时将矛头转向德国，批评德国政府以"币值低估"的欧元"剥削欧盟其他国家和美国"，从而保持在对外贸易中的优势地位；② 2 月 15 日，特朗普过渡团队经济顾问谢尔顿（Judy Shelton）在《华尔街日报》上撰文指出"相关国家长期操纵汇率，导致美国无法开展公平竞争""汇率操纵问题是当前全球贸易体系面临的最大挑战"，并提议"创建一套基于货币主权和秩序的通用规则，让各国自愿加入那种不允许汇率操纵行为的贸易协定"。③

（二）移民政策

特朗普上任后，遵守他竞选时强硬的移民政策承诺，全方位收紧了移民

① "The Office of the United States Trade Representative Releases President Trump's 2017 Trade Policy Agenda", Office of the United States Trade Representatives, https：//ustr. gov/about－us/policy－offices/press－office/press－releases/2017/march/annualreport17.

② 《特朗普政府批评他国操纵汇率》，欧洲时报网，2017 年 2 月 2 日，http：//www. oushinet. com/international/guojinews/20170202/253921. html。

③ 《经济顾问建议特朗普采取大胆措施，应对中日货币操纵问题》，中国商务部网站，2017 年 2 月 25 日，http：//www. mofcom. gov. cn/article/i/jyjl/m/201702/20170202518334. html。

数量，旨在为提高美国本土工人就业率的国内经济政策服务。

上任不到一周，特朗普就签署行政令，禁止难民和部分伊斯兰国家国民入境，导致大量旅客滞留机场，引起了企业、立法、司法部门及民众的强烈反对，司法部代理部长及移民与执法局代理局长当晚遭解雇。在民众的抗议游行及美国 15 个州检察长联名谴责下，特朗普的移民路线被迫放缓。2017 年 2 月 28 日，特朗普发表就职以来首次国会演讲，提出与民主党人合作，推动移民改革议程，但没有公布改革的具体细节。① 3 月 7 日，特朗普再次签署行政令，暂时限制 6 个伊斯兰国家的公民申请新的入境签证，并且不得接收这些国家的难民，但效力不追溯以往，已获得签证的绿卡持有人不受影响。②

进入 2017 年 4 月以来，一方面，特朗普政府的移民改革方案逐渐具体化，步伐也逐渐加快。4 月 19 日，特朗普签署"买美国货，雇美国人"的行政令，要求联邦政府修改留学生工作签证（HIB）政策，对高科技移民产生影响；4 月 25 日，特朗普在农场主圆桌会议上做出保证，农业临时工能得到合法赴美签证。另一方面，特朗普政府对非法移民持有更强硬的态度。2017 年 6 月，众议院通过移民法案，将对再次非法入境的人处以更严厉的惩罚，对于庇护移民的城市将会停止联邦拨款。此外，赴美的非移民签证也逐渐收紧，6 月 23 日，特朗普签署行政令，废除了 2012 年奥巴马做出的有关加快受理学生和游客等非移民签证的规定。2017 年 7 月，特朗普政府与两位保守派参议员协商大规模削减合法移民，若未来法案得以通过，至 2027 年每年合法赴美移民数量将减少一半。③

（三）特朗普对外经济政策评估

笔者认为，特朗普政府的对外经济政策转向在不断落实之后，将会对全

---

① 《特朗普就职后国会首演讲：税改、医改和"美国优先"》，新浪新闻，2017 年 3 月 1 日，http://finance.sina.com.cn/stock/usstock/c/2017-03-01/doc-ifyavwcv9331461.shtml。
② 《特朗普签署新移民禁令，收紧对穆斯林国家移民政策》，网易新闻，2017 年 3 月 7 日，http://news.163.com/17/0307/01/CESUDVDK00018AOR.html。
③ 《特朗普政策行至何处》，搜狐新闻，2017 年 8 月 3 日，https://www.sohu.com/a/162253299_656008。

球经济带来显著的负面溢出效应。

第一，特朗普政府的贸易政策会对现行多边贸易体系造成严重损害。过去数十年间，以 WTO 为代表的全球贸易协定与区域贸易协定的盛行，持续显著地推动了发达国家与新兴经济体的贸易增长。在多边贸易体系下，成员国之间彼此适用最惠国待遇、国民待遇原则，最大限度地消除了贸易壁垒。美国也是贸易自由化与经济全球化的积极倡导者和最大受益者。事实上，无论是 TPP 还是 TTIP，都是在美国政府的大力推动下不断深入的。特朗普上任伊始，就对多边贸易体制大做文章，拒绝承担全球贸易平衡的责任与义务，转向双边贸易谈判和孤立主义，这是对全球多边贸易体系的严重破坏，也将对经济与金融全球化造成负面冲击。

第二，特朗普政府的对外经贸政策倡导贸易保护主义、反对外包、号召制造业回归，这可能会对全球价值链和国际分工造成不利冲击。2008 年全球金融危机爆发后，国际分工进行了深度调整，呈现"生产活动不断分散、生产功能不断集中"的新趋势。美国既位于全球价值链的核心与顶端，也是全球最大的消费需求市场。而特朗普一系列贸易保护主义政策一旦获得两院通过并真正付诸实践，可能会打破当前的国际分工格局，造成全球价值链缩短甚至中断，这将对全球经济可持续增长与公平增长造成严重的不利影响。

第三，特朗普强硬的移民政策以及拒绝无偿或低成本提供国际公共产品的姿态，将会对国际经济合作与全球治理体系造成严重负面冲击。特朗普政府执政以来，严格限制难民入境、削减科技移民数量、谨慎派发赴美签证，并退出应对全球气候变化的《巴黎协定》。美国作为国际合作引领者和全球治理体系最重要参与者的地位遭受严重削弱。一旦相关政策落实，特朗普政府继续此方向的政策转向，全球治理体系可能会陷入问题越来越多、公共产品严重不足的供需失衡境地。考虑到短期内任何国家恐怕都不能填补美国留下的全球公共产品的供给缺口，未来的国际合作与全球治理将会面临巨大挑战。

五 特朗普经济政策的前景展望

特朗普政府上任以来的经济政策尽管遵守了其竞选时的承诺，但是政策推进并不顺利，总统签署的行政令大部分在两院难以获得通过，并且部分激进政策上任后并未推出（见表1）。笔者认为，特朗普政府经济政策的可行性受到经济规律、政治制度、利益集团与民众反应等多重因素的制约，因此其推出进度与最终成效都面临很大的不确定性。

表1 特朗普执政与当选前政策对比

类型	竞选时政策主张	上任后经济政策
税收政策	启动大规模减税方案，个税由7档简化为3档，公司税税率由35%削减至15%；废除奥巴马遗产税；支持边境调节税	公布减税方案，个税由7档简化为3档，最高税率降至35%，公司税税率由35%削减至15%；撤销奥巴马医改税和遗产税；未公布边境调节税改方案
基建政策	一万亿美元基建方案：采取PPP、政府直接投资和税务减免方式组合发力	提出"万元基建计划"目标，但暂无实质进展
医改政策	废除奥巴马医改方案	特朗普医改议案在国会受阻
货币政策取向	紧缩货币政策：加息缩表	主张低利率，不喜欢强势美元
金融监管政策	撤销沃尔克规则（Volcker Rule），放松中小银行监管；撤销《多德－弗兰克法案》（Dodd－Frank Act）其他内容	公布金融机构松绑的首份报告，放宽包括沃尔克规则在内的交易法规；《金融选择法案》获众议院通过，未获得参议院通过
贸易政策	退出TPP，重启北美贸易区谈判，对中国和墨西哥进口产品征收高额关税，宣布中国为汇率操纵国	退出TPP，重启北美贸易区谈判，宣布中国不是汇率操纵国，对中国发起301贸易调查
移民政策	强化移民执法、限制移民规模、限制签证发放额度、暂停外国劳工入籍	限制6个伊斯兰国家公民申请新签证，不得接收这些国家的难民，要求联邦政府修改留学生工作签证（HIB）政策

资料来源：笔者自行整理。

我们对特朗普政府未来经济政策实施前景做出如下展望。

第一，特朗普政府的税改方案有望获得实质性进展。自2017年4月公布以减免个人所得税和企业税为核心的税收改革计划以来，这一方案得到了多数两院议员的支持，美国财政部长也公开表示会在年内完成税改方案。虽然减税会使负债累累的联邦政府财政状况雪上加霜，但是供给学派的拉弗曲线为特朗普政府税改提供了理论依据。更重要的是，目前共和党在参众两院都占据多数席位，而减税是共和党议员最重要的共同利益诉求。考虑到2017年下半年国会将以修订拨款法案为重点，预计税改方案会在2017年底或2018年初正式落地。

第二，特朗普政府的基建方案落实难度很大。增加基础设施投资旨在引入私人资本，提高企业投资率，而美国长期存在显著的储蓄投资负缺口。在此背景下，积极推动基建计划势必会加重美国政府债务负担，还会影响美联储的货币政策取向。因此，基建政策由于受到财政赤字与政府债务的限制，短期内恐怕难以充分落实。

第三，特朗普政府的制造业回归政策与能源政策的可持续性依然面临不确定性。制造业回归的最大障碍是违背传统的比较优势原则，这将受到美国高昂的劳动力成本的制约。长期以来，美国受益于经济全球化下的制造业外包、产业链转移，它将美国拥有的技术、人力资本优势发挥得淋漓尽致。制造业回归既会加重企业的生产成本，也不利于美国维持出口竞争力。此外，特朗普倡导发展传统能源、摆脱对外能源依赖的政策在油价低迷的背景下难以奏效，其可持续性也面临疑问。

第四，特朗普政府的对外经济政策将会产生很大的负外部性，但政策的轻重缓急依然面临很大变数。一方面，众所周知，一旦爆发大规模贸易战，没有国家能够成为赢家；另一方面，一旦特朗普实施强硬的贸易保护主义，美国国内低收入阶层的生活成本将会显著上升，这会显著削弱特朗普政府铁杆选民对特朗普的支持，进而影响其竞选连任。此外，主动掀起贸易战也将使特朗普政府在国际层面面临"失道寡助"的困境。因此，在特朗普及其幕僚真正扣动大规模贸易战的扳机之前，恐怕他们也得思虑再三。

参考文献

陆晓明：《特朗普政策效果预期——从与里根经济政策比较的视角》，《国际金融》2017年第6期。

李向阳：《特朗普经济政策评估》，《国际经济评论》2017年第4期。

朱民：《特朗普的冲击：经济政策及全球影响》，《债券》2017年第4期。

郝宇彪：《特朗普时期美国对外贸易政策：理念、措施及影响》，《深圳大学学报》（人文社会科学版）2017年第2期。

"2017 Tax Reform for Economic Growth and American Jobs"，白宫网站，2017年4月29日，https：//americansfortaxfairness.org/wp-content/uploads/White-House-One-Pager-on-Trump-Plan.pdf.

"2018 Budget：Infrastrcture Initiative"，白宫网站，2017年5月24日，https：//www.whitehouse.gov/sites/whitehouse.gov/files/omb/budget/fy2018/fact_sheets/2018%20Budget%20Fact%20Sheet_Infrastructure%20Initiative.pdf.

"President Trump Kicks off Infrastructure Week"，白宫网站，2017年6月6日，https：//www.whitehouse.gov/blog/2017/06/06/president-trump-kicks-infrastructure-week.

"American Health Care Act of 2017"，美国国会网站，2017年3月31日，https：//www.congress.gov/bill/115th-congress/house-bill/1628.

《美参议院共和党公布修订版医改法案，增加700亿美元拨款》，中国日报网，2017年7月14日，https：//world.chinadaily.com.cn/2017-07/14/content_30109685.htm.

《美国新医保法案将无法通过参议院表决》，新华网，2017年7月20日，http：//news.xinhuanet.com/world/2017-07/20/c_129662239.htm.

"Made in America"，白宫网站，2017年7月17日，https：//www.whitehouse.gov/blog/2017/07/17/made-america.

"Financial Choice of Act 2017"，美国国会网站，2017年4月26日，https：//www.congress.gov/bill/115th-congress/house-bill/10.

《特朗普政府批评他国操纵汇率》，欧洲时报网，2017年2月2日，http：//www.oushinet.com/international/guojinews/20170202/253921.html.

《经济顾问建议特朗普采取大胆措施，应对中日货币操纵问题》，中国商务部网站，2017年2月25日，http：//www.mofcom.gov.cn/article/i/jyjl/m/201702/20170202518334.html.

《特朗普就职后国会首演讲：税改、医改和"美国优先"》，新浪网，2017年3月1日，http：//finance.sina.com.cn/stock/usstock/c/2017-03-01/doc-ifyavwcv9331461.

shtml。

《特朗普签署新移民禁令，收紧对穆斯林国家移民政策》，网易新闻，2017 年 3 月 7
日，http：//news. 163. com/17/0307/01/CESUDVDK00018AOR. html。

《特朗普政策行至何处》，搜狐新闻，2017 年 8 月 3 日，https：//www. sohu. com/a/
162253299_ 656008。

"An American First Energy Plan"，白宫网站，https：//www. whitehouse. gov/america –
first – energy。

"Trade Deals that Work for All Americans"，白宫网站，https：//www. whitehouse. gov/
trade – deals – working – all – americans。

"The Office of the United States Trade Representative Releases President Trump's 2017
Trade Policy Agenda"，Office of the United States Trade Representatives，https：//ustr. gov/.
about – us/policy – offices/press – office/press – releases/2017/march/annualreport17.

Chad P. Brown， "Rogue 301：Trump to Dust Off another Outdated US Trade Law?"，
August 3, 2017, PIIE Policy Brief.

Y.18
欧洲大选与欧洲一体化发展前景

陆　婷*

摘　要： 在 2017 年荷兰、法国及德国大选中，反对欧洲一体化的极右翼势力未能如愿以偿地扭转欧洲政治风向，这让欧洲乃至全球都深感宽慰，也让欧洲一体化有了开辟新篇章的希望。尽管如此，民粹主义成为欧洲政坛上一股无法忽视的力量已是不争的事实，其背后所蕴藏的深刻经济和社会问题尚未得到有效治理，成员国之间的冲突和分歧也亟待弥合，欧洲一体化依旧面临诸多挑战。未来若想继续推进欧洲一体化，欧盟有必要积极谋求变革，在探索一体化新路径的同时，增强自身对经济、政治和安全等各类问题的应对能力。

关键词： 欧盟　欧洲一体化　大选

2017 年欧洲经历了一系列重要选举，荷兰、法国、德国等国传统政党纷纷遭遇来自极右翼势力的挑战，而此前英国脱欧、美国特朗普上台等意外事件的发生更令各国选举战况扑朔迷离，充满变数。欧盟成立 60 周年的 2017 年是否会恰好成为欧洲一体化进程逆转的关键转折？逐一落下帷幕的欧洲大选为解答该疑问提供了线索。

---

* 陆婷，经济学博士，中国社会科学院世界经济与政治研究所副研究员。

一　大选主要情况

2017 年欧洲各国的大选中，最受瞩目的当属荷兰议会选举、法国总统选举以及德国联邦选举这三场。其中，荷兰议会选举由于举行时间最早，被外界视为欧洲政治的风向标而备受关注，法国总统选举则因极右翼势力在民众中呼声日高而最具有不确定性，德国现任总理默克尔连任虽是大概率事件，但市场也曾一度因其难民政策引发德国民众抵触情绪而对大选黑天鹅抱持警惕态度。通过回顾这三场大选，我们将对欧盟主要国家目前所面临的政治状况和困境有一个初步认识。

（一）荷兰大选

3 月中旬启动的荷兰议会选举是 2017 年极右翼势力与主流党派在政治舞台上的第一次交锋。选举之前，荷兰极右翼政党自由党领袖威尔德斯以退欧反穆为口号，迅速抬拉了自由党的选情，使外界对荷兰民粹势力的崛起忧心忡忡。然而，选举结果显示，荷兰中右翼政党自由民主人民党最终成功保住了议会第一大党地位，赢得众议院 150 个议席中的 33 个，极右翼政党自由党则获得 20 个议席，未能夺取组阁权。

回顾此次大选，可以看到对稳定的渴求仍然占据荷兰民意的主流。事实上，自由民主人民党之所以能够顺利过关，主要有赖于主流选民积极参与投票。受极右翼势力呼声不断走高的刺激，荷兰抱持相对保守观点的主流民众担心自由党一旦得势，将彻底颠覆荷兰政治。因此他们在此次选举中投票热情空前高涨，投票率超过 80%。正是这一史无前例的高投票率，有效阻止了自由党上台，抵制了极端思潮的蔓延。

不过，虽然排外和反对欧洲一体化的极右翼势力没有赢得荷兰大选，但相比 2012 年的大选而言，这次他们已经多赢得了 4 个议会席位，并且一跃成为荷兰议会中的第二大党派，与另外两个主流党派并驾齐驱。自由民主人民党虽赢得了大选，却较上次大选输掉了约 10 个议会席位。这恰恰验证了

投票结果公布前威尔德斯所说的"即便不能成为议会第一大党，自由党也取得了胜利"。

不仅如此，此次荷兰大选也凸显了欧洲各国政坛的一个通病，即政党碎片化问题。这次选举，荷兰共有 28 个政党参选，是有史以来最多的一次。由于政党众多，议席分散，新政府在选举结束第 208 天后才艰难组阁成功，是二战后耗时最长的一次组阁谈判。这表明在社会民意高度分裂的情况下，荷兰政党体系碎片化严重，未来联合政府必将充满内在冲突，不利于各项政策的出台和推行。

（二）法国大选

法国总统选举在 4 月举行，共有 11 名候选人参选，其中 5 位呼声较高的分别为走中间路线的共和国前进党候选人马克龙、极右翼候选人勒庞、中右翼候选人菲永、极左翼候选人梅朗雄以及中左翼候选人阿蒙。极右翼候选人勒庞与极左翼候选人梅朗雄的选情最为外界所关注，这两位候选人均公开反对欧洲一体化，认为若无法改变欧洲现状，法国便需要脱欧。值得庆幸的是，亲欧盟的共和国前进党候选人马克龙最终当选法国总统。

此次法国大选出现了一些发人深思的现象。首先是法国传统政党的普遍没落。法国总统选举通常采用两轮制的选举方式：首轮大选中如有候选人得票率超过 50%，则可直接当选；如果没有，则得票最高的两位候选人将进行第二轮投票选举，得票高的成为新一任法国总统。在这次大选中，法国左翼社会党与右翼共和党等传统政党 50 年来首次在第一轮选举中就被淘汰出局，参与第二轮角逐的马克龙和极右翼政党国民阵线候选人勒庞均为非体制内候选人。这从侧面反映出法国民众对传统政党及其施政方针的失望之情，也体现出他们对目前法国政治、经济等现状的不满和对改变的渴求。

其次是在随后的国民议会选举中法国民众弃投率创历史新高。国民议会选举被称为"总统选举第三轮"，它决定着各个党派在国民议会席位中的占比，直接关系到未来政策的通过和推行。然而在 6 月 11 日和 18 日进行的国民议会首轮和第二轮选举中①，法国民众弃投率分别高达50%和57%，创下法兰西第五共和国1958年建立以来的最高纪录。从这一弃投率中可以看出，不少法国人对现行民主制度已产生厌倦之情，对马克龙和其领导的共和国前进党也没有寄予厚望。

不仅如此，共和国前进党及其执政联盟——民主运动党，在国民议会选举中也没有如事前媒体所普遍预测的那样，获得400~450个议席，而仅分别获得了577个议席中的302个和48个。这为马克龙未来是否能够在改革的道路上再度复制总统选举的成功带来了疑问。

（三）德国大选

与法国及荷兰大选相比，德国在9月举行的联邦大选显得相对平静。由于德国经济复苏步伐平稳，现任总理默克尔的支持率已从2015年难民危机之后的低位反弹，明显领先于其他候选人。不出所料，投票结果出炉后，默克尔领导的联盟党在30余个角逐党派中脱颖而出，得票率为33%，保持了国会第一大党的位置。考虑到默克尔过往的执政理念，这表明未来一个阶段德国仍将高举经济全球化大旗，并致力于推动欧盟改革和发展。

不过和荷兰、法国大选中所出现的情况一样，德国极右翼民粹主义政党势力在此次大选中也有所壮大。持强硬反欧盟、反移民观点的德国另类选择党在此次选举中以12.6%的选票跃升为德国第三大党，不仅是德国所有主要政党中选票份额涨幅最大的，也是自二战后第一个跨进联邦议院门槛的右翼民粹主义政党。12.6%的得票率还确保了德国另类选择党成为有资格进入议会的6个政党中的一个，并占据709个席位中的94席，成为德国政坛一股难以忽视的力量。相比之下，默克尔领导的联盟党虽然赢得选举，但得票

---

① 与总统选举类似，国民议会选举采取两轮制，在全国557个选区中，每个选区产生1名国民议会议员，由本选区选民直接投票选出，任期5年。候选人在投票中获得半数以上选票，且得票数达到所在选区登记选民数的至少25%即可当选。无候选人符合这一情况的选区将举行第二轮投票。第一轮选举中得到超过本选区12.5%登记选民支持的候选人将进入第二轮选举，其中得票最高者当选为议员。

率从四年前的 41.5% 大幅下降到这次的 33%，德国传统的工人阶级政党社会民主党得票率也较上次大选下跌了 5.2 个百分点，体现出德国政治光谱向右推移的趋势。

未来德国联合政府内部融合程度也令人担忧。目前得票率 20.5% 的社会民主党已宣布不会继续与联盟党联合组阁，默克尔不得不首先考虑与代表中小企业家利益的自由民主党和偏左政党绿党共同商讨组建联合政府的事宜。即便三党顺利组成联合政府，考虑到党派的增多和各阵营不同的诉求，势必导致联合政府内要达成妥协更为不易，为未来德国经济和政治政策的推行带来隐忧。

综上，在 2017 年欧洲这三场重要的选举中，支持欧洲一体化的党派均取得了胜利，暂时消除了一体化倒退的威胁。尤其是德法这两个欧盟创始成员国，被外界寄予厚望，希望它们能在新一届政府的领导下重整旗鼓，开启欧洲一体化新篇章。然而，可以看到，在这三个国家中，极端势力影响力的上升是不容否认的，社会民意分裂所造成的政党碎片化也将为各国以及欧盟在未来实施改革措施带来不同程度的阻力，欧洲一体化依然面临重重挑战。

二 反欧洲一体化势力兴起的原因

毋庸置疑，极右翼势力在各国的兴起是 2017 年欧洲大选的一个重要特征。在法国第一轮大选中，反对欧洲一体化的极端主义候选人勒庞和梅朗雄总共获得超过四成选民的支持，荷兰和德国的极右翼党派也分别一跃成为国家第二和第三大党，单从此现象来看，就足以了解民粹主义势力在欧洲扩张的程度。值得注意的是，民粹主义势力和民众疑欧情绪的抬头并非偶然，其背后蕴含着深刻的经济、政治和社会问题，这些问题也构成了欧洲一体化继续前行的挑战。

（一）经济复苏缓慢

自欧债危机以来，欧洲经济始终未能走出泥沼，走上快速复苏的道路。

欧洲金融稳定机制的设立和欧洲央行力挽狂澜的量化宽松政策，也没能一扫欧洲经济的颓势，主权债务问题一波三折，在动摇市场信心的同时，也拖累了欧洲的经济增长。事实上，欧债危机后，欧盟 28 国不变价 GDP 平均同比增长率为 1.42%，平均环比增长率约为 0.36%，欧元区的不变价 GDP 平均增长率为 1.15%，季调后 GDP 平均环比增长率则约为 0.29%（见图 1）。二者与危机前的平均水平相比，均大幅下跌了 40% 左右。

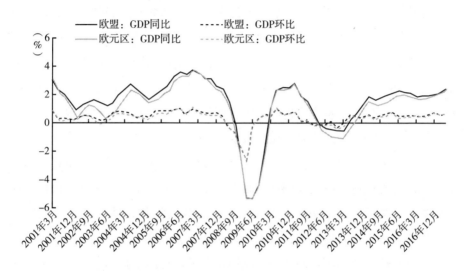

图 1　欧盟及欧元区 GDP 同比和环比增长率（季度）

资料来源：Wind。

经济的持续低迷恶化了欧洲民众的生活境况，失业率高企也激化了各国的社会矛盾。与此同时，成员国政府在欧盟的要求下，纷纷削减社会福利，以符合财政纪律。面对这一切，欧洲民众不满情绪上升，对欧洲一体化的抵触感增强，给予了极右翼民粹势力趁机抬头的机会。

欧洲经济长期无法从危机中恢复、得到全面改善的原因有三。首先，目前不完善的一体化制度安排使欧元区成员国的货币政策与财政等其他经济政策难以相互配合，难以发挥各项刺激政策驱动欧洲经济增长的政策效力。早在欧债危机前，欧元区不完全经济货币联盟的制度设计就被学术界诟病已久，学术界认为由欧洲央行统一制定货币政策，但由各成员国自主推行财政政策将使二者无法有效配合，从而无法达到有效调节宏观经济的目的。Nowotny（2012）以及Cooper等（2010）甚至表示，正是此种不完全的货币联盟导致了欧债危机的爆发。一方面，统一货币市场使南欧等边缘国的举债成本下降，给予了他们财政赤字不断扩大的机会（Flessbeck and Spiecker，2011）；另一方面，统一的货币政策令成员国在遭受经济金融冲击时，无法根据受冲击的程度运用相应的货币政策进行化解，而只能依赖财政政策工具，导致财政状况恶化。危机后，为提振欧元区通胀水平和欧洲经济，欧洲央行也与美联储一样，推行了量化宽松货币政策，但其成效与美联储的量宽政策相去甚远。这其中，除了经济政治结构、量宽融资方式和类别等因素的差异之外，没有相应财政政策的配合，也削弱了量宽政策的效果。这也是欧洲央行行长德拉吉在量化宽松政策实施期间，反复呼吁各国财政政策应与货币政策保持一致，为经济复苏做出贡献的原因。

其次，劳动力和产品市场的僵化，降低了企业投资意愿。金融危机后，企业部门投资低迷始终是欧洲经济难以恢复元气的一个症结。欧洲央行大规模的货币刺激以及向中小企业倾斜的银行贷款政策均未能改善企业投资水平、促使企业投资走出低潮，从而未能为欧洲经济复苏提供强有力的支持。根据欧洲央行对欧洲企业的调查，欧洲企业投资意愿不强的主要原因之一就是僵化的劳动力和产品市场。在福利社会理念的影响下，过度保护是欧洲国家劳动力市场和产品市场中所存在的普遍现象，它导致企业解聘员工的程序繁复，同时还不得不承担大量员工福利成本和产品符合欧盟产品安全法规的成本，并且由于进入门槛过高企业创新艰难，难以寻找到高利润增长领域。这不单单挤压了企业的盈利空间，也使企业面对较高经济需求波动时，难以及时进行经营策略的调整。于是，出于风险管控的考虑，企业部门往往对扩张投资态度谨慎，甚至主动缩减投资规模。不仅如此，劳动力和产品市场僵化造成的成本增加，也削弱了欧洲企业在海外市场的竞争力。由于欧洲大型上市企业的利润有一半均来自欧元区外，竞争力的下降也给欧洲经济重返增长轨道带来不小的负面影响。

最后，政治不确定性的上升，威胁了欧洲经济复苏。自金融危机以来，欧盟在应对一系列重大问题时均未能表现出应有的领导和决断能力，反而暴露出其反应迟缓、机制僵化等机能问题，致使民众对欧盟信任感下降。同时，整体经济状况的恶化加剧了核心国和边缘国之间的利益分歧，核心国民众对于政府投入大量资金救助边缘国表示不满，而边缘国民众则因为受欧盟财政约束，自身所享受的福利待遇被削减而心怀怨念。在不断上升的疑欧情绪引导下，欧洲各地公投频发，意图步英国脱欧之后尘，导致政治风险持续攀升，严重打击了市场投资者和消费者对欧洲经济前景的信心，抑制了投资与消费的增长。

步入2017年，欧洲经济增长有所提速，同时受能源价格上涨的推动，通胀水平也有了一定程度的提升，这对欧洲一体化进程来说是个利好。不过，倘若欧洲经济想要彻底摆脱困境，走上持续复苏的道路，欧盟及其成员国有必要针对一体化制度所存在的缺陷进行进一步的改革。

（二）难民问题分歧重重

2015年，随着北非和西亚地区局势的动荡，涌入欧洲的难民人数激增。作为应对，欧盟成员国在2015年投票通过一项16万外来难民重新转移安置的方案，旨在合理、有序地为难民提供庇护和收容。

然而，难民安置问题绝非易事，它甚至在一定程度上反噬着欧盟及其成员国。首先，从经济角度来看，安置难民的成本高昂，它将给难民接受国造成不小的经济压力。虽然欧盟表示，每转移安置一名难民，将给予接收国6000欧元的一次性补贴，并进一步在2016年将补助金额提高至1万欧元，但根据德国媒体调查，在考虑住宿、饮食、医疗、零用和管理成本后，平均每个难民每年开支就达1.3万~1.5万欧元，德国政府每年需承担超过100亿欧元费用。这意味着难民接受国的政府需要相当高的资金投入。这加剧了本来已因经济不景气而福利状况下降的民众的不满，也助长了排外思潮。

不仅如此，难民问题还激化了成员国之间的矛盾，在欧盟成员国中点起了各自为政的火苗，让极右翼势力反欧洲一体化的主张在更大范围上被民众接受。由于东西欧经济发展不平衡，东欧国家的经济水平和国家实力远不及

西欧国家，一些甚至自身仍处于经济困境之中，因此东欧国家对欧盟难民分摊方案抱有强烈不满，捷克、匈牙利、斯洛伐克和波兰四国更是立场强硬，在向欧洲法院起诉欧盟难民分摊方案程序非法被驳回后，声称宁愿被罚款，也绝不接纳难民。

东欧国家和欧盟就难民分摊问题上的冲突也反映了欧盟作为欧洲一体化的核心决策机构，其在政策推行过程中所面临的尴尬境况。受到权力和权威性的限制，欧盟所出台的一些政策往往被成员国以"维护主权"为由进行"打折"甚至是拒绝。此次难民安置冲突中，匈牙利就表示，欧盟的难民分摊方案侵犯了成员国制定本国移民政策的权利，是一种非法行径。所推行政策无法协调一致地在各个成员国得以实施，不仅大幅削弱了欧盟政策的有效性，也在成员国间制造了政策乱象，在一定程度上破坏了欧洲一体化的凝聚力。例如，在这轮难民危机中，由于各国对接受难民态度和政策存在差异，为保障社会秩序，维护社会治安，不少欧盟成员国一度违反申根协定的原则，重新启动边境检查，或是临时关闭边境，以限制难民的流入。而取消边界管控，允许签约国公民和货物自由流动的申根协定，恰恰是欧洲一体化进程最重要的成果之一。

（三）安全形势恶化

随着境外恐怖组织与欧洲内部极端伊斯兰势力互相勾结，欧洲大陆上爆发暴力恐怖袭击事件的频率显著增加，不仅威胁着普通民众的生命，也挑战着正常社会秩序。仅在 2016 年和 2017 年这两年中，在欧洲爆发的大型恐袭事件就已高达十余起，受害国包括德国、法国、英国、瑞典、瑞士、西班牙和比利时等。除去数量和频率的增加，恐怖袭击的袭击方式也发生了变化，逐渐呈现独狼式、多样式和多点爆发的特征，这种袭击方式容易效仿，且难以有效被监控，令欧洲各国反恐机构防不胜防。为能够在事前识别具有较强隐蔽性的恐怖袭击方式，一些国家在技术层面加强了反恐措施，在一定程度上构成了对公民隐私的威胁，引起极注重个人隐私保护的欧洲人民的不满，认为这是政府借反恐加强社会管控的一种方式，削弱了民众对主流执政政府的信任。

不仅如此，随着大批穆斯林难民不断向欧洲大陆涌入，不少恐怖主义分子利用难民路线混入欧洲，在威胁各国安全形势的同时，也激起民意对国家难民政策的指责，降低他们接受难民融入当地社会生活的意愿。事实上，尽管各国政府多次宣称，难民和恐怖袭击没有直接关系，但从现有数据中可以看到，难民热门目的地如德国、法国、瑞典和英国恰恰是恐怖袭击事件爆发频率最高的国家，而接收难民较少，甚至是拒绝接收的波兰、斯洛伐克等国，恐袭的爆发频率则较低，甚至没有。因此可以说，恐怖袭击加剧了难民问题给欧洲一体化带来的撕裂，反恐和反难民的政策界限变得模糊，给予了反移民、反一体化的民粹主义在各国政坛趁势坐大的机会。

三 新任领导的欧盟改革倡议

随着 2017 年荷兰、法国以及德国大选的落幕，以及欧洲经济增长动力的逐步增强，欧洲一体化得到了重整旗鼓的喘息之机，也令外界对欧洲未来经济、政治的稳定和发展增添了不少信心。在几位支持欧洲一体化的新任领导人中，法国年轻的总统马克龙最具雄心，他上任后力挺欧盟，并在 9 月提出了一系列欧盟改革倡议，力求与德国携手，重新成为推动欧盟发展的核心驱动力。

在经济主张方面，马克龙支持"多速欧洲"理念，希望有意愿和有能力的欧盟部分成员国能够在包括财政、国防等特定领域深化一体化。多速欧洲指的是在所有成员国确定共同目标的基础上，允许核心国家在某些领域先行启动深化一体化的政策，而其他成员国在条件成熟后再选择跟进。这一理念在学术界往往被称作"差异一体化"或"灵活一体化"（Warleigh，2002；Holzinge and Schimmelfennig，2012），它并非新鲜事物，而是自欧盟成立之初就已广泛存在于欧洲一体化实践中的现实，《马斯特里赫特条约》《里斯本条约》中都或多或少体现了这一理念。然而，长久以来，为避免削弱欧盟团结、加深核心国和边缘国的矛盾，欧盟都避免将多速欧洲作为欧洲一体化未来的发展模式进行讨论。2017 年 3 月，身受多重危机的欧盟痛定思痛，

明确将多速欧洲这一设想放进了欧盟未来白皮书中，以期以更灵活的方式应对危机、走出困境。作为这一理念的拥护者，马克龙倡议率先深化欧元区的整合，在欧元区核心建立统一预算，并设立欧元区财政部长一职。统一财政预算和财长的设立，可以解决欧元区目前面临的货币政策和财政政策割裂的二元治理结构问题，避免欧债危机的再度发生。

在安全问题上，马克龙主张推进欧洲共同防务的建设。在当选后不久，马克龙就访问了德国，并与默克尔商议加强法德关系，希望借美国重返亚太、英国脱欧消除欧盟内部掣肘之机，重塑法德防务合作，并在未来联袂共建欧洲统一的防务安全体系。同样饱受安全问题困扰的德国对于这一建议给予了较为积极的回应，让长期受美国和英国阻挠而遭搁置的欧洲共同防务构想有了重新再出发的机会，对欧洲安全一体化而言是个良好的起点。

马克龙还针对难民问题和欧盟内部改革问题提出了构想，提议设立共同的难民庇护营办公室，以对各国的难民政策进行协调，削减欧盟委员会代表席位，并进行在欧盟范围内共同选举议员的试点等。可以看到，马克龙的各项主张，均意在重塑欧盟在欧洲一体化进程中的地位，借2017年的变更之机，在更大程度上强化欧盟成员国之间的协调和团结，在经济、政治、安全等多方面同时加强一体化建设。

面对马克龙抛来的橄榄枝，德国方面也做出了谨慎而积极的回应。对于马克龙重塑欧洲的一系列方案，进入第四个任期的默克尔表示，德法对于欧盟改革方向的总体想法一致，但细节仍有待讨论。事实上，重振德法轴心，推进欧洲一体化在原则上是符合德国需求和利益的，在过往数次欧盟所经历的危机中，德国始终都会在第一时间寻求与法国的共识，且就经济而言，德国从一体化中也获益不菲。然而，考虑到德国较为保守的主流民意和默克尔沉稳的作风，德国方面恐怕难以接受和认同马克龙改革欧盟方案中的一些激进举措，如统一欧元区预算。不仅如此，由于在大选中失利，默克尔必须组建一个三党联盟的新政府，这导致德国未来的对外政策将在很大程度上受到党派斗争的掣肘，究竟能在何种程度上为欧洲一体化进行投入，实在言之尚早。比如，为了组阁，默克尔已就其难民政策做出妥协，同意为德国每年新增难民数设限。因此，"细节有待讨论"绝非托词，而是默克尔作为一个成熟政治家对德国国内以及整个欧洲政治现实清醒认识的反映，也是她希望能在可行范围内与法国携手推进欧盟改革意愿的体现。

四　欧洲一体化前景

由此可见，马克龙对欧洲一体化前景的热情和雄心虽令人鼓舞，但理想和现实间的差距或许会让实际推进过程难言轻松。首先，马克龙所支持的"多速欧洲"理念，由于核心国和边缘国之间的矛盾，在欧盟内已基本处于被搁置状态。3月欧盟未来白皮书提出以后，以波兰、捷克、匈牙利为首的中东欧国家对多速欧洲前景提出了强烈抗议，认为它将导致东欧国家更加边缘化，加速欧盟的分裂。于是，欧盟不得不在9月发表的年度《盟情咨文》中提出新的发展设想，即建设一个基于"自由、平等、法治"原则的欧盟。这意味着欧盟未来在很大可能上不会走"多速欧洲"之路。

其次，德法两国在携手推进欧盟改革的过程中仍有不少分歧需要磨合。马克龙对欧元区改革的主张，一提出就遭到了德国方面的冷遇，刚在大选中胜出的默克尔委婉地表示欧元区改革不应成为欧盟最优先的要务。考虑到德国联盟党未来很有可能与强调欧盟条约中的非纾困条款、反对欧元区统一预算的自由民主党组建联合政府，马克龙关于欧元区的改革设想恐怕难以获得德国的强力支持。不仅如此，统一预算或是设立财长职位在当前也不切实际，它需要欧盟修改条约，并获得欧盟全体成员国同意，这将是个艰难而漫长的过程。

最后，法国国内仍面临经济增长缓慢的压力，其综合实力难与德国比肩共建双轴心。过去三年，法国经济始终徘徊在1%的低增长区间，相比之下德国同期的经济增长速度则在1.5%~1.7%，而在失业率上，法国目前为9.8%，是德国的两倍有余。如何尽快恢复法国经济活力，摆脱低增长、高负债，以及高失业的困境，是马克龙政府在开展其深化欧洲一体化抱负之前所必须面对和解决的问题。

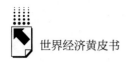
不过，尽管充满着难以估量的艰辛和困难，德法两国对于加强合作，重塑欧洲一体化的积极态度，都表明在经历种种危机之后，双方并没有气馁，而是选择努力寻求和探索一体化的新路径，这在很大程度上促使欧盟民众对欧洲一体化重拾信心。德法两国倘若能够率先垂范，在各项行动上积极协调配合，在欧盟内再度发挥双引擎的驱动力，则有望开启欧洲一体化的新征程。

参考文献

梁雪村，2015，《民粹主义：一个"欧洲问题"?》，《欧洲研究》第 6 期。

陆婷，2016，《欧洲经济增长前景不被看好》，《人民日报》11 月 13 日。

王朔、李超，2016，《当前欧洲一体化面临的困境及未来走势》，《现代国际关系》第 3 期。

王展鹏，2016，《英国脱欧公投与"多速欧洲"的前景》，《欧洲研究》第 4 期。

徐明棋，2016，《欧债危机的理论评述与观点辨析》，《国际金融研究》第 6 期。

张健，2016，《处境艰难的欧盟亟须变革》，《现代国际关系》第 8 期。

Cooper, Russel, H. Kempf, and D. Peled. 2012. "Regional Debt in Monetary Unions. Is It Inflationary?" *European Economic Review* 54 (3).

Flessbeck, Heiner and Friederike Spiecker. 2011. "The Euro: A Story of Misunderstanding". *Intereconomics* 4.

Holzinger, K., and Frank Schimmelfennig. 2012. "Differentiated Integration in the European Union: Many Concepts, Sparse Theory, Few Data". *Journal of European Public Policy* 19 (2).

Inglehart, Ronald, and Pippa Norris. 2017. "Trump and the Populist Authoritarian Parties: The Silent Revolution in Reverse". *Perspectives on Politics* 15 (2).

Nowotny, Ewald. 2012. "European Monetary Union: Lessons from the Debt Crisis". Opening Remarks at Conference on European Monetary Union: Lessons from the Debt Crisis organized by Central Bank of Austria, Vienna, 10 May.

Miklin, Eric. 2014. "From 'Sleeping Giant' to Left – Right Politicization? National Party Competition on the EU and the Euro Crisis". *Journal of Common Market Studies* 52 (6).

Warleigh, Alex. 2002. *Flexible Integration*, Sheffield Academic Press, London.

Y.19
新兴技术与产业发展变化

崔晓敏*

摘　要： 2016年传统行业依旧在全球经济中占据主体，但新兴产业重要性逐步提升。从国家层面看，中国在自动数据处理机、电话机、半导体器件、电子集成电路和绝缘电导体行业的出口规模居世界第一，而在药物、航天器、精密器械等行业依然落后于美、德等发达国家。研发不足可能是中国企业在这些行业落后的重要原因。从技术前沿看，2016~2017年全球主要突破性技术集中在信息技术、生物和医疗技术、化学物质和材料三个领域，包括量子计算机、人类细胞图谱计划和新型钴-磷水分解催化剂等。然而，大部分技术目前还未商业化，故并没有带来当前全球经济生产率增速的提升。但可以预期，未来这些技术有望带领全球行业向"智能化、高效化和健康化"转变。届时，全球经济或将表现出新兴产业崛起、传统产业复兴、全球产业链再度洗牌、企业边界扩大、机器对非技术和低技术劳动者冲击加强等方面特征。

关键词： 产业布局　新兴技术　经济影响

经济增长取决于要素积累和科技进步的速度。二战后，技术对经济增长的贡献不断凸显，并超过其他生产要素的作用。以美国为例，1929~

---

* 崔晓敏，中国社会科学院世界经济与政治研究所全球宏观经济研究室助理研究员。

1941 年，科技进步对其经济增长的贡献率为 33.8%，到 1964～1969 年这一指标则为 71.9%。可以毫不夸张地说，谁掌握了最新技术，谁就有可能引领新一轮全球经济发展（万军，2012）。然而，2008 年金融危机重创全球经济。即便到 2016 年欧美等发达国家仍在艰难的复苏进程中，而新兴市场的经济增长则出现连续五年下滑。在这一背景下，技术创新对新一轮全球经济增长意义非凡。它不仅意味着新、旧产业的诞生和毁灭，还关乎世界各国在全球生产分工中的地位。因此，研究全球产业的分布现状，探究新兴技术的前沿，进而预测未来全球经济的发展方向具有十分重要的意义。

2016 年全球产业演变和分布现状是传统行业依旧占据主体，新兴产业重要性逐步提升。根据 WIOD（World Input－Output Database）数据库，2014 年全球总产出排名前三的行业为建筑，公共行政、防务及保障，房地产；2000～2014 年总产出增速最快的三大行业为采矿和采石业、焦炭和成品油制造、基础金属制造。无论是规模还是增速，传统行业在全球经济中都占据主体地位。但过去五年中，信息、机械设备和化工行业技术变革较快，在全球经济中的地位不断提升。2016 年全球出口市场份额前 20 的产品中有 11 个为战略性新兴产业。从国家层面看，中国在电子、机械设备等行业处于领先地位，但在医药、机动车、航空和航天领域依然落后于发达国家。研发不足可能是中国在这些行业落后的重要原因。

2016～2017 年全球新兴技术集中在信息技术、生物和医疗技术、化学物质和材料三个方面。具体而言，包括量子计算机、机器学习和视觉、人类细胞图谱计划、第二代基因疗法、金属有机骨架、新型钴－磷水分解催化剂等。2012～2017 年的新兴技术以偏向制造业为主，但偏向于服务业的技术进步开始增多。然而，除第二代基因疗法、360 度自拍、刷脸支付等外，大部分技术离商业推广预计还有 5～15 年的时间距离。故当前它们并没有带来同期生产率增速的显著提升。但可以预期未来这些新兴技术或将带来新兴产业的崛起、传统产业的复兴、全球产业链的再度洗牌、企业边界的扩大，并可能强化机器对非技术和低技术劳动者的冲击。

一　全球产业分布现状

2016 年，全球产业分布中，建筑、公共行政和能源等传统行业依然是主体，但从出口上看，战略性新兴产业的重要性逐步凸显。进一步通过行业中的代表性企业可发现，龙头企业的研发投入和对新兴技术的选择助推了战略性新兴产业的崛起，并预示了行业的发展方向。

（一）全部产业

全球产业布局变化表现出从国内到区域再到全球的特点。首先，大国可以在不同的省份配置产业，从而最大化经济总产出。McCallum 发现给定距离和经济规模，加拿大各省间的贸易流平均是它们与美国各州贸易量的 22 倍。省际贸易的重要性可见一斑。其次，地理毗邻激发了区域经贸合作，促进了产业的区域化布局。北美自贸区和东盟自贸区等都是区域经贸合作的典型代表，欧洲 28 国甚至结成了经济一体化同盟——欧盟。区域合作促进了一国内部和国家间产业结构的变化。在北美自贸区的带动下，美国实现了从加拿大进口资源，将劳动密集型产业外包到墨西哥生产的产业布局。最后，运输技术的进步和贸易自由化的推广造就了大国在全球配置生产链的格局。Wang 等（2013）及李昕等（2017）表明中国在全球产业链中扮演着"承上启下"的角色：从东盟进口原材料，从日、韩进口零部件，并将它们组装加工成最终消费品向美欧出口。

从行业总产出①的角度看，无论是在规模上还是在增速上，传统行业都占据主体地位。2014 年全球行业规模最大的十个行业是建筑，公共行政、防务及保障，房地产，批发业，食品、饮料及烟草制品，人类健康及社会工作活动，采矿及采石，电力、燃气、蒸汽及空调供应，零售业，动、植物生

---

① 世界投入产出数据库（World Input – Output Database，简称 WIOT）提供了 2000～2014 年全球 43 个国家 56 个行业包含进出口的投入产出表。由于缺乏 2016 年的总产出数据，本文基于 2014 年数据进行分析。总产出为投入产出表中各国同一行业产出之和。

产、狩猎服务[1]；2000～2014 年全球总产出增加最快的十个行业则为采矿及采石，焦炭和成品油制造，基础金属制造，电力、燃气、蒸汽及空调供应，渔业及水产养殖，其他运输设备制造，其他非金属矿产品制造，法律、会计及管理咨询，化学品及其制造，仓储及运输。其中，采矿及采石业以及焦炭和成品油制造两个行业规模增速甚至超过了 300%，这反映了全球经济增长对能源和矿物质的高度依赖。此外，在 2014 年，汽车、拖车和半挂车制造，化学品和化学产品制造，计算机、电子和光学产品制造等行业技术变革较快，所占的行业份额也较大，分别为 2.81%、2.65% 和 2.51%。

2000～2014 年，中国崛起是全球产业布局变动的主要原因（宋泓，2013）。中国通过三十余年的对内改革、对外开放以及持续的工业化努力，成长为世界加工和制造工厂。2000 年，除纺织、服装和皮革行业外，中国在大部分产业上表现平平。而到 2014 年，中国在 24 个行业上的总产出排名世界第一，包括化学品和化学产品制造，机械、运输设备制造在内的大部分制造业等。十五年间，中国从一个落后的农业大国蜕变成了制造业大国。不过，美国等发达国家仍在金融和保险服务，电影、视频和电视节目制作、录音和音乐出版活动，航空运输，法律、会计和管理咨询，计算机程序设计，科学研究与开发等服务业上保持行业霸主地位。

（二）战略性新兴产业

战略性新兴产业代表新一轮科技革命和产业变革的方向，是培育发展新动能、获取未来竞争新优势的关键领域[2]。了解战略性新兴产业的发展情况对预测未来全球产业格局意义重大。然而，大多数统计数据库并未提供战略性新兴产业的详细数据。考虑到一国出口较多的产品也是其在贸易和生产上具有比较优势的产品，因而一个折中的办法是基于中国国家统计局发布的《战略性新兴产业分类（2012）》确定战略性新兴产业的 HS（海关产品统一

---

[1] 除特殊说明，文中涉及的批发业和零售业均不包含机动车和摩托车。行业与行业间以逗号进行区分。

[2] 《国务院关于印发"十三五"国家战略性新兴产业发展规划的通知》。

编码）编码，进而基于 UN Comtrade 数据库从贸易的角度刻画战略性新兴产业的发展变化。更重要的是，这一方法使我们可以从更细的行业分类上刻画产业发展变化和国家差异。《战略性新兴产业分类（2012）》确定了 359 类战略性新兴产业及相应的 2410 项产品和服务，对应于 118 个 4 分位 HS 行业。

战略性新兴产业在全球贸易中举足轻重。2000~2016 年，全球战略性新兴产业出口占比平均为 25.7%。在 1260 个 4 分位 HS 行业中，战略性新兴产业尽管数目占比不足 10%，但其产出规模和总价值较高。2016 年，全球出口市场份额前三大产品中有一个为战略性新兴产业——包括蜂窝网络和无线网络在内的电话机（HS 编码 8517，份额 3.02%），其余两个为载人机动车（HS 编码 8703，份额 4.88%），除原油外从沥青矿物中得到的石油（HS 编码 2710，份额 3.02%）。更重要的是，除包括蜂窝网络和无线网络在内的电话机外，当年全球出口市场份额前 20 的产品中还有 10 个为战略性新兴产业（见图 1），它们是电子集成电路（HS 编码 8542，份额 2.91%），除人和动物血液、绷带等外的以剂量或零售包装储藏的药物（HS 编码 3004，份额 2.14%），自动数据处理机及其单元（HS 编码 8471，份额 1.86%），飞机、航天器及其零部件（HS 编码 8802，份额 0.87%），人类和用于治疗的动物血液（HS 编码 3002，0.86%），光学、摄影、电影、测量、检查、精密、医疗或外科器械和仪器（HS 编码 9018，0.74%），涡轮喷气机、涡轮螺旋桨和其他燃气轮机（HS 编码 8411，0.71%），绝缘电线、电缆和其他绝缘电导体（HS 编码 8544，0.68%），盖子和手提箱除外的机械零部件（HS 编码 8473，0.66%），二极管、晶体管和类似半导体器件（HS 编码 8541，0.64%）。

战略性新兴产业的国家分布情况。从国家层面看，瑞士、德国、美国是人类和用于治疗的动物血液产品的主要输出国，德国、瑞士和比利时是除人和动物血液、绷带等外的以剂量或零售包装储藏的药物产品的三大输出国。而中国在这两个行业上的出口市场份额尚未进入前十。美国、德国和法国还在飞机、航天器及其零部件，光学、摄影、电影、测量、检查、精密、医疗或外科器械和仪器行业上占据领先地位。2016 年，世界排名第一的法国出

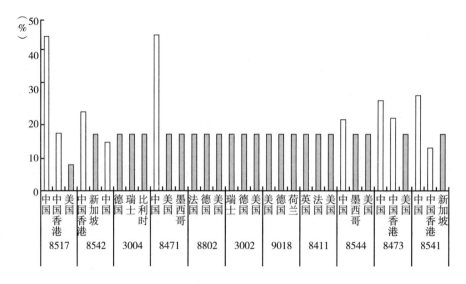

图1　2016年全球主要战略性新兴产业前三名出口地区

注：①横轴从左向右行业出口占总出口比重逐次下降。柱子的高度反映同一行业内一地区在该行业的出口市场份额。②8517，包括蜂窝网络和无线网络在内的电话机；8542，电子集成电路；3004，除人和动物血液、绷带等外的以剂量或零售包装储藏的药物；8471，自动数据处理机及其单元；8802，飞机、航天器及其零部件；3002，人类用于治疗的动物血液；9018，光学、摄影、电影、测量、检查、精密、医疗或外科器械和仪器；8411，涡轮喷气机、涡轮螺旋桨和其他燃气轮机；8544，绝缘电线、电缆和其他绝缘电导体；8473，盖子和手提箱除外的机械零部件；8541，二极管、晶体管和类似半导体器件。

资料来源：UN Comtrade 数据库。

口了457亿美元的飞机、航天器及其零部件，是中国出口的25.4倍。英国在涡轮喷气机、涡轮螺旋桨和其他燃气轮机行业上的出口世界第一。日本在二极管、晶体管和类似半导体器件，电子集成电路，光学、摄影、电影、测量、检查、精密、医疗或外科器械和仪器出口上均位于前十，但未进入前三。类似地，韩国也在多项战略性新兴制造业上列于全球前十。

但是，中国也在多项战略性新兴制造业出口上处于世界第一。具体而言，中国在自动数据处理机及其单元，盖子和手提箱除外的机械零部件，包括蜂窝网络和无线网络在内的电话机，二极管、晶体管和类似半导体器件，电子集成电路，绝缘电线、电缆和其他绝缘电导体行业上的出口均列于世界第一。值得一提的是，如果将中国的出口拆分为内地和香港两个部分，可发现内地和香港在这些行业中同时列于全球前十。然而，考虑到香港作为转口贸易港，2016年出口中有98.8%为再出口，主要的转口贸易伙伴有中国内地①、美国、印度、日本和英国，因此须谨慎对待香港的排位。若剔除香港，包括蜂窝网络和无线网络在内的电话机，电子集成电路，盖子和手提箱除外的机械零部件，二极管、晶体管和类似半导体器件行业世界排名第四的国家依次为韩国、韩国、荷兰和日本。

利用 OECD – TIVA 数据库，以附加值贸易规模进行衡量，中国在基础金属和金属制品，电子和光学设备，其他机械设备，批发、零售贸易及维修四个行业上处于领先地位，分别占据主要经济体出口附加值总额的 15.2%、16.1%、27.4% 和 16.5%。在这些行业，俄罗斯、德国、美国和日本亦有突出表现。此外，中国还在化学品和非金属矿产品，运输和储藏服务行业均列于前三，美国则在这两个行业中排名第一。德国、日本和美国则在汽车、拖车和半挂车行业处于领先地位。值得一提的是，从附加值的角度看，美国、英国、德国和瑞士等发达国家依然在金融中介、房地产租赁和服务、研发等业务活动上处于绝对领先地位。

（三）代表性企业的技术选择

代表性企业是一个行业综合实力和技术水平的中坚力量。以半导体行业为例，2016年全球半导体产值达3397亿美元，前25家半导体公司市场占有率高达75.9%。全球半导体行业老大英特尔2016年市场占有率高达15.9%。因此通过分析行业中代表性企业对技术的选择，一方面能够很好地回答过去十几年中战略性新兴产业兴起的原因，另一方面则有助于预测这些行业的发展方向。

以汽车行业为例，代表性企业有德国的宝马、戴姆勒和大众，法国的标致和雷诺，意大利的菲亚特克莱斯勒，瑞典的沃尔沃，美国的福特、通用、

---

① 根据海关信息网，2016年香港60%的转口货物原产地为内地，而54%的出口以内地为目的地，主要表现在电子、珠宝首饰和纺织服装业。

佩卡和特斯拉，日本的丰田、本田、斯巴鲁、马自达和铃木，韩国的现代和起亚。代表性企业对新能源和人工智能技术的追捧，增加了对自动数据处理单元、精密仪器等战略性新兴产品的需求，同时也使全球汽车行业向"清洁化"和智能化转变。如 2008 年本田推出了世界上第一款量产的氢动力汽车 FCX Clarity，2008～2016 年特斯拉以 3 款纯电动和自动驾驶汽车在全球汽车行业异军突起，老牌汽车制造商戴姆勒凭借自动和电动卡车技术荣登"全球十大新兴技术"和"全球 50 家智能企业"榜单。

以医药行业为例，全球领先药企大多数来自发达国家，如美国的辉瑞、默沙东，瑞士的诺华和罗氏，英国的葛兰素史克和阿斯利康，法国的赛诺菲，日本的武田和大冢等。领先药企对基因和细胞层面医疗技术的不断探索，推动了生物医疗行业的发展变革。如 2016 年 8 月辉瑞以 6.45 亿美元收购生物技术公司 Bamboo Therapeutics（从事基因治疗开发），以拓展其在基因治疗领域的业务。此外，医药行业的发展还表明研发投入与企业的竞争实力密切相关。2016 年，中国仅华润医药和上海药业在收入水平上（160 亿～200 亿美元）达到了全球领先水平，而这两家企业的研发费用占收入比分别仅为 0.48% 和 0.59%，远低于同期发达国家领先药企研发费用占销售比例的平均数（16.5%）（见图 2）。

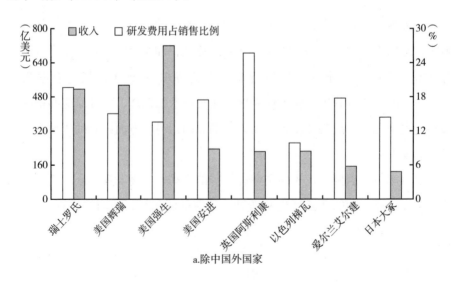

a. 除中国外国家

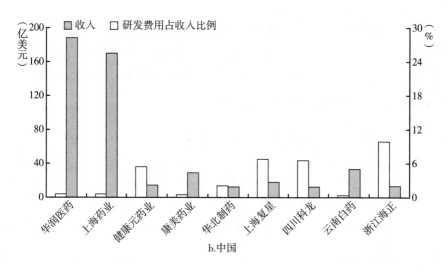

图 2　全球领先药企收入及研发情况

注：所有中国药企和爱尔兰的艾尔建由于缺乏研发费用占销售比例的统计数据，采用研发费用占收入比例作为替代。日本大冢则采用的是研发费用占净销售比例。

资料来源：CEIC 数据库。

　　尽管中国在汽车和医药行业相对落后，但中国企业在银行、保险、电信、能源和地产等行业的国际影响力日渐增强。2017 年有 201 家中国企业入主"福布斯全球企业 2000 强"榜单。其中，中国工商银行和中国建设银行因其在营业收入、利润、资产和市值四个方面的优势，成为全球规模最大、最有影响力的前两家上市公司。此外，中国企业还在电子元器件、互联网服务、精密工业、智能设备等科技行业崭露头角。在"2017 福布斯全球科技界 100 富豪榜"中，有 17 名中国内地企业家名列榜单。他们中有 2 人的主要财富来源为电子产品，2 人为电子元件，3 人为电子商务，3 人为网络服务，其他人的收入来源还包括触摸屏、互联网搜索、监控设备、声学组件、无人机和智能手机。

二　全球新兴技术发展现状及趋势

　　产业的发展变革依赖于技术的创造和突破，因而要了解未来行业的发展

方向首先需掌握当前新兴技术的创造和突破方向。《麻省理工科技评论》和世界经济论坛①是当前世界上最具代表性的新兴技术榜单的发布单位②，它们每年会评选出全球十大突破和新兴技术。我们将参考这两份名单来介绍全球最前沿、潜在影响最大的技术。

（一）2016～2017年全球新兴技术

2016～2017年全球主要新兴技术集中在信息技术、生物和医疗技术、化学物质和材料三个领域。其中，量子计算机、深度和强化学习、机器视觉、人类细胞图谱计划同时在《麻省理工科技评论》（*MIT Technology Review*）和世界经济论坛排名榜中出现。

1. 信息技术

无论是《麻省理工科技评论》还是世界经济论坛，信息技术行业都是2016～2017年涉及突破性技术创新最多的领域，更重要的是信息技术还为榜单中的其他新技术提供了支撑。

潜力无限的量子计算机。2007年，加拿大D-wave开发出了第一台针对特定运算的商用量子计算机。2016年，IBM公司向公众提供量子计算机云服务，使量子计算机达到新的高度。与电子计算机相比，量子计算机的优点在于可以进行巨量的并行运算，在几天内完成传统计算机需要上百万年的数据处理问题，其在人工智能领域拥有巨大的应用潜力。然而，目前量子计算机生产成本极其昂贵，运行环境严苛（真空、绝对零度和磁场保护），且并非所有的问题都适用于量子计算，故还没有大面积推广。

人工智能的技术核心——深度和强化学习（Deep and Reinforcement

---

① 《麻省理工科技评论》，https：//www.technologyreview.com/；世界经济论坛，https：//www.weforum.org/。

② 前者是由美国权威科学杂志《麻省理工科技评论》基于对重点技术领域的把握和技术是否会改变世界进行评选的。后者则是由世界经济论坛（又称达沃斯论坛）的专家网络和全球未来理事会与《科学美国人》及其顾问委员会合作选定。前者具有100多年的创刊历史，后者则吸纳了1000多家顶级公司作为其会员，并邀请各国政要和商界精英参加讨论，因而这两个列表都最具有参考性。

Learning）。2016～2017 年 DeepMind 公司开发的 AlphaGo 人工智能程序，连续击败多名职业围棋顶尖高手，引起了全世界的瞩目。"深度和强化学习"是支撑 AlphaGo 具有超越人类职业围棋顶尖水平的技术关键。深度和强化学习是机器学习的两种。机器学习是一种不依赖于编程，通过机器传送大量数据来自动调整和改进算法，进而完成任务的方式。深度学习模拟大脑生物结构，采用多个离散层单独学习，再通过"神经元"相互传导，进而达到深度学习的目的。而强化学习则是通过奖励函数来调整不同策略被采用的概率，进而实现强化学习的效果。在强化学习中，当智能体采用某一策略并获得正的奖励信号时，就会增加其随后采用该策略的可能性。

精准的机器视觉和图像识别技术。机器视觉是通过图像摄取装置获取图像信号，经图像处理系统得到以数字信号表示的目标物体形态特征，进而进行检测和判断的人工智能设备。机器视觉动态检测精度可以达到 0.02mm。特别地，Face＋＋提供的人脸识别技术的误识率仅在万分之一以下。机器视觉在光学检查、产品质量检测、人脸识别和身份认证、无人驾驶汽车、文字和纹理识别、追踪定位等领域拥有广泛的应用前景。

物联网与僵尸网络（Botnets of Things）。技术本身并没有好坏之分，但其应用则可能存在善恶之别。物联网的发展使人们可以通过网络远程操控各种家用和生产设备，然而它同时也促使了僵尸物联网这一目前具有破坏性的技术的诞生。僵尸物联网是一项通过特定程序控制智能体进行指定行为的技术。传统的僵尸网络技术通过分布式拒绝服务攻击程序（Distributed Denial of Service，DDOS）控制连接在网络中的电脑，并操控其进行垃圾包发送和目标攻击。新兴的僵尸物联网技术则可进一步实现对所有连入网络中智能设备的高度控制，并可能造成巨大的网络风险。2016 年 10 月，黑客操控感染了恶意软件 Mirai 的物联网设备攻击世界知名域名提供商 DYN，导致使用 DYN 域名服务的 Amazon、CNN、Twitter 等 47 个网站在线服务系统崩溃。

信息技术的发展促使了自驾汽车、刷脸支付等一系列智能产品的诞生。自驾汽车又称无人驾驶汽车，是一种通过车载传感系统感知道路环境，并运用计算机自动规划行车路线、控制车辆行驶轨迹的智能汽车。智能汽车在食

品递送、地图采集和网约车等领域拥有巨大前景。360度自拍是指一种能够提供球形视频的摄影技术。刷脸支付则是一种基于人脸识别技术的支付新手段。2017年9月1日，支付宝在杭州万象城肯德基店上线了其和Face++合作的刷脸支付功能，支付全程仅用十秒。

2. 生物和医疗技术

2016年全球新兴技术的另一主要领域为生物和医疗行业，共计有五项新兴技术——人类细胞图谱计划、液体活检、第二代基因疗法、基因疫苗和治愈瘫痪。

人类细胞图谱计划2016年10月由麻省理工学院—哈佛大学布罗德研究所、维尔康姆基金会及其桑格研究所联合启动。该计划旨在构建一个全面的人类细胞特征及属性目录。与人类基因组计划类似，人类细胞图谱计划将从细胞和基因的角度构建生物的"元素周期表"。

液体活检指通过血液或者尿液中游离的循环肿瘤细胞、DNA碎片、RNA和外泌体等诊断癌症等疾病。液体活检有效避免了传统组织活检在肿瘤转移时所存在的局限性，且对癌细胞的定位比传统的图像和症状诊断更加迅速。2017年4月，英国弗朗西斯·克里克研究所的Charles Swanton教授在《新英格兰医学期刊》和《自然》杂志上指出液体活检能够比影像学检查提前一年发现非小细胞肺癌复发迹象。

第二代基因疗法指利用分子生物学方法将目的基因导入患者体内，以达到纠正或补偿因基因缺陷和异常引起的疾病的技术。和第一代基因疗法相比，第二代基因疗法解决了前者在运输机制方面的问题。早期的基因疗法可能出现运载物质或病毒将目的基因送到错误基因组部分的情况，并可能引起免疫系统过度驱动，甚至导致多器官衰竭和脑死亡。第二代基因疗法找到了更有效的运载病毒，并在近期治愈了一名患有严重联合免疫缺陷的幼童。

基因疫苗又称DNA疫苗，指将编码外源性抗原的基因插入含真核表达系统的质粒上，然后将质粒直接导入人或动物体内，让其在宿主细胞中表达抗原蛋白，诱导机体产生免疫应答的疫苗。基因疫苗的制作关键在于从能够抵抗病原体的人群中纯化出提供保护的抗体并设计出基因序列。与传统疫苗相比，基因疫苗制作程序简单，能够快速量产且成本较低。

治愈瘫痪指科学家通过无线脑—体电子元件恢复脊髓损伤病人自由运动能力的医疗方式。这一元件绕过被损坏的神经系统，直接连接大脑和受伤部位以下的脊柱，再通过刺激神经纤维恢复病人的行走能力。目前该技术仍在临床试验阶段，但有望在 10～15 年可得，或将为全球上百万瘫痪病人带来曙光。此外，无线脑—体电子元件还在视力和记忆恢复等领域拥有广阔前景。

3. 化学物质和材料

2016 年，一批新型化学物质和材料的出现使从空气中收集净水、从阳光中收集液态燃料和高效氢能汽车成为可能。

金属有机骨架（Metal – Organic Frameworks，MOF）。加州大学伯克利分校和麻省理工学院的研究团队开发了一套从空气中收集净水的装备。前者将金属离子或金属簇与有机配体连接，形成一种具有超大表面积和超凡吸附能力的新型多孔晶体 MOF[①]，并可根据需求控制 MOF 材料的孔洞大小，从而捕捉特定分子（邓志有，2017）。与传统依赖高湿度、高电力或太阳能设备相比，MOF 净水收集系统在空气湿度低至 20%、自然光照的环境下依然可以良好运行——1 千克 MOF 每 12 小时约收集 2.8 升水。这意味着未来即使是在沙漠中人类也可以收集到每天所需要的净水。

新型钴 – 磷（Co – P）水分解催化剂。2016 年哈佛大学的 Pamela A. Silver 和 Daniel G. Nocera 教授发现了一种新型钴 – 磷水分解催化剂，这使人工光合作用系统效率大幅提升。新型钴 – 磷水分解催化剂可实现在太阳能下将水分解为氢气和氧气，随后通过 Ralstonia Eutropha 细菌吸收二氧化碳并将这些氢气转化成生物燃料。与早期的镍合金催化剂相比，新型钴 – 磷在催化水分解时，不会产生对 Ralstonia Eutropha 细菌致命的活性氧族，且在低浓度二氧化碳环境下也可进行，大大提高了能量转化的效率（约为 10%），是自然界一般光合作用的 10 倍。

---

① 1 克 MOF 晶体的内表面积接近于一个标准足球场（约 7140 平方米）。

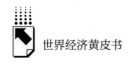

掺杂氮和磷的碳泡沫催化剂。随着人们对汽车尾气污染的重视,一种以氢或含氢物质为燃料的零排放汽车应运而生。2008年,本田推出了世界上第一款量产的氢动力汽车FCX Clarity。然而,传统的氢燃料电池以价格昂贵、稳定性差、不利于环境并可能会污染氢纯度的稀有金属铂为催化剂,制约了氢燃料电池汽车的全面推广。2015年,山东大学张进涛教授及其合作者在 *Nature Nanotechnology* 杂志上指出使用掺杂氮和磷的碳泡沫催化剂进行氧还原和析氧反应,可大大提高氢燃料电池的效率。他们将该催化剂作用在锌-空气电池上,实现了1.48V电压、835Wh/kgZn(瓦时每千克锌)能量密度和长达240小时的稳定供电。这种廉价而稳定的氢燃料电池为氢能汽车的推广带来了曙光。

4. 应用类创新

世界经济论坛提供的十大新兴技术列表中还有两类依赖于其他技术发展的应用型技术创新——精准农业和可持续型社区。精准农业指通过计算机、传感器、机器人和GPS等工具量身定制各类植物养护需求。悉尼大学的Salah Sukkarieh教授利用人工智能和机器人技术在印度尼西亚构建了一套低廉的、可依靠太阳能及手机对农作物进行远程监控的现代化监控系统。与此同时,加州大学伯克利分校的科学家试图利用智能微电网转化的太阳能进行建筑供电,重构排水系统实现废水循环利用和雨水收集。这些设备将缩减一半的电力消耗、70%的饮用水需求量,实现零碳排放,并推动社区资源的可持续发展。

(二)2012~2017年全球新兴技术发展趋势

信息技术、健康医疗、化学物质和材料、能源是2012~2017年全球新兴技术诞生最多、最有发展前景的几个行业。2012~2017年,《麻省理工科技评论》和世界经济论坛分别评选出了60项新兴技术。将这两类新兴技术榜单合并,并剔除重复部分①,可得2012~2017年全球新兴的81项突破性

---

① 当列表中技术的核心内容一致时,合并为一项。

技术，包括 29 项广义信息技术①、21 项医疗和健康技术、13 项能源技术、9 项新物质或材料以及 9 项其他类技术。若基于核心技术所属的行业，则可以发现 60% 以上的技术创新都受信息和通信技术突破的影响。这一特征在医疗和健康行业表现得尤为明显。

广义的新兴信息技术包括七类。第一，算法类，包括傅里叶变换新算法和量子算法，有助于大幅提升计算机的数据处理能力。第二，机器学习技术及以此为基础的形形色色的智能设备，包括神经形态芯片、可穿戴产品、知识分享型机器人等。第三，通信和传感技术，包括谷歌气球（利用氦气球为偏远地区送去互联网）、纳米传感器和物—物遥感。第四，新型人机沟通方式——脑机和语音接口技术。第五，以 Quip 和 Slack 为代表的移动设备办公和服务平台。第六，大数据分析，包括 Facebook 时间线和量化自我。第七，其他，包括精准农业、可持续型社区和 3D 晶体管等。总体上，这些技术使人类可以实现在生活、办公和生产设备的全面智能化。

医疗和健康行业的技术变革体现在五个方面。第一，从细胞层面解读人体健康及医疗服务，包括人类细胞图谱计划、卵原干细胞、大脑类器官、免疫工程。第二，从基因层面解读人体健康及医疗服务，如利用基因疫苗预防疾病，产前进行 DNA 测序以保证胎儿健康等。第三，利用信息技术进行医疗服务，如利用脑—机芯片治愈瘫痪、移植记忆和修复器官等。第四，药物技术，包括微生物药物和纳米级工程药物输送。第五，脑部图谱、光治疗脑部疾病和液体活检等其他技术。这些技术一方面通过深化对人体特定部位、细胞、基因层面特征的了解，推动及时、个性化医疗和健康保障，另一方面还推动了人类在预防、检查和治疗遗传病和癌症上的进步。

能源行业技术变革集中在新型能源和电力储备系统开发两个方面。具体而言，这一阶段涌现了高速筛选电池材料技术，钙钛矿型太阳能电池，钠－铝－锌电池，纳米线锂电池，智能、超高效、多频段和低成本的太阳能电力设备。在电力储存上则有太阳能微电网、超级电网等新型储能技术。植物燃

---

① 若核心技术中涉及信息的管理和处理，即认为属于信息技术行业。

料也有望在一定程度上补充化石燃料的不足。此外，能源和信息技术的融合促使了一种能够利用无线电信号（如 WiFi）为设备供电并通信的新型无线装置。

新型化学物质和材料频繁涌现。新型材料包括二维材料石墨烯、可循环热固性塑料、纳米碳材料、有机电子材料、自愈材料、纳米结构材料和金属有机骨架。新型催化剂包括新型钴－磷水分解催化剂、掺杂氮和磷的碳泡沫催化剂。新物质和材料的发现，促使了从阳光中收集液态燃料、从空气中收集净水等高效、低成本、环保的新型工艺的诞生。

三 新兴技术对产业和经济发展的影响

给定 2012～2017 年全球在信息技术、生物医疗、化学材料和能源等方面的技术突破，未来全球经济和产业布局将何去何从？本部分我们将结合文献的研究发现，从生产率增长、产业布局、企业发展和要素配置四个角度，由宏观分析逐步深入微观讨论，提供一些技术影响经济发展的可供参考的逻辑思考。从生产率角度看，2012～2017 年的新兴技术并没有带来同期生产率增速的显著提升；从产业布局角度看，以制造为导向的技术仍占多数，但偏向于服务业的技术进步增多，且新兴技术可能带来各国在全球价值链位置的重新洗牌；从企业发展角度看，新兴技术源自企业的自我选择，并带来了企业和市场边界的同步扩大；从要素配置角度看，新兴技术可能将促使资本效率的进一步提高，强化机器对非技术和低技术劳动者的冲击。

（一）新兴技术和生产率增长

经济长期增长的关键在于生产率增长。尽管从生产函数看总产出增速等于要素积累和科技进步的速度之和，但 1950 年后技术对经济增长的贡献不断凸显，并超过其他生产要素的作用。以美国为例，1929～1941 年，科技进步对经济增长的贡献率为 33.8%，到 1964～1969 年这一指标则为 71.9%。然而，从生产率核算来看，2012～2017 年的新兴技术并没有带来同期生产率增速的显著提升。根据 2017 年 IMF《世界经济展望》，2011～2016 年发达经济体全要素生产率增速较 2000～2007 年下降 0.7 个百分点，发展中经济体则下降 1.5 个百分点。这是否意味着这些新兴技术并不具备变革未来生产力的实力？答案可能并不如此。

从历史上看，类似的情况在 20 世纪 80 年代末 IT 投资大幅增加时也有出现，并被称为"索洛悖论"——IT 产业无处不在，但在生产率统计中并没有发现正面作用。Triplett（1999）综述了文献中关于"索洛悖论"的原因，可概括为七个方面。第一，计算机产业的市场份额仍然较小。第二，计算机行业的真实产出可能被高估，并不如想象中的那么普及。第三，计算机在金融和保险行业运用较多，而这些行业的产出衡量并不准确，导致生产率统计偏差。第四，信息技术带来了更好的用户体验、增强了工作的便捷性，但这些并未在生产率的统计中得以体现。第五，计算机技术进步对生产率的影响具有滞后效应。第六，信息技术存在一定的试错成本，对正面事例的过度宣传造成了印象偏差。第七，随着生产率水平的提升，维持同样生产率增速所需要的技术创新数目就会增多。

同样的分析逻辑也适用于 2012～2017 年新兴技术对生产率增速的影响上。从规模上看，360 度自拍、虚拟现实和刷脸支付等已经商业化的新兴技术在所有产业中占据的比重依然较小。从数量上看，维持同样生产率增速所需的技术创新数目增多。给定上一波信息技术创新带来的生产率繁荣正在消退（详见本书《全球生产率减速之谜》），而新一波技术创新大部分还未商业推广，全球生产率减速也在情理之中。从时间上看，以"智能制造"为核心的新一代信息技术进步有望推动未来 5～15 年制造业和服务业生产效率的大幅提升。

（二）新兴技术和产业布局

新兴技术对产业布局的影响可分为行业偏向、新产业、传统行业和全球产业链四个方面。2012～2017 年诞生的新兴技术仍然以制造为导向的技术创新为主，但也显现了一些偏向于服务业的技术进步。这些技术进步既会带

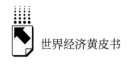

来新产业的崛起，也将推动传统行业的复兴；既可能强化发达国家在全球价值链上的绝对优势，也可能帮助少数发展中国家在新兴产业上异军突起。

技术的行业偏向。从三大产业的角度看，以制造为导向的技术仍占多数，但偏向于服务业的技术进步增多。过去新兴技术主要发生在工业领域，并促进了生产效率的飞速提升。如以蒸汽技术为代表的第一次工业革命，开启了机器替代手工的时代；以电力技术为代表的第二次工业革命，实现了电器对机器的替代；以信息和控制技术为代表的第三次科技革命，使电器向现代化、自动化迈进。2012～2017 年诞生的新兴技术中，智能设备、新型能源和材料依然是主体，但诸如第二代基因疗法、基因疫苗、治愈瘫痪等新型医疗技术，以及以 Quip 和 Slack 为代表的移动设备办公和服务平台等智能化信息服务技术也不断涌现。服务业技术创新的涌现，一方面与全球经济结构转型带来的服务业需求增加密不可分，另一方面也可能进一步加强服务业在全球经济中的重要性。Kongsamut, Rebelo & Xie（2001）表明随着收入增长，消费者对服务业产品偏好也将加强，使服务业就业和增加值份额上升。这可能进一步推动了偏向服务业的技术进步。

新产业的崛起。根据技术的可用程度，当前有望最先实现商业推广的是以人工智能为代表的智能制造技术。随着智能设备对传统设备的逐步替代，新兴产业的重要性将逐步增加，并带来生产效率和消费者福利的提升。生物和医疗技术的逐步成熟也将促进细胞、基因层面新型医疗服务的诞生。如未来人们可以通过产前 DNA 测序监测胚胎的健康状况，实现更加精准的生育控制。Waldfogel 等（2017）以数字化技术为例，分析了它对传统技术的冲击，并强调了这一技术通过增加新产品种类大幅提升了消费者福利，促进了经济的提质增效。这表明新兴技术对产业的影响，不仅体现在生产率上，还表现在质量和用户效用上。

传统行业的复兴。在 2012～2017 年 81 项新兴技术中，信息技术、材料和能源行业的技术创新既能带来新产品和新工艺，也可广泛应用于其他行业的生产，并具备推动传统行业再度扩张的潜力。以量子计算机、3D 打印和分布式制造为例，三者均能大幅提高机器的自动化程度和生产效率，使生产向"智能制造"转变。当新兴技术带来的长期收益超过其使用成本和替换旧设备带来的转换成本时，传统行业有动机增加对新设备的投入，进而释放出新的生产能力。这意味着这些技术对经济增长的贡献有一部分被传统行业吸收。

全球产业链或将洗牌。随着技术的发展，战略性新兴产业在宏观经济中的重要性无疑将逐步提升，然而不同国家在新兴产业链的位置则可能有所不同。Feenstra & Hanson（1997）在研究发达和发展中国家工资不平等问题时发现，伴随着计算机技术进步和贸易自由化的逐步推进，发达国家将一部分相对劳动密集型产业外包到发展中国家进行生产，导致发达和发展中国家技术工人和非技术工人工资不平等性的进一步扩大。2012～2017 年诞生的新技术也可能存在类似的效果。从国别上看，这些新兴技术大部分发生在欧美等发达国家，随着它们逐步发展成熟并广泛应用，发达国家可能会将一些不再具有比较优势的传统产业转移到发展中国家进行生产。然而，与以往不同的是，当前以中国为代表的少数发展中国家也跻身人工智能领域的技术突破，如百度在自动驾驶上的技术突破已处于技术前沿水平。这意味着未来中国有望在人工智能产业上占据一席之地，并从当前"承上启下"的产业链位置向上层迈进。

（三）新兴技术和企业发展

企业是行业发展的微观基础，也是技术研发的主体和技术经济效益的载体。了解企业对新兴技术的选择和技术对企业行为的影响有助于深化我们对技术影响产业布局渠道的认识。

企业的技术选择。2017 年《麻省理工科技评论》杂志公布了全球最智能的 50 家企业。从行业分布来看，信息技术行业入榜企业有 21 家，生物医疗行业有 11 家，电子商务和互联网金融 6 家，运输设备 4 家，新能源 4 家，3D 打印 2 家，纺织、服装和鞋 1 家，无人机 1 家。从技术分布看，有超过 30 家企业的主营业务发展方向涉及广义信息技术，其次是生物医疗和新能源技术。海量的资金汇集于这些智能企业，并被用于新兴技术的开发与应

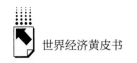

用。如 Rigetti Computing 公司在过去一年筹集到 6400 万美元风险投资，用于研发易于被商业化的量子计算方法。世界最智能的企业英伟达投入了 30 亿美元用于新数据中心芯片的开发。此外，智能企业的国别分布也预示着各国在新兴产业上的实力差距。全球智能企业榜单中，美国入选 31 家，中国 7家，中国台湾 2 家，英国 2 家，德国 2 家，瑞士、丹麦、印度、阿根廷、尼日利亚和肯尼亚各 1 家。

企业边界的扩大。除对企业经济效益的影响外①，新兴技术的另一重要影响在于对企业和市场边界的影响。1937 年科斯在《企业的性质》一文中指出企业与市场的边界取决于企业内组织交易的成本和市场组织交易成本的相对大小。蚂蚁金服首席战略官陈龙在《如果哈耶克醒过来，会怎么想数字经济？》一文中指出新兴技术带来了信息收集和处理效率的变革，外部市场提供服务和协调交易的成本越来越低，企业触达和满足用户碎片化需求的交易成本也逐步降低，导致市场和企业规模的同时扩大。这表现为越来越小的企业与越来越大的企业共存。如千千万万小企业通过阿里巴巴的网络零售平台为数亿消费者提供差异化商品和服务。与此同时，大企业在全球经济中的占比不断增加。如美国营业收入前 100 强的企业，营业收入占 GDP 的比重从 1988 年的 25% 上升到 2016 年的 40%。

（四）新兴技术和要素配置

要素配置是微观经济研究的核心，也是企业和行业发展变化的本质。因而研究新兴技术对要素配置的影响是探讨其对产业和经济发展影响的重要方面。技术如何影响要素配置？经济增长理论表明，企业受潜在利润的驱动，有意识地结合生产要素进行研发活动，并存在劳动增强型和资本增强型两种技术创新。根据 Diamond（1965）提出的技术进步偏向指数，当技术进步所带来的资本边际产出增长率高于劳动边际产出增长率时，称为偏向资本增强型技术进步；反之，则称为偏向劳动增强型技术进步。尽管目前还不能准确

---

① 这部分分析与生产率增长和行业布局部分类似，故不再重复。

断定大部分技术的偏向，但可以预测"智能制造"将向着劳动节约型（或资本增强型）发展。

Davis & Haltiwanger（1991）认为计算机和其他信息技术的兴起导致了企业对技术工人需求的大幅增加，进而导致技术工人和非技术工人工资不平等性的快速上升。此外，OECD 的 *Science, Technology and Industry Scoreboard*（*2015*）报告还指出，1995～2013 年 OECD 国家信息技术行业的就业增长了15%，低于同期整个行业的就业增速，且信息技术行业的就业随经济周期表现出更强的波动性。这意味着虽然劳动从旧产业向新产业转移，但新产业表现出了明显的劳动节约型特点。2012～2017 年，信息技术行业的新兴技术表明未来机器将变得更加智能化，甚至在一些工厂中逐步取代劳动者。这可能将促使资本效率的进一步提高，强化机器对非技术和低技术劳动者的冲击。

四 结论和展望

中国崛起是过去十五年全球产业结构变动的主要原因。2016 年，全球出口中战略性新兴产业占 25.7%，出口市场中份额排名前 20 的新兴产业多达 11 个，其中通信设备和电子集成电路以约 3% 的出口市场份额排名前五。全球行业结构变动的一个重要原因是劳动力大国中国融入全球生产分工。加入世界贸易组织之前，中国在纺织、服装和皮革行业以外的大部分行业上表现平平，而现在中国在二十多个行业上的总产出世界排名第一。中国企业的国际行业影响力也日渐提升。2017 年，中国有 201 家企业入主"福布斯全球企业 2000 强"榜单，17 名企业家名列"2017 福布斯全球科技界 100 富豪榜"。然而，美国等发达国家仍在人类和用于治疗的动物血液，除人和动物血液、绷带等外的以剂量或零售包装储藏的药物产品，飞机、航天器及其零部件，光学、摄影、电影、测量、检查、精密、医疗或外科器械和仪器，涡轮喷气机、涡轮螺旋桨和其他燃气轮机，大多数服务业上保持行业霸主的地位。研发力度不足可能是中国在这些行业相对落后的一个重要原因。

行业发展滞后于前沿技术的变革。2016 年全球新兴技术集中在信息技术、生物和医疗技术、化学物质和材料三个方面，包括量子计算机、机器学习和视觉、人类细胞图谱计划、第二代基因疗法、金属有机骨架、新型钴－磷水分解催化剂等。然而，2000～2014 年全球经济发展最快的三个行业则是采矿和采石业、焦炭和成品油制造、基础金属制造。尽管化工产品、计算机、电子、光学和运输设备行业在全球总产出中占比也较高，但当前行业发展所应用的技术可能是 5～10 年前研发的。随着最新技术的推广，它们对产业发展的影响将逐步体现。未来十年，信息技术、医疗和生物、材料和化学物质等领域涌现的新兴技术有望大面积推广应用，并带领全球行业向"智能化、高效化和健康化"转变。届时，信息、生物医疗、运输设备和新能源行业在全球经济中的重要性不断提升，并带动纺织、服装等传统劳动密集型行业生产、组织和管理方式的突破性变革。

参考文献

雷钦礼，2013，《偏向性技术进步的测算与分析》，《统计研究》第 4 期。

李昕、关会娟、蔡小芳，2017，《基于价值链视角的 TPP 与 RCEP 亚太经贸合作研究》，《中央财经大学学报》第 1 期。

陈龙，2017，《如果哈耶克醒过来，会怎么想数字经济?》，《财经》专稿。

邓志有，2017，《如何从干燥的空气中捕捉水?》，财新网。

麻省理工科技评论，2016，《科技之巅：〈麻省理工科技评论〉50 大全球突破性技术深度剖析》，人民邮电出版社。

宋泓，2013，《全球产业布局新趋势》，载张宇燕主编《2013 年世界经济形势分析与预测》，社会科学文献出版社。

万军，2012，《国外新兴产业发展的态势、特点及影响》，载张宇燕主编《2012 年世界经济形势分析与预测》，社会科学文献出版社。

Abbosh C. , Birkbak NJ. , Wilson G. A. , Jamal – Hanjani M. , Constantin T. , et al. 2017. "Phylogenetic Ctdna Analysis Depicts Early Stage Lung Cancer Evolution". *Nature*.

Coase, Ronald H. 1937. "The Nature of The Firm". *Economica* 4（16）.

Davis, S. J. and J. Haltiwanger. 1991. "Wage Dispersion between and within U. S.

Manufacturing Plants, 1963 – 86". *Brookings Papers on Economic Activity: Microeconomics.*

Diamond, P. A. 1965. "Disembodied Technical Change in A Two – Sector Model". *Review of Economic Studies* 32.

Feenstra, Robert, and Gordon Hanson. 1997. "Foreign Direct Investment and Relative Wages: Evidence from Mexico's Maquiladoras". *Journal of International Economics* 42（3）.

Jamal – Hanjani M. , Wilson G. A. , et al. 2017. "Tracking the Evolution of Non – Small – Cell Lung Cancer". *New England Journal of Medicine.*

Kim, H. , Yang, S. , Rao, S. R. , Narayanan, S. , Kapustin, E. A. , Furukawa, H. , & Wang, E. N. 2017. "Water Harvesting from Air with Metal – Organic Frameworks Powered by Natural Sunlight". *Science* 356（6336）.

Kongsamut, P. , S. Rebelo, and D. Xie. 2001. "Beyond Balanced Growth". *Review of Economic Studies* 68.

Liu, C. , Colón, B. C. , Ziesack, M. , Silver, P. A. , & Nocera, D. G. 2016. "Water Splitting – Biosynthetic System with CO_2 Reduction Efficiencies Exceeding Photosynthesis". *Science* 352（6290）.

McCallum, J. 1995. "National Borders Matter: Canada – US Regional Trade Patterns". *American Economic Review* 85（3）.

Robert M. Solow. 1956. "A Contribution to the Theory of Economic Growth". *Quarterly Journal of Economics* 70（1）.

Triplett, Jack E. 1999. "The Solow Productivity Paradox: What Do Computers Do to Productivity?" *The Canadian Journal of Economics/Revue canadienne d'Economique* 32（2）.

Wang, Z. , Wei, S. – J. , & Zhu, K. 2013. "Quantifying International Production Sharing at The Bilateral and Sector Levels". NBER working paper.

Waldfogel, Joel. 2017. "How Digitization Has Created a Golden Age of Music, Movies, Books, and Television". *Journal of Economic Perspectives* 31（3）.

Zhang, J. , Zhao, Z. , Xia, Z. , & Dai, L. 2015. "A Metal – Free Bifunctional Electrocatalyst for Oxygen Reduction and Oxygen Evolution Reactions". *Nature Nanotechnology* 10（5）.

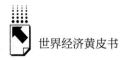

附 录

2012～2017 年全球新兴技术列表

医疗和健康技术	广义信息技术	能源技术
光治疗脑部疾病	脑机接口技术	钙钛矿型太阳能电池
微生物药物	无屏显示器	钠、铝和锌电池
数字基因组	在线电车	纳米线锂电池
通过纳米级工程进行药物输送	3D 晶体管	电网级电力储存
分支水平健康	可穿戴产品	高速筛选电池材料
纳米孔测序	3D 打印	太阳能微电网
卵原干细胞	暂时性社交网络	超高效太阳能
移植记忆	蓝领、知识分享型机器人	超级电网
产前 DNA 测序	无人机	多频段超高效太阳能
脑部图谱	神经形态芯片	智能风能和太阳能
CRISPR	虚拟现实、混合现实	植物燃料
DNA 的互联网	移动协作	空中取电
大脑类器官	超私密智能手机	Solar City 的超级工厂
DNA 应用商店	灵巧型机器人	**其他技术**
免疫工程	苹果支付	核废料回收利用
器官芯片	谷歌气球	海水淡化
液体活检	遥感	可回收火箭
人类细胞图谱计划	Slack	区块链
基因疗法	语音接口	众筹模式
治愈瘫痪	Facebook 时间线	分布式制造
基因疫苗	量化自我	纳米传感器
新物质或材料	更快的傅里叶变换	光场摄影术
二维材料	精准农业	
热固性塑料	可持续型社区	
纳米碳复合材料	无人驾驶汽车	
有机电子	360 度自拍	
自愈材料	机器视觉	
纳米结构材料	量子计算机	
氢能汽车催化剂	僵尸物联网	
从阳光中收集液态燃料	深度和强化学习	
空气中收集净水		

世界经济统计与预测

Statistics of the World Economy

Y . 20
世界经济统计资料

曹永福*

目 录

---

* 曹永福，中国社会科学院世界经济与政治研究所副研究员，主要研究领域为宏观经济学。

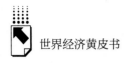
说　明

一、统计体例

1. 本部分所称"国家"为纯地理实体概念，而不是国际法所称的政治实体概念。

2. 除非特别说明，2017 年以后的数据（含 2017 年）为估计值或预测值。未来国际组织可能会对预测做出调整，本部分仅报告编制时能获得的最新数据。

3. "1995～2004 年"意为 1995～2004 年的平均值，两年间的平均值表示法以此类推。"—"表示数据在统计时点无法取得或无实际意义，"0"表示数据远小于其所在表的计量单位。

4. 部分表格受篇幅所限无法列出所有国家和地区，编制时根据研究兴趣有所选择。

二、国际货币基金组织的经济预测

本部分预测数据均来自国际货币基金组织（IMF）2017 年 10 月《世界经济展望》（*World Economic Outlook*），预测的假设与方法参见报告原文。

三、国家和地区分类

《世界经济展望》将国家和地区分为发达经济体、新兴市场和发展中国家两大类。为了便于分析和提供更合理的集团数据，这种分类随时间变化亦有所改变，分类标准并非一成不变。表 A 列出了发达经济体的分类方法。新兴市场和发展中国家是发达经济体之外的国家和地区，按地区分为中东欧、独联体、亚洲发展中国家、拉丁美洲和加勒比地区、中东和北非、撒哈拉以南。

表 A 发达经济体细分类别

主要货币区	欧元区(19 国)	主要发达经济体	其他发达经济体
美国 欧元区 日本	奥地利、比利时、塞浦路斯、爱沙尼亚、芬兰、法国、德国、希腊、爱尔兰、意大利、拉脱维亚、立陶宛、卢森堡、马耳他、荷兰、葡萄牙、斯洛伐克、斯洛文尼亚、西班牙	加拿大、法国、德国、意大利、日本、英国、美国	澳大利亚、捷克、丹麦、冰岛、中国香港、以色列、韩国、新西兰、挪威、圣马力诺、新加坡、瑞典、瑞士、中国台湾

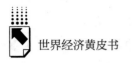

（一）世界经济形势回顾与展望

表1-1　世界产出简况（2013~2022年）

单位：％，十亿美元

类别	2013年	2014年	2015年	2016年	2017年	2018年	2022年
世界实际GDP增长率	3.5	3.6	3.4	3.2	3.6	3.7	3.8
发达经济体	1.3	2.1	2.2	1.7	2.2	2.0	1.7
美国	1.7	2.6	2.9	1.5	2.2	2.3	1.7
欧元区	-0.2	1.3	2.0	1.8	2.1	1.9	1.5
日本	2.0	0.3	1.1	1.0	1.5	0.7	0.6
其他发达经济体[①]	2.3	2.9	2.0	2.0	2.4	2.2	2.2
新兴市场和发展中国家	5.1	4.7	4.3	4.3	4.6	4.9	5.0
独联体[②]	2.5	1.1	-2.2	0.4	2.1	2.1	2.4
亚洲新兴市场和发展中国家	6.9	6.8	6.8	6.4	6.5	6.5	6.3
欧洲新兴市场和发展中国家	4.9	3.9	4.7	3.1	4.5	3.5	3.2
拉美与加勒比地区	2.9	1.2	0.1	-0.9	1.2	1.9	2.7
中东与北非	2.5	2.6	2.6	5.1	2.2	3.2	3.5
撒哈拉以南	5.3	5.1	3.4	1.4	2.6	3.4	3.9
人均实际GDP增长率[③]							
发达经济体	0.8	1.6	1.7	1.1	1.7	1.6	1.3
新兴市场和发展中国家	3.7	3.2	2.8	2.8	3.2	3.5	3.6
低收入发展中国家	3.8	3.7	2.2	1.2	2.2	3.0	3.1
世界GDP							
基于市场汇率	76551	78594	74311	75368	79281	84375	103201
基于购买力平价	104684	110258	115108	120197	126634	133805	167782

注：①这里的"其他发达经济体"指除去美国、欧元区国家和日本以外的发达经济体；②包括格鲁吉亚和蒙古国，虽然二者不是独联体成员，但由于同独联体国家在地理和经济结构上类似，故在地区分组上将二者归入独联体；③按照购买力平价计算。

资料来源：IMF, *World Economic Outlook*, 2017年10月。

表1-2　GDP不变价增长率回顾与展望：部分国家和地区（2009~2018年）

单位：％

国家和地区	2009年	2010年	2011年	2012年	2013年	2014年	2015年	2016年	2017年	2018年
阿根廷	-5.9	10.1	6.0	-1.0	2.4	-2.5	2.6	-2.2	2.5	2.5
澳大利亚	1.7	2.3	2.7	3.6	2.1	2.8	2.4	2.5	2.2	2.9
巴西	-0.1	7.5	4.0	1.9	3.0	0.5	-3.8	-3.6	0.7	1.5

续表

国家和地区	2009 年	2010 年	2011 年	2012 年	2013 年	2014 年	2015 年	2016 年	2017 年	2018 年
加 拿 大	-3.0	3.1	3.1	1.7	2.5	2.6	0.9	1.5	3.0	2.1
中 国	9.2	10.6	9.5	7.9	7.8	7.3	6.9	6.7	6.8	6.5
埃 及	4.7	5.1	1.8	2.2	3.3	2.9	4.4	4.3	4.1	4.5
芬 兰	-8.3	3.0	2.6	-1.4	-0.8	-0.6	0.0	1.9	2.8	2.3
法 国	-2.9	2.0	2.1	0.2	0.6	0.9	1.1	1.2	1.6	1.8
德 国	-5.6	3.9	3.7	0.7	0.6	1.9	1.5	1.9	2.1	1.8
希 腊	-4.3	-5.5	-9.1	-7.3	-3.2	0.4	-0.2	0.0	1.8	2.6
中 国 香 港	-2.5	6.8	4.8	1.7	3.1	2.8	2.4	2.0	3.5	2.7
冰 岛	-6.9	-3.6	2.0	1.2	4.4	1.9	4.1	7.2	5.5	3.3
印 度	8.5	10.3	6.6	5.5	6.4	7.5	8.0	7.1	6.7	7.4
印度尼西亚	4.7	6.4	6.2	6.0	5.6	5.0	4.9	5.0	5.2	5.3
爱 尔 兰	-4.7	1.8	2.9	0.0	1.6	8.3	25.5	5.1	4.1	3.4
意 大 利	-5.5	1.7	0.6	-2.8	-1.7	0.1	0.8	0.9	1.5	1.1
日 本	-5.4	4.2	-0.1	1.5	2.0	0.3	1.1	1.0	1.5	0.7
韩 国	0.7	6.5	3.7	2.3	2.9	3.3	2.8	2.8	3.0	3.0
马 来 西 亚	-1.5	7.5	5.3	5.5	4.7	6.0	5.0	4.2	5.4	4.8
墨 西 哥	-4.7	5.1	4.0	4.0	1.4	2.3	2.7	2.3	2.1	1.9
新 西 兰	0.4	2.0	1.9	2.5	2.1	2.8	3.2	3.6	3.5	3.0
尼 日 利 亚	8.4	11.3	4.9	4.3	5.4	6.3	2.7	-1.6	0.8	1.9
挪 威	-1.6	0.6	1.0	2.7	1.0	1.9	1.6	1.1	1.4	1.6
菲 律 宾	1.1	7.6	3.7	6.7	7.1	6.1	6.1	6.9	6.6	6.7
葡 萄 牙	-3.0	1.9	-1.8	-4.0	-1.1	0.9	1.6	1.4	2.5	2.0
俄 罗 斯	-7.8	4.5	5.1	3.7	1.8	0.7	-2.8	-0.2	1.8	1.6
沙 特 阿 拉 伯	-2.1	4.8	10.3	5.4	2.7	3.7	4.1	1.7	0.1	1.1
新 加 坡	-0.6	15.2	6.2	3.9	5.0	3.6	1.9	2.0	2.5	2.6
南 非	-1.5	3.0	3.3	2.2	2.5	1.7	1.3	0.3	0.7	1.1
西 班 牙	-3.6	0.0	-1.0	-2.9	-1.7	1.4	3.2	3.2	3.1	2.5
瑞 典	-5.2	6.0	2.7	-0.3	1.2	2.6	4.1	3.2	3.1	2.4
瑞 士	-2.2	2.9	1.8	1.0	1.9	2.5	1.2	1.4	1.0	1.3
中 国 台 湾	-1.6	10.6	3.8	2.1	2.2	4.0	0.7	1.5	2.0	1.9
泰 国	-0.7	7.5	0.8	7.2	2.7	0.9	2.9	3.2	3.7	3.5
土 耳 其	-4.7	8.5	11.1	4.8	8.5	5.2	6.1	3.2	5.1	3.5
英 国	-4.3	1.9	1.5	1.3	1.9	3.1	2.2	1.8	1.7	1.5
美 国	-2.8	2.5	1.6	2.2	1.7	2.6	2.9	1.5	2.2	2.3
越 南	5.4	6.4	6.2	5.2	5.4	6.0	6.7	6.2	6.3	6.3

资料来源：IMF，World Economic Outlook Database，2017 年 10 月。

表1-3　市场汇率计GDP：部分国家和地区（2010～2018年）

单位：亿美元

2016年位次	国家和地区	2010年	2011年	2012年	2013年	2014年	2015年	2016年	2017年	2018年
1	美　国	149644	155179	161553	166915	174276	181207	186245	193621	202000
2	中　国	60664	75221	85703	96350	105345	112262	112321	119376	131187
3	日　本	57001	61575	62032	51557	48487	43799	49365	48845	50631
4	德　国	34235	37611	35459	37537	38968	33773	34792	36519	39348
5	英　国	24312	26111	26555	27215	30024	28633	26292	25651	26612
6	法　国	26518	28653	26829	28094	28538	24348	24665	25748	27656
7	印　度	17085	18231	18276	18567	20354	20899	22638	24390	26542
8	意 大 利	21290	22784	20740	21312	21552	18258	18507	19211	20490
9	巴　西	22087	26140	24641	24717	24561	18015	17986	20809	21997
10	加 拿 大	16135	17886	18243	18426	17929	15528	15298	16404	17635
11	韩　国	10945	12025	12228	13056	14113	13828	14110	15297	15974
12	俄 罗 斯	16385	20517	22103	22971	20637	13659	12832	14693	15229
13	澳大利亚	12496	15042	15612	15097	14495	12299	12616	13902	14823
14	西 班 牙	14343	14894	13367	13622	13780	11936	12326	13072	14199
15	墨 西 哥	10511	11712	11866	12620	12985	11523	10469	11425	12500
16	印度尼西亚	7553	8926	9190	9166	8911	8611	9324	10109	10921
17	土 耳 其	7723	8325	8737	9503	9341	8594	8634	8412	9057
18	荷　兰	8379	8946	8294	8670	8810	7584	7775	8245	8910
19	瑞　士	5832	6997	6678	6887	7093	6792	6690	6806	7088
20	沙特阿拉伯	5268	6712	7360	7466	7564	6543	6464	6785	7085
21	阿 根 廷	4247	5276	5797	6115	5636	6316	5447	6199	6392
22	中国台湾	4461	4857	4959	5116	5305	5252	5296	5715	5883
23	瑞　典	4884	5631	5439	5787	5738	4957	5110	5419	5950
24	波　兰	4792	5286	5008	5244	5451	4773	4693	5100	5713
25	比 利 时	4844	5275	4982	5203	5326	4552	4666	4917	5293
26	泰　国	3411	3708	3976	4205	4065	3992	4071	4378	4666
27	尼日利亚	3691	4141	4610	5150	5685	4938	4054	3948	4607
28	伊　朗	4624	5772	3892	3964	4234	3754	4044	4277	3984
29	奥 地 利	3909	4294	4077	4284	4391	3772	3866	4093	4424
30	挪　威	4285	4982	5097	5227	4983	3866	3706	3921	4065
31	阿 联 酋	2899	3509	3748	3904	4032	3579	3487	3787	4009
32	埃　及	2300	2477	2788	2880	3056	3321	3323	—	—
33	中国香港	2286	2485	2626	2757	2915	3094	3209	3341	3448
34	以 色 列	2336	2616	2573	2925	3084	2991	3177	3480	3616
35	丹　麦	3220	3440	3271	3436	3523	3013	3067	3241	3516

资料来源：IMF，World Economic Outlook Database，2017年10月。

表 1 - 4　人均 GDP：部分国家和地区（2016～2018 年）

市场汇率计人均GDP(美元)				购买力平价计人均GDP(国际元)			
2016年位次	国家和地区	2016年	2017年	2018年	2016年位次	国家和地区	2016年	2017年	2018年

2016年位次	国家和地区	2016年	2017年	2018年	2016年位次	国家和地区	2016年	2017年	2018年
1	卢 森 堡	104095	107708	113627	1	卡 塔 尔	125160	124927	129360
2	瑞 士	80346	80837	83264	2	卢 森 堡	105741	109192	112714
3	挪 威	70553	73615	75341	3	中 国 澳 门	98856	114430	125168
4	中 国 澳 门	69559	79564	86117	4	新 加 坡	87832	90531	93678
5	爱 尔 兰	64782	68604	74493	5	文 莱	77422	76743	77699
6	冰 岛	59629	73092	83750	6	科 威 特	71878	69669	71929
7	卡 塔 尔	59514	60812	65159	7	挪 威	69407	70590	72188
8	美 国	57608	59495	61687	8	爱 尔 兰	69276	72632	75791
9	丹 麦	53745	56335	60634	9	阿 联 酋	68092	68245	69896
10	新 加 坡	52961	53880	55231	10	瑞 士	60374	61360	62693
11	澳 大 利 亚	51737	56135	58941	11	圣 马 力 诺	59043	60359	61886
12	瑞 典	51125	53248	57783	12	中 国 香 港	58377	61016	63352
13	圣 马 力 诺	46433	47302	49420	13	美 国	57608	59495	61687
14	荷 兰	45658	48272	52016	14	沙 特 阿 拉 伯	55331	55263	55854
15	奥 地 利	44233	46436	49796	15	荷 兰	51249	53582	55870
16	中 国 香 港	43561	44999	46077	16	巴 林	50719	51846	52718
17	芬 兰	43482	45693	49207	17	瑞 典	49759	51264	52882
18	加 拿 大	42225	44773	47658	18	冰 岛	49123	52150	54288
19	德 国	42177	44184	47535	19	澳 大 利 亚	48712	49882	51536
20	比 利 时	41248	43243	46316	20	德 国	48449	50206	52045
21	英 国	40050	38847	40026	21	丹 麦	48230	49613	51115
22	日 本	38883	38550	40063	22	中 国 台 湾	48119	49827	51637
23	新 西 兰	38278	41629	44069	23	奥 地 利	47726	49247	50729
24	法 国	38178	39673	42419	24	加 拿 大	46441	48141	49620
25	以 色 列	37192	39974	40762	25	阿 曼	46067	45464	46634
26	阿 联 酋	35384	37346	38436	26	比 利 时	45003	46301	47724
27	波 多 黎 各	30790	30729	30586	27	英 国	42421	43620	44822
28	意 大 利	30507	31619	33725	28	法 国	42336	43551	44972
29	韩 国	27535	29730	30919	29	芬 兰	42261	44050	45787
31	西 班 牙	26565	28212	30689	30	日 本	41220	42659	43883
37	中 国 台 湾	22497	24227	24889	34	韩 国	37730	39387	41173
39	沙 特 阿 拉 伯	20365	20957	21453	36	意 大 利	36823	37970	39145

续表

市场汇率计人均 GDP（美元）					购买力平价计人均 GDP（国际元）				
2016 年位次	国家和地区	2016 年	2017 年	2018 年	2016 年位次	国家和地区	2016 年	2017 年	2018 年
58	阿根廷	12494	14062	14342	51	俄罗斯	26926	27900	28918
65	土耳其	10817	10434	11125	57	土耳其	24986	26453	27635
71	俄罗斯	8946	10248	10630	66	阿根廷	20053	20677	21370
72	巴西	8727	10020	10515	70	墨西哥	18935	19480	20028
73	墨西哥	8562	9249	10021	83	中国	15395	16624	17943
75	中国	8123	8583	9377	84	巴西	15238	15500	15919
185	尼日尔	412	421	447	127	印度	6694	7174	7750
189	布隆迪	325	343	377	191	中非共和国	652	681	715

注：共有 191 个国家和地区的排名数据，本表只列出部分国家和地区；购买力平价（PPP）数据参见 IMF World Economic Outlook Database，IMF 并不直接计算 PPP 数据，而是根据世界银行、OECD、Penn World Tables 等国际组织的原始资料进行计算。

资料来源：IMF, World Economic Outlook Database, 2017 年 10 月。

（二）世界通货膨胀、失业形势回顾与展望

表 2 -1　通货膨胀率[*]回顾与展望：部分国家和地区 （2010 ~ 2018 年）

单位：%

国家和地区	2010 年	2011 年	2012 年	2013 年	2014 年	2015 年	2016 年	2017 年	2018 年
澳大利亚	2.9	3.3	1.7	2.5	2.5	1.5	1.3	2.0	2.2
比利时	2.3	3.4	2.6	1.2	0.5	0.6	1.8	2.2	1.5
加拿大	1.8	2.9	1.5	0.9	1.9	1.1	1.4	1.6	1.8
丹麦	2.3	2.8	2.4	0.8	0.6	0.5	0.3	1.0	1.4
法国	1.7	2.3	2.2	1.0	0.6	0.1	0.3	1.2	1.3
德国	1.1	2.5	2.1	1.6	0.8	0.1	0.4	1.6	1.5
希腊	4.7	3.1	1.0	-0.9	-1.4	-1.1	0.0	1.2	1.3
中国香港	2.3	5.3	4.1	4.3	4.4	3.0	2.6	2.0	2.2
冰岛	5.4	4.0	5.2	3.9	2.0	1.6	1.7	1.8	2.6
以色列	2.7	3.5	1.7	1.5	0.5	-0.6	-0.5	0.2	0.5
意大利	1.6	2.9	3.3	1.2	0.2	0.1	-0.1	1.4	1.2
日本	-0.7	-0.3	-0.1	0.3	2.8	0.8	-0.1	0.4	0.5

续表

国家和地区	2010 年	2011 年	2012 年	2013 年	2014 年	2015 年	2016 年	2017 年	2018 年
韩 国	2.9	4.0	2.2	1.3	1.3	0.7	1.0	1.9	1.9
中 国 澳 门	2.8	5.8	6.1	5.5	6.0	4.6	2.4	1.5	2.2
新 加 坡	2.8	5.2	4.6	2.4	1.0	-0.5	-0.5	0.9	1.3
中 国 台 湾	1.0	1.4	1.9	0.8	1.2	-0.3	1.4	1.0	1.4
英 国	3.3	4.5	2.8	2.6	1.5	0.0	0.7	2.6	2.6
美 国	1.6	3.1	2.1	1.5	1.6	0.1	1.3	2.1	2.1
巴 西	5.0	6.6	5.4	6.2	6.3	9.0	8.7	3.7	4.0
中 国	3.3	5.4	2.6	2.6	2.0	1.4	2.0	1.8	2.4
埃 及	11.7	11.1	8.7	6.9	10.1	11.0	10.2	23.5	21.3
印 度	9.5	9.5	10.0	9.4	5.8	4.9	4.5	3.8	4.9
印 度 尼 西 亚	5.1	5.3	4.0	6.4	6.4	6.4	3.5	4.0	3.9
伊 朗	12.4	21.2	30.8	34.7	15.6	11.9	9.0	10.5	10.1
伊 拉 克	2.4	5.6	6.1	1.9	2.2	1.4	0.4	2.0	2.0
马 来 西 亚	1.7	3.2	1.7	2.1	3.1	2.1	2.1	3.8	2.9
墨 西 哥	4.2	3.4	4.1	3.8	4.0	2.7	2.8	5.9	3.8
菲 律 宾	3.8	4.7	3.2	2.9	4.2	1.4	1.8	3.1	3.0
俄 罗 斯	6.9	8.4	5.1	6.8	7.8	15.5	7.0	4.2	3.9
沙 特 阿 拉 伯	3.8	3.7	2.9	3.5	2.7	2.2	3.5	-0.2	5.0
南 非	4.3	5.0	5.6	5.8	6.1	4.6	6.3	5.4	5.3
泰 国	3.3	3.8	3.0	2.2	1.9	-0.9	0.2	0.6	1.0
土 耳 其	8.6	6.5	8.9	7.5	8.9	7.7	7.8	10.9	9.3
乌 克 兰	9.4	8.0	0.6	-0.3	12.1	48.7	13.9	12.8	10.0
委 内 瑞 拉	28.2	26.1	21.1	43.5	57.3	111.8	254.4	652.7	2349.3

注：＊以消费者物价指数衡量的通货膨胀率。

资料来源：IMF，World Economic Outlook Database，2017 年 10 月。

表 2-2　失业率：发达经济体（2010～2017 年）

单位：%

国家和地区	2010 年	2011 年	2012 年	2013 年	2014 年	2015 年	2016 年	2017 年
澳 大 利 亚	5.2	5.1	5.2	5.7	6.1	6.1	5.7	5.6
奥 地 利	4.8	4.6	4.9	5.3	5.6	5.7	6.0	5.4
比 利 时	8.3	7.1	7.6	8.5	8.6	8.5	7.9	7.5
加 拿 大	8.0	7.5	7.3	7.1	6.9	6.9	7.0	6.5

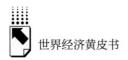

国家和地区	2010 年	2011 年	2012 年	2013 年	2014 年	2015 年	2016 年	2017 年
塞浦路斯	6.3	7.9	11.8	15.9	16.1	14.9	13.0	11.8
捷 克	7.3	6.7	7.0	7.0	6.1	5.0	4.0	2.8
丹 麦	7.5	7.6	7.5	7.0	6.5	6.2	6.2	5.8
爱沙尼亚	16.7	12.3	10.0	8.6	7.4	6.2	6.8	8.4
芬 兰	8.5	7.8	7.7	8.2	8.7	9.4	8.8	8.7
法 国	9.3	9.2	9.8	10.3	10.3	10.4	10.0	9.5
德 国	6.9	5.9	5.4	5.2	5.0	4.6	4.2	3.8
希 腊	12.7	17.9	24.4	27.5	26.5	24.9	23.6	22.3
中国香港	4.3	3.4	3.3	3.4	3.3	3.3	2.7	2.6
冰 岛	7.6	7.1	6.0	5.4	5.0	4.0	3.0	2.8
爱尔兰	13.9	14.7	14.7	13.1	11.3	9.5	7.9	6.4
以色列	8.3	7.1	6.9	6.3	6.0	5.3	4.8	4.3
意大利	8.3	8.4	10.7	12.1	12.6	11.9	11.7	11.4
日 本	5.1	4.6	4.3	4.0	3.6	3.4	3.1	2.9
韩 国	3.7	3.4	3.2	3.1	3.5	3.6	3.7	3.8
拉脱维亚	19.5	16.2	15.0	11.9	10.8	9.9	9.6	9.0
卢森堡	5.9	5.7	6.1	6.9	7.1	6.8	6.4	5.9
马耳他	6.9	6.4	6.3	6.4	5.8	5.4	4.7	4.4
荷 兰	5.0	5.0	5.8	7.3	7.4	6.9	5.9	5.1
新西兰	6.2	6.0	6.4	5.8	5.4	5.4	5.1	4.9
挪 威	3.6	3.3	3.2	3.5	3.5	4.4	4.7	4.0
葡萄牙	10.8	12.7	15.5	16.2	13.9	12.4	11.1	9.7
新加坡	2.2	2.0	2.0	1.9	2.0	1.9	2.1	2.2
斯洛伐克	14.5	13.7	14.0	14.2	13.2	11.5	9.6	8.1
斯洛文尼亚	7.3	8.2	8.9	10.1	9.7	9.0	8.0	6.8
西班牙	19.9	21.4	24.8	26.1	24.4	22.1	19.6	17.1
瑞 典	8.6	7.8	8.0	8.0	7.9	7.4	7.0	6.6
瑞 士	3.5	2.8	2.9	3.2	3.0	3.2	3.3	3.0
中国台湾	5.2	4.4	4.2	4.2	4.0	3.8	3.9	3.8
英 国	7.9	8.1	8.0	7.6	6.2	5.4	4.9	4.4
美 国	9.6	8.9	8.1	7.4	6.2	5.3	4.9	4.4

资料来源：IMF, World Economic Outlook Database, 2017 年 10 月。

（三）世界财政形势回顾与展望

表3-1　广义政府财政差额占GDP比例：发达经济体（2010~2018年）

单位：%

国家和地区	2010年	2011年	2012年	2013年	2014年	2015年	2016年	2017年	2018年
澳大利亚	-4.8	-4.0	-2.7	-2.0	-2.0	-1.8	-1.6	-1.3	-0.9
奥 地 利	-2.3	-0.4	-0.1	0.8	-0.7	0.8	0.1	0.7	0.7
比 利 时	-0.7	-0.9	-1.0	-0.2	-0.2	0.2	-0.1	0.4	0.2
加 拿 大	-3.9	-2.7	-1.8	-1.0	0.2	-0.5	-1.2	-1.5	-1.3
塞浦路斯	-3.2	-3.9	-3.2	-1.8	2.6	1.2	2.3	3.3	2.7
捷 克	-3.3	-1.7	-2.8	-0.2	-0.8	0.3	1.4	1.2	1.3
丹 麦	-2.1	-1.4	-3.0	-0.6	1.5	-1.0	-0.1	-1.0	-0.1
爱沙尼亚	0.0	0.9	-0.4	-0.3	0.6	0.0	0.2	0.0	-0.7
芬 兰	-2.5	-1.0	-2.0	-2.5	-2.9	-2.5	-1.6	-1.4	-1.2
法 国	-4.5	-2.6	-2.4	-1.9	-1.9	-1.7	-1.7	-1.4	-1.4
德 国	-2.1	1.1	1.8	1.5	1.7	1.8	1.9	1.7	1.4
希 腊	-5.3	-3.0	-1.5	0.4	-0.1	0.5	4.2	1.7	2.2
中国香港	2.3	1.9	1.3	-0.7	3.6	0.6	3.6	1.4	0.5
冰 岛	-7.0	-2.9	-0.4	1.6	3.6	2.9	15.7	3.2	3.4
爱 尔 兰	-29.7	-10.2	-4.8	-2.2	-0.3	0.4	1.5	1.5	1.6
以 色 列	0.2	0.8	-1.1	-0.7	-0.1	-0.1	-0.2	-0.8	-1.2
意 大 利	-0.1	0.8	2.1	1.7	1.4	1.3	1.4	1.5	2.3
日 本	-8.6	-8.3	-7.5	-7.0	-4.9	-3.1	-4.0	-4.0	-3.4
韩 国	0.8	0.9	0.8	-0.2	-0.3	-0.3	0.8	0.4	0.7
拉脱维亚	-5.1	-1.8	1.7	0.9	-0.2	0.3	0.8	0.4	1.0
立 陶 宛	-5.2	-7.2	-1.2	-0.9	1.0	1.3	1.6	1.4	1.9
马 耳 他	-0.1	0.7	-0.7	0.3	0.8	1.2	3.2	2.5	2.3
荷 兰	-3.8	-3.0	-2.8	-1.3	-1.2	-1.0	1.3	1.5	1.6
新 西 兰	-5.4	-4.8	-1.1	-0.4	0.1	1.1	1.3	0.8	0.9
挪 威	8.8	11.1	11.7	8.7	6.4	3.4	0.8	2.2	2.5
葡 萄 牙	-8.5	-3.6	-1.4	-0.6	-2.8	-0.1	2.0	2.4	2.4
圣马力诺	-1.9	-3.5	-2.0	-0.8	1.0	0.0	0.0	0.0	0.1
新 加 坡	5.4	8.2	7.4	6.1	4.8	2.9	2.3	0.7	0.5
斯洛伐克	-6.4	-2.9	-2.8	-1.1	-1.1	-1.3	-0.3	0.1	0.5
斯洛文尼亚	-4.0	-4.2	-1.4	-11.5	-2.8	-0.6	0.9	1.3	1.2

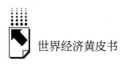

续表

国家和地区	2010 年	2011 年	2012 年	2013 年	2014 年	2015 年	2016 年	2017 年	2018 年
西 班 牙	-7.8	-7.6	-8.0	-4.1	-3.0	-2.4	-2.0	-0.7	0.0
瑞 典	0.3	0.2	-0.8	-1.2	-1.5	—	0.7	0.7	0.8
瑞 士	0.8	1.1	0.8	-0.2	0.0	0.9	0.3	0.1	0.1
英 国	-7.0	-4.8	-5.4	-4.2	-3.8	-2.9	-1.3	-1.1	-0.6
美 国	-8.9	-7.3	-5.7	-2.4	-2.0	-1.6	-2.3	-2.2	-1.5

注：广义政府财政差额对应的英文统计口径为 General Government Primary Net Lending/Borrowing。
资料来源：IMF, World Economic Outlook Database, 2017 年 10 月。

表 3 - 2　广义政府财政差额占 GDP 比例：部分新兴市场和发展中国家（2010 ~ 2018 年）

单位：%

国家和地区	2010 年	2011 年	2012 年	2013 年	2014 年	2015 年	2016 年	2017 年	2018 年
阿 根 廷	-0.6	-1.6	-1.7	-2.6	-3.5	-4.7	-4.8	-4.5	-3.4
孟 加 拉 国	-0.8	-1.9	-1.1	-1.4	-1.0	-1.8	-1.5	-2.7	-3.0
玻 利 维 亚	3.1	2.1	2.8	1.6	-2.4	-5.9	-5.6	-5.5	-5.2
巴 西	2.3	2.9	1.9	1.7	0.0	-1.9	-2.5	-2.5	-2.3
智 利	-0.3	1.5	0.8	-0.4	-1.3	-1.9	-2.6	-2.8	-2.1
中 国	0.1	0.4	0.2	-0.3	-0.4	-2.2	-2.9	-2.8	-2.7
埃 及	-3.6	-4.5	-4.8	-6.3	-4.7	-4.6	-3.2	-1.7	0.6
印 度	-4.4	-4.0	-3.2	-2.4	-2.7	-2.5	-1.8	-1.5	-1.5
印 度 尼 西 亚	0.0	0.5	-0.4	-1.0	-0.9	-1.1	-1.0	-1.1	-0.9
伊 朗	2.7	0.7	-0.2	-0.8	-1.1	-1.7	-2.2	-1.2	-0.6
伊 拉 克	-3.7	5.5	4.5	-5.4	-5.1	-11.7	-13.4	-3.8	-3.7
马 来 西 亚	-2.9	-2.0	-2.0	-2.2	-0.8	-1.2	-1.3	-1.0	-0.6
墨 西 哥	-1.4	-1.0	-0.7	-0.7	-1.6	-1.1	0.5	1.8	0.6
蒙 古 国	0.9	-3.7	-8.3	-7.5	-8.8	-5.6	-13.1	-4.1	-2.7
缅 甸	-4.6	-2.5	2.3	-0.1	0.3	-3.3	-2.8	-3.3	-3.0
菲 律 宾	0.7	2.3	2.3	2.7	3.1	2.6	1.5	0.9	0.8
罗 马 尼 亚	-5.0	-2.8	-0.7	-0.8	-0.4	-0.2	-1.1	-1.8	-3.2
俄 罗 斯	-3.1	1.7	0.7	-0.8	-0.7	-3.1	-3.1	-1.6	-1.0
沙 特 阿 拉 伯	4.0	11.3	11.8	5.4	-4.0	-17.7	-20.4	-10.9	-8.6
南 非	-2.4	-1.4	-1.7	-1.4	-1.2	-1.4	-0.6	-0.9	-0.6
泰 国	-0.7	0.8	-0.1	1.3	-0.1	0.7	1.0	-0.7	-0.7
土 耳 其	0.1	1.8	0.7	0.8	0.5	0.6	-0.9	-1.6	-0.6
乌 克 兰	-4.1	-0.8	-2.4	-2.3	-1.2	3.0	1.9	1.2	1.8

国家和地区	2010 年	2011 年	2012 年	2013 年	2014 年	2015 年	2016 年	2017 年	2018 年
阿　联　酋	0.9	5.5	9.3	8.8	2.2	−3.2	−3.9	−3.5	−2.1
乌兹别克斯坦	3.6	7.8	7.8	2.4	3.4	0.8	0.4	0.6	1.0
委　内　瑞　拉	−7.4	−8.5	−11.3	−10.6	−12.6	−16.0	−16.9	−18.0	−18.5
越　　　南	−1.6	−0.1	−5.6	−5.9	−4.6	−4.2	−4.4	−3.8	−3.5

注：广义政府财政差额对应的英文统计口径为 General Government Primary Net Lending/Borrowing。

资料来源：IMF，World Economic Outlook Database，2017 年 10 月。

（四）世界金融形势回顾与展望

表 4 − 1　广义货币供应量年增长率：新兴市场和发展中国家（2010～2018 年）

单位：%

国家和地区	2010 年	2011 年	2012 年	2013 年	2014 年	2015 年	2016 年	2017 年	2018 年
新兴市场和发展中国家	16.1	16.3	14.3	14.1	12.2	12.6	10.8	13.2	13.4
独联体[①]	24.3	21.6	14.2	16.1	13.9	19.6	2.2	9.4	10.5
俄罗斯	24.5	19.6	13.1	16.0	14.8	19.7	−0.9	9.7	9.8
除俄罗斯	23.5	28.4	17.9	16.5	10.8	19.0	12.0	8.4	12.6
亚洲新兴市场和发展中国家	17.6	16.2	14.2	13.6	10.9	12.0	10.5	11.7	11.0
中国	18.9	17.3	14.2	13.6	11.0	13.3	11.3	12.0	11.0
印度	16.1	13.5	13.6	13.4	10.9	10.1	7.3	12.1	14.6
除中国和印度	14.8	15.0	13.9	13.7	10.3	8.5	9.5	10.3	8.0
欧洲新兴市场和发展中国家	12.0	11.9	6.3	13.3	9.2	12.4	13.1	12.6	9.9
拉丁美洲与加勒比地区	14.6	19.4	17.3	14.4	15.0	14.3	16.8	21.1	25.7
巴西	15.8	18.5	15.9	8.9	13.5	9.7	12.4	13.1	9.0
墨西哥	7.5	11.7	8.7	8.3	10.2	7.9	10.6	14.5	11.0
中东与北非	12.2	11.6	14.5	17.8	11.4	7.1	7.1	11.1	9.4
撒哈拉以南	12.6	12.4	15.2	7.4	14.5	10.6	11.6	12.6	14.5

注：①包括格鲁吉亚和蒙古国。虽然二者不是独联体成员，但由于同独联体国家在地理和经济结构上类似，故在地区分组上将二者归入独联体。

资料来源：IMF，*World Economic Outlook*，2017 年 10 月。

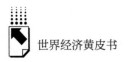

表4-2　汇率：部分国家和地区（2009~2017年）

单位：本币/美元

币　种	2009年	2010年	2011年	2012年	2013年	2014年	2015年	2016年	2017年
欧元	0.72	0.76	0.72	0.78	0.75	0.75	0.90	0.90	0.91
日元	93.57	87.78	79.81	79.79	97.60	105.94	121.04	108.79	111.08
英镑	0.64	0.65	0.62	0.63	0.64	0.61	0.65	0.74	0.78
阿根廷比索	3.71	3.90	4.11	4.54	5.46	8.08	9.23	14.76	15.73
澳大利亚元	1.28	1.09	0.97	0.97	1.04	1.11	1.33	1.35	1.33
巴西里尔	2.00	1.76	1.67	1.95	2.16	2.35	3.33	3.49	3.21
加拿大元	1.14	1.03	0.99	1.00	1.03	1.11	1.28	1.33	1.34
人民币	6.83	6.77	6.46	6.31	6.20	6.14	6.23	6.64	6.86
印度卢比	48.41	45.73	46.67	53.44	58.60	61.03	64.15	67.20	64.46
韩元	1276.93	1156.06	1108.29	1126.47	1094.85	1052.96	1131.16	1160.43	1129.95
墨西哥比索	13.51	12.64	12.42	13.17	12.77	13.29	15.85	18.66	18.58
俄罗斯卢布	31.74	30.37	29.38	30.84	31.84	38.38	60.94	67.06	57.14
南非兰特	8.47	7.32	7.26	8.21	9.66	10.85	12.76	14.71	13.24
土耳其里拉	1.55	1.50	1.67	1.80	1.90	2.19	2.72	3.02	3.58

注：2009~2016年为年内均值，2017年为两个季度均值。

资料来源：IMF国际金融统计，2017年10月。

表4-3　股票价格指数：全球主要证券交易所（2016年）

交易所	指数名称	指数					
		最高值	日期①	最低值	日期①	2016年底值	年变化率(%)②
美洲							
圣保罗证交所	IBOVESPA指数	64925	10/31	37497	1/26	60227	38.9
墨西哥证交所	IPC指数	399	8/15	332	1/8	400	13.2
纳斯达克证交所	Nasdaq综合指数	5487	12/27	4966	2/11	5383	7.5
加拿大TSX集团	S&P/TSX综合指数	15422	12/29	11843	1/20	15288	17.5
欧洲-非洲-中东							
雅典交易所	雅典股票综合指数	659	6/8	421	2/11	644	1.9
巴塞罗那交易所	BCN全球100指数	766	12/16	597	6/27	757	0.3
塞浦路斯交易所	CSE综合指数	70	6/10	63	12/14	66	-2.0
德意志证交所	CDAX指数	527	12/30	417	2/11	527	3.5
布鲁塞尔证交所	BAS指数	12836	10/20	10914	2/11	12693	-1.6
巴黎证交所	全部股票价格指数	3769	12/30	3028	2/11	3769	4.8
莫斯科证交所	莫斯科大盘指数	1598	12/13	1137	1/15	1570	26.2

交易所	指数名称	指数					
		最高值	日期[①]	最低值	日期[①]	2016年底值	年变化率(%)[②]
亚太地区							
澳大利亚证交所	ASX普通股票指数	5747	12/29	4958	9/29	5719	7.0
中国香港证交所	标普大型股票指数	30155	10/6	22539	2/12	27926	3.4
印尼证交所	雅加达综合指数	5472	10/4	4414	1/21	5297	15.3
东京证交所	TOPIX指数	1552	12/20	1196	2/12	1519	−1.9
韩国证交所	KOSPI指数	2069	9/29	1835	2/12	2026	3.3
印度国家证交所	NIFTY500指数	7643	9/8	5817	2/25	6983	3.8
菲律宾证交所	PSE综合指数	8102	7/21	6084	1/21	6841	−1.6
深圳证券交易所	深圳成指	2138	11/22	1629	1/28	1969	−14.7
新加坡证交所	FTSE海峡时报指数	2961	4/21	2961	4/21	2881	−0.1
泰国证交所	SET指数	1553	8/11	1225	1/7	1543	19.8

注：①日期格式为月/日；②与2015年底相比的变化率。

资料来源：*World Federation of Exchanges Annual Report*。

（五）国际收支形势回顾与展望

表5-1　国际收支平衡表：部分国家和地区（2012～2016年）

单位：亿美元

国家	2012年	2013年	2014年	2015年	2016年
美　国					
经常项目差额	−4262.0	−3495.4	−3738.0	−4346.0	−4516.9
货物贸易差额	−7411.7	−7022.4	−7514.9	−7618.6	−7525.1
服务贸易差额	2044.0	2403.7	2611.6	2614.1	2477.1
主要收入差额	2074.7	2059.8	2107.8	1809.6	1732.2
次要收入差额	−969.0	−936.4	−942.4	−1151.2	−1201.2
资本项目差额	69.0	−4.1	−0.5	−0.4	−0.6
金融项目差额	−4533.1	−4008.8	−3232.6	−3268.7	−3797.7
直接投资—资产	3772.4	3928.0	3388.5	3111.4	3115.8
直接投资—负债	2503.5	2881.3	2376.6	5061.6	4794.2
证券投资—资产	2487.6	4813.0	5826.8	1604.1	406.4
证券投资—负债	7470.1	5119.8	7034.8	2139.8	2373.7
金融衍生品差额	70.6	22.2	−542.7	−252.5	158.2
其他投资—资产	−4537.0	−2214.1	−991.6	−2710.5	−64.2
其他投资—负债	−3646.8	2556.7	1502.1	−2180.3	246.1
误差与遗漏	−295.6	−540.1	470.0	1014.8	740.8
储备资产变动	44.6	−30.9	−35.8	−63.0	21.0

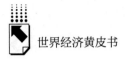

续表

国家	2012 年	2013 年	2014 年	2015 年	2016 年
中　国					
经常项目差额	2153.9	1482.0	2360.5	3041.6	1963.8
货物贸易差额	3115.7	3589.8	4350.4	5761.9	4940.8
服务贸易差额	−797.2	−1236.0	−2137.4	−2183.2	−2441.6
主要收入差额	−198.9	−784.4	133.0	−410.6	−440.1
次要收入差额	34.3	−87.3	14.5	−126.5	−95.2
资本项目差额	42.7	30.5	−0.3	3.2	−3.4
金融项目差额	360.4	−3430.5	513.6	4344.6	4169.9
直接投资—资产	649.6	729.7	1231.3	1743.9	2172.0
直接投资—负债	2412.1	2909.3	2681.0	2424.9	1705.6
证券投资—资产	63.9	53.5	108.1	732.1	1034.0
证券投资—负债	541.7	582.4	932.4	67.4	412.1
金融衍生品差额	0.0	0.0	0.0	20.9	46.6
其他投资—资产	2316.8	1419.6	3289.1	824.7	3336.0
其他投资—负债	−283.9	2141.6	501.5	−3515.4	301.0
误差与遗漏	−870.7	−629.2	−668.7	−2129.6	−2226.7
储备资产变动	965.5	4313.8	1177.8	−3429.4	−4436.3
日　本					
经常项目差额	601.2	463.8	363.5	1341.3	1872.6
货物贸易差额	−534.8	−896.5	−998.2	−73.3	512.2
服务贸易差额	−477.1	−354.8	−287.8	−159.4	−108.9
主要收入差额	1756.6	1816.3	1839.2	1736.8	1665.5
次要收入差额	−143.4	−101.2	−189.6	−162.7	−196.1
资本项目差额	−10.2	−76.8	−19.9	−22.5	−65.8
金融项目差额	913.4	−430.1	502.4	1734.7	2707.1
直接投资—资产	1176.3	1556.8	1379.2	1364.1	1696.5
直接投资—负债	5.5	106.5	197.5	55.9	349.0
证券投资—资产	1416.0	−896.2	1167.0	3057.7	3060.9
证券投资—负债	1093.9	1850.3	1570.4	1733.3	315.8
金融衍生品差额	71.4	582.2	343.4	179.1	−158.2
其他投资—资产	1211.3	1850.8	1074.1	−423.0	1326.7
其他投资—负债	1862.2	1567.0	1693.4	654.0	2554.1
误差与遗漏	−60.2	−429.4	243.6	467.1	846.9
储备资产变动	−382.6	387.8	84.8	51.3	−53.3
德　国					
经常项目差额	2489.2	2524.0	2881.9	2881.5	2902.9
货物贸易差额	2574.2	2824.3	3028.8	2896.1	3008.1
服务贸易差额	−418.1	−547.8	−336.8	−206.4	−236.1
主要收入差额	834.9	827.6	736.9	636.3	571.6
次要收入差额	−501.8	−580.0	−547.2	−444.5	−440.8

续表

国家	2012 年	2013 年	2014 年	2015 年	2016 年
资本项目差额	− 6. 1	− 8. 2	32. 3	− 6. 7	12. 6
金融项目差额	1925. 5	2988. 2	3195. 9	2620. 3	2672. 0
直接投资—资产	991. 1	934. 5	1133. 3	1125. 0	762. 6
直接投资—负债	654. 6	674. 1	167. 2	525. 8	524. 7
证券投资—资产	1361. 6	1815. 7	1954. 3	1358. 4	1076. 5
证券投资—负债	693. 2	− 279. 8	204. 0	− 821. 0	− 1228. 0
金融衍生品差额	309. 2	318. 0	423. 4	291. 6	360. 8
其他投资—资产	2175. 6	− 2268. 1	596. 4	62. 5	2015. 3
其他投资—负债	1564. 3	− 2582. 3	540. 3	512. 4	2246. 4
误差与遗漏	− 540. 6	483. 9	248. 8	− 278. 7	− 224. 4
储备资产变动	17. 0	11. 6	− 33. 0	− 24. 2	19. 0

资料来源：IMF 国际收支统计，2017 年 10 月。

表 5 − 2　经常项目差额占 GDP 比例：部分国家和地区（2010～2018 年）

单位：%

国家和地区	2010 年	2011 年	2012 年	2013 年	2014 年	2015 年	2016 年	2017 年	2018 年
阿 根 廷	− 0. 4	− 1. 0	− 0. 4	− 2. 1	− 1. 5	− 2. 7	− 2. 7	− 3. 6	− 3. 7
澳 大 利 亚	− 3. 6	− 3. 0	− 4. 1	− 3. 2	− 2. 9	− 4. 7	− 2. 6	− 1. 6	− 2. 4
巴 　 西	− 3. 4	− 2. 9	− 3. 0	− 3. 0	− 4. 2	− 3. 3	− 1. 3	− 1. 4	− 1. 8
加 　 拿 　 大	− 3. 6	− 2. 8	− 3. 6	− 3. 2	− 2. 4	− 3. 4	− 3. 3	− 3. 4	− 2. 9
中 　 国	3. 9	1. 8	2. 5	1. 5	2. 2	2. 7	1. 7	1. 4	1. 2
法 　 国	− 0. 8	− 1. 0	− 1. 2	− 0. 9	− 1. 3	− 0. 4	− 1. 0	− 1. 1	− 0. 8
德 　 国	5. 6	6. 1	7. 0	6. 7	7. 4	8. 5	8. 3	8. 1	7. 7
印 　 度	− 2. 8	− 4. 2	− 4. 8	− 1. 7	− 1. 3	− 1. 1	− 0. 7	− 1. 4	− 1. 5
印 度 尼 西 亚	0. 7	0. 2	− 2. 7	− 3. 2	− 3. 1	− 2. 0	− 1. 8	− 1. 7	− 1. 8
意 　 大 　 利	− 3. 4	− 3. 0	− 0. 4	1. 0	1. 9	1. 4	2. 6	2. 8	2. 3
日 　 本	3. 9	2. 1	1. 0	0. 9	0. 8	3. 1	3. 8	3. 6	3. 8
韩 　 国	2. 6	1. 6	4. 2	6. 2	6. 0	7. 7	7. 0	5. 6	5. 4
墨 西 哥	− 0. 5	− 1. 1	− 1. 3	− 2. 5	− 1. 8	− 2. 5	− 2. 2	− 1. 7	− 2. 0
俄 罗 斯	4. 1	4. 7	3. 2	1. 5	2. 8	5. 0	2. 0	2. 8	3. 2
沙 特 阿 拉 伯	12. 7	23. 6	22. 4	18. 1	9. 8	− 8. 7	− 4. 3	0. 6	0. 4
南 　 非	− 1. 5	− 2. 2	− 5. 1	− 5. 9	− 5. 3	− 4. 4	− 3. 3	− 2. 9	− 3. 3
土 　 耳 　 其	− 5. 8	− 8. 9	− 5. 5	− 6. 7	− 4. 7	− 3. 7	− 3. 8	− 4. 6	− 4. 6
英 　 国	− 2. 7	− 1. 8	− 3. 7	− 4. 4	− 4. 7	− 4. 3	− 4. 4	− 3. 6	− 3. 3
美 　 国	− 2. 9	− 2. 9	− 2. 6	− 2. 1	− 2. 1	− 2. 4	− 2. 4	− 2. 4	− 2. 6

资料来源：IMF, World Economic Outlook Database，2017 年 10 月。

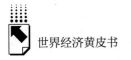

（六）国际贸易形势回顾

表6-1　货物贸易进出口：部分国家和地区（2013～2016年）

单位：亿美元

2016年位次	国家和地区	货物出口				2016年位次	国家和地区	货物进口			
		2013年	2014年	2015年	2016年			2013年	2014年	2015年	2016年
	世　界	189520	190050	164890	159550		世　界	190180	191010	167430	162250
1	中　国	22090	23423	22735	20982	1	美　国	23291	24125	23153	22514
2	美　国	15796	16205	15026	14546	2	中　国	19500	19592	16796	15874
3	德　国	14451	14946	13268	13396	3	德　国	11812	12070	10514	10549
4	日　本	7151	6902	6248	6449	4	英　国	6600	6905	6264	6358
5	荷　兰	6716	6727	5697	5697	5	日　本	8332	8122	6480	6069
6	中国香港	5352	5241	5105	5167	6	法　国	6815	6766	5734	5730
7	法　国	5810	5805	5058	5013	7	中国香港	6214	6006	5593	5473
8	韩　国	5596	5727	5268	4954	8	荷　兰	5897	5894	5132	5034
9	意 大 利	5183	5299	4574	4615	9	加 拿 大	4758	4800	4363	4166
10	英　国	5406	5052	4602	4094	10	韩　国	5156	5255	4365	4062
11	比 利 时	4688	4723	3969	3959	11	意 大 利	4794	4742	4111	4044
12	加 拿 大	4583	4763	4100	3901	12	墨 西 哥	3910	4116	4053	3975
13	墨 西 哥	3800	3969	3806	3739	13	比 利 时	4517	4546	3751	3674
14	新 加 坡	4102	4093	3466	3298	14	印　度	4654	4629	3929	3591
15	瑞　士	3579	3112	2898	3032	15	西 班 牙	3406	3589	3120	3093
16	西 班 牙	3178	3245	2825	2874	16	新 加 坡	3730	3662	2967	2829
17	俄 罗 斯	5218	4968	3415	2818	17	瑞　士	3215	2757	2531	2687
18	中国台湾	3114	3201	2853	2803	18	中国台湾	2780	2818	2372	2306
19	阿 联 酋	3790	3750	2710	2659	19	阿 联 酋	2390	2500	2300	2250
20	印　度	3148	3227	2674	2640	20	土 耳 其	2517	2422	2072	1986
21	泰　国	2285	2275	2144	2153	21	波　兰	2076	2237	1966	1973
22	波　兰	2050	2202	1992	2025	22	澳大利亚	2421	2369	2087	1962
23	澳大利亚	2530	2412	1877	1903	23	泰　国	2504	2277	2027	1947
24	马来西亚	2283	2339	1992	1894	24	俄 罗 斯	3413	3079	1930	1914
25	巴　西	2420	2251	1911	1853	25	越　南	1320	1478	1661	1742
26	越　南	1320	1502	1621	1768	26	马来西亚	2059	2089	1760	1684
27	沙特阿拉伯	3759	3424	2036	1749	27	奥 地 利	1833	1820	1561	1571
28	捷　克	1623	1751	1580	1628	28	巴　西	2506	2392	1788	1435

资料来源：WTO Statistics Database Online，2017年10月。

表 6-2　服务贸易进出口：部分国家和地区（2013~2016 年）

单位：亿美元

2015 年位次	国家和地区	服务出口				2015 年位次	国家和地区	服务进口			
		2013 年	2014 年	2015 年	2016 年			2013 年	2014 年	2015 年	2016 年
	世　界	47431	50781	47897	48077		世　界	45866	49392	46424	46941
1	美　国	6786	7229	7306	7326	1	美　国	4357	4570	4671	4820
2	英　国	3318	3575	3405	3237	2	中　国	3294	4308	4333	4498
3	德　国	2661	2861	2596	2678	3	德　国	3276	3370	2976	3106
4	法　国	2530	2735	2408	2356	4	法　国	2276	2519	2317	2357
5	中　国	2058	2181	2165	2073	5	英　国	2019	2080	2064	1946
6	荷　兰	1771	1948	1760	1774	6	日　本	1690	1905	1767	1827
7	日　本	1326	1593	1583	1687	7	荷　兰	1512	1727	1679	1692
8	印　度	1487	1566	1557	1613	8	爱尔兰	1236	1478	1674	1919
9	新加坡	1394	1531	1483	1494	9	新加坡	1468	1592	1543	1554
10	爱尔兰	1225	1394	1344	1462	10	印　度	1258	1274	1227	1330
11	西班牙	1260	1324	1178	1266	11	韩　国	1092	1147	1113	1090
12	比利时	1112	1232	1113	1090	12	比利时	1039	1166	1054	1073
13	瑞　士	1124	1193	1109	1123	13	意大利	1090	1132	984	1020
14	中国香港	1047	1068	1043	983	14	加拿大	1118	1093	982	965
15	意大利	1110	1131	974	1006	15	瑞　士	923	995	941	950
16	韩　国	1025	1110	967	918	16	俄罗斯	1257	1189	871	729
17	卢森堡	872	1002	951	941	17	阿联酋	612	827	797	820
18	加拿大	890	871	788	797	18	中国香港	750	738	739	743
19	瑞　典	739	765	723	714	19	卢森堡	681	786	730	717
20	丹　麦	712	731	634	584	20	巴　西	811	859	689	615
21	泰　国	584	552	614	661	21	西班牙	626	693	648	706
22	阿联酋	204	557	581	625	22	瑞　典	639	690	615	607
23	奥地利	639	666	576	595	23	丹　麦	639	640	564	553
24	俄罗斯	691	648	509	497	24	澳大利亚	670	624	564	555
25	澳大利亚	526	533	489	532	25	沙特阿拉伯	517	627	557	510
26	土耳其	474	510	461	370	26	中国台湾	496	508	506	517
27	波　兰	446	487	451	490	27	挪　威	562	574	475	470
28	中国台湾	362	412	408	411	28	奥地利	509	547	469	487
29	挪　威	486	493	407	364	29	泰　国	471	449	422	419
30	以色列	345	354	353	389	30	马来西亚	450	451	398	391

注：部分国家和地区 2016 年服务贸易数据暂时无法得到，本表按 2015 年数据排序。

资料来源：WTO Statistics Database Online，2017 年 10 月。

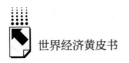
表 6-3　原油进出口量：部分国家和地区（2010 年与 2016 年）

单位：千桶/天，%

国家和地区	2010 年		2016 年		国家和地区	2010 年		2016 年	
	进口量	占世界比重	进口量	占世界比重		出口量	占世界比重	出口量	占世界比重
北美	10627	24.7	8768	19.5	北美	1520	3.7	3262	7.4
加拿大	765	1.8	891	2.0	加拿大	1478	3.6	2742	6.2
美国	9862	22.9	7877	17.5	美国	42	0.1	520	1.2
拉丁美洲	1381	3.2	837	1.9	拉丁美洲	4624	11.2	5122	11.6
巴西	313	0.7	134	0.3	巴西	581	1.4	891	2.0
智利	160	0.4	175	0.4	墨西哥	1460	3.5	1274	2.9
古巴	100	0.2	105	0.2	委内瑞拉	1562	3.8	1835	4.2
东欧	1850	4.3	1771	3.9	东欧	7273	17.7	7382	16.7
白俄罗斯	295	0.7	366	0.8	俄罗斯	4978	12.1	5081	11.5
波兰	458	1.1	496	1.1	西欧	2555	6.2	2096	4.7
西欧	10625	24.7	10303	22.9	挪威	1602	3.9	1373	3.1
法国	1298	3.0	1096	2.4	英国	747	1.8	620	1.4
德国	1883	4.4	1843	4.1	中东	15988	38.8	19211	43.5
希腊	406	0.9	475	1.1	伊朗	2248	5.5	1922	4.4
意大利	1592	3.7	1229	2.7	伊拉克	1890	4.6	3804	8.6
荷兰	1037	2.4	1095	2.4	科威特	1430	3.5	2128	4.8
土耳其	342	0.8	504	1.1	阿曼	749	1.8	888	2.0
英国	965	2.2	799	1.8	卡特尔	587	1.4	503	1.1
中东	519	1.2	501	1.1	沙特阿拉伯	6644	16.1	7463	16.9
巴林	225	0.5	212	0.5	阿联酋	2104	5.1	2408	5.5
非洲	805	1.9	653	1.5	非洲	7635	18.6	5747	13.0
南非	450	1.0	470	1.0	阿尔及利亚	709	1.7	668	1.5
亚太地区	17269	40.1	22074	49.2	安哥拉	1711	4.2	1670	3.8
澳大利亚	477	1.1	334	0.7	利比亚	1118	2.7	255	0.6
中国	4767	11.1	7625	17.0	尼日利亚	2464	6.0	1738	3.9
印度	2759	6.4	4308	9.6	苏丹	389	0.9	162	0.4
印度尼西亚	280	0.7	366	0.8	亚太地区	1565	3.8	1356	3.1
日本	3473	8.1	3158	7.0	澳大利亚	314	0.8	200	0.5
马来西亚	205	0.5	224	0.5	文莱	162	0.4	105	0.2
菲律宾	184	0.4	212	0.5	中国	61	0.1	58	0.1
新加坡	716	1.7	895	2.0	印度尼西亚	356	0.9	335	0.8
韩国	2401	5.6	2938	6.5	马来西亚	370	0.9	390	0.9
泰国	849	2.0	853	1.9	越南	161	0.4	146	0.3
世界	43075	100.0	44908	100.0	世界	41159	100.0	44175	100.0
OECD	28553	66.3	26253	58.5	OPEC	23031	56.0	25014	56.6

注：数据包括转口数据，每个地区只列出主要的而非全部国家和地区。

资料来源：OPEC Annual Statistical Bulletin 2017，Interactive Version，www. opec. org。

（七）国际投资与资本流动回顾

表 7 – 1　国际投资头寸表：部分国家和地区（2010～2016 年）

单位：亿美元

国家	2010 年	2011 年	2012 年	2013 年	2014 年	2015 年	2016 年
美国							
资产	194265	217678	225622	241448	248326	233524	238494
对外直接投资	49453	54864	59695	71207	71894	69989	73750
证券投资	60586	71604	79840	92061	97042	95702	98792
股本证券	39953	49003	53219	64729	67706	67562	69970
债务证券	20633	22601	26621	27332	29336	28140	28822
金融衍生品	34898	36523	36198	30171	32523	24282	22090
其他投资	45290	49801	44166	43525	42524	39714	39789
储备资产	4038	4887	5724	4483	4343	3836	4072
负债	220541	242796	270805	295174	318128	308458	321678
外来直接投资	36186	40991	46624	58149	63695	67008	75693
证券投资	104632	118693	139789	155413	169214	166458	173523
股本证券	29177	35458	45454	58646	66425	62091	65640
债务证券	75456	83235	94335	96767	102789	104368	107884
金融衍生品	33634	35419	35620	29395	31668	23719	21477
其他投资	46088	47693	48772	52217	53551	51272	50986
日本							
资产	68931	75026	76133	75753	78117	78831	85424
对外直接投资	8462	9723	10541	11330	11772	12602	13630
证券投资	33052	33793	35598	34307	33980	35130	38777
股本证券	6785	6658	6872	11987	11901	12748	13945
债务证券	26267	27134	28726	22320	22079	22382	24832
金融衍生品	526	539	534	779	4666	3741	3711
其他投资	15924	18038	16812	16657	15174	15031	17102
储备资产	10967	12934	12648	12680	12525	12328	12204
负债	37513	40834	41552	44820	47993	50681	55535
外来直接投资	2300	2422	2222	1857	1969	2056	2384
证券投资	18668	20263	20855	23932	23631	26601	27780
股本证券	9888	8472	9654	14466	14021	15512	15542
债务证券	8780	11791	11201	9467	9610	11089	12238
金融衍生品	647	726	615	822	4937	3792	3884
其他投资	15898	17424	17859	18209	17457	18232	21488

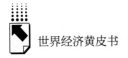
续表

国家	2010 年	2011 年	2012 年	2013 年	2014 年	2015 年	2016 年
德国							
资产	87393	88626	96282	95763	92853	85808	87056
对外直接投资	16349	16962	19288	20926	19837	19554	19811
证券投资	25557	23804	27601	30836	30757	29056	29768
股本证券	7397	6472	7474	9196	9398	9520	10090
债务证券	18160	17332	20127	21640	21360	19536	19677
金融衍生品	10478	11853	12598	8680	9607	7244	6451
其他投资	32844	33619	34307	33338	30723	28218	29173
储备资产	2165	2389	2489	1982	1928	1737	1853
负债	78515	80469	85948	82374	78344	69387	68847
外来直接投资	12105	12520	14480	15994	14532	13736	13908
证券投资	30155	30449	33594	33985	32077	27810	26291
股本证券	6676	5658	7016	8623	7619	7320	7200
债务证券	23479	24791	26578	25362	24457	20490	19090
金融衍生品	10508	12022	12510	8524	9885	7417	6763
其他投资	25746	25477	25365	23873	21850	20424	21885
中国							
资产	41189	47345	52131	59861	64383	61558	64666
对外直接投资	3172	4248	5319	6605	8826	10959	13172
证券投资	2571	2044	2406	2585	2625	2613	3651
股本证券	630	864	1298	1530	1613	1620	2149
债务证券	1941	1180	1108	1055	1012	993	1502
金融衍生品	0	0	0	0	0	36	52
其他投资	6304	8495	10528	11867	13938	13889	16811
储备资产	29142	32558	33878	38804	38993	34061	30978
负债	24308	30461	33467	39901	48356	44830	46660
外来直接投资	15696	19069	20680	23312	25991	26963	28659
证券投资	2239	2485	3361	3865	7962	8170	8086
股本证券	2061	2114	2619	2977	6513	5971	5927
债务证券	178	371	742	889	1449	2200	2159
金融衍生品	0	0	0	0	0	53	66
其他投资	6373	8907	9426	12724	14402	9643	9849

资料来源：IMF 国际收支统计，2017 年 10 月。

表 7 – 2 – 1 FDI 流量：部分经济体（2012 年、2014 年、2016 年）

单位：亿美元

国家（地区）	流入量			流出量		
	2012 年	2014 年	2016 年	2012 年	2014 年	2016 年
澳 大 利 亚	595.5	403.3	481.9	78.9	3.1	60.1
比 利 时	65.2	– 89.6	331.0	338.2	– 27.0	182.7
巴 西	761.0	730.9	586.8	– 53.0	22.3	– 124.3
英属维京群岛	752.4	384.1	591.0	504.2	828.8	948.2
加 拿 大	431.1	590.6	337.2	558.6	604.7	664.0
中 国	1210.8	1285.0	1337.0	878.0	1231.2	1831.0
中 国 香 港	701.8	1130.4	1081.3	834.1	1240.9	624.6
塞 浦 路 斯	472.0	7.4	41.4	497.6	– 11.2	53.8
埃 及	60.3	46.1	81.1	2.1	2.5	2.1
法 国	160.6	26.7	283.5	354.4	497.8	573.3
德 国	281.8	39.5	95.3	621.6	995.2	345.6
匈 牙 利	144.1	77.5	– 53.1	117.0	37.8	– 88.2
印 度	242.0	345.8	444.9	84.9	117.8	51.2
印 度 尼 西 亚	191.4	218.1	26.6	54.2	70.8	– 124.6
爱 尔 兰	469.2	374.2	223.0	225.7	414.4	445.5
意 大 利	0.9	232.2	289.5	80.1	263.2	227.9
日 本	17.3	106.1	113.9	1225.5	1290.4	1452.4
韩 国	95.0	92.7	108.3	306.3	280.4	272.7
卢 森 堡	1430.0	– 105.3	268.6	898.1	76.3	316.4
马 来 西 亚	92.4	108.8	99.3	171.4	163.7	56.0
墨 西 哥	210.6	275.1	267.4	230.7	69.8	– 7.9
荷 兰	250.1	533.1	919.6	179.4	636.1	1736.6
秘 鲁	117.9	44.4	68.6	0.8	8.0	3.0
菲 律 宾	24.5	57.4	79.1	16.9	67.5	37.0
俄 罗 斯	301.9	291.5	376.7	284.2	642.0	272.7
沙 特 阿 拉 伯	121.2	80.1	74.5	44.0	54.0	83.6
新 加 坡	562.4	739.9	616.0	194.4	522.2	238.9
瑞 士	289.8	80.6	– 263.4	435.9	– 10.6	306.5
英 国	554.5	448.2	2538.3	207.0	– 1483.0	– 126.1
美 国	1990.3	1716.0	3911.0	3182.0	2922.8	2990.0
越 南	83.7	92.0	126.0	12.0	11.5	13.9

资料来源：联合国贸发会数据库。

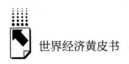

表7-2-2　FDI存量：部分经济体（2012年、2014年、2016年）

单位：亿美元

国家（地区）	流入存量			流出存量		
	2012年	2014年	2016年	2012年	2014年	2016年
澳 大 利 亚	6151	5619	5760	4766	4464	4015
比 利 时	5127	4764	4749	4195	4600	4532
巴 西	6755	6149	6259	2043	1757	1724
英属维京群岛	3973	5458	6337	4875	6754	8668
加 拿 大	9535	9581	9561	9720	10899	12200
中 国	8329	10853	13544	5319	8826	12810
中 国 香 港	12446	14961	15908	11625	14502	15279
塞 浦 路 斯	2203	1799	1712	2112	1701	1697
埃 及	786	875	1023	63	68	72
法 国	6804	7001	6976	12726	12942	12594
德 国	10770	8500	7710	15715	13837	13654
匈 牙 利	1040	994	777	377	390	250
印 度	2250	2531	3185	1181	1315	1441
印 度 尼 西 亚	2116	2175	2350	124	254	589
爱 尔 兰	3832	4161	8396	4121	6194	8327
意 大 利	3750	3525	3464	5288	4907	4604
日 本	2058	1717	1867	10377	11520	14007
韩 国	1579	1794	1850	2029	2605	3061
卢 森 堡	1672	2329	2455	2722	1659	2300
马 来 西 亚	1327	1358	1216	1204	1354	1269
墨 西 哥	4554	4869	4735	1493	1467	1486
荷 兰	6633	7174	8011	10111	10454	12560
秘 鲁	621	763	915	40	41	43
菲 律 宾	365	566	642	92	358	454
俄 罗 斯	4382	2900	3790	3328	3298	3358
沙 特 阿 拉 伯	1990	2159	2315	344	447	804
新 加 坡	8215	10195	10963	5676	6526	6824
瑞 士	7419	7791	7931	11877	10854	11309
英 国	14405	16286	11965	16939	16820	14439
美 国	39155	54420	63913	52229	62251	63838
越 南	729	910	1154	44	75	100

资料来源：联合国贸发会数据库。

（八）全球竞争力和大公司排名

表 8 – 1　2017 年全球竞争力指数：部分国家和地区

国家/地区	2017 年竞争力指数		国家/地区	2017 年竞争力指数	
	位次	分数		位次	分数
瑞　　　士	1	5.86	捷　　　克	31	4.77
美　　　国	2	5.85	泰　　　国	32	4.72
新　加　坡	3	5.71	智　　　利	33	4.71
荷　　　兰	4	5.66	西　班　牙	34	4.70
德　　　国	5	5.65	印度尼西亚	36	4.68
中国香港	6	5.53	俄　罗　斯	38	4.64
瑞　　　典	7	5.52	印　　　度	40	4.59
英　　　国	8	5.51	意　大　利	43	4.54
日　　　本	9	5.49	墨　西　哥	51	4.44
芬　　　兰	10	5.49	土　耳　其	53	4.42
挪　　　威	11	5.40	越　　　南	55	4.36
丹　　　麦	12	5.39	菲　律　宾	56	4.35
新　西　兰	13	5.37	南　　　非	61	4.32
加　拿　大	14	5.35	哥伦比亚	66	4.29
中国台湾	15	5.33	罗马尼亚	68	4.28
以　色　列	16	5.31	伊　　　朗	69	4.27
阿　联　酋	17	5.30	摩　洛　哥	71	4.24
奥　地　利	18	5.25	秘　　　鲁	72	4.22
卢　森　堡	19	5.23	乌　拉　圭	76	4.15
比　利　时	20	5.23	巴　　　西	80	4.14
澳大利亚	21	5.19	希　　　腊	87	4.02
法　　　国	22	5.18	阿　根　廷	92	3.95
马来西亚	23	5.17	柬　埔　寨	94	3.93
爱　尔　兰	24	5.16	老　　　挝	98	3.91
卡　塔　尔	25	5.11	埃　　　及	100	3.90
韩　　　国	26	5.07	蒙　古　国	101	3.90
中　　　国	27	5.00	巴基斯坦	115	3.67
冰　　　岛	28	4.99	委内瑞拉	127	3.23
爱沙尼亚	29	4.85	乍　　　得	135	2.99
沙特阿拉伯	30	4.83	也　　　门	137	2.87

注：因篇幅所限本表未列出全部国家和地区。

资料来源：世界经济论坛，www.weforum.org/gcr。

表 8 - 2 2017 年《财富》全球 50 强公司排名

2017 年排名	2016 年排名	公司名称	总部所在地	营业收入（亿美元）	利润（亿美元）
1	1	沃尔玛	美国	4858.7	136.4
2	2	国家电网公司	中国	3152.0	95.7
3	4	中国石油化工集团公司	中国	2675.2	12.6
4	3	中国石油天然气集团公司	中国	2625.7	18.7
5	8	丰田汽车公司	日本	2546.9	169.0
6	7	大众公司	德国	2402.6	59.4
7	5	荷兰皇家壳牌石油公司	荷兰	2400.3	45.8
8	11	伯克希尔—哈撒韦公司	美国	2236.0	240.7
9	9	苹果公司	美国	2156.4	456.9
10	6	埃克森美孚	美国	2050.0	78.4
11	12	麦克森公司	美国	1985.3	50.7
12	10	英国石油公司	英国	1866.1	1.2
13	17	联合健康集团	美国	1848.4	70.2
14	18	CVS 健康公司	美国	1775.3	53.2
15	13	三星电子	韩国	1739.6	193.2
16	14	嘉能可	瑞士	1738.8	13.8
17	16	戴姆勒股份公司	德国	1694.8	94.3
18	20	通用汽车公司	美国	1663.8	94.3
19	23	美国电话电报公司	美国	1637.9	129.8
20	19	EXOR 集团	荷兰	1548.9	6.5
21	21	福特汽车公司	美国	1518.0	46.0
22	15	中国工商银行	中国	1476.8	418.8
23	28	美源伯根公司	美国	1468.5	14.3
24	27	中国建筑股份有限公司	中国	1445.1	24.9
25	33	安盛	法国	1437.2	64.5
26	44	亚马逊	美国	1359.9	23.7
27	25	鸿海精密工业股份有限公司	中国	1351.3	46.1
28	22	中国建设银行	中国	1350.9	348.4
29	36	本田汽车	日本	1292.0	56.9
30	24	道达尔公司	法国	1279.3	62.0
31	26	通用电气公司	美国	1266.6	88.3
32	30	威瑞森电信	美国	1259.8	131.3
33	37	日本邮政控股公司	日本	1229.9	- 2.7
34	34	安联保险集团	德国	1222.0	76.1

续表

2017 年排名	2016 年排名	公司名称	总部所在地	营业收入（亿美元）	利润（亿美元）
35	50	康德乐	美国	1215.5	14.3
36	38	好市多	美国	1187.2	23.5
37	47	沃博联	美国	1173.5	41.7
38	29	中国农业银行	中国	1172.7	276.9
39	41	中国平安保险	中国	1165.8	93.9
40	42	克罗格	美国	1153.4	19.8
41	46	上海汽车集团股份有限公司	中国	1138.6	48.2
42	35	中国银行	中国	1137.1	247.7
43	39	法国巴黎银行	法国	1090.3	85.2
44	53	日产汽车	日本	1081.6	61.2
45	31	雪佛龙	美国	1075.7	−5.0
46	40	房利美	美国	1071.6	123.1
47	45	中国移动通信集团公司	中国	1071.2	96.1
48	55	摩根大通公司	美国	1054.9	247.3
49	—	英国法通保险公司	英国	1052.3	17.0
50	60	日本电报电话公司	日本	1051.3	73.8

资料来源：财富中文网，http://www.fortunechina.com。

Abstract

The world economic growth rate rose significantly in 2017 as well as labor market. The prices of commodities kept in low-middle band and global inflation increased lightly. International trade increased rapidly, but international investment grew slowly. Global outstanding debt has been rising continuously and international financial markets were accumulating bubbles.

There are many challenges facing world economy, which include that the fundamentals of world economic recovery have not been solid, the long-term factors supporting high speed growth of international trade have not been formed, the fiscal policies and monetary policies in the U. S. have negative spillover to the rest of world, the trend of anti-globalization and protectionism becomes strong, global debt overhang is more severe, asset bubbles will burst probably at certain moment. Moreover, geopolitical risks and terrorism may bring negative effects on the stability and development of world economy.

It is expected that the PPP-based GDP growth rate of the world economy will be 3. 5% and the market exchange rate-based GDP growth rate of the world economy will be 2. 9% in 2018. These numbers are lower than the forecasts of IMF in October 2017, because of worry about the negative effects of unsolidified recovery, asset bubbles, debt overhang, anti-globalization, the US macroeconomic policies, the Briexit and geopolitical conflicts.

It is expected that commodities' prices will keep in low-middle band, and crude oil price will be around US $ 60 per barrel in 2018.

Contents

I Overview

Abstract: The world economic growth rate rose significantly in 2017 as well as labor market improved. The prices of commodities kept in low-middle band and global inflation increased lightly. International trade increased rapidly, but international investment grew slowly. Global outstanding debt has been rising continuously and international financial markets were accumulating bubbles. There are many challenges facing world economy, which include that the fundamentals of world economic recovery have not been solid, the long-term factors supporting high speed growth of international trade have not been formed, the fiscal policies and monetary policies in the U. S. have negative spillover to the rest of world, the trend of anti-globalization and protectionism becomes strong, global debt overhang is more severe, asset bubbles will burst probably at certain moment. Moreover, geopolitical risks and terrorism may bring negative effects on the stability and development of world economy. It is expected that the PPP-based GDP growth rate of the world economy will be 3. 5% in 2018.

Keywords: World Economy; International Trade; International Investment; International Finance

II Country / Region study

Y. 2 The U. S. Economy: Fatigue Growth *Sun Jie* / 021

Abstract: The U. S. economic growth continued to strengthen over the first half of 2017 and fundamental indicators improved. The Federal Reserve judged that, on balance, current and prospective economic conditions called for a further gradual removal of policy accommodation by raising the target range for the federal fund rate and reducing the Federal Reserve's securities holding. The process of policy normalization has less impact on financial market and corporate financing cost, but the corporate performance is not easy and government debt burden is recorded high. Uncertainty also comes from Trump administration while fiscal consolidation and tax reform may be positive for future growth but negative in short term, protectionism may reverse. It remains to be seen those proposals can be approved by the congress as well as the impact of policy normalization. We expect that the U. S. economic growth may slow down a little in 2018.

Keywords: The U. S. Economy; Macroeconomic Policy; Monetary Policy Normalization; Monetary Policy Rules

Y. 3 European Economy: Stable Recovery *Dong Yan* / 047

Abstract: Since the third quarter of 2016, the European economy has entered a steady and broad-based recovery process. Though the elections of some major European economies increase uncertainty in the European economy, the overall recovery is better than expected. The accommodative monetary policy and growth-friendly fiscal policy has played a positive role in promoting European robust recovery. The improvement of the labor market has promoted the growth of disposable income of household, and private consumption continues to be the main driving force for stable recovery. The rebound in global demand induces exports to play a more significant role in promoting economic growth. However, the stable recovery of European economy is facing some challenges: the slack global economic growth in some developing countries and emerging economics, financial market uncertainty after UK referendum and soring protectionism, etc. In 2018, the European economy will continue in the process of stable recovery.

Keywords: European Economy; Economic Recovery; Quantitative Easing

Y. 4   The Japanese Economy: A Weak Recovery

Feng Weijiang / 064

Abstract: The Bank of Japan continued the policy of "Quantitative and Qualitative Monetary Easing (QQE) with a Negative Interest Rate" in 2017, but almost reached the ceiling for purchasable government bonds. The monetary policy is somewhat effective to the stock market and the real economy in Japan. However, there is still a long way to go to achieve the price stability target of 2 percent. The amount of the general budget reached a record high in 2017. Limited by low growth and high government debt, the potential for further fiscal stimulus decreased. Sino −Japanese trade and investment were more active than last year, but whether bilateral economic relation will improve is yet to be seen. Japan's real GDP is expected to grow by about 1. 6 percent in 2017 and is expected to grow by about 1. 0 percent in 2018.

Keywords: Ceiling for Purchasable Government Bonds; Price Stability Target; Negative Interest Rate

Y. 5   Asia −Pacific Region: Cyclical Recovery   *Yang Panpan /* 083

Abstract: The Growth rate of Asia −Pacific region in 2017 is projected to

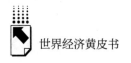

be 5. 5% —slightly higher than 5. 4% in 2016. The recovery can be attributed to the cyclical recovery of the external environment and the relatively strong domestic demand. But the recovery in Asia – Pacific region is weaker than the global recovery as a whole. Compared with last year, most countries have higher inflation, lower currency value and moderate current account imbalance. Regarding to the major economies of this region, Canada has seen a significant recovery, Korea and Indonesia are under consolidation, India and Australia are experiencing downward pressure. In 2018, the prospect of Asia Pacific Region is affected by the sustainability of favorable external economic environment and the tougher challenge of domestic structural reform. The economy may remain at its "New Normal".

Keywords: Asia – Pacific Region; Economic Growth; Domestic Demand; External Demand

Y. 6 Russian Economy: Keep Improving

Gao Lingyun, Zhang Lin / 097

Abstract: Russia's economic downturn in 2016 significantly slowed down, the overall trend is stable and achieved growth in the first half of 2017 because of performance in net exports, consumption and capital formation and other aspects. At the same time, the international oil prices rebounded, the Russian fiscal revenue grew slightly, the international reserves rose steadily, the Russian ruble exchange rate kept stability, trade in goods grew strongly and trade deficit gradually reduced. Moreover, the current Sino – Russian comprehensive strategic partnership of cooperation is in the best time of history. The cooperation between the two sides in the fields of economy, trade, energy, finance and humanities has achieved positive results after joint statement on the "Belt and Road" construction docking cooperation with Eurasian Economic Union. Our overall judgment is that the Russian economy has been gone through from recession to growth, and good situation will continue.

Keywords: Russia; International Oil Price; "Belt and Road"

Y. 7   Latin American Economy: Showing Signs of Recovery

Abstract: Latin American economic growth is expected to be 0. 9% in 2017, ending the two consecutive years of negative growth. From the internal point of view, investment and consumption showed signs of revival, domestic demand gradually recovered; from the external point of view, the accelerated global economic growth will improve the external demand in Latin America, and the rise in commodity prices will also boost the exports of Latin America. However, some countries are still facing high inflation, employment deterioration and other challenges. Rising protectionist in the U. S. may harm the economic and trade relations between the United States and Latin America, increasing the uncertainty of economic recovery in Latin America, which urgently requires Latin American countries to respond through deepening regional integration and promoting diversification of export market.

Keywords: Latin America; Economic Situation; Trade Protection

Y. 8   West Asia and Africa Economy: Reform is at A

Critical Stage   *Tian Feng* / 124

Abstract: The rebound of oil prices and the stabilization of regional political security are two major factors that stimulated the economic growth of the area of West Asia and North Africa in 2016. The economic growth momentum of West Asia and North Africa will be weakened in 2017, with downward pressure mainly from intensified geopolitical tensions and conflict, oil prices lower than expected, and negative effects of fiscal consolidation on public expenditure. The economic growth of Sub − Saharan Africa had experienced a sharp slowdown in 2016, as the result of weak commodity prices, poor performance of Nigeria and South Africa. Sub − Saharan Africa's economic growth in 2017 will be much stronger than that in

2016. The main favorable factors include rebounded global commodity prices, improved performance of Angola and Nigeria, and better domestic economies conditions in some countries as result of structural reforms. The main risks come from policy uncertainty of some developed economies, commodity prices lower than expected, and blocked structural reform.

Keywords: West Asia and North Africa; Sub – Saharan Africa; Structure Reform; Economic Growth; Commodity; Oil

Y. 9　China's Economy in 2017　　*Xu Qiyuan, Zhang Bin* / 140

Abstract: China's economy has been notably on the rise. Comparing with the economic recoveries in last decades, the rebound of this time reflects more on higher price but not production increase. To understand the abnormal economic recovery, this paper elaborates from three perspectives: (1) a positive demand shock revived the economy, (2) policies of cutting overcapacity evolved into cutting production and led to a first shock to the supply curve, (3) the increase of market concentration induced a second shock to the supply curve. All the three factors led to a variation of the relation between output and inflation. These changes happened mainly in mineral and chemical industry, which resulted in industry differentiation in PPI and profits. This kind of industry differentiation deserves close attention.

Keywords: China's Economy; Supply Shock; Cut Overcapacity; Market Concentration; Industry Differentiation

Ⅲ　Special Reports

Y. 10　International Trade: Developments and Prospects

Ma Tao / 157

Abstract: Growth in the volume of world merchandise trade is expected to rebound in the first half of 2017 from its tepid performance in 2016. In the first half of 2017, the increase of global merchandise trade was much higher than the annual growth rate 2.4% predicted by WTO in April. The policy uncertainties of global economy recovery exist, but global trade is rebounding from the bottom significantly. We think that the global merchandise trade growth in 2017 will outstrip the level of that in 2016, and the trade volume growth rate will be more than 3.0%. Considering the downside risks agglomerate, and avoiding our basic assumptions too pessimistic, we estimate that the growth rate of global merchandise trade in 2018 could be around 3.0%. Sino－US trade and economic relations will affect the growth of global trade directly. Facing the volatile trade policies from Trump government, bilateral trade and economic cooperation between China and US will be a process of grinding. We believe that the possibility of a full trade conflict between China and US is not large, but bilateral trade frictions will increase, it is difficult to solve the contradiction between China and US in a short term, which is required gradual adjustment.

Keywords: International Trade; Growth Forecast; Sino － US Trade and Economic Relations; Trade Conflicts

Y. 11   International Financial Market in 2017: Retrospectives

and Prospects   *Gao Haihong, Liu Dongmin* / 172

Abstract: The global economic recovery in 2016 － 17 has been steady. However the international financial market was not stable because unsettled debt burden and slow adjustment of the economic structure. Especially, some political factors, a series of uncertainties and the slow progress of monetary policy normalization had major impact on the market moves. The general economic recovery in developing countries helped prevent external financial risks. However, domestic debt burden, foreign exchange market risks and trade protectionism posed challenges to the financial stability. A series of political events shocked the market in 2017. These shocks affected investors' risk pricing in an instant. Supported by economic fundamentals, global stock markets boomed. In foreign exchange

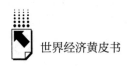
market, the US dollar depreciated against major currencies in face of the uncertainty of Trump administration. Going forward, the advance to normalize monetary policy in developed countries as well as the possible rise of interest rates will affect the global financial market. The emerging and developing countries will probably face a new round of capital outflow, challenging the financial stability in these economies.

Keywords: International Financial Risk; Monetary Policy Normalization; Global Bond Market; Global Stock Market; Foreign Exchange Market

Y. 12　International Direct Investment: Developments and

　　　　Prospects　　　　　　　　　　　　　　*Wang Bijun* / 196

Abstract: Global foreign direct investment (FDI) in 2016 decreased by 2%, albeit reaching the second highest since the global economic and financial crisis of 2008 − 2009. FDI inflow to the developed economies was still growing while that to the developing countries dropped to the lowest level since 2011. The mining sector became warmer, but this was mainly the result of $ 69 billion valued Shell − BG deal. Looking forward, accelerating economic growth in major economies and a rebound in world trade volume will contribute to the FDI activities. However, elevated geopolitical risks and policy uncertainly make the FDI recovery could be very weak.

Keywords: Foreign Direct Investment; Cross-border Merger and Acquisition; Mining Sector; Stated-owned MNEs

Y. 13　The Retrospect and Prospect of Global Commodity

　　　　Market: Consolidation and Rebound　　*Wang Yongzhong* / 212

Abstract: During the period from August 2016 to July 2017, the commodity price index in terms of current USD and SDR showed the characteristics of fluctuation and consolidation. After a process of rise and fall, the price level remained basically unchanged. However, the price index of agricultural raw materials, ore and metals, and crude oil prices rose by 4.3%, 19.1%, and 7.6% respectively, while that of food fell by 9.3%. Due to economic restructuring, excess capacity elimination and declining economic growth, the value of China's imports of 17 commodities in 2016 was $32.29bn, down by 9.3% from the previous year, accounting for 21.0% of the world's total imports of these commodities, falling by 0.4% comparing to previous year. From 2017 to 2018, the growth in demand for commodities will be accelerated due to optimistic prospect of global economy, while the supply of commodities will be constrained attributed to insufficient investment, and it is expected that commodity prices will experience rise stably. Commodity price will experience a wave of stable rally in the second half of 2017 and continue to fluctuate upward in 2018. The average price of crude oil in the fourth quarter of 2017 will rise to around $53/barrel, and further rebound to around $57/barrel in 2018.

Keywords: Commodity Market; Demand; Supply; Price

Y. 14　The Belt and Road Initiative: Developments and Prospects

Xu Xiujun / 231

Abstract: Since the beginning of 2016, the cooperation under the framework of the Belt and Road Initiative (BRI) has been gradually deepened in the fields of policy coordination, facilities connectivity, unimpeded trade, financial integration and people – to – people bonds, and a number of landmark cooperation projects have been started and smoothly advanced, which injected new impetus into the BRI construction. In May 2017, the Belt and Road Forum for International Cooperation was held successfully and national governments, local authorities and enterprises reached a number of concrete and practical results before and during the Forum, which promoted the BRI into a new stage of

comprehensive expansion and better quality and efficiency. In the coming year, the key areas of the BRI will have new opportunities for development and face many new risks and challenges in the political, economic and security fields.

Keywords: the Belt and Road Initiative; Connectivity; Overseas Economic and Trade Cooperation Zones

Ⅳ Hot Topics

Y. 15 BEPS (Base Erosion and Profit Shifting):
the Challenges and Solutions *Song Hong* / 244

Abstract: Under the globalized world, the tax dodge of Multinational Enterprises is a hot topic all over the world. Since 2012, addressing BEPS (base erosion and profit shifting) had entered into the agenda of G20 summit, and become a joint action in Antalya Summit in 2013. A lot of international cooperation along this direction already have achieved since then. However, there is a long way to go to address this issue.

Keywords: BEPS; Jurisdiction to Tax Transfer; Pricing Leverage; Anti-avoidance

Y. 16 The Paradox of Global Productivity Slowdown
Li Yuanfang / 259

Abstract: The key to long-term economic growth is the total factor productivity (TFP) growth which reflects the overall efficiency of capital and labor usage. Ten years after the Great Financial Crisis, global TFP growth remains sluggish, significantly lower than the pre-crisis period. However, to the contrary of this statistical fact, rapid development has been witnessed in IT, artificial intelligence, and lots of other areas in our daily experience. They constitute a redux of "productivity paradox" in the new period. The paper examines the change in the global productivity growth trend and its roots, the cause of the "productivity paradox", discusses outlooks for the future global productivity growth and related policy suggestions.

Keywords: Total Factor Productivity; Economic Growth; Great Financial Crisis; Structural Reform

Y. 17   Economic Polices under Trump Administration:
Policies Review and Impact Assessment

Zhang Min, Liu Yao / 273

Abstract: Since the administration of Trump government, economic polices have been on the tendency of unilateralism and "priority to the United States", and they kept the policy ideas of the election campaign. On the domestic side, on the one hand, Trump government actively promotes the large-scale tax cuts, stimulates infrastructure investment, loosens financial supervision; on the other hand, Trump administration develops traditional energy source, promotes manufacturing of regression and advocates both low interest rates and weak dollar monetary policy orientation. On the foreign economic policy side, the Trump government withdraws from multilateral trade agreement, pursues severe immigration policies, advocates trade protectionism and taps trading partners frequently. The feasibility of Trump's economic policies is shackled by economic laws, political institutions, interest groups and public response. Therefore, its process and effectiveness present a sense of uncertainty.

Keywords: Trump Administration; Economic Policy; Fiscal Expansion; Trade Protectionism; Populism

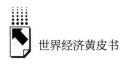
Abstract: In the 2017 elections of Netherland, France and Germany, the anti－European populisms have not realized their ambitions to change the political atmospheres in the Europe. This brings relief and hope to the European integration process. Yet, the populism has become a force to be recognized in the European political field, and its upsurge reveals the profound economic and social problems which have not been dealt properly. The European integration still faces challenges and risks, and the conflictions among its members are in urgent need to be fixed. In the future, European Union must deepen its all-round reform to advance integration, exploring new strategies as well as enhancing its abilities to cope with economic, political and security issues.

Keywords: European Union; European Integration; Elections

Abstract: In 2016, traditional industries still play a key role in the global economy, but the importance of emerging sectors rises steadily. From the perspective of countries, China becomes the top one exporter of automatic data processing machines and units, telephone sets, semiconductor devices, sub-integrated circuits and insulated conductors, while it still falls behind in industries, like medicaments, spacecrafts and precision instruments. The lack of R&D investment may be an important reason for China's falling behind. When it comes to the world technology frontier, during the period 2016－2017, most breakthrough technologies happen in information technology, biology, medical care and chemical sectors, such as quantum computer, the cell atlas and new cobalt-phosphorus hydrolysis catalyst. However, most of them are not applied to business now, therefore they did not bring about an increase in the growth rate of worldwide total factor productivity. But we can expect that these technologies would bring global industries to a world with more intelligence, efficiency and health in the future. At that time, the world economy might see a suddenly rising of emerging industries, a renaissance in traditional industries, a relocation of global industrial chain, an enlargement of the boundary of firms and an enhanced shock from machines to unskilled and low-skill workers.

Keywords: Industrial Layout; Emerging Technology; Economic Impact

V   Statistics of the World Economy

权威报告·一手数据·特色资源

皮书数据库
ANNUAL REPORT(YEARBOOK)
DATABASE

当代中国经济与社会发展高端智库平台

所获荣誉

- 2016年，入选"'十三五'国家重点电子出版物出版规划骨干工程"
- 2015年，荣获"搜索中国正能量 点赞2015""创新中国科技创新奖"
- 2013年，荣获"中国出版政府奖·网络出版物奖"提名奖
- 连续多年荣获中国数字出版博览会"数字出版·优秀品牌"奖

成为会员

通过网址www.pishu.com.cn或使用手机扫描二维码进入皮书数据库网站，进行手机号码验证或邮箱验证即可成为皮书数据库会员（建议通过手机号码快速验证注册）。

会员福利

- 使用手机号码首次注册的会员，账号自动充值100元体验金，可直接购买和查看数据库内容（仅限使用手机号码快速注册）。
- 已注册用户购书后可免费赠送100元皮书数据库充值卡。刮开充值卡涂层获取充值密码，登录并进入"会员中心"—"在线充值"—"充值卡充值"，充值成功后即可购买和查看数据库内容。

社会科学文献出版社 皮书系列
SOCIAL SCIENCES ACADEMIC PRESS (CHINA)

卡号：385415762955
密码：

数据库服务热线：400-008-6695
数据库服务QQ：2475522410
数据库服务邮箱：database@ssap.cn
图书销售热线：010-59367070/7028
图书服务QQ：1265056568
图书服务邮箱：duzhe@ssap.cn

S 基本子库
UB DATABASE

中国社会发展数据库（下设 12 个子库）

全面整合国内外中国社会发展研究成果，汇聚独家统计数据、深度分析报告，涉及社会、人口、政治、教育、法律等 12 个领域，为了解中国社会发展动态、跟踪社会核心热点、分析社会发展趋势提供一站式资源搜索和数据分析与挖掘服务。

中国经济发展数据库（下设 12 个子库）

基于"皮书系列"中涉及中国经济发展的研究资料构建，内容涵盖宏观经济、农业经济、工业经济、产业经济等 12 个重点经济领域，为实时掌控经济运行态势、把握经济发展规律、洞察经济形势、进行经济决策提供参考和依据。

中国行业发展数据库（下设 17 个子库）

以中国国民经济行业分类为依据，覆盖金融业、旅游、医疗卫生、交通运输、能源矿产等 100 多个行业，跟踪分析国民经济相关行业市场运行状况和政策导向，汇集行业发展前沿资讯，为投资、从业及各种经济决策提供理论基础和实践指导。

中国区域发展数据库（下设 6 个子库）

对中国特定区域内的经济、社会、文化等领域现状与发展情况进行深度分析和预测，研究层级至县及县以下行政区，涉及地区、区域经济体、城市、农村等不同维度。为地方经济社会宏观态势研究、发展经验研究、案例分析提供数据服务。

中国文化传媒数据库（下设 18 个子库）

汇聚文化传媒领域专家观点、热点资讯，梳理国内外中国文化发展相关学术研究成果、一手统计数据，涵盖文化产业、新闻传播、电影娱乐、文学艺术、群众文化等 18 个重点研究领域。为文化传媒研究提供相关数据、研究报告和综合分析服务。

世界经济与国际关系数据库（下设 6 个子库）

立足"皮书系列"世界经济、国际关系相关学术资源，整合世界经济、国际政治、世界文化与科技、全球性问题、国际组织与国际法、区域研究 6 大领域研究成果，为世界经济与国际关系研究提供全方位数据分析，为决策和形势研判提供参考。

法律声明